Die Klageerhebung und -rücknahme bei vollmachtloser Prozessvertretung und ihre kostenrechtliche Beurteilung

Europäische Hochschulschriften
Publications Universitaires Européennes
European University Studies

Reihe II
Rechtswissenschaft

Série II Series II
Droit
Law

Bd./Vol. 3924

PETER LANG
Frankfurt am Main · Berlin · Bern · Bruxelles · New York · Oxford · Wien

Diethard Breitkopf

Die Klageerhebung und -rücknahme bei vollmachtloser Prozessvertretung und ihre kostenrechtliche Beurteilung

PETER LANG
Europäischer Verlag der Wissenschaften

Bibliografische Information Der Deutschen Bibliothek
Die Deutsche Bibliothek verzeichnet diese Publikation in der Deutschen Nationalbibliografie; detaillierte bibliografische Daten sind im Internet über <http://dnb.ddb.de> abrufbar.

Zugl.: Osnabrück, Univ., Diss., 2003

Gedruckt auf alterungsbeständigem,
säurefreiem Papier.

D 700
ISSN 0531-7312
ISBN 3-631-52290-8

Printed in Germany 1 2 3 4 5 7

www.peterlang.de

Meinen Eltern

Vorwort

Die vorliegende Arbeit ist im Wintersemester 2003/2004 vom Fachbereich Rechtswissenschaften der Universität Osnabrück als Dissertation angenommen worden. Literatur und Rechtsprechung sind bis Juni 2003 berücksichtigt.

Die Anregung zu dem Thema erhielt ich von meinem Doktorvater Herrn Professor Dr. Ulrich Foerste, dem ich für seine stets freundliche und hilfsbereite Betreuung sehr herzlich danke. Herrn Professor Dr. Hans-Jürgen Ahrens danke ich für die Übernahme des Zweitgutachtens.

Bedanken möchte ich mich auch bei Herrn Thorsten Dierkes für die fachkundige Durchsicht des Entwurfs und bei Frau Semra Yokaribas für die Hilfe bei der Fertigstellung des Manuskripts. Meiner Freundin Alexandra danke ich herzlich dafür, dass sie mir so geduldig zur Seite gestanden hat.

Mein ganz besonderer Dank gilt meinen Eltern Frau Solveig Rohde-Breitkopf und Herrn Stefan Breitkopf, die mich immer in jeder Hinsicht unterstützt und in meinen Vorhaben bestärkt haben.

Diethard Breitkopf

Osnabrück, im Februar 2004

Inhaltsverzeichnis

Abkürzungen

Bezüglich der verwendeten Abkürzungen wird, soweit sie nicht aus sich heraus verständlich sind,

verwiesen auf

Kirchner, Hildebert / Cornelie **Butz**

Abkürzungsverzeichnis der Rechtssprache,

5. Auflage, Berlin 2003.

Einleitung

Die Anerkennung der Stellvertretung im heutigen Rechtssystem entspricht dem Bedürfnis der modernen Wirtschaft nach „Arbeitsteilung im Prozeß der Rechtsentstehung und Rechtsausübung"[1]. Dem Einzelnen wird damit die Möglichkeit eröffnet, in Selbstbestimmung einen anderen zur Regelung der eigenen Rechtsverhältnisse zu autorisieren[2] und damit für sich die Handlungsfähigkeit im Rechtsverkehr zu erweitern[3].
Die Zulässigkeit des Handelns als Vertreter ohne Vertretungsmacht geht noch einen Schritt darüber hinaus. Auch dem vorübergehend Verhinderten oder nicht Erreichbaren soll losgelöst von seinem Willen die Teilnahme am Rechtsleben durch einen sich der fremden Angelegenheit annehmenden Dritten nicht verschlossen sein, „wo sie den Beteiligten von Nutzen und dem Verkehre förderlich ist"[4]. Doch ist es ein Apriorismus, dass die Leichtigkeit und Schnelligkeit der Bewegung im Rechtsverkehr stets ein Stück Sicherheit preisgibt: Je freier und rascher die Formen des Rechtslebens, „desto fehlbarer der Mechanismus des Rechts, desto weniger durchsichtig und bestimmt werden die Verhältnisse, die er schafft und gestaltet"[5]. Als besonders anschaulicher Beleg dafür erweist sich die durch eine vollmachtlose Vertretung im Zivilprozess herbeigeführte Rechtslage. Reicht beispielsweise ein Rechtsanwalt, der von einem Mandanten lediglich zu Beratungszwecken konsultiert, nicht jedoch bevollmächtigt worden ist, für diesen eine Klage bei Gericht ein, werden mit einer derartigen, vollmachtlosen Prozessvertretung zahlreiche rechtliche Fragen aufgeworfen. Diese stellen sich etwa im Hinblick auf das Zustandekommen eines Rechtsstreits, die Wirkungen für den Mandanten bzw. Klagegegner, die Hauptsacheentscheidung des Gerichts, die Möglichkeit der Klagerücknahme und die Pflicht zur Kostenerstattung.
Anders als das Bürgerliche Gesetzbuch (vgl. §§ 177 - 180 BGB) enthält die Zivilprozessordnung mit einigen wenigen, nur Einzelbereiche betreffenden Normen lediglich eine rudimentäre Regelung zu den durch die Vertretung ohne Vertretungsmacht erzeugten Verhältnisse: § 88 ZPO bestimmt die Möglichkeit der Vollmachtsrüge, § 89 ZPO regelt die einstweilige Zulassung des Prozessvertreters und nach §§ 547 Nr. 4, 579 Abs. 1 Nr. 4 ZPO ist der Vertretungsmangel ein Grund für die Revision bzw. Nichtigkeitsklage. Damit hat sich der Gesetzgeber

---

[1] *Müller-Freienfels*, Vertretung beim Rechtsgeschäft, S.53; MüKo-BGB/*Schramm*, Vor § 164 Rn.2.
[2] *Flume*, AT BR Bd.2, § 43 3., S.754.
[3] So bereits *Savigny*, System röm. Rechts Bd.3, § 113, S.90; s.a. Larenz/*Wolf*, AT BR, § 46 I.1., Rn.1.
[4] Vgl. die Motive zum BGB in *Mugdan*, Materialien BGB Bd.1, S.485 f.
[5] *Hupka*, Haftung des Vertreters, S.1.

jedoch gerade auf einem Rechtsgebiet zurückgehalten, in dem die Stellvertretung von außerordentlich großer praktischer Bedeutung ist[6].

Bei einer Vielzahl von Vertretungen bleibt es nicht aus, dass es, wie eine Fülle von Entscheidungen der Judikative in sämtlichen Gerichtszweigen belegt, etwa infolge eines Missverständnisses oder der besonderen Eilbedürftigkeit einer Angelegenheit zu Mängeln in den Vertretungsverhältnissen kommt. Eine aber nur lückenhafte gesetzliche Regelung vermag die insoweit auftretenden Fragen zu den Rechtsfolgen nicht erschöpfend zu beantworten. Sie schafft somit viel Gestaltungsraum für Literatur und Rechtsprechung. Es hat deshalb seit Geltung der ZPO zahlreiche juristische Kontroversen zu diesem Thema gegeben.
Im Mittelpunkt dieser Diskussion steht die rechtliche Beurteilung des von einem Prozessvertreter vollmachtlos eingeleiteten Rechtsstreits. Denn bei einem erst nach Klageerhebung entstehenden Vertretungsmangel sind lediglich einzelne Prozesshandlungen fehlerhaft, wobei sich die Rechtsfolgen noch verhältnismäßig unproblematisch aus dem Gesetz erschließen lassen[7]. Demgegenüber steht bei anfänglicher Vollmachtlosigkeit des Klägervertreters das gesamte Verfahren in Frage, da dann bereits der den Prozess begründende Akt fehlerbehaftet ist.

Einen bisher noch wenig beachteten Ausschnitt der Problematik einer bereits vollmachtlosen Verfahrenseinleitung bildet die zum Thema dieser Arbeit gewählte Konstellation, dass die eingereichte Klage von dem Vertreter oder dem angeblich Vertretenen wieder zurückgenommen wird. Die dabei zu erörternden Problemkreise zerfallen in einen prozessualen und einen kostenrechtlichen Teil.

Im ersten Teil wird geklärt, ob die Klage eines vollmachtlosen Vertreters überhaupt bei Gericht Beachtung finden und zu einem Rechtstreit führen kann, unter welchen Voraussetzungen eine Vollmachtlosigkeit im Prozess anzunehmen ist und inwieweit die fehlende Vollmacht einer Rücknahme der Klage entgegensteht.
In der heutigen Lehre und Rechtsprechung werden die rechtliche Zulässigkeit der Erhebung und Zurücknahme einer vollmachtlosen Klage nahezu gar nicht in Zweifel gezogen. Es gilt hier die außer Acht gelassenen dogmatischen Grundlagen des Prozessierens ohne Vertretungsmacht zu erarbeiten und die unkritische herrschende Meinung zu hinterfragen.

---

[6] Die anwaltliche Vertretung ist auch außerhalb des Anwaltszwanges bei Zivilprozessen von immenser Bedeutung; von den 1999 vor den Amtsgerichten in Deutschland erledigten Verfahren (1.538.597) waren zu 41,7 % (642.273) beide Parteien, zu 44 % (676.851) nur der Kläger und zu 2,8 % (43.112) nur der Beklagte durch Rechtsanwälte vertreten; lediglich zu 11,5 % (176.361) waren beide Parteien nicht vertreten; vgl. Daten des Statistischen Bundesamtes, Zivilgerichte 1999, Ziff. 2.2.22-25 („Anwaltliche Vertretung"), *www.destatis.de.*
[7] Vgl. dazu Baumbach/Lauterbach/*Hartmann*, § 88 Rn.13; MüKo-ZPO/*v.Mettenheim*, § 88 Rn.14.

Die im ersten Teil gewonnenen Erkenntnisse bilden dann den Ausgangspunkt für den kostenrechtlichen zweiten Teil dieser Arbeit. Dieser befasst sich damit, wer nach einer Klagerücknahme die durch das Verfahren entstandenen Kosten zu tragen hat. Dabei ist der zentrale Diskussionsansatz die Frage, ob es bei der gesetzlichen Kostenfolge des § 269 Abs. 3 S. 2 ZPO zulasten des Klägers bleibt oder dem ohne erteilte Vollmacht handelnden Vertreter die Prozesskosten aufgebürdet werden können.

Das Schrifttum und die Gerichte erörtern die Kostenentscheidung vornehmlich im Zusammenhang mit der Variante, dass die Klage beim Ausbleiben der Rücknahme wegen des Vertretungsmangels als unzulässig abgewiesen wird. Die Durchleuchtung dieser Problemlage und die kritische Würdigung des vor allem von der jüngeren Rechtsprechung und Literatur zur Lösung angewendeten Veranlassungsprinzips wird Aufschlüsse für die Kostenfolge bei der Klagerücknahme geben.

Schließlich ist die Kostenverteilung anhand verschiedener Fälle für einige Abwandlungen festzustellen, in denen die Vollmacht dem Prozessvertreter zwar tatsächlich erteilt wird, aber fehlerhaft ist.

Teil 1: Klageerhebung und -rücknahme bei vollmachtloser Prozessvertretung

A. Die Erhebung der Klage

Ein Rechtsstreit beginnt i.d.R. mit der Klageerhebung durch Einreichung der Klage in Form eines Schriftsatzes bei Gericht und Zustellung der Klageschrift an den Gegner. Der Kläger, der damit das Gericht um Gewährung von Rechtsschutz anruft, führt den Prozess entweder selbst oder bedient sich dazu eines Stellvertreters (vgl. § 79 ZPO). Bei bestehendem Anwaltszwang muss er sich durch einen Rechtsanwalt vertreten lassen (§ 78 Abs. 1 ZPO).
Die Handlungen eines im fremden Namen auftretenden Vertreters haben die gleiche Wirkung, als wenn der Kläger sie selbst vorgenommen hätte (§ 85 Abs. 1 ZPO). Die unmittelbare Wirkung für den Kläger tritt aber nur ein, wenn der Vertreter zu dem fremdbezogenen Handeln befugt ist, also Vertretungsmacht hat. Diese besteht entweder kraft gesetzlicher „Legitimation" (vgl. § 56 Abs. 1 Alt. 3 ZPO) oder als Folge einer durch „Bevollmächtigung" erteilten Prozessvollmacht (vgl. § 80 Abs. 1 ZPO).
Die Prozessvollmacht ermächtigt i.d.R. zu allen den Rechtsstreit betreffenden Prozesshandlungen (§§ 81, 82 ZPO). Sie kann dem „Prozessbevollmächtigten"[8] von der Partei selbst, aber auch über einen bevollmächtigten oder gesetzlichen „Erstvertreter" der Partei erteilt werden[9].

Handelt nun ein Vertreter zwar im Namen des Klägers wie ein Prozessbevollmächtigter, hat er aber keine Vollmacht, da sie erloschen, unwirksam oder ihm nicht erteilt worden ist, wird er als „vollmachtloser"[10] Prozessvertreter[11] angesehen. In diesem Fall setzt die Klageerhebung als Beginn des Rechtsstreits allerdings voraus, dass auch eine vollmachtlos eingereichte Klage bei Gericht berücksichtigt werden muss und zu einem prozessualen Verfahren führt.

---

[8] Zum Begriff vgl. die Überschrift des vierten Titels im zweiten Abschnitt des ersten Buches der ZPO: „Prozessbevollmächtigte und Beistände", wobei das Gesetz bei der Verwendung von „Bevollmächtigter" nicht immer konsequent voraussetzt, dass der Vertreter tatsächlich bevollmächtigt ist, vgl. Stein/Jonas/*Bork*, Vor § 78 Rn.2 m.w.N.

[9] Vgl. dazu Stein/Jonas/*Bork*, § 81 Rn.14; *Jauernig*, ZPR, § 21 II., S.68.

[10] Synonym kann man auch vom „nichtberechtigten", „unbefugten" oder „falschen" Vertreter sprechen.

[11] Terminologisch ist für das stellvertretende Handeln lediglich entscheidend, dass in fremdem Namen gehandelt wird, weshalb auch das Handeln ohne Vertretungsmacht darunter fällt, vgl. *Schulte*, Stellung des gewillkürten Vertreters, S.1; Rosenberg/Schwab/*Gottwald*, ZPR, § 53 I.1., S.283 f.

I. Beachtlichkeit der Klage bei Gericht

Bei der Klage handelt es sich um eine Prozesshandlung, deren Voraussetzungen und Wirkungen das Prozessrecht regelt[12]. Als allgemeine Prozesshandlungsvoraussetzung ist neben der Partei- (§ 50 ZPO), Prozess- (§ 52 ZPO) und Postulationsfähigkeit sowie der gesetzlichen Vertretungsmacht bei einer prozessunfähigen Partei (§ 51 ZPO) auch die Prozessvollmacht des Vertreters anerkannt[13]. Fehlt es an einer Prozesshandlungsvoraussetzung, verstößt die Prozesshandlung gegen das Verfahrensrecht und die mit ihr beabsichtigte Rechtsfolge tritt, vorbehaltlich ihrer Heilung, nicht ein[14].

Die Unwirksamkeit einer Prozesshandlung in diesem Sinne bedeutet aber nicht zwingend, dass diese für das Gericht nichtig und unbeachtlich ist. Vielmehr wird bei den Prozesshandlungen im Anschluss an *Goldschmidt*[15] üblicherweise zwischen Erwirkungs- und Bewirkungshandlungen unterschieden[16]. Erwirkungshandlungen sind die Prozesshandlungen, mit denen die Partei eine bestimmte Entscheidung des Gerichts anstrebt, also Anträge und diese unterstützenden Behauptungen und Beweisführungen[17]. Demgegenüber sollen Bewirkungshandlungen, wie z.B. die Rücknahme der Klage oder der Einspruch gegen ein Versäumnisurteil, unmittelbar prozessuale Rechtswirkungen herbeiführen und damit auf die Prozessrechtslage gestaltend einwirken[18]. Während nun letztere bei Fehlen einer Prozesshandlungsvoraussetzung im Verfahren tatsächlich wirkungslos und unbeachtlich sind[19], müssen die Erwirkungshandlungen vom Gericht berücksichtigt werden[20]. Dies ist Konsequenz des sich aus dem Rechtsstaatsprinzip[21] ergebenden Justizgewährungsanspruchs[22]. Der das Gericht um Rechtsschutz ersuchende und dazu eine bestimmte Entscheidung begehrende Bürger

---

[12] *Schellhammer*, ZPR, 13.Teil 11.Kap.7.1, Rn.1259; MüKo-ZPO/*Lüke*, Einl Rn.270.

[13] Musielak/*Musielak*, Einl Rn.62; Thomas/Putzo/*Putzo*, Einl III Rn.10; Zöller/*Greger*, Vor § 128 Rn.16.

[14] *Jauernig*, ZPR, § 30 IX., S.126; Rosenberg/Schwab/*Gottwald*, ZPR, § 67 II., S.371; MüKo-ZPO/*Lüke*, Einl Rn.278.

[15] *Goldschmidt*, Prozeß als Rechtslage, S.364 ff.

[16] *Lüke*, ZPR, § 19 II., Rn.208; *Blomeyer*, ZPR, § 30 II., S.162; Rosenberg/Schwab/*Gottwald*, ZPR, § 64 I., II., S.349 ff.; Stein/Jonas/*Leipold*, Vor § 128 Rn.172 ff.

[17] *Goldschmidt*, Prozeß als Rechtslage, S.364; Rosenberg/Schwab/*Gottwald*, ZPR, § 64 I., S.349; Musielak/*Musielak*, Einl Rn.61; Stein/Jonas/*Leipold*, Vor § 128 Rn.173.

[18] *Goldschmidt*, Prozeß als Rechtslage, S.456 ff.; Rosenberg/Schwab/*Gottwald*, ZPR, § 64 II., S.351; Musielak/*Musielak*, Einl Rn.61; Stein/Jonas/*Leipold*, Vor § 128 Rn.174.

[19] *Oda*, Prozeßfähigkeit, S.21; *Grunsky*, Verfahrensrecht, § 34 I., S.319; *Jauernig*, ZPR, § 30 III.2., S.120.

[20] *Oda*, Prozeßfähigkeit, S.21; *Blomeyer*, ZPR, § 30 II.1.a), S.163; *Goldschmidt*, Prozeß als Rechtslage, S.372 ff.; Rosenberg/Schwab/*Gottwald*, ZPR, § 67 II., S.371.

[21] MüKo-ZPO/*Lüke*, Einl Rn.11; Stein/Jonas/*Schumann*, 20.Aufl., Einl Rn.204 ff.

[22] *Goldschmidt*, Prozeß als Rechtslage, S.78; *Halbach*, Verweigerung der Terminsbestimmung, S.72 ff.; *Hummer*, Justizgewährung, S.47.

hat gegen den Staat als den monopolistischen Träger der Justizhoheit wegen des in weiten Bereichen verwehrten Selbsthilferechts (vgl. § 229 BGB) einen Anspruch auf Ausübung der Rechtspflegetätigkeit[23]. Die einfache Nichtbeachtung der Erwirkungshandlungen wäre somit als Justizverweigerung anzusehen[24].
Zu den Erwirkungshandlungen gehört auch die ein Urteil beantragende Klage[25]. Sie muss deshalb, auch wenn sie von einem vollmachtlosen Vertreter eingereicht wird, der damit jedoch ebenso um Rechtsschutz bittet, bei Gericht Beachtung finden[26].

II. Einleitung des Verfahrens

Inhaltlich begründet der Justizgewährungsanspruch die Pflicht des Staates, den Streit durch unabhängige Richter in einem rechtsstaatlichen Verfahren entscheiden zu lassen. Darüber hinaus gibt er dem Bürger ein Recht auf Durchführung und ordnungsgemäße, d.h. hier zivilprozessordnungsgemäße Abwicklung des Verfahrens sowie auf eine verbindliche gerichtliche Entscheidung[27].
Für die hier in Rede stehende Klage stellt sich allerdings die Frage, inwieweit sie das Gericht angesichts des Vertretungsmangels zu einer Durchführung des Verfahrens gemäß der ZPO verpflichtet.
Üblicherweise wird die bei Gericht eingegangene ordnungsgemäße Klageschrift zunächst dem Vorsitzenden vorgelegt. Stellt dieser keine Gründe für eine Zustellungsverweigerung fest, wird auf seine Verfügung hin dem zu Verklagenden die Klage als beglaubigte Abschrift von Amts wegen zugestellt (§§ 208 ff., 270 Abs. 1, 271 Abs. 1, 498 ZPO). Außerdem hat er nach Anberaumung eines frühen ersten Termins (§§ 274, 275 ZPO) oder Durchführung des schriftlichen Vorverfahrens (§ 276 ZPO) einen Haupttermin zur mündlichen Verhandlung zu bestimmen (§ 272 Abs. 1, 2 ZPO). Erst nach Abhalten der grundsätzlich notwendigen Güteverhandlung (§ 278 Abs. 2 ZPO) und einer mündlichen Verhandlung kann das Gericht über die Klage entscheiden.
Zu der Einleitung des Verfahrens ist der (Vorsitzende) Richter jedoch nur verpflichtet, wenn sich der um Rechtsschutz ersuchende Bürger der ihm nach der Prozessordnung gewährten Rechtsschutzformen bedient[28]. Handelt es sich also bei einer Rechtsschutzbitte nicht um die in der ZPO für den Prozess vorge-

---

[23] *Goldschmidt*, Prozeß als Rechtslage, S.77 ff.; *Henckel*, Prozeßrecht, S.62 f.; MüKo-ZPO/*Lüke*, Einl Rn.7.

[24] *Goldschmidt*, Prozeß als Rechtslage, S.371; *Oda*, Prozessfähigkeit, S.20.

[25] *Goldschmidt*, Prozeß als Rechtslage, S.382; *Jauernig*, ZPR, § 30 III.1., S.120; Rosenberg/Schwab/*Gottwald*, ZPR, § 64 I.1., S.349; MüKo-ZPO/*Lüke*, Einl Rn.266.

[26] Das wird von der heute allgemeinen Ansicht vorausgesetzt, indem sie in diesem Fall die Klageabweisung als prozessuale Folge anerkennt (s.u. S.44 f. *Teil 1 A.II.1.a)dd)(2)(a)(ee)*).

[27] BVerfG, Beschl.v. 12.12.1992, BVerfGE 85, S.337 (345 f.); Dreier/*Dreier*, Art.20 Rn.197.

[28] Vgl. Stein/Jonas/*Schumann*, 20.Aufl., Einl Rn.86.

schriebene Einleitungsform einer Klage (§ 253 ZPO), ist das Gericht auch nicht an die sonst daran anknüpfenden Vorschriften zur Verfahrensdurchführung gebunden[29].

Die Notwendigkeit der Durchführung des Rechtsstreits in der gerade beschriebenen Weise hängt demnach im Fall des nichtberechtigten Vertreters zunächst davon ab, ob die insoweit fehlerhafte Klage überhaupt zur Begründung eines Rechtsstreits geeignet ist, also noch als eine von der ZPO vorgesehene Rechtsschutzform anerkannt werden kann. Bejaht man dies, ist anschließend festzustellen, ob vom Prozessrecht die Verfahrenseinleitung durch das Gericht dann auch stets gefordert wird.

1. Eignung der Klage zur Begründung eines Rechtsstreits

Nach einer früher in der Lehre vertretenen Ansicht kann die von einem vollmachtlosen Vertreter eingereichte Klage keinen Rechtsstreit begründen[30]. Ohne Vertretungsmacht kraft Willens des Vertretenen werde dieser durch Handlungen eines anderen rechtlich nicht betroffen[31]. Die Klage des unbefugten Vertreters bleibe, wenn die Genehmigung nicht beigebracht werde, wirkungslos[32]. Ohne eine Klage seien aber auch kein Kläger und Beklagter vorhanden[33]. Da demzufolge niemand vorhanden sei, der den Klageanspruch geltend gemacht habe, werde das Gericht nicht damit befasst[34]. Der Prozess zwischen den Parteien sei vielmehr nichtig[35].

Eine Rechtshängigkeit trete mangels Erhebung der Klage durch Zustellung des Schriftsatzes nicht oder nur bedingt ein[36]. Der verdeckte Mangel erwecke nur den Anschein der Rechtshängigkeit[37]. Denn der vom Unlegitimierten ausgehende Zustellungsauftrag könne nicht über § 85 ZPO als Zustellung auf Betreiben des Vertretenen i.S.d. § 253 ZPO angesehen werden. Deshalb sei nur ein Zustellungsversuch gegeben, der beim Ausbleiben der Genehmigung keine Wirkung

---

[29] *Halbach*, Verweigerung der Terminsbestimmung, S.74.

[30] *Hellmann*, ZZP 27 (1900), S.261 (265); *Just*, AcP 68 (1885), S.268 (324 f.); *Nußbaum*, Prozeßhandlungen, S.90; *Wach*, HB CPR Bd.1, § 52 IV.1., S.601; so auch KG Berlin, Urt.v. 11.07.1902, OLGR 9 (1904), S.55.

[31] *Nußbaum*, Prozeßhandlungen, S.89 f.

[32] *Just*, AcP 68 (1885), S.268 (325); zustimmend *Hellmann*, ZZP 27 (1900), S.261 (262).

[33] *Hellmann*, ZZP 27 (1900), S.261 (265); *Just*, AcP 68 (1885), S.268 (324); *Nußbaum*, Prozeßhandlungen, S.90; *Wach*, HB CPR Bd.1, § 52 IV.1., S.602.

[34] *Hellmann*, ZZP 27 (1900), S.261 (271); *Just*, AcP 68 (1885), S.268 (325).

[35] *Wach*, HB CPR Bd.1, § 52 IV.1., S.601.

[36] *Hellmann*, ZZP 27 (1900), S.261 (262, 271); *Just*, AcP 68 (1885), S.268 (325); *Nußbaum*, Prozeßhandlungen, S.90; so auch KG Berlin, Urt.v. 11.07.1902, OLGR 9 (1904), S.55; nach *Wach*, HB CPR Bd.1, § 52 II., S.595, und *Marzinek*, Mangel der Vollmacht, S.28 f., tritt die Rechtshängigkeit unter der auflösenden Bedingung der Genehmigungsversagung durch den Vertretenen, nach *Hoepfner*, Vertretung ohne Vertretungsmacht, S.30, und *Carbyn*, Einstweilige Zulassung, S.34, unter der aufschiebenden Bedingung der Genehmigung ein.

[37] *Just*, AcP 68 (1885), S.268 (326).

entfalte. Erst die Genehmigung verleihe dem bisherigen, rein faktischen Geschehen den für den Prozess erforderlichen Rechtscharakter[38].

Demgegenüber wird heute das Vorliegen einer der ZPO entsprechenden Rechtsschutzform für den Fall der Klage eines vollmachtlosen Vertreters nicht mehr bestritten[39]. Die Eignung der Klage zur Verfahrenseinleitung wird damit begründet, dass der vollmachtlos Vertretene Partei des Verfahrens werde. Denn der Prozess könne trotz des Vertretungsmangels durch Genehmigung gem. § 89 Abs. 2 ZPO für ihn wirksam werden und so den Mangel rückwirkend beheben[40]. Das setze voraus, dass es bereits vorher ein Verfahren mit ihm als Partei gewesen sei[41]. Ferner stehe die fehlerhafte Klage dem Eintritt der Rechtshängigkeit nicht entgegen, da über den Mangel eines anhängigen Prozesses nur das erkennende Gericht selbst zu entscheiden habe und die Rechtshängigkeit der Streitsache somit eintrete, bevor der Vollmachtsmangel überhaupt berücksichtigt werde[42].

Die Argumentation der früher vertretenen Ansicht fußt auf der Vorstellung, dass die Handlungen eines vollmachtlosen Vertreters ohne Wirkung für den Vertretenen bleiben. Sie befindet sich insoweit im Einklang mit der materiellrechtlichen Vorschrift des § 177 Abs. 1 BGB und scheint sich auf einen Umkehrschluss aus §§ 81 Hs. 1, 85 Abs. 1, 89 Abs. 2 ZPO stützen zu können.
Dennoch ist der ZPO auch ein vollmachtloses Prozessieren nicht fremd. So setzt die Vollmachtsrüge gem. § 88 Abs. 1 ZPO einen Vertretungsmangel im Rahmen eines laufenden Rechtsstreits voraus. § 89 ZPO erlaubt sogar die einstweilige Fortsetzung des Verfahrens mit einem Prozessvertreter ohne Vollmacht und den Erlass eines Endurteils.
Gerade die Vorschrift des § 89 ZPO, auf deren Genehmigungstatbestand sich auch die eher spärliche Begründung der heute allgemein vertretenen Ansicht bezieht, kann möglicherweise Aufschluss über die prozessualen Folgen einer vollmachtlosen Klage geben. Lässt sich nämlich nachweisen, dass die einstweilige Zulassung eines schon von Beginn des Verfahrens an vollmachtlosen Klägervertreters möglich ist, sind daraus Rückschlüsse auf die Eignung der vollmachtlosen Klage zur Prozesseinleitung im Allgemeinen, d.h. auch ohne einstweilige Zulassung, denkbar.

---

38 *Hellmann*, ZZP 27 (1900), S.261 (271, 274).

39 Vgl. Rosenberg/Schwab/*Gottwald*, ZPR, § 56 II.2., S.301; Baumbach/Lauterbach/*Hartmann*, § 88 Rn.13; MüKo-ZPO/*v.Mettenheim*, § 88 Rn.13; Stein/Jonas/*Bork*, § 88 Rn.11.

40 *Fleddermann*, Kostenrechtliche Probleme, S.65; *Schmitz*, Kostenentscheidung für oder gegen Dritte, S.29 f.; MüKo-ZPO/*Lüke*, § 261 Rn.23; Stein/Jonas/*Schumann*, § 261 Rn.44.

41 *Christmann*, Der vollmachtlose Stellvertreter, S.39; *Schmitz*, Kostenentscheidung für oder gegen Dritte, S.34; Stein/Jonas/*Bork*, § 88 Rn.13.

42 *Christmann*, Der vollmachtlose Stellvertreter, S.36; *Fleddermann*, Kostenrechtliche Probleme, S.65; *Planck*, CPR Bd.2/1, § 95, S.90; Stein/Jonas/*Schumann*, § 261 Rn.44.

a) Vollmachtlose Klage als gesetzlich geregelter Fall des § 89 ZPO

Nach § 89 Abs. 1 S. 1 ZPO kann das Gericht jemanden, der für eine Partei als Geschäftsführer ohne Auftrag oder als Bevollmächtigter ohne Beibringung einer Vollmacht handelt, fakultativ gegen Sicherheitsleistung einstweilen zur Prozessführung zulassen. Um den Umfang dieser einstweiligen Zulassung zu begrenzen, hat das Gericht dem Vertreter eine Frist zu setzen, innerhalb der er seine Bevollmächtigung nachzuweisen oder eine den Vollmachtsmangel heilende Genehmigung des Vertretenen beizubringen hat (vgl. § 89 Abs. 1 S. 2 Hs. 2 ZPO). Kann er dem bis zum Ablauf der Frist nicht nachkommen, gilt die Genehmigung als versagt[43]. Dem steht der Fall gleich, dass das Gericht schon vorher über das Ausbleiben der Heilung Gewissheit erlangt, z.B. wenn der Vertretene ausdrücklich die Genehmigung verweigert[44] oder der Vertreter einräumt, an der Beibringung der Genehmigung in absehbarer Zeit gehindert zu sein[45].

Aufgrund der dann nicht mehr bestehenden Aussicht auf Heilung des Vertretungsmangels muss das Gericht für das weitere Verfahren vom Vorliegen der Vollmachtlosigkeit ausgehen. Es braucht einen Eingang der Genehmigung nicht mehr abzuwarten und kann nun über den Rechtsstreit entscheiden[46]. Gleichwohl ist trotz eines Ablaufs der Frist des § 89 Abs. 1 S. 2 ZPO noch bis zum Schluss der letzten mündlichen Verhandlung (§§ 136 Abs. 4, 296 a ZPO) eine Heilung möglich (arg. §§ 89 Abs. 1 S. 3, 231 Abs. 2 ZPO)[47].

Bleibt es bei dem Vollmachtsmangel, erlässt das Gericht gem. § 89 Abs. 1 S. 3 ZPO ein „Endurteil", das in seinen Gründen den Vertreter zurückweist[48] und diesen zum Ersatz der dem Gegner infolge der Zulassung erwachsenen Kosten verurteilt.

Hellmann[49] hat aus dem vorgesehenen Erlass eines Endurteils geschlossen, dass § 89 ZPO nur auf Fälle vollmachtloser Vertretung nach vorheriger „gültiger" Klageerhebung anwendbar sein könne. Denn als eine „Partei", wie der Vertretene in der Norm bezeichnet werde, sei nach dem Sprachgebrauch des Gesetzes nur anzusehen, wer zufolge einer gültigen Klage in diese Rolle gelange. Hinzu

---

43 RG, Urt.v. 31.12.1892, RGZ 30, S.398 (401); *Hahn*, Materialien Reichs-Justizgesetze Bd.2/1, S.196.

44 Eine rechtsgestaltende Wirkung der Genehmigungsverweigerung, wie in §§ 108, 177 BGB, ist in der ZPO nicht vorgesehen.

45 *Christmann*, Der vollmachtlose Stellvertreter, S.86; *Marzinek*, Mangel der Vollmacht, S.20; Stein/Jonas/*Bork*, § 89 Rn.6.

46 RG, Urt.v. 31.12.1892, RGZ 30, S.398 (400); *Christmann*, Der vollmachtlose Stellvertreter, S.97.

47 BGH, Beschl.v. 17.04.1984, BGHZ 91, S.111 (115 f.); BGH, Urt.v. 14.12.1990, NJW 1991, S.1175 (1176); MüKo-ZPO/*v.Mettenheim*, § 89 Rn.20; Musielak/*Weth*, § 89 Rn.16.

48 Die Zurückweisung kann auch in Form eines Beschlusses ergehen, wenn die Voraussetzungen für ein Endurteil nicht vorliegen, vgl. MüKo-ZPO/*v.Mettenheim*, § 88 Rn.11.

49 *Hellmann*, ZZP 27 (1900), S.261 (272 f.).

komme, dass die einstweilige Zulassung sowohl nach § 89 ZPO als auch nach § 56 ZPO immer nur durch gerichtliche Entscheidung, also frühestens im Verhandlungstermin erfolgen könne. Von einer einstweiligen Zulassung zur Klageerhebung, die schon in der Vergangenheit liege, könne hier demnach keine Rede mehr sein. Endlich setzten §§ 56, 89 ZPO nach einer einstweiligen Zulassung den Erlass eines Endurteils voraus, was nur unter der Voraussetzung einer gültigen Klageerhebung möglich sei.

Abweichend davon legt die herrschende Meinung[50] der Vorschrift des § 89 ZPO einen weiten Anwendungsbereich zugrunde, indem sie, ohne sich mit der Argumentation *Hellmanns* substantiiert auseinander zu setzen, die einstweilige Zulassung und Heilungsmöglichkeit durch Genehmigung auch bei bereits vollmachtloser Klage zulässt.

Die Berechtigung des extensiven Verständnisses der herrschenden Meinung und die Tragfähigkeit der von *Hellmann* dagegen erhobenen Einwände sollen im Wege der Auslegung des § 89 ZPO ermittelt werden.

aa) Grammatikalische Auslegung

Dem Wortlaut kann eine Begrenzung auf Fälle mit mangelfreier Klage nicht entnommen werden. Es wird nach § 89 Abs. 1 S. 1 ZPO für die einstweilige Zulassung lediglich ein Handeln des Vertreters gefordert, das auch in einer Klage bestehen könnte.

Die Verwendung des Begriffs „Partei" steht dem nicht entgegen. Es ist zwar richtig, dass die Parteirolle typischerweise infolge einer fehlerfreien Klage begründet wird. Möglich ist jedoch genauso, dass die ZPO von einem weiteren Parteibegriff ausgeht und auch den nicht wirksam Vertretenen als Partei ansieht, was dann in § 89 ZPO zum Ausdruck kommen würde.

Für Letzteres sprechen die §§ 547 Nr. 4, 579 Abs. 1 Nr. 4 ZPO. Sie enthalten den Revisions- und Wiederaufnahmegrund für die Fälle, in denen, so die amtliche Begründung zum ZPO-Entwurf, „eine Partei gar nicht oder nur durch eine nicht berechtigte Person vertreten gewesen ist"[51], und gelten unabhängig von einer vorherigen Geltendmachung des Vollmachtsmangels[52]. Wenn also „eine Partei nicht nach Vorschrift der Gesetze vertreten war", soll sie zur Wahrung

[50] Vgl. AK-ZPO/*Christmann*, § 89 Rn.5; Baumbach/Lauterbach/*Hartmann*, § 89 Rn.7; MüKo-ZPO/*v.Mettenheim*, § 89 Rn.12; Musielak/*Weth*, § 89 Rn.8; Stein/Jonas/*Bork*, § 89 Rn.8; Wieczorek/Schütze/*Steiner*, § 89 Rn.6; Zöller/*Vollkommer*, § 89 Rn.8 ff.; *Christmann*, Der vollmachtlose Stellvertreter, S.30, und *Schmitz*, Kostenentscheidung für oder gegen Dritte, S.30, verweisen auf das „allgemeine Bedürfnis", auch die anfänglich nicht vorliegende Vollmacht durch eine Genehmigung ersetzen zu können.

[51] *Hahn*, Materialien Reichs-Justizgesetze Bd.2/1, S.379.

[52] *Hahn*, Materialien Reichs-Justizgesetze Bd.2/1, S.380.

ihres Selbstbestimmungsrechts[53] das sie betreffende, vom Gericht in Unkenntnis der fehlenden Bevollmächtigung erlassene Endurteil wieder beseitigen können. Dafür besteht auch bei unbefugter Vertretung von Beginn des Prozesses an, also ab Klagezustellung, ein Bedürfnis. Trotz einer ggf. vollmachtlosen Klage verwendet der Gesetzgeber auch hier den Begriff „Partei".

bb) Systematische Auslegung

Entgegen der Auffassung von *Hellmann* ist für die in Rede stehende Auslegungsfrage nicht der Zeitpunkt der einstweiligen Zulassung ausschlaggebend. Zutreffend ist zwar, dass die Entscheidung[54] über die Zulassung durch einen Beschluss (§ 329 ZPO) des Gerichts und damit wegen des Mündlichkeitsgrundsatzes (§ 128 Abs. 1 ZPO) i.d.R. nur aufgrund mündlicher Verhandlung ergeht[55]. Das hindert jedoch nicht an der Annahme, dass der einstweiligen Zulassung auch eine vollmachtlose Klage vorausgehen kann. Das zeigen die Wirkungen der Zulassung, welche die amtliche Begründung des ZPO-Entwurfs wie folgt umschrieben hat[56]:

> „Die durch das Prozeßgericht erfolgende Zulassung des Vertreters ermächtigt den nicht legitimierten Vertreter zur wirksamen Vornahme aller Prozeßhandlungen, verpflichtet den Gegner zur Verhandlung des Rechtsstreits mit dem zugelassenen Vertreter und ermöglicht die vorläufige Verhandlung des Prozesses bis auf die Fällung des Endurtheils."

Dem einstweilig als bevollmächtigt zu behandelnden Vertreter[57] wird also mit der Zulassung lediglich die Fortsetzung der Prozessführung in der Hauptsache ermöglicht[58]. Eine Zulassung für in der Vergangenheit liegende Prozesshandlungen des Vertreters ist hingegen gar nicht notwendig, da das Verfahren insoweit bereits durchgeführt worden ist. Die bis dahin vorgenommenen Handlungen werden lediglich einstweilen von den Wirkungen der Zulassung erfasst, soweit sie als Grundlage für die Fortführung des Prozesses in der Hauptsache erforderlich sind. Darauf, ob es sich dabei um eine Klage oder um sonstige Prozesshandlungen handelt, kommt es dann aber nicht an. Deutlich wird das auch

---

[53] *Urbanczyk*, ZZP 95 (1982), S.339 (357); s.u. S. 91 *Teil 1 C.II.3.a)aa)(1)*.

[54] Ein ausdrücklicher Antrag auf einstweilige Zulassung ist nicht erforderlich, sofern aus dem Vertreterverhalten der Wille zur Verfahrensfortführung erkennbar wird, vgl. Stein/Jonas/*Bork*, § 89 Rn.1; widerspricht der Gegner nicht, ergeht die Entscheidung über die einstweilige Zulassung in der Praxis konkludent ohne Beschluss, vgl. Baumbach/Lauterbach/*Hartmann*, § 89 Rn.3; Thomas/Putzo/*Putzo*, § 89 Rn.3.

[55] Rosenberg/Schwab/*Gottwald*, ZPR, § 56 II.1., S.302, § 81 III.1.a), S.443; MüKo-ZPO/*v.Mettenheim*, § 89 Rn.5; Stein/Jonas/*Bork*, § 89 Rn.2.

[56] *Hahn*, Materialien Reichs-Justizgesetze Bd.2/1, S.196.

[57] Musielak/*Weth*, § 89 Rn.6; Thomas/Putzo/*Putzo*, § 89 Rn.4; Zöller/*Vollkommer*, § 89 Rn.6.

[58] MüKo-ZPO/*v.Mettenheim*, § 89 Rn.9; Wieczorek/Schütze/*Steiner*, § 89 Rn.4.

im Fall einer fehlerfreien Klage, bei der ein Nichtberechtigter vor seiner Zulassung oft schon für den Vertretenen, z.B. wenn der Mangel erst später aufgedeckt wird, vollmachtlos gehandelt haben wird[59].

Darüber hinaus vermag der von *Hellmann* angeführte § 56 ZPO nicht die von ihm vertretene Ansicht zu stützen. Die darin geregelte einstweilige Zulassung der Partei oder des gesetzlichen Vertreters bei Gefahr im Verzuge ist der Vorschrift des § 89 Abs. 1 ZPO angeglichen[60], weshalb die wechselseitige Betrachtung durchaus Schlüsse füreinander zulässt.
Jedoch kann weder dem Wortlaut noch aus der Entstehungsgeschichte der Norm des § 56 ZPO eine Geltung nur bei fehlerfreier Klage entnommen werden. Vielmehr spricht gegen ein solches Verständnis, dass die gesetzliche Vertretungsmacht infolge der gebotenen Kontinuität des Gesetzes gegenüber Veränderungen relativ schwerfällig und ihr Erlöschen in dem Zeitraum nach Klageerhebung während des Verfahrens eher unwahrscheinlich ist. Der praktische Anwendungsbereich des § 56 Abs. 2 ZPO wäre damit in zweckwidriger Weise minimiert, da auch im Fall einer vom vermeintlich gesetzlichen Vertreter eingereichten Klage bei Gefahr im Verzuge ein Bedürfnis nach einstweiliger Zulassung besteht.

cc) Historisch-teleologische Auslegung
Als aufschlussreich für die Auslegung erweisen sich der Sinn und Zweck des § 89 ZPO. Der Gesetzgeber hat die ratio legis in der amtlichen Begründung des ZPO-Entwurfs vorgezeichnet[61]:

> „Durch diese Vorschrift wird sowohl für die Fälle, in welchen eine Vollmacht noch nicht oder noch keine ordnungsgemäße Vollmacht vorgelegt werden kann, als auch für die Fälle Sorge getragen, in welchen eine Partei durch Abwesenheit oder durch andere Gründe an eigener Wahrnehmung ihrer Rechte behindert ist und dritte Personen ohne Auftrag die bedrohten Rechte der ersteren wahrnehmen.“

Die Norm verfolgt also einerseits, wie aus der Konstellation einer noch nicht oder nicht ordnungsgemäß vorgelegten Vollmacht gefolgert werden kann, prozessökonomische Zwecke[62]. Denn das Gericht entscheidet über die einstweilige

---

[59] In den Protokollen der 2. BGB-Kommission heißt es demgemäß: „Der Mangel der Legitimation ... stelle sich häufig erst bei dem Beginne des gerichtlichen Termins heraus; ...“, vgl. *Mugdan*, Materialien BGB Bd.2, S.1164.
[60] *Hahn*, Materialien Reichs-Justizgesetze Bd.2/1, S.170.
[61] *Hahn*, Materialien Reichs-Justizgesetze Bd.2/1, S.195.
[62] Baumbach/Lauterbach/*Hartmann*, § 89 Rn.1; Musielak/*Weth*, § 89 Rn.1; Wieczorek/Schütze/*Steiner*, § 89 Rn.1.

Zulassung nach pflichtgemäßem Ermessen[63] und darf die Zulassung nur ablehnen und den Vertreter zurückweisen, wenn der Vollmachtsmangel feststeht und keine Heilungsaussicht gegeben ist[64]. Kann das Gericht hingegen erwarten, dass der Vertreter später die Vollmacht noch nachweisen oder eine Genehmigung beibringen wird, hat es von § 89 Abs. 1 S. 1 ZPO Gebrauch zu machen. Ohne diese Möglichkeit müsste das Verfahren, trotz der Heilungschancen für den Vollmachtsmangel, durch Urteil beendet und überflüssigerweise ggf. später wiederholt werden[65].

Andererseits bezweckt die Vorschrift den einstweiligen Schutz der bedrohten Rechte einer zeitweilig an deren Wahrnehmung gehinderten Person. Die Aufgabe, in solchen Fällen der verhinderten Partei Hilfe zu gewähren, heißt es dementsprechend in der amtlichen Begründung weiter[66], löse die ZPO, um im weitesten Umfange dem Bedürfnisse zu genügen, dadurch, dass jeder in Vertretung der Partei nach Maßgabe der §§ 78, 79 ZPO auftreten dürfe. Es soll somit dem Vertretenen trotz seiner Verhinderung in größtmöglichem Maße Rechtsschutz gewährt werden können. Das bedeutet also eine Verfahrensstellung des Vertretenen, wie mit der ex tunc Wirkung der Genehmigung zum Ausdruck kommt, als wenn er seine Rechte von Anfang an willentlich durch den Vertreter hat vornehmen lassen.

Mit der festgestellten ratio legis des § 89 ZPO lässt sich das restriktive Verständnis von *Hellmann* nicht in Einklang bringen. Vielmehr gebietet sie eine weite Auslegung i.S.d. herrschenden Meinung, da sie sowohl bei anfänglicher als auch bei nachträglicher Vollmachtlosigkeit des Vertreters gleichermaßen zutreffen kann. So wäre es genauso unökonomisch, den Vertreter wegen eines fehlenden, aber noch nachholbaren Vollmachtsnachweises mit der Klage zurückzuweisen und bei späterer Erteilung der Vollmacht das Verfahren erneut durchzuführen. Darüber hinaus kann der Gefährdung von Rechten des Klägers oft nur durch unverzügliche Einleitung eines gerichtlichen Verfahrens begegnet werden, wie z.B. im Bereich des einstweiligen Rechtsschutzes (§§ 916 ff. ZPO) oder wegen der Wirkungen der Rechtshängigkeit (s.u. S. 39 *Teil 1 A.II.1.a)dd)(2)(a)(bb)*). Auch hier besteht bei Verhinderung der Partei ein Interesse an der Wahrnehmung durch nicht beauftragte Dritte.
Gegen eine solche Auslegung und damit für die Ansicht von *Hellmann* scheint zwar zu sprechen, dass der Einschätzung der Gesetzesmotive zufolge nach

---

[63] BAG, Urt.v. 18.12.1964, NJW 1965, S.1041; MüKo-ZPO/*v.Mettenheim*, § 89 Rn.4; Zöller/*Vollkommer*, § 89 Rn.3.
[64] AK-ZPO/*Christian*, § 89 Rn.1; Baumbach/Lauterbach/*Hartmann*, § 89 Rn.3; MüKo-ZPO/*v.Mettenheim*, § 89 Rn.2.
[65] MüKo-ZPO/*v.Mettenheim*, § 89 Rn.1; Musielak/*Weth*, § 89 Rn.1.
[66] *Hahn*, Materialien Reichs-Justizgesetze Bd.2/1, S.195.

fruchtlosem Ablauf der Genehmigungsfrist des § 89 Abs. 1 S. 2 ZPO die Partei als nicht erschienen behandelt wird und daher dem Versäumnisverfahren unterliegt[67]. Ein Versäumnisurteil gegen einen nicht vertretenen Kläger kann nämlich nur bei ordnungsgemäßer, also zulässiger Klage und damit lediglich bei einem nachträglichen Vollmachtsmangel ergehen[68].
Diese unterstellte Rechtsfolge lässt sich jedoch mit der ausdrücklich dem ZPO-Entwurf zugrundegelegten Hannoverschen Prozeßordnung von 1850[69] (§ 75 Abs. 2) bzw. dem Hannoverschen Entwurf von 1866[70] (§ 106 Abs. 3) erklären. Danach war nach dem „unbenutzten Ablaufe“ der Beibringungsfrist der Erlass eines „Ungehorsams“- bzw. Versäumnisurteils vorgesehen. Dem lag die Vorstellung zugrunde, dass es im Fall einer vollmachtlosen Klage nicht, wie heute allgemein angenommen wird (s.u. S. 44 f. *Teil 1 A.II.1.a)dd)(2)(a)(ee)*), an einer Sachurteilsvoraussetzung fehlt, sondern ein Urteil in der Sache ergehen kann[71]. Der Schluss, die Vorschrift des § 89 ZPO finde wegen des in der ZPO-Begründung erwarteten Versäumnisurteils nur auf Fälle mit nachträglichem Vollmachtsmangel Anwendung, ist deshalb nicht zwingend.

Die vom historischen Gesetzgeber dem § 89 ZPO zugrundegelegte Teleologie spricht somit für eine Anwendbarkeit der Norm auch bei anfänglicher Vollmachtlosigkeit des Vertreters und damit für eine extensive Auslegung.

dd) Objektiv-teleologische Auslegung

Aus der Vorschrift des § 89 ZPO selbst heraus lässt sich mithin die von *Hellmann* geforderte Begrenzung des Anwendungsbereichs auf einen nachträglichen Vollmachtsmangel nicht herleiten.
Die Auslegung hat sich aber auch, worauf insbesondere *Larenz*[72] aufmerksam gemacht hat, an den über die ratio legis der Einzelregelungen hinausgreifenden rechtsethischen Prinzipien[73] zu orientieren. Wegen des Grundsatzes der Gleichbehandlung sollen so Wertungswidersprüche innerhalb der Rechtsordnung mög-

---

[67] *Hahn*, Materialien Reichs-Justizgesetze Bd.2/1, S.196.
[68] Vgl. Baumbach/Lauterbach/*Hartmann*, § 88 Rn.13; MüKo-ZPO/*v.Mettenheim*, § 88 Rn.14.
[69] Vgl. *Dahlmanns*, Zivilprozessuale Kodifikationen Bd.1.
[70] Vgl. *Dahlmanns*, Zivilprozessuale Kodifikationen Bd.2.
[71] Diese Einschätzung wird im Zusammenhang mit einer aus den Protokollen der zweiten Lesung zu § 89 ZPO ersichtlichen Anfrage des Abgeordneten *Gaupp* deutlich, wonach das Wort „Endurteil“ auf den Gedanken bringe, als ob das Urteil gegen eine von der Klage nichts wissende Partei „*in der Sache selbst*“ erlassen werden dürfe, was nicht gewollt sein könne, worauf der Regierungsvertreter *v.Amsberg* entgegnete, dass „der Entwurf ... in diesem Punkte anderer Ansicht“ sei, vgl. *Hahn*, Materialien Reichs-Justizgesetze Bd.2/2, S.948.
[72] *Larenz*, NJW 1965, S.1 (7); *ders.*, Methodenlehre, II. 4.Kap.2.d), S.334 ff.; *ders.*, Richtiges Recht, S.10, 23 ff.
[73] Im Gegensatz zu den „rechtstechnischen Prinzipien“ haben die „rechtsethischen Prinzipien“ ihre Wurzeln im ethischen Bereich, vgl. *Larenz*, NJW 1965, S.1 (7).

lichst vermieden werden[74]. Dabei handelt es sich um Rechtsprinzipien, die einerseits Leitgedanke und Rechtfertigungsgrund der einzelnen rechtlichen Regelungen sind, aber noch keinen rechtssatzförmigen Charakter aufweisen. Andererseits enthalten sie einen Sinnbezug zu dem „letzten Grundsinn des Rechts“, wie dem Rechtsfrieden und der Gerechtigkeit, also der „Rechtsidee“[75]. Ein solches rechtsethisches Prinzip stellt der in der ZPO geltende Dispositionsgrundsatz dar[76].

(1) Einschränkung des Dispositionsgrundsatzes

Der maßgebliche Einwand der älteren Lehre (s.o. S. 26 f. *Teil 1 A.II.1.*) gegenüber der vollmachtlosen Klage als Ausgangspunkt eines Prozesses besteht darin, dass die Handlungen des Vertreters nicht auf den Willen des Vertretenen zurückzuführen sind und deshalb keine Wirkungen entfalten können. Diese Einschätzung entspricht dem allgemein geltenden Selbstbestimmungsrecht, wonach jedem die Freiheit zu selbstverantwortetem Handeln und die Entscheidung über die eigenen Angelegenheiten zusteht[77].

Im Zivilprozess findet sich eine solche Entscheidungsfreiheit in Form der Dispositionsmaxime wieder. Diese bezeichnet die Befugnis der Parteien, über den Rechtsstreit im Ganzen zu verfügen[78]. Ihre konkrete Ausprägung in der ZPO erhält sie durch die Vorschriften über die Einleitung (z.B. § 253 und §§ 519, 549, 569 Abs. 2 ZPO) bzw. Beendigung (z.B. §§ 269, 516, 565 ZPO) des Verfahrens und die Bestimmung des Prozessgegenstandes (z.B. §§ 308 Abs. 1, 528 S. 2, 557 Abs. 1 ZPO). Beginn und Durchführung des Zivilprozesses werden danach weitgehend in die Hand des Einzelnen gelegt[79]. Als prozessuale Seite der materiell-rechtlichen Privatautonomie lässt sich der Dispositionsgrundsatz außerdem auf das bereits erwähnte, der allgemeinen Handlungsfreiheit (Art. 2 Abs. 1 GG) zugeordnete Recht einer Person auf Selbstbestimmung[80] zurückführen[81], welches wiederum unmittelbar aus der Rechtsidee folgt[82].

---

[74] *Larenz*, Methodenlehre, II.4.Kap.2.d), S.334 ff.; *Canaris*, Feststellung von Lücken, § 84, S.93.

[75] *Larenz*, Richtiges Recht, S.23, 25 f., 29, 33 ff.; *ders.*, Methodenlehre, II. 6.Kap.3.a), S.474.

[76] In der Literatur sind die Verfahrensgrundsätze auch als Auslegungsmaximen anerkannt, vgl. Rosenberg/Schwab/*Gottwald*, ZPR, § 7 II.2.d), S.33; MüKo-ZPO/*Lüke*, Einl Rn.166; Thomas/ *Putzo*, Einl VI Rn.4; Wieczorek/Schütze/*Prütting*, Einl Rn.71.

[77] Sachs/*Sachs*, Vor Art.1 Rn.43.

[78] Musielak/*Musielak*, Einl Rn.35; Stein/Jonas/*Leipold*, Vor § 128 Rn.68; Thomas/Putzo/*Reichold*, Einl I Rn.5; Wieczorek/Schütze/*Prütting*, Einl Rn.72.

[79] *Jauernig*, ZPR, § 24 I., S.83; Musielak/*Musielak*, Einl Rn.35.

[80] BAG, Beschl.v. 18.10.1990, NZA 1991, S.363 (364); *Urbanczyc*, ZZP 95 (1982), S.339 (357); *Abel*, Nichtigkeitsklage, S.78.

[81] *Jauernig*, ZPR, § 24 I., S.83; MüKo-ZPO/*Lüke*, Einl Rn.167; Musielak/*Musielak*, Einl Rn.35.

[82] *Canaris*, Feststellung von Lücken, § 104, S.113; *Larenz*, Methodenlehre, II.6.Kap.3.a), S.474.

Zu dem Dispositionsgrundsatz könnte eine extensive Auslegung des § 89 ZPO im Widerspruch stehen. Möglicherweise ist daher mit *Hellmann* eine Begrenzung der Norm auf Fälle eines nachträglichen Vertretungsmangels notwendig. Wäre nämlich die Anwendbarkeit der Norm auf den vollmachtlos eine Klage einreichenden Vertreter anerkannt, könnte dieser einstweilig zugelassen werden und so gemäß § 89 Abs. 1 S. 3 ZPO ein das Verfahren abschließendes Endurteil herbeiführen. Infolge der einstweiligen Zulassung würde der Vertreter die Stellung und die Befugnis zur Prozessführung wie ein von dem Vertretenen Bevollmächtigter erlangen. Der Beschluss über die einstweilige Zulassung aufgrund mündlicher Verhandlung und die Entscheidung durch Endurteil setzten zudem die Durchführung eines Urteilsverfahrens mit zwei Parteien, Rechtshängigkeit und einem Prozessrechtsverhältnis voraus. Wenn nämlich in § 89 Abs. 1 ZPO der Erlass eines Endurteils vorgesehen ist, muss insoweit, wie § 300 Abs. 1 ZPO explizit voraussetzt, auch das Vorliegen eines (entscheidungsreifen) Rechtsstreits mit zwei Parteien und damit die Erhebung einer Klage angenommen werden. Denn das Gericht kann über die von einer Klage betroffene Streitsache nur durch Urteil entscheiden, soweit sie gem. § 261 Abs. 1 ZPO im Wege der Rechtshängigkeit Gegenstand des Verfahrens geworden ist. Erst die Rechtshängigkeit begründet die Notwendigkeit einer Entscheidung durch Endurteil[83].

Würde nun, wie von der herrschenden Meinung angenommen, der vermeintlich Vertretene von diesen prozessualen Wirkungen erfasst werden, käme es für die Einleitung und Durchführung des Rechtsstreits nicht auf seinen Willen an. Der Vertretene wäre ungeachtet eines selbstbestimmten Handelns den Wirkungen des von ihm nicht herbeigeführten Prozesses ausgesetzt. Die extensive Auslegung des § 89 ZPO hätte damit eine Beeinträchtigung des Dispositionsgrundsatzes zur Folge.

(2) Verhältnismäßigkeit eines extensiven Verständnisses

Die Dispositionsmaxime als Ausfluss des Selbstbestimmungsrechts, welches in Form der allgemeinen Handlungsfreiheit den verfassungsrechtlichen Schranken des Art. 2 Abs. 1 GG unterliegt, wird allerdings nicht unbegrenzt gewährleistet. Soweit sie jedoch aufgrund des (einfachen) Gesetzesvorbehaltes durch eine gesetzliche Regelung eingeschränkt wird, muss diese ihrerseits dem rechtsstaatlichen Übermaßverbot, also dem Grundsatz der Verhältnismäßigkeit, gerecht werden [84]. Die Auslegung einer Norm, die sich auch an der Verfassung messen

---

[83] Vgl. Baumbach/Lauterbach/*Hartmann*, § 261 Rn.2; MüKo-ZPO/*Lüke*, § 261 Rn.2.

[84] Verfassungsmethodologisch gesehen geht es dabei um die Rechtfertigung eines Eingriffs in Art.2 Abs.1 GG unter Berücksichtigung der sog. „Schranken-Schranken", also insbesondere des Verhältnismäßigkeitsgrundsatzes, *Pieroth/Schlink*, Grundrechte, § 8 IV.1., Rn.384; die Geltung des Grundsatzes der Verhältnismäßigkeit im Prozessrecht ist anerkannt, vgl. BVerfG,

lassen muss[85], hat somit die Vereinbarkeit mit dem Übermaßverbot zu berücksichtigen[86]. Es ist deshalb zu prüfen, ob die Beeinträchtigung des Dispositionsgrundsatzes durch das vom Sinn und Zweck des § 89 ZPO geforderte extensive Verständnis als verhältnismäßig anzusehen ist.

Mit einer den Eingriff gestattenden gesetzlichen Regelung des § 89 Abs. 1 ZPO würde gemäß ihrer Teleologie ein legitimes öffentliches Interesse[87] verfolgt werden: Die Wahrnehmung der Rechte einer Person durch Dritte dient nämlich einerseits in prozessökonomischer Hinsicht dem Schutz der Rechtspflege vor einer Überlastung der Gerichte, also der Funktionsfähigkeit der Justiz[88]. Andererseits entspricht sie einem allgemeinen Bedürfnis des Rechtsverkehrs[89] nach Wahrung der eigenen Rechte auch im Verhinderungsfall und damit nach umfassender Teilnahme am Rechtsleben durch Arbeitsteilung (s.o. S. 19 *Einl.*).
Ob die dieses Interesse bewahrende extensive Auslegung der Norm verhältnismäßig ist und eine Beschränkung des Dispositionsrechts des Vertretenen rechtfertigen kann, hängt davon ab, inwieweit prozessuale Wirkungen bei einer vollmachtlosen Klage für die Zweckerreichung erforderlich sind und sie den Vertretenen angemessen belasten.

(a) Die erforderlichen prozessualen Wirkungen

Die prozessualen Wirkungen einer vollmachtlosen Klage für den Vertretenen sind insoweit als erforderlich anzusehen, als sie zur Verwirklichung der von § 89 ZPO bezweckten Prozessökonomie bzw. der Wahrung der bedrohten Rechte des Vertretenen vorliegen müssen. Die Verwirklichung dieser Zwecke wird nach der Regelung des § 89 ZPO mittels der einstweiligen Zulassung des Vertreters und der Genehmigung der vollmachtlosen Prozessführung durch den Vertretenen erzielt. Demnach hat der Vertretene die Wirkungen der Prozessführung des vollmachtlosen Vertreters in dem Maße gegen sich gelten zu lassen, als es

---

Beschl.v. 09.11.1976, BVerfGE 43, S.101 (106); BGH, Urt.v. 04.06.1992, BGHZ 118, S.312 (343).

[85] Zum Gebot der verfassungskonformen Auslegung vgl. *Larenz*, Methodenlehre, II.4. Kap.2.e), S.339.

[86] Bei dem Grundsatz der Verhältnismäßigkeit handelt es sich um ein materiales Rechtsprinzip, das einen methodischen Leitfaden richterlicher Normenkonkretisierung darstellt, vgl. *Larenz*, Methodenlehre, II.5.Kap.3., S.412; *ders.*, Richtiges Recht, S.125; *Zippelius*, Methodenlehre, § 10 V., S.61.

[87] Dazu MüKo-ZPO/*Lüke*, Einl Rn.176.

[88] Vgl. ausführlich *Künzle*, Prozeßförderungspflicht der Parteien, S.47 ff.; *Noske*, Prozeßökonomie, S.48.

[89] *Mugdan*, Materialien BGB Bd.1, S.485: „Das Verkehrsbedürfnis nöthigt, zu gestatten, dass auch durch einen nicht ermächtigten Vertreter für einen Anderen mit rechtlichem Erfolge gehandelt werden kann."

für eine Durchführung der einstweiligen Zulassung bzw. Ausübung der Genehmigung erforderlich ist.
Das bedeutet zum einen, dass das Gericht prozessual in die Lage versetzt werden muss, durch Beschluss über die einstweilige Zulassung den Prozess in einen Schwebezustand zu befördern, der die vorläufig wirksame Verhandlung mit dem Vertreter ermöglicht. Zum anderen muss der Vertretene die Möglichkeit haben, das Verfahren durch Genehmigung gegen sich ex tunc wirksam werden zu lassen und so den laufenden Prozess zu übernehmen, als wenn er ihn bereits von Beginn an geführt hätte.
Als mögliche prozessuale Wirkungen für den Vertretenen durch eine vollmachtlose Klage des einstweilig zugelassenen Vertreters wurden oben bereits die Parteistellung, die Rechtshängigkeit, das Prozessrechtsverhältnis, die einstweilige Vertretungsbefugnis des zugelassenen Vertreters und der Erlass eines Endurteils, also die gesamten einen Prozess kennzeichnenden Merkmale genannt (s.o. S. 35 *Teil 1 A.II.1.a)dd)(1)*). Deren Erforderlichkeit für die einstweilige Zulassung bzw. Genehmigung soll nun im Einzelnen überprüft werden.

(aa) Parteistellung

Nach dem heute im Zivilprozessrecht geltenden formalen Parteibegriff ist Partei, wer für sich Rechtsschutz vom Gericht begehrt und gegen wen Rechtsschutz begehrt wird[90]. Der das Verfahren einleitende Prozessvertreter kommt dafür nicht in Betracht, da er trotz seiner Vollmachtlosigkeit im fremden Namen handelt und nicht für sich Rechtsschutz beantragt[91]. Es liegt deshalb nahe, die von dem Vertreter in der Klageschrift genannten Kläger und Beklagten als Parteien anzusehen.
Diese Einordnung entspricht der Regelung des § 89 ZPO, die den Vertreter als den „einstweilen zur Prozessführung Zugelassenen“ umschreibt und von dem als „Partei“ bezeichneten Vertretenen bzw. dem „Gegner“ unterscheidet.

Für den Beklagten besteht hinsichtlich einer so erlangten, ohnehin stets unfreiwilligen Parteiposition keine Besonderheit, da sich das Rechtsschutzbegehren formal gegen ihn richtet.
Es ist jedoch fraglich, wie sich die Parteirolle des Klägers mit dem o.g. Parteibegriff in Einklang bringen lässt. Der Vertretene hat ohne eine erteilte Vollmacht bzw. Genehmigung zu keinem Zeitpunkt eine Rechtsschutzhandlung des Ge-

---

[90] Rosenberg/Schwab/*Gottwald*, ZPR, § 40 I.1., S.200; MüKo-ZPO/*Lindacher*, Vor § 50 Rn.2; Thomas/Putzo/*Putzo*, Vor § 50 Rn.2.

[91] BFH, Beschl.v. 10.11.1966, BStBl III 1967, S.5 (6); *Renner*, MDR 1974, S.353 (354); *Schneider*, Rpfleger 1976, S.229 (231); *Christmann*, Der vollmachtlose Stellvertreter, S.39; Stein/Jonas/*Bork*, § 88 Rn.13; a.A. teilweise die frühere Lehre: *Eccius*, Gruchot's Beiträge 9 (1885), S.1 (6, 7, Fn.11); *Friedländer*, AcP 85 (1896), S.332 (337); *Heckelmann*, JW 1915, S.267 (268); *Pfizer*, ZZP 13 (1889), S.156 (180).

richts gewollt und das Justizgewährungsrecht für sich beansprucht. Wenn ihn § 89 ZPO mit der Parteiposition dennoch prozessual so stellt, als begehre er Rechtsschutz, kann es sich dabei nur um eine Fiktion handeln[92], die mit dem Sinn und Zweck der Norm unter Berücksichtigung des Zivilprozesses als formales Verfahren erklärbar sein muss.

Zunächst ist die Festlegung der Parteien nichts weiter als die formale Individualisierung der sich im Rechtsstreit gegenüberstehenden Personen zwecks Abgrenzung von nichtbeteiligten Personen. Das Prozessrecht nimmt jedoch darüber hinaus in zahlreiche Normen Bezug auf die Parteistellung und verbindet damit prozessual bedeutsame Wirkungen, wie z.B. die Wirkungen der Rechtshängigkeit, des Urteils, des Gerichtsstandes oder des Beweisverfahrens[93]. Entsprechend dem im Prozessrecht geltenden Zweiparteiensystem[94] sind also der Kläger und Beklagte die Subjekte des Prozessrechtsverhältnisses, an welches die prozessualen Wirkungen geknüpft werden.

Um eine einstweilig wirksame Fortführung des Prozesses zu ermöglichen und durch Genehmigung das Verfahren einschließlich der parteigebundenen Wirkungen gegen den Vertretenen ex tunc wirksam werden lassen zu können, bedarf es vorweg zum einen der Bestimmung des Vertretenen als eine Partei, auf die sich die Wirkungen des Rechtsstreits beziehen sollen. Zum anderen ist die Vornahme der Prozesshandlungen des Vertreters erforderlich, die zur Herbeiführung dieser Wirkungen geeignet sind und zu ihrem (endgültigen) Wirksamwerden lediglich noch einer Vollmacht bzw. Genehmigung entbehren. Denn nur bei Einordnung des Vertretenen als Subjekt des Rechtsstreits können die vollmachtlosen Prozesshandlungen durch Genehmigung in seiner Person Wirksamkeit erlangen.

Es ist also für die Durchführung des Verfahrens ein Bezugssubjekt erforderlich, auf das die Prozessführung des Vertreters, die Tätigkeit des Gerichts und die Verteidigung bzw. der Angriff des Gegners gerichtet werden können. Denn ohne die Annahme der Parteistellung könnte es mangels Existenz zweier Parteien nicht zu dem die Prozesshandlungen ermöglichenden Rechtsstreit kommen. Und nur, wenn der Vertretene in die Lage versetzt wird, den Rechtsstreit mit seinen gesamten prozessualen Wirkungen herzustellen, kann für ihn ein Interesse an der Genehmigung bestehen und lassen sich seine bedrohten Rechte adäquat wahren.

Als erste erforderliche prozessuale Wirkung einer vollmachtlosen Klage ergibt sich somit die Parteistellung des Vertretenen.

---

[92] Insoweit zutreffend *Bandemer*, JurBüro 1992, S.365 (368).

[93] Vgl. Rosenberg/Schwab/*Gottwald*, ZPR, § 40 I.3., S.201; AK-ZPO/*Koch*, Vor § 50 Rn.8; Baumbach/Lauterbach/*Hartmann*, Grdz § 50 Rn.1.

[94] *Jauernig*, ZPR, § 18 VI.1., S.60; Zöller/*Vollkommer*, Vor § 50 Rn.1.

(bb) Rechtshängigkeit

Die Rechtshängigkeit umschreibt das Verfahrensstadium, in dem eine bei Gericht eingereichte Klageschrift dem Beklagten zugestellt worden ist (§§ 253 Abs. 1, 261 Abs. 1 ZPO).

Die Zustellung verschafft dem Beklagten in gesetzlicher Form Gelegenheit zur Kenntnisnahme der Klage[95]. Sie ist nicht Prozesshandlung, sondern Staatsakt[96], und ist von der Prozesshandlung, der sie dient, zu unterscheiden[97]. Das Fehlen von Prozesshandlungsvoraussetzungen bei den Parteien bzw. bei dem Zustellungsorgan ist deshalb unschädlich[98]. Die Wirksamkeit der Zustellung einer Klage bleibt somit von dem Vollmachtsmangel des Vertreters unberührt. Insoweit ist die Argumentation der herrschenden Meinung, bevor das Gericht in der mündlichen Verhandlung den Vollmachtsmangel berücksichtigen könne, sei das Verfahrensstadium der Rechtshängigkeit schon erreicht (s.o. S. 27 *Teil 1 A.II. 1.*), zutreffend.

Davon zu unterscheiden sind jedoch die prozessualen Wirkungen (z.B. gem. §§ 261 Abs. 3, 263 ZPO) der Rechtshängigkeit[99]. Deren Voraussetzungen erschöpfen sich nicht in dem willensgesteuerten[100], tatsächlichen Vorgang der Zustellung, die bei der gerichtlichen Berücksichtigung des Vollmachtsmangels stets schon erreicht sind. Vielmehr treten die Wirkungen kraft Gesetzes ein. Im Fall der vollmachtlosen Klage ist dies jedoch nur möglich, wenn die Vollmacht dafür keine Eintrittsvoraussetzung darstellt.

Ohne die Einrede der Rechtshängigkeit (§ 261 Abs. 3 Nr. 1 ZPO) könnte der nicht vertretene Kläger den Beklagten zusätzlich mit einer eigenen Klage überziehen und die Genehmigung der vollmachtlosen Prozessführung von dem Ausgang des Zweitverfahrens abhängig machen. Eine solche mehrfache Belastung der Gerichte bzw. des Beklagten durch einen weiteren Rechtsstreit um denselben Prozessgegenstand und die dabei bestehende Gefahr einander widersprechender Urteile soll mit der Einrede vermieden werden[101].

---

95 Rosenberg/Schwab/*Gottwald*, ZPR, § 73 I.1., S.403; Baumbach/Lauterbach/*Hartmann*, Übers § 166 Rn.1; Zöller/*Stöber*, Vor § 166 Rn.1.

96 Rosenberg/Schwab/*Gottwald*, ZPR, § 73 I.2., S.403; Baumbach/Lauterbach/*Hartmann*, Übers § 166 Rn.3; Stein/Jonas/*Bork*, Vor § 166 Rn.1.

97 Thomas/Putzo/*Putzo*, Vorbem § 166 Rn.17.

98 *Schütze*, BB 1978, S.589; Rosenberg/Schwab/*Gottwald*, § 76 II.1., S.420; Thomas/Putzo/*Putzo*, Vorbem § 166 Rn.17.

99 Die materiell-rechtlichen Wirkungen der Rechtshängigkeit kommen hier nicht zum Tragen, da sie z.B. bei Verjährungs- und Ausschlussfristen nur bei einem Sachurteil, im übrigen nur, soweit die Klage Erfolg hat, relevant werden; nicht dagegen, wenn die Klage, wie hier bei ausbleibender Genehmigung (s.u. S.28 *Teil 1 A.II.1.a)dd)(a)(ee)*), wegen Unzulässigkeit abgewiesen werden würde, vgl. MüKo/*Lüke*, § 262 Rn.4.

100 Die Wirkungen der Rechtshängigkeit werden in der Klage nicht als gewollt erklärt, vgl. Rosenberg/Schwab/*Gottwald*, § 92 I.5., S.508.

101 MüKo-ZPO/*Lüke*, § 261 Rn.4; Musielak/*Foerste*, § 261 Rn.9.

Zudem müsste das mit der Sache befasste Gericht bei einem Fehlen der in § 261 Abs. 3 Nr. 2 ZPO angeordneten Fortdauer der Gerichtszuständigkeit z.B. im Falle eines Wohnungswechsels des Beklagten (§§ 12, 13 ZPO) während des Verfahrens nach § 281 ZPO an ein anderes Gericht verweisen. Die dadurch hervorgerufene Mehrarbeit für die Justiz und die Verzögerung bzw. Verteuerung des Prozesses zulasten des Klägers (vgl. § 281 Abs. 3 ZPO) ließe sich bei Geltung des § 261 Abs. 3 Nr. 2 ZPO verhindern.
Schließlich hätte das Absehen von Beschränkungen einer Klageänderung (§ 263 ZPO) zur Folge, dass seitens des Vertreters der Streitgegenstand beliebig verändert werden könnte. Für den Beklagten bestände so die Gefahr, sich stets auf neue Angriffe einstellen zu müssen, die bisherige Verteidigung vergeblich auf sich genommen zu haben und keine Entscheidung über die ursprüngliche Klage erzwingen zu können, wovor der § 263 ZPO gerade schützen soll[102]. Das gilt erst recht, wenn die Klage fehlerhaft und es noch ungewiss ist, ob nicht das Verfahren vergeblich durchgeführt wird.
Wie sich also zeigt, kommen die einzelnen Normen der ZPO, welche mit dem Zeitpunkt der Rechtshängigkeit prozessuale Wirkungen verbinden, ihrem Wortlaut und insbesondere ihrem Sinn und Zweck nach auch bei einer vollmachtlosen Klage zur Geltung.

Darüber hinaus ließe sich ohne die Geltung der Rechtshängigkeitswirkungen von Beginn an der mit § 89 ZPO verfolgte Sinn und Zweck nicht verwirklichen. Denn diese Wirkungen nehmen, wie soeben gezeigt, erheblichen Einfluss auf den Verfahrensgang und müssen, will man eine Prozesswahrnehmung durch den nicht bevollmächtigten Dritten in weitest möglichem Umfang zulassen, auch bei vollmachtloser Klage gelten.
Andernfalls könnten erst nachträglich mit der Genehmigung des Verfahrens durch den Vertretenen oder mit der einstweiligen Zulassung des Vertreters in der mündlichen Verhandlung die Wirkungen der Rechtshängigkeit zur Anwendung kommen[103]. Damit wäre in einem zweiten, möglicherweise zwischenzeitlich z.T. schon durchgeführten Verfahren die Klage des Vertretenen infolge der Rechtshängigkeitseinrede als unzulässig abzuweisen, eine vor Genehmigung bzw. Zulassung ergangene Verweisung des Gerichts nach § 281 ZPO rückgängig zu machen und eine vorherige Klageänderung im nachhinein als unzulässig anzusehen. Die auf dieser Grundlage vorgenommen Prozesshandlungen wären hinfällig. Das Verfahren müsste insoweit unter (nachträglicher) Annahme sofortiger Rechtshängigkeit erneut durchgeführt werden. Damit wäre aber der mit

[102] Musielak/*Foerste*, § 263 Rn.1; Stein/Jonas/*Schumann*, § 263 Rn.1; Zöller/*Greger*, § 263 Rn.1.
[103] So Stein/Jonas/*Bork*, § 89 Rn.4, für die einstweilige Zulassung; andererseits nimmt *Bork* aber auch ohne einstweilige Zulassung Rechtshängigkeitswirkungen an, vgl. a.a.O., § 88 Rn.11 ff.

§ 89 ZPO verfolgte prozessökonomische Zweck, mit der Genehmigung eine Wiederholung des Prozesses zu vermeiden, nicht vereinbar. Die Vergeblichkeit der Prozesshandlungen stände ferner dem Ziel entgegen, die verhinderte Partei so zu stellen, als wäre die Prozesswahrnehmung von Beginn an auf ihren Willen zurückzuführen. So würde z.B. die Verteuerung des Verfahrens durch Verweisungen des Gerichts die Interessenwahrung erschweren und die Genehmigungschancen vermindern.

Die Notwendigkeit des sofortigen Eintritts der an die Rechtshängigkeit geknüpften prozessualen Wirkungen wird schließlich um so deutlicher, als die amtliche Begründung ausdrücklich die Schutzbedürftigkeit der Gegenpartei bei einer vollmachtlosen Prozessführung hervorgehoben hat[104]. Ließe man etwa die den Beklagten begünstigenden prozessualen Wirkungen erst später mit Heilung des Vertretungsmangels eintreten, so wäre der Schutz des Beklagten in die Hände des Klägers gelegt.

Der Eintritt der Rechtshängigkeit und seiner prozessualen Folgen ist also eine weitere prozessuale Wirkung, die erforderlich ist, um die Vorschrift des § 89 ZPO zweckgerecht umsetzen zu können.

(cc) Prozessrechtsverhältnis

Infolge eines Rechtsstreits kommt es in dem Dreiecksverhältnis zwischen den Prozessparteien und dem Gericht, unabhängig vom Bestehen eines materiellen Rechtsverhältnisses und dem Vorliegen der Prozessvoraussetzungen[105], zu einer Vielzahl rechtlich geregelter Beziehungen öffentlich-rechtlicher Natur[106]. Dieses sog. Prozessrechtsverhältnis enthält für das Gericht und die Parteien Rechte, Pflichten und Lasten[107].

So haben die Parteien vor einer Entscheidung Anspruch auf rechtliches Gehör, das vom Gericht insbesondere in Form der mündlichen Verhandlung zu gewähren ist[108].

Vereinzelt knüpft die ZPO an die Parteistellung Pflichten[109], wie etwa zu wahrheitsgemäßem und vollständigem Vortrag (§ 138 ZPO), zum persönlichen Erscheinen (§ 141 ZPO) oder zur redlichen Prozessführung (§ 242 BGB).

Darüber hinaus treffen die Parteien Handlungslasten[110], z.B. in Form einer Behauptungs-, Beweis- oder Einlassungslast, denen sie nach Belieben im eigenen

---

[104] *Hahn*, Materialien Reichs-Justizgesetze Bd.2/1, S.195 f.; *ders.*, Materialien Reichs-Justizgesetze Bd.8, S.86.

[105] BGH, Urt.v. 22.05.1992, NJW 1992, S.2575; *Schumann*, JA 1976, S.637; Musielak/*Musielak*, Einl Rn.55 f.

[106] *Schumann*, JA 1976, S.637; MüKo-ZPO/*Lüke*, Einl Rn.27, 28.

[107] *Jauernig*, ZPR, § 32 I., S.130; *Schellhammer*, ZPR, 13.Teil 12.Kap.1., Rn.1270.

[108] *Schumann*, JA 1976, S.637 (638).

[109] Rosenberg/Schwab/*Gottwald*, ZPR, § 2 III.2., S.11; Zöller/*Vollkommer*, Einl Rn.52 ff.

Interesse nachkommen können, deren Missachtung jedoch zu prozessualen Nachteilen führen kann.

Ein solches Prozessrechtsverhältnis kommt auch bei einer vollmachtlosen Klage von Beginn an zum Tragen. Soweit die Parteien von der Entscheidung durch Endurteil betroffen sind, haben sie genauso das jedem zustehende Recht auf rechtliches Gehör (Art. 103 Abs. 1 GG). Auch wäre es undenkbar, den Kläger, wenn er sich beispielsweise zu der Vollmachtsfrage äußert, von der Wahrheitspflicht bis zur einstweiligen Zulassung bzw. Genehmigung zu befreien. Das Interesse an einer redlichen Verfahrensführung besteht ebenfalls von Anfang an. Schließlich beschwert das vollmachtlose Verfahren die Parteien auch mit Lasten. Dazu gehört auf Seiten des nicht vertretenen Klägers die Erteilung einer schriftlichen Vollmacht oder einer Genehmigung der Prozessführung, ohne die der Rechtsstreit verloren wird. Auf Seiten des Beklagten besteht eine Prozessführungs- und Einlassungslast: Um die Abweisung der Klage wegen des Vollmachtsmangels als unzulässig zu erreichen, trägt der Beklagte die Last, den Vollmachtsmangel zu rügen[111]. Trotz seiner Zulässigkeitsrüge ist er grundsätzlich nicht befugt, die Einlassung zur Hauptsache zu verweigern[112]. Die Einlassungslast trifft ihn solange, bis der Vollmachtsmangel endgültig nicht mehr geheilt werden kann, und wird mit der einstweiligen Zulassung des Vertreters im Interesse des Verfahrensfortgangs sogar unmittelbar bezweckt[113]. Beschränkt der Beklagte sich demgegenüber auf die Geltendmachung eines prozessualen Mangels und wird der Vollmachtsmangel geheilt, läuft er Gefahr, dass Säumnisfolgen gem. §§ 138 Abs. 2, 331 Abs. 2, 3 ZPO gegen ihn eintreten oder seine spätere Einlassung nach § 296 Abs. 1, 2 ZPO als verspätet zurückgewiesen wird[114].

Das Prozessrechtsverhältnis ist deshalb ebenfalls als notwendige Folge einer vollmachtlosen Klage anzusehen.

(dd) Wirkungen der einstweiligen Zulassung

Die infolge der einstweiligen Zulassung fingierte Bevollmächtigung ist zunächst nur für die Verfahrensfortführung des Vertreters mit dem Beklagten und für das

---

[110] *Schellhammer*, ZPR, 13.Teil 12.Kap.1., Rn.1270; Musielak/*Musielak*, Einl Rn.56.
[111] *Goldschmidt*, Prozeß als Rechtslage, S.377.
[112] Stein/Jonas/*Leipold*, § 280 Rn.8; zur Beschleunigung des Prozesses wurde das ursprünglich in § 275 Abs.1 ZPO normierte Einlassungsverweigerungsrecht durch die Novelle von 1924 beseitigt; dazu *Hinz*, JZ 1968, S.11 f.
[113] *Hahn*, Materialien Reichs-Justizgesetze Bd.2/1, S.196.
[114] Rosenberg/Schwab/*Gottwald*, ZPR, § 103 II., S.587.

Gericht, das während der Frist des § 89 Abs. 1 S. 2 ZPO das Verfahren in der Sache selbst zu fördern hat[115], bedeutsam.
Hat der Kläger die Prozessführung nicht nach § 89 Abs. 2 ZPO genehmigt, beschränken sich die Wirkungen der Vollmachtsfiktion für ihn auf die des fortgesetzten Prozesses (s.o. S. 30 *Teil 1 A.II.1.a)bb))*, d.h. die Zulassung verlängert zeitlich seine Parteistellung, die Rechtshängigkeit und das Prozessrechtsverhältnis. Solange die Heilung des Vollmachtsmangels noch Aussicht auf Erfolg hat (s.o. S. 31 f. *Teil 1 A.II.1.a)cc))*, sind diese Wirkungen, den vorhergehenden Ausführungen entsprechend, zur Ermöglichung der Genehmigung noch als erforderlich anzuerkennen.

(ee) Entscheidung durch Endurteil
Entfällt die Heilungsaussicht (s.o. S. 28 *Teil 1 A.II.1.a))*, ist der Sinn und Zweck des Verfahrens an sich erledigt und sind weitere Wirkungen der vollmachtlosen Klage eigentlich nicht notwendig. Dennoch ist es dem Kläger bei der formalen Verfahrensbeendigung bis zum Schluss der letzten mündlichen Verhandlung möglich, die Genehmigung nachzuholen (s.o. S. 28 *Teil 1 A.II.1.a)*). Der Zweck der Rechtswahrung und Prozessökonomie kann somit auch in diesem Stadium noch erreicht werden und die prozessualen Wirkungen wie Parteistellung und Rechtshängigkeit bleiben erforderlich.

Aber selbst danach gibt es noch gute Gründe dafür, an dem weiteren Verfahren bis zu dem in § 89 Abs. 1 ZPO bestimmten Endurteil festzuhalten.
Der Abschluss des mit einer Klage eingeleiteten Rechtsstreits durch ein Urteil entspricht zum einen dem typischen Prozessablauf nach der ZPO.
Zum anderen ist im Hinblick auf den Sinn und Zweck des § 89 ZPO hervorzuheben, dass ein Endurteil dem vertretenen Kläger ermöglicht, das Verfahren durch Einlegung eines Rechtsmittels fortzusetzen und die Entscheidung, insbesondere über die Vollmachtlosigkeit, von einem höheren Gericht überprüfen zu lassen. Zwar kann jetzt die ratio legis des § 89 ZPO nicht mehr mittels der einstweiligen Zulassung und der Genehmigung erreicht werden, jedoch ist dies durch Einlegung eines Rechtsmittels möglich. Denn die Wahrung der Rechte einer verhinderten Partei erfordert auch die Befugnis, eine erstinstanzliche Fehlentscheidung über die Vertretungsfrage zu beseitigen und so das Verfahren als mangelfreies fortzusetzen[116].
Auch aus prozessökonomischer Sicht ist es sinnvoll, ein bereits durchgeführtes Verfahren, in dem ggf. bereits eine Beweiserhebung in der Sache stattgefunden

---

[115] Dadurch kann der Rechtsstreit bei Heilung des Vollmachtsmangels Entscheidungsreife aufweisen und wird so dem prozessökonomischen Zweck des § 89 ZPO gerecht, vgl. MüKo-ZPO/*v.Mettenheim*, § 89 Rn.9.
[116] Vgl. BGH, Beschl.v. 17.04.1984, BGHZ 91, S.111 (115); BGH, Urt.v. 05.06.1997, JZ 1997, S.855; BFH, Urt.v. 04.07.1984, BB 1984, S.2249.

hat, fortzusetzen und nicht vollständig zu wiederholen. Insoweit kommen der Sinn und Zweck des § 89 ZPO auch bei dem Erlass des Endurteils zum Tragen.

Allerdings darf mit dem Urteil nicht in der Hauptsache entschieden werden. Ein derartiger Eingriff in die materiellen Rechte des Vertretenen wäre zur Verwirklichung des Sinnes und Zweckes von § 89 ZPO nicht erforderlich und die damit verbundene Beeinträchtigung der Dispositionsfreiheit nicht zu rechtfertigen. Das gilt auch bei einer Entscheidung zugunsten des Vertretenen. Die Dispositionsfreiheit schützt nämlich, entsprechend dem ihr zugrundliegenden Selbstbestimmungsrecht, vor Fremdbestimmung jeglicher Art (s.u. S. 83 *Teil 1 C.I.2.a)cc)*), wie z.B. mit der Bindung der Gerichte an die Parteianträge (§ 308 Abs. 1 S. 1 ZPO) deutlich wird.

Das Sachurteil würde zudem bei Rechtskraft eine endgültige Regelung über den Klageanspruch treffen. Dies widerspräche dem einstweiligen Charakter der von der Zulassung bezweckten Rechtswahrung und wäre oft nicht prozessökonomisch, da etwa der die Sachentscheidung ablehnende Vertretene ein gegen sich ergangenes Urteil erst im Wege der Nichtigkeitsklage (§ 579 Abs. 1 Nr. 4 ZPO) wieder beseitigen müsste.

Das gesamte Verfahren ist bei einem festgestellten Vollmachtsmangel darauf angelegt, die Voraussetzungen für eine inhaltliche Entscheidung nach erbrachter Vollmacht oder Genehmigung herbeizuführen. Bleibt die Heilung aus, ist die Bedingung für eine Sachentscheidung nicht eingetreten. Das bringt gerade auch die Möglichkeit einer Nichtigkeitsklage zum Ausdruck, indem sie zeigt, dass die Beschwer mit einem Sachurteil bei einem Vollmachtsmangel von der ZPO nicht erwünscht ist.

Die aufgrund des Mangels nicht ordnungsgemäße, d.h. nicht der ZPO entsprechende Klage[117] erweist sich damit als Sachentscheidungshindernis[118]. Das auf dem fehlerhaften Prozessbegründungsakt aufbauende Verfahren kann nicht, seinem Zweck entsprechend, die Verwirklichung materieller Rechte ermöglichen. Wenn das Gericht aber wegen des Verfahrensverstoßes nicht auf die inhaltliche

---

[117] Baumbach/Lauterbach/*Hartmann*, § 253 Rn.15; die Literatur spricht i.d.R. von „nicht ordnungsgemäßer Klageerhebung", vgl. *Fleddermann*, Kostenrechtliche Probleme, S.41 m.w.N.; sie übersieht dabei jedoch, dass die ZPO mit der „Klageerhebung" lediglich die Klageeinreichung und -zustellung umschreibt, deren Mangelfreiheit aber von einer fehlerhaften Klage unabhängig ist (s.o. S. 39 *Teil 1 A.II.1.a)dd)(2)(a)(bb)*).

[118] Die fehlerfreie, d.h. auch von einer Vollmacht getragenen Klage ist somit Prozessvoraussetzung; das entspricht der heute allgemeinen Auffassung, vgl. GmS OBG, Beschl.v. 17.04.1984, BGHZ 91, S.111 (114); BayObLG, Beschl.v. 12.06.1986, NJW 1987, S.136 (137); *Schmitz*, Kostenentscheidung für oder gegen Dritte, S.27 f.; Thomas/Putzo/*Putzo*, Vorbem § 78 Rn.1.

Prüfung des Klageantrages eingehen darf, hat es diesen, wie auch sonst bei fehlerhaften Erwirkungshandlungen[119], als unzulässig abzuweisen[120].
Lediglich das Prozessurteil ist deshalb als für den Sinn und Zweck des § 89 ZPO erforderlich anzuerkennen.

(ff) Zwischenergebnis
Zur Verwirklichung der von § 89 ZPO bezweckten Prozessökonomie bzw. Wahrung der bedrohten Rechte des Vertretenen sind als prozessuale Folgen einer vollmachtlosen Klage vor und nach einer einstweiligen Zulassung die Parteistellung des Vertretenen, die Rechtshängigkeit, das Prozessrechtsverhältnis und die Möglichkeit eines Endurteils erforderlich.

(b) Interessenabwägung
Zur Feststellung der Verhältnismäßigkeit der extensiven Auslegung des § 89 ZPO ist schließlich ein Überwiegen der dadurch gewahrten Interessen an den gerade festgestellten, erforderlichen Prozesswirkungen gegenüber dem beeinträchtigten Interesse an der Dispositionsfreiheit, also eine Abwägung der Belange der Allgemeinheit und der des Vertretenen (s.o. S. 36 *Teil 1 A.II.1.a)dd)(2)*) notwendig[121].

Die sich aus der extensiven Auslegung ergebenden Wirkungen würden nur in begrenztem Maße zu einer Belastung des vollmachtlos Vertretenen führen. So sind mit der Parteistellung und dem ggf. ergehenden Urteil auf seinen Namen keine rechtlichen Nachteile verbunden. Der die Klage abweisende Urteilsausspruch entfaltet keine Wirkungen für ihn. Die daraus resultierende Rechtskraft, die in ihrem Umfang lediglich die Entscheidung über die Vollmachtlosigkeit des Vertreters erfasst, ist für den Vertretenen in einem eigenen Prozess ohne Bedeutung.
Äußerst gering sind die Nachteile durch die im Rahmen des Prozessrechtsverhältnisses entstehenden Handlungslasten, deren Nichtbeachtung lediglich zu dem für den Vertretenen bedeutungslosen Endurteil führen kann. Er wird in diesem Zusammenhang lediglich mit der Aufklärung des Vollmachtsmangels belastet. Will er sicherstellen, dass das Verfahren wegen der Vollmachtlosigkeit

---

[119] *Laubinger*, FS Ule, S.161 (175 f.); *Goldschmidt*, Prozeß als Rechtslage, S.371 f.; *Oda*, Prozeßfähigkeit, S.21 ff; *Jauernig*, ZPR, § 30 III.1., S.120; Musielak/*Musielak*, Einl Rn.65; Stein/Jonas/*Bork*, Vor § 128 Rn.232.
[120] BGH, Beschl.v. 19.07.1984, NJW 1987, S.130 f.; *Brunn*, Die Vollmacht im Zivilprozeß, S.147; *Jauernig*, ZPR, § 21 V.2., S.73; Baumbach/Lauterbach/*Hartmann*, § 88 Rn.13; Musielak/*Weth*, § 88 Rn.11.
[121] Vgl. *Pieroth/Schlink*, Grundrechte, § 6 IV.4.b)cc), Rn.289; die „Güterabwägung im Einzelfall" ist eine Methode der Rechtsfortbildung, *Larenz*, Methodenlehre, II.5.Kap.3., S.413; *ders.*, Richtiges Recht, S.41; s.a. *Gern*, DÖV 1986, S.462 ff.; *Canaris*, Feststellung von Lücken, § 101, S.109; *Zippelius*, Methodenlehre, § 10 V., S.59 ff.

des Vertreters beendet wird, muss er das Gericht bzw. den Gegner auf den Vollmachtsmangel hinweisen. Der dabei bestehenden Möglichkeit, dass sein persönliches Erscheinen gem. § 141 Abs. 1 S. 1 ZPO zur Sachverhaltsklärung angeordnet wird, kann er durch eine ausdrückliche Klarstellung der Vertretungsverhältnisse entgegenwirken.
Von den Folgen der Rechtshängigkeit wird der vollmachtlos Vertretene ebenfalls kaum in seinen Rechten berührt. Er ist durch die Rechtshängigkeit der Streitsache im Prozess des vollmachtlosen Vertreters bis zur Beendigung durch rechtskräftige Entscheidung oder ggf. durch Klagerücknahme (dazu s.u. S. 76 ff. *Teil 1 C.*) daran gehindert, selbst in einem eigenen Verfahren gegen den Beklagten seine Rechte durchzusetzen. Diese Beeinträchtigung wird jedoch dadurch abgemildert, dass er zum einen jederzeit die Möglichkeit hat, den laufenden Rechtsstreit durch Genehmigung zu übernehmen und so seine Rechte wahrzunehmen. Zum anderen kann er durch ausdrückliche Versagung der Genehmigung dem Mangel die Heilungsaussicht nehmen und den Prozess in relativ kurzer Zeit beseitigen.

Die Beeinträchtigung der Dispositionsfreiheit des Vertretenen lediglich durch die Verwendung seines Namens, die Aufklärungslast bzgl. des Vollmachtsmangels und die Beschneidung in der Ausübung der eigenen Rechte infolge der Rechtshängigkeitseinrede wiegen gegenüber dem von § 89 ZPO bezweckten Schutz des Interesses an der Funktionstüchtigkeit der Justiz und einer adäquaten Rechtsschutzmöglichkeit der verhinderten Partei (s.o. S. 32 f. *Teil 1 A.II.1.a)cc)*) verhältnismäßig gering.
Bereits quantitativ dürfte der Fall einer vollmachtlosen Klage, bei der etwa infolge eines Missbrauchs oder Missverständnisses die genannten Beeinträchtigungen des Vertretenen relevant werden, gegenüber der vollmachtlosen Vertretung im berechtigten Interesse der Partei von untergeordneter Bedeutung sein[122].
Ferner wäre die Belastung durch die Verwehrung der Rechtsschutzmöglichkeit einer verhinderten Person gravierender als die Nachteile einer lediglich vorübergehenden Beeinträchtigung durch ein vom Vertretenen abgelehntes Verfahren. Der verhinderten Partei droht ggf. ein wesentlich schwerer wiegender Verlust von Rechten. Auch würde ohne das vollmachtlose Verfahren durch die notwendige erneute Klageerhebung nach Vollmachtserteilung die Justiz unnötigerweise zusätzlich belastet.
Dem Interesse der Allgemeinheit an einer funktionstüchtigen Justiz und dem Bedürfnis des Rechtsverkehrs nach Wahrung der Rechte einer verhinderten Partei gebührt deshalb der Vorrang gegenüber dem geringen Interesse des ungewollt Vertretenen.

---

[122] So auch die Einschätzung des Gesetzgebers in der ZPO-Begründung, vgl. *Hahn*, Materialien Reichs-Justizgesetze Bd.2/1, S.195 f.

Eine die Dispositionsmaxime beschneidende, extensive Auslegung des § 89 ZPO ist demzufolge mit dem Grundsatz der Verhältnismäßigkeit vereinbar.

ee) Zwischenergebnis

Die Auslegung des § 89 ZPO hat ergeben, dass, entgegen der Ansicht von *Hellmann* (s.o. S. 28 f. *Teil 1 A.II.1.a)*), aber im Einklang mit der herrschenden Meinung, eine einstweilige Zulassung des Prozessvertreters auch nach vollmachtloser Klage in Betracht kommt. Zumindest in diesem Rahmen ist eine solche Klage deshalb geeignet, einen Rechtsstreit zu begründen.

b) Ausdehnende Anwendung des § 89 ZPO auf Fälle vollmachtloser Klage ohne einstweilige Zulassung

Die soeben gewonnene Erkenntnis lässt sich möglicherweise auch für andere Fälle, in denen keine einstweilige Zulassung erfolgt, nutzbar machen.

So bleibt die Zulassung nach § 89 Abs. 1 S. 1 ZPO dem Vertreter versagt, wenn der vertretene Kläger die Prozessführung bereits vorher genehmigt hat, die Klage frühzeitig wieder zurückgenommen worden ist (dazu s.u. S. 76 ff. *Teil 1 C.*) oder das Gericht keine Aussicht auf Heilung des Vertretungsmangels sieht. Die prozessuale Behandlung lässt sich hier mangels einer einstweiligen Zulassung nicht unmittelbar aus § 89 ZPO herleiten. Aber auch sonst weist die ZPO keine diese Konstellationen erfassende Vorschrift auf. Die deshalb gegebene „offene" Regelungslücke[123] könnte im Wege einer Analogie zu § 89 Abs.1 ZPO zu schließen sein.

Eine Gesetzesanalogie erfolgt durch ausdehnende Anwendung der für den Tatbestand einer Norm vorgesehenen Regel auf einen vom Gesetz nicht geregelten, rechtsähnlichen Fall[124]. Das setzt voraus, dass die zu vergleichenden Tatbestände[125] in den für die rechtliche Wertung des Gesetzes maßgebenden Merkmalen übereinstimmen und die verbleibenden Unterschiede diese Wertung nicht ausschließen[126].

Es muss also die Regelung des § 89 ZPO, dass eine vollmachtlose Klage zu einer Verfahrenseinleitung mit abschließendem Endurteil geeignet ist, gemäß ihrem Sinn und Zweck über die einstweilige Zulassung hinaus in vergleichbaren Fällen zur Geltung kommen.

---

[123] Bei einer „offenen" Lücke enthält das Gesetz für eine bestimmte Fallgruppe keine, nach der eigenen Teleologie jedoch geforderte Regel, *Larenz*, Methodenlehre, II.5.Kap.2.a), S.377; zur „verdeckten" Regelungslücke, vgl. dazu s.u. S.90 *Teil 1 C.II.3.*

[124] *Larenz*, Methodenlehre, II.5.Kap.2.b), S.381; s.a. *Brox*, AT BGB, § 3 II.2.c), Rn.66; Palandt/*Heinrichs*, Einl Rn.40.

[125] Die Analogie beruht also auf dem Gleichheitssatz, Gleichartiges gleich zu behandeln, vgl. *Larenz*, Methodenlehre, II.5.Kap.2.a), S.381; *Zippelius*, Methodenlehre, § 11 II.a), S.69.

[126] Enneccerus/*Nipperdey*, BR AT Bd.1, § 58 II.1., S.339; *Larenz*, Methodenlehre, II.5.Kap. 2.b), S.381; *Schneider*, Logik, § 34, S.147.

aa) Anwendbarkeit bei vorzeitiger Genehmigung oder Klagerücknahme
Für die Verfahrenseinleitung durch eine vollmachtlose Klage ist nach der ratio legis des § 89 ZPO entscheidend, dass damit eine Heilung des Vertretungsmangels zur Verwirklichung der bezweckten Prozessökonomie bzw. zur Wahrung der Rechte des Vertretenen ermöglicht wird (s.o. S. 31 f. *Teil 1 A.1.a)cc)*). Diese Heilung ist aber nicht an eine Genehmigung erst nach der einstweiligen Zulassung gebunden. Sie kann mit einer Genehmigung bereits vor der mündlichen Verhandlung frühzeitig genauso herbeigeführt werden[127].

Auch stellt eine mögliche Klagerücknahme vor einer Entscheidung über die einstweilige Zulassung die Realisierung der von § 89 ZPO verfolgten Zwecke, vom Zeitpunkt des Verfahrensbeginns aus gesehen, nicht in Frage. Eine spätere Rücknahme ist bei Einreichung der Klage noch nicht erkennbar, aber in jedem Verfahren prozessual zulässig, und kann deshalb nicht für die Eignung zur Verfahrenseinleitung ausschlaggebend sein.

Die vorzeitige Genehmigung oder Klagerücknahme können also wegen der bis dahin prozessual identischen Lage des Verfahrens mit und ohne einstweilige Zulassung einer Einleitung des Rechtsstreits nicht entgegenstehen.

bb) Anwendbarkeit bei fehlender Heilungsaussicht
Aber auch im Fall der Versagung der einstweiligen Zulassung wegen einer fehlenden Aussicht auf Heilung des Vollmachtsmangels besteht bis zur mündlichen Verhandlung prozessual kein Unterschied zu der vollmachtlosen Klage mit einer späteren einstweiligen Zulassung. Jeweils steht am Anfang die vollmachtlose Klage und jeweils ist die Verfahrenseinleitung mit den damit verbundenen prozessualen Wirkungen immer auch notwendiges Durchgangsstadium für die Entscheidung über die einstweilige Zulassung.
Die Zulassung ist i.d.R. vor Verfahrensbeginn noch nicht absehbar und die Verwirklichung der Zwecke des § 89 ZPO möglich, weshalb die Eignung der Klage zur Prozessdurchführung nicht von der späteren Zulassung des Vertreters abhängen kann.
Besteht nun in der mündlichen Verhandlung keine Aussicht auf Heilung des Vertretungsmangels, so dass der Zweck des § 89 ZPO nicht mehr erreichbar erscheint und Entscheidungsreife (§ 300 Abs. 1 ZPO) eintritt, kommt zwar eine

---

[127] Dementsprechend ist auch der Möglichkeit einer Genehmigung gem. § 89 Abs.2 ZPO über den Fall der Zulassung hinaus, wie die Genehmigungsregelung in den zulassungsunabhängigen §§ 547 Nr.4 und 579 Abs.1 Nr.4 ZPO erkennen lässt, allgemeingültige Bedeutung zuzumessen, vgl. BGH, Urt.v. 09.05.1984, VersR 1984, S.781 (782); MüKo-ZPO/*v.Mettenheim*, § 89 Rn.20; Stein/Jonas/ *Bork*, § 89 Rn.13; da diese Genehmigungsregelung den vom Gesetzgeber auch in § 89 Abs.2 ZPO „angenommenen Grundsätzen über die Genehmigung der ohne Auftrag erfolgten Prozeßführung" entspricht, muss sie auch bei einer einstweiligen Zulassung zur Anwendung kommen, dazu *Hahn*, Materialien Reichs-Justizgesetze Bd.2/1, S.380.

einstweilige Zulassung des Vertreters nicht in Betracht. Dennoch gleicht dies der Prozesslage nach einer vergeblichen Zulassung des Vertreters, so dass auch ohne die einstweilige Zulassung die Voraussetzungen für den Erlass eines Endurteils analog § 89 Abs. 1 ZPO vorliegen.
Die nicht erfolgte einstweilige Zulassung des Vertreters stellt dabei keinen derartigen Unterschied dar, dass sie der Verfahrenseinleitung und dem Erlass eines Endurteils entgegenstehen würde. Der Vertreter erlangt mit ihr lediglich die Befugnis, den bisher geführten Rechtsstreit trotz der noch fehlenden Vollmacht für die angeblich vertretene Partei in der Hauptsache fortzusetzen (s.o. S. 30 *Teil 1 A.II.1.a)bb)*). Der Prozess wird damit, solange die Heilung des Vertretungsmangels noch erreichbar erscheint, verlängert und die Möglichkeit der Verwirklichung des prozessökonomischen und rechtswahrenden Zwecks aufrechterhalten. Steht schließlich fest, dass die Vollmacht nicht erteilt ist und die Genehmigung nicht beigebracht wird, bleiben die z.Zt. des Schwebezustandes getätigten Prozesshandlungen ohne Wirkungen, während die prozessualen Folgen der Parteistellung und Rechtshängigkeit fortdauern (s.o. S. 43 *Teil 1 A.II.1.a)dd)(2)(a) (ee)*). Die Prozesslage stellt sich dann nicht anders dar, als wenn keine einstweilige Zulassung ergangen wäre. In beiden Fällen ist über eine Klage mit einem feststehenden Vollmachtsmangel zu befinden. Das Bedürfnis für den Erlass eines Endurteils, das ein Fehlen der Sachurteilsvoraussetzungen und eine Kostenfolge ausspricht, ist gleichermaßen gegeben. Allein die quantitative Abweichung im Umfang der Prozessführung vermag eine unterschiedliche Behandlung nicht zu rechtfertigen.

Die Voraussetzungen für einer Analogie zu § 89 ZPO sind somit auch dann erfüllt, wenn eine einstweilige Zulassung des Vertreters wegen einer nicht gegebenen Aussicht auf Heilung des Vollmachtsmangels nicht erfolgt.

cc) Zwischenergebnis
Die sich aus § 89 ZPO ergebende Rechtsfolge, die Verfahrenseinleitung ggf. mit abschließendem Endurteil bei einer vollmachtlosen Klage, ist auch auf Fälle ohne eine einstweilige Zulassung analog anwendbar.

c) Ergebnis
Die Klage eines Vertreters findet trotz eines Vollmachtsmangels bei Gericht Beachtung und ist zur Einleitung eines Rechtsstreits auch bei ausbleibender einstweiliger Zulassung geeignet.

2. Die richterliche Pflicht zur Verfahrenseinleitung
Mit der grundsätzlichen Eignung der vollmachtlosen Klage zur Begründung eines Rechtsstreits ist aber noch nicht entschieden, ob der (Vorsitzende) Richter nach Klageeingang stets verpflichtet ist, den Rechtsstreit durch Zustellung und

Terminsanberaumung einzuleiten. Denn ohne die Bevollmächtigung fehlt es an einer ordnungsgemäßen Klage, weshalb das Gericht in einem Prozess nicht auf die inhaltliche Prüfung des Antrages eingehen darf, sondern die Klage als unzulässig abzuweisen hat (s.o. S. 44 f. *Teil 1 A.II.1.a)dd)(2)(a)(ee)*).
Ist das Fehlen der Prozessvoraussetzung für den Richter nicht zu Beginn, sondern erst im Laufe des Verfahrens erkennbar, wird der Prozess, wie auch sonst, bis zum Erlass des klageabweisenden Urteils durchgeführt (s.o. S. 43 ff. *Teil 1 A.II.1.a)dd)(2)(a)(ee)*).
Lässt sich dagegen der Mangel bereits nach Einreichung der Klage erkennen, stellt sich die Frage, ob der Richter, dem die Prüfung des Vorliegens von der Zustellung entgegenstehenden Gründen obliegt, überhaupt das Verfahren einleiten muss.

a) Der Streitstand
Grundsätzlich ist die Verfahrenseinleitung durch Anberaumung des Verhandlungstermins und Klagezustellung wegen des Justizgewährungsanspruchs und zur Verwirklichung des Anspruchs auf rechtliches Gehör (Art. 101 Abs. 1 GG) zwingend geboten[128], so dass sie vom Richter als das dafür zuständige Organ der Rechtspflege trotz des Fehlens einer Prozessvoraussetzung nicht verweigert werden darf[129]. Während dies z.B. bei der Prozessunfähigkeit des Klägers im Grundsatz überwiegend anerkannt wird[130], hingegen ausnahmsweise bei fehlender Postulationsfähigkeit auf der Klägerseite nicht gelten soll[131], ist für den Mangel der Vertretungsmacht keine einheitliche Linie erkennbar.

Erörtert wird diese Problematik bei einem Vollmachtsmangel insbesondere im Zusammenhang mit der Anberaumung einer mündlichen Verhandlung.
Diese soll nach der insoweit noch nahezu einheitlichen Literatur unentbehrlich sein, wenn ein Rechtsanwalt als Vertreter der Partei auftritt. Dann dürfe die Vollmachtlosigkeit gem. § 88 ZPO nur auf Rüge des Gegners berücksichtigt

---

[128] BVerfG, Beschl.v. 11.07.1984, NJW 1984, S.2567 (2568); BGH, Urt.v. 24.11.1977, NJW 1978, S.1858; OLG Frankfurt, Beschl.v. 05.11.1981, FamRZ 1982, S.316; *Oda*, Prozeßfähigkeit, S.66; *Schellhammer*, ZPR, 1.Teil, 8.Kap.12., Rn.108; MüKo-ZPO/*Feiber*, § 216 Rn.3; Zöller/*Greger*, § 253 Rn.21a.
[129] Vgl. MüKo-ZPO/*Lüke*, § 271 Rn.9 ff., und Stein/Jonas/*Leipold*, § 271 Rn.22 ff., jeweils m.w.N.
[130] *Groger*, Prozeßhandlungsvoraussetzungen, S.63 f.; *Oda*, Prozeßfähigkeit, S.66 ff. m.w.N. zur Gegenansicht; *Jauernig*, ZPR, § 38 II.4.e), S.162; Rosenberg/Schwab/*Gottwald*, ZPR, § 97 I.2.a)(3), S.543.
[131] BGH, Urt.v. 01.03.1984, BGHZ 90, S.249 (253); *Groger*, Prozeßhandlungsvoraussetzungen, S.71 f.; *Blomeyer*, ZPR, § 43 I.2.c), S.251; Baumbach/Lauterbach/*Hartmann*, § 78 Rn.32; Musielak/*Foerste*, § 271 Rn.2.

werden, wofür vor der Klagezustellung bzw. mündlichen Verhandlung keine Gelegenheit bestehe[132].

Handelt dagegen ein Nichtanwalt für die Partei, sind die Ansichten geteilt: *Christmann*[133], *Bork*[134] und die überwiegende ältere Lehre[135] plädieren auch hier uneingeschränkt für die Anberaumung eines Verhandlungstermins. Die Berücksichtigung des Mangels sei nur dem Gericht (§ 88 Abs. 2 ZPO) und erst in der mündlichen Verhandlung möglich, nicht aber von den Befugnissen des nur mit der Prozessleitung betrauten Vorsitzenden umfasst[136].
Halbach[137] und die mehrheitliche Kommentarliteratur[138] wollen ausnahmsweise bei einem nicht behebbaren, *Blomeyer*[139] schon bei einem ersichtlichen Vollmachtsmangel von der Terminierung absehen.
Nach *Goldschmidt*[140] und *Rosenberg*[141] soll die Verweigerung der Terminsanberaumung berechtigt sein, wenn der Vertreter nicht durch eine Vollmachtsurkunde ausgewiesen ist. *Goldschmidt* verweist zur Begründung darauf, dass andernfalls der Beklagte wegen der §§ 88 Abs. 2, 335 Abs. 1 Nr. 1 ZPO kein Versäumnisurteil erlangen könne[142]. *Gottwald* schränkt die von *Rosenberg* im Lehrbuch vertretene Ansicht dahingehend ein, dass die Terminsverweigerung nicht bei dem nach § 89 ZPO zugelassenen Vertreter in Betracht komme[143].

Allein *Groger*[144], der bei dem Auftreten eines nichtanwaltlichen Vertreters grundsätzlich *Rosenberg* folgt, will ausnahmsweise, auch bei der Klage eines

---

[132] *Christmann*, Der vollmachtlose Stellvertreter, S.30; *Halbach*, Verweigerung der Terminsbestimmung, S.112; Rosenberg/Schwab/*Gottwald*, ZPR, § 56 II.1., S.301; sowie die Nachweise in den folgenden Fn.
[133] *Christmann*, Der vollmachtlose Stellvertreter, S.30 ff.
[134] Stein/Jonas/*Bork*, § 88 Rn.8.
[135] *Ulbricht*, AcP 78 (1892), S.48 (77); *Höpfner*, Vertretung ohne Vollmacht, S.38, 67; *Karweil*, Stellung des vollmachtlosen gewillkürten Stellvertreters, S.45; *Schulte*, Stellung des gewillkürten Vertreters, S.17 ff.; Förster/*Kann*, § 88 Anm.3; s.a. RG, Urt.v. 12.03.1894, RGZ 33, S.244 (246 f.); OLG Colmar, Urt.v. 05.02.1904, ZZP 33 (1904), S.286.
[136] *Christmann*, Der vollmachtlose Stellvertreter, S.31; Stein/Jonas/*Bork*, § 88 Rn.8; Förster/*Kann*, § 88 Anm.3.
[137] *Halbach*, Verweigerung der Terminsbestimmung, S.112 f.
[138] Baumbach/Lauterbach/*Hartmann*, § 88 Rn.8; Wieczorek/Schütze/*Steiner*, § 88 Rn.4; Zöller/*Vollkommer*, § 88 Rn.4.
[139] *Blomeyer*, ZPR, § 9 V.2., S.84; so bereits *Hellwig*, LB ZPR Bd.2, § 129 I.2.a), S.423; ders., System Teil 1, § 85 I.2., S.204.
[140] *Goldschmidt*, ZPR, § 54 3.d), S.172; s.a. *Hellwig*, System Teil 1, § 84 II.4.b), S.202.
[141] So bereits *Rosenberg*, Stellvertretung, S.950 f.; Rosenberg/Schwab/*Gottwald*, ZPR, § 56 II.1., S.301.
[142] *Goldschmidt*, ZPR, § 54 3.d), S.172.
[143] Rosenberg/Schwab/*Gottwald*, ZPR, § 56 II.1., S.301.
[144] *Groger*, Prozeßhandlungsvoraussetzungen, S.65 ff., 70 f.

Anwalts, die Terminsbestimmung versagen, wenn der angebliche Vollmachtgeber noch vorher ankündigt, die Genehmigung der Klage zu verweigern.

b) Stellungnahme

Das zutreffende Kriterium für die Beurteilung der Zulässigkeit einer Verfahrensverweigerung wird ersichtlich, wenn man sich den hinter den allgemein anerkannten Fällen der zulässigen Nichteinleitung stehenden Grundgedanken vor Augen hält.

aa) Verweigerung der Verfahrenseinleitung im Allgemeinen

Die Möglichkeit des Richters, überhaupt die Verfahrenseinleitung zu verweigern, wird in der Judikatur und Lehre nur in Ausnahmefällen anerkannt. Dabei geht es regelmäßig um Klagen, die ersichtlich nicht als Ausgangspunkt dafür geeignet sind, den Zivilprozess zweckgemäß, d.h. zur Verwirklichung des materiellen Rechts[145] und Erlangung einer sachlichen Entscheidung[146], durchzuführen[147]. Die richterliche Verfahrenseinleitung wäre hier sinnlos.

Das gilt etwa bei rechtsmissbräuchlichen, wie insbesondere beleidigenden oder querulatorischen Klagen[148], die nicht auf eine Rechtsverwirklichung gerichtet sind. Ferner gilt das, wenn die Klageschrift die Feststellung eines Rechts des Klägers nicht zulässt, da sie nicht als Klage erkennbar ist[149], nicht in deutscher Sprache abgefasst wurde[150], ihren Urheber aufgrund der fehlenden Unterschrift nicht erkennen lässt[151] oder sie die Parteien nicht bezeichnet[152]. Auch kann die gegen einen nicht der deutschen Gerichtsbarkeit Unterworfenen gerichtete Klage[153] nicht zu einer Rechtsverwirklichung führen. Schließlich dient die Postulationsfähigkeit der zweckgemäßen Durchführung des Verfahrens, indem mit Hilfe postulationsfähiger Personen insbesondere völlig aussichtslose Prozesse vermieden werden[154]. Die Durchführung solcher Prozesse wäre ebenfalls sinnlos und unökonomisch.

---

[145] BGH, Urt.v. 20.09.1988, BGHZ 105, S.197 (201); *Stürner*, FS *Baumgärtel*, S.545 ff. m.w.N.; Zöller/*Vollkommer*, Einl Rn.92, der in dieser Zweckbestimmung eine „allgemeine Interpretationsmaxime" sieht; einschränkend *Weber*, Studium Generale 13 (1960), S.183 (184).

[146] BGH, Urt.v. 03.10.1953, BGHZ 10, S.350 (359); BGH, Urt.v. 06.11.1991, NJW 1992, S.438 (439); Baumbach/Lauterbach/*Hartmann*, Einl Rn.9; Zöller/*Vollkommer*, Einl Rn.92.

[147] *Reiner*, Zurückweisung einer beabsichtigten Klage, S.93 ff.

[148] Stein/Jonas/*Leipold*, § 271 Rn.30; Zöller/*Greger*, § 253 Rn.21a.

[149] Rosenberg/Schwab/*Gottwald*, ZPR, § 97 I.2.a)(2), S.43; Stein/Jonas/*Leipold*, § 271 Rn.30.

[150] Musielak/*Foerste*, § 271 Rn.2; Stein/Jonas/*Leipold*, § 271 Rn.31.

[151] Rosenberg/Schwab/*Gottwald*, ZPR, § 97 I.2.a)(2), S.543; MüKo-ZPO/*Lüke*, § 271 Rn.10.

[152] Rosenberg/Schwab/*Gottwald*, ZPR, § 97 I.2.a)(2), S.543; Stein/Jonas/*Leipold*, § 271 Rn.31 m.w.N.

[153] MüKo-ZPO/*Lüke*, § 271 Rn.13; Musielak/*Foerste*, § 271 Rn.2.

[154] *Halbach*, Verweigerung der Terminsbestimmung, S.107.

Die Verweigerung der Verfahrenseinleitung befindet sich in derartigen Fällen auch im Einklang mit dem Justizgewährungsrecht, welches seinerseits durch das rechtsstaatliche Übermaßverbot (dazu s.o. S. 35 f. *Teil 1 A.II.1.a)dd)(2)*) beschränkt wird. Die Belastung des Beklagten mit einem solchen Verfahren wäre zur Erreichung des Prozesszwecks nicht erforderlich und ließe sich daher nicht rechtfertigen.

Dem steht nicht entgegen, dass der Vorsitzende aufgrund seiner Prozessleitungsbefugnis nur Anordnungen von geringerer Bedeutung verfügen kann[155], und auch nur soweit diese im Gesetz bestimmt sind[156]. *Christmann* und *Bork* folgern daraus richtigerweise, dass die Entscheidung über eine endgültige Verweigerung der Verfahrenseinleitung angesichts ihrer erheblichen Bedeutung für den Prozess die Befugnisse des Vorsitzenden überschreitet[157]. Das wird noch deutlicher, wenn die Entscheidung wegen nicht heilbarer Prozessvoraussetzungen erfolgt, über die, wie der ausdrücklichen Anordnung des § 56 Abs. 1 ZPO zu entnehmen ist, stets das Gericht entscheidet[158].
Über die endgültige Verweigerung des Verfahrensbeginns hat deshalb das Gericht durch Beschluss zu befinden[159], gegen den das Rechtsmittel der Beschwerde gem. § 567 Abs. 1 Alt. 2 ZPO stattfindet.

Allerdings steht die Entscheidung des Gerichts für eine Verweigerung der Verfahrenseinleitung immer auch in einem Widerstreit mit dem in der ZPO herrschenden Mündlichkeitsprinzip, auf das sich zur Begründung einer uneingeschränkten Einleitungspflicht bei einem Vertretungsmangel wiederum *Christmann* und *Bork* berufen.
Die Mündlichkeit ist eine in der ZPO bestimmte Form der Prozesshandlungen und die mündliche Verhandlung deren Vornahmezeitpunkt[160]. Die mündliche Verhandlung ist darüber hinaus i.d.R. auch Grundlage der gerichtlichen Entscheidung und deshalb ein wesentlicher Bestandteil des Verfahrens. Sie ist also an die Vorgaben für die Prozessdurchführung ohne Verfolgung eines Selbst-

---

155 *Blomeyer*, ZPR, § 29 I.1., S.158.
156 MüKo-ZPO/*Lüke*, § 271 Rn.18; Musielak/*Stadler*, § 136 Rn.6.
157 Aus der Befugnis des Vorsitzenden zur Verfahrenseinleitung nach § 216 Abs.2 ZPO kann man nicht auch die Befugnis zur wesentlich schwerwiegenderen Entscheidung, der den Justizgewährungsanspruch versagenden Verweigerung des Prozesses herleiten; s.a. MüKo-ZPO/*Lüke*, § 271 Rn.18.
158 Rosenberg/Schwab/*Gottwald*, ZPR, § 97 I.2.a)(3), S.543.
159 *Halbach*, Verweigerung der Terminsbestimmung, S.185 (Fn.4) m.w.N.; *Oda*, Prozeßfähigkeit, S.69; *Reiner*, Zurückweisung einer beabsichtigten Klage, S.101 ff. mit Hinweis auf § 230 österr. ZPO (Fn.3); MüKo-ZPO/*Lüke*, § 271 Rn.18; Musielak/*Foerste*, § 271 Rn.4; Zöller/*Greger*, § 253 Rn.21a; a.A., jedoch ohne Begründung, Rosenberg/Schwab/*Gottwald*, ZPR, § 97 I.2.a), S.543; Stein/Jonas/*Leipold*, § 271 Rn.33.
160 Rosenberg/Schwab/*Gottwald*, ZPR, § 80 II., S.440.

zwecks gebunden. Damit unterliegt sie jedoch in gleicher Weise wie das gesamte Verfahren dem o.g. Verdikt des Prozesszweckes.
Steht von vornherein fest, dass dieser nicht erreicht werden kann, ist die Durchführung der mündlichen Verhandlung genauso sinnlos wie das Verfahren selbst. Der Gewährung des rechtlichen Gehörs wird stattdessen mit einem Hinweis des Vorsitzenden vor der Entscheidung auf die Gründe, die der Einleitung entgegenstehen, genüge getan[161].

bb) Grundsätzlich keine Verfahrensverweigerung bei vollmachtloser Klage
Aus den vorgenannten allgemeinen Erwägungen lässt sich auch die Antwort auf die Frage einer Verpflichtung zur Zustellung der Klage an den Beklagten und Anberaumung eines Verhandlungstermins bei einem Vollmachtsmangel der Klage herleiten.

Zunächst können das Vorliegen eines Vertretungsmangels und die Möglichkeit der Verweigerung des Verfahrens, entgegen der Meinung von *Rosenberg* und *Goldschmidt*, nicht schon dann angenommen werden, wenn ein Vertreter der Klage keine Vollmachtsurkunde beifügt. Eine Pflicht des nichtanwaltlichen Vertreters zur Vorlage einer schriftlichen Vollmacht bereits im Zeitpunkt der Klageerhebung existiert nach der ZPO nicht. Denn auch wenn das Gericht nach § 88 Abs. 2 ZPO in jedem Verfahrensstadium von Amts wegen zu berücksichtigen hat[162], ob ein Mangel der Vollmacht bei dem nichtanwaltlichen Vertreter vorliegt, bedeutet dies nicht, dass das Gericht unterschiedslos den schriftlichen Nachweis einer erteilten Vollmacht fordern müsste[163]. Vielmehr hat dies, wie auch sonst bei Berücksichtigung der Prozessvoraussetzungen von Amts wegen[164], nur den Sinn, im Fall bestehender Zweifel diesen durch eine „besondere gerichtliche Tätigkeit" (§§ 80 Abs. 1, 88 Abs. 2, 139 Abs. 3 ZPO) nachzugehen[165]. Die Nachweispflicht des § 80 ZPO trifft den Vertreter also nur, wenn das

---

161 *Reiner*, Zurückweisung einer beabsichtigten Klage, S.96 ff.
162 Rosenberg/Schwab/*Gottwald*, ZPR, § 55 II.8.a), S.298; Musielak/*Weth*, § 88 Rn.8; Stein/Jonas/*Bork*, § 88 Rn.8.
163 So aber OLG Köln, Beschl.v. 17.12.1975, Rpfleger 1976, S.101 (103); Baumbach/Lauterbach/*Hartmann*, § 88 Rn.8; MüKo-ZPO/*v.Mettenheim*, § 88 Rn.8; Musielak/*Weth*, § 88 Rn.7.
164 RG, Urt.v. 21.04.1939, RGZ 160, S.204 (210); BGH, Urt.v. 10.10.1985, NJW-RR 1986, S.157 f.; OLG Frankfurt, Urt.v. 28.11.1981, NJW-RR 1992, S.763; Baumbach/Lauterbach/*Hartmann*, § 56 Rn.3; Stein/Jonas/*Bork*, § 88 Rn.4; Wieczorek/Schütze/*Hausmann*, § 56 Rn.3.
165 *Rimmelspacher*, Prüfung von Amts wegen, S.157; Stein/Jonas/*Bork*, § 88 Rn.6; davon ging offensichtlich auch der Gesetzgeber aus, als der Regierungsentwurf in der ZPO-Begründung, *Hahn*, Materialien Reichs-Justizgesetze Bd.2/1, S.189, ausführte: „Insoweit das Gericht oder der Gegner den Nachweis der Vollmacht fordern dürfen und verlangen, soll der Bevollmächtigte die Bevollmächtigung durch eine „schriftliche" Vollmacht nachweisen."

Gericht (bzw. der Gegner) den Nachweis tatsächlich gem. § 88 ZPO verlangt[166]. Nur in diesem Fall, und dann i.d.R. auch erst in der mündlichen Verhandlung (s.u. S. 58 *Teil 1 B.I.*), muss der Vertreter seine Vollmacht belegen. Da zudem die einstweilige Zulassung des vollmachtlosen Vertreters gem. § 89 Abs. 1 ZPO ebenfalls erst in diesem Zeitpunkt möglich ist (s.o. S. 30 f. *Teil 1 A.II.1.a)bb)*), kann sie nicht schon vor der Terminierung mit *Gottwald* als Bedingung für eine Klagezustellung herangezogen werden.
Auch der Einwand *Goldschmidts*, dass der Beklagte bei fehlender Vertretungsmacht des Klägervertreters kein Versäumnisurteil erlangen könne, geht fehl. Denn z.Zt. der Klageerhebung ist angesichts der Genehmigungsmöglichkeit nicht absehbar, ob nicht nach Heilung des Vollmachtsmangels doch noch ein Versäumnisurteil ergehen kann. Eine derart unsichere Sachlage kann nicht für die Verfahrenseinleitung ausschlaggebend sein.

Aber selbst wenn schon zu Beginn des Verfahrens offensichtlich ist, dass der Vertreter keine Vollmacht hat, besteht für den Richter entgegen *Blomeyer* kein Grund, den Prozess nicht zu beginnen. Entscheidend ist vielmehr, ob die Klage dann geeignet ist, dem Prozesszweck zu genügen.

Die Orientierung am Prozesszweck entspricht auch dem Regelungsgehalt der Vorschrift des § 89 ZPO. Solange noch eine Aussicht auf Wahrung der Rechte des Vertretenen durch Heilung des Verfahrensmangels gegeben ist, muss das Verfahren weiter betrieben werden. Erst wenn feststeht, dass keine Vollmacht oder Genehmigung mehr beigebracht werden wird, soll das Verfahren nicht fortgesetzt werden, so dass der Beklagte von einer weiteren Belastung verschont bleibt und das Verfahren endet (s.o. S. 28 *Teil 1 A.II.1.a)*).

Diese gesetzliche Wertung für die Fortsetzung des Verfahrens lässt sich angesichts des identischen Mangels und der vergleichbaren drohenden Belastung des Beklagten ohne weiteres auf den Beginn des Verfahrens übertragen. Denn solange noch eine Aussicht auf Heilung und damit auf Realisierung der Wahrung der Rechte des Vertretenen besteht, ist bei einer vollmachtlosen Klage der Prozesszweck noch erreichbar und das Verfahren somit einzuleiten.
Bei der fehlenden Prozessvollmacht handelt es sich nun regelmäßig um einen durch Genehmigung heilbaren Mangel, so dass der Prozesszweck der Rechtsverwirklichung erreichbar erscheint. Man wird demzufolge auch bei einem erkennbaren Vertretungsfehler die Verpflichtung des Richters zur Verfahrenseinleitung unterschiedslos beim Auftreten eines Anwalts oder sonstigen Vertreters grundsätzlich anerkennen müssen.

---

[166] Vgl. *Hahn*, Materialien Reichs-Justizgesetze Bd.2/1, S.189; so auch Musielak/*Weth*, § 80 Rn.13.

cc) Ausnahmsweise Ablehnung einer vollmachtlosen Verfahrenseinleitung
Mit vergleichbaren Erwägungen hält die herrschende Meinung[167] auch die Einleitung des Verfahrens bei der an sich unzulässigen Klage eines prozessunfähigen Klägers für notwendig. Allerdings wird davon in Anlehnung an einen Beschluss des OLG Schleswig-Holstein[168] vom 09.06.1958 eine Ausnahme zugelassen, wenn die Prozessunfähigkeit gerichtskundig ist und sich eindeutig erkennen lässt, dass der gesetzliche Vertreter der Klageerhebung des Klägers nicht zustimmen wird[169].

In ähnlicher Weise wird man auch bei einem Vollmachtsmangel eine Ausnahme von der Pflicht des Richters zur Verfahrenseinleitung begründen können. Das Gericht muss nämlich den Verfahrensbeginn verweigern, wenn wegen der Vollmachtlosigkeit die Verwirklichung des Rechts des Vertretenen sicher nicht erreichbar ist. Dazu darf, entsprechend den Ausführungen *Halbach*s und der o.g. Kommentarliteratur, keine Aussicht auf Heilung des Vollmachtsmangels gegeben sein. Das lässt sich nur bei sicherer Kenntnis des Gerichts von den diese Aussichtslosigkeit stützenden Tatsachen annehmen, etwa wenn die mangelnde Bereitschaft des Vertretenen zur Genehmigung gerichtsbekannt ist oder die Klage des Vertreters zugleich einen der o.g. Missbrauchstatbestände erfüllt. Die Durchführung eines Rechtsstreits wäre in diesen Fällen nutzlos und würde den Beklagten unnötig mit einem Verfahren belasten.

Dabei ist mit *Groger*, aber entgegen der herrschenden Meinung, die Möglichkeit der Verfahrensverweigerung nicht auf die Vertretung durch Nichtanwälte zu beschränken. Tritt als Vertreter für die Partei ein Rechtsanwalt auf, hat ihn das Gericht zwar gem. § 88 Abs. 2 ZPO aufgrund seiner Vollmachtsbehauptung so lange als Prozessbevollmächtigten zu behandeln, bis der Mangel der Vollmacht von einer Partei gem. § 88 Abs. 1 ZPO gerügt wird[170]. Doch kann nicht diese Einzelregelung über den Gesamtzweck des Verfahrens gestellt werden, weshalb hier eine Einschränkung geboten ist.
Denn nach der herrschenden Lehre soll das Gericht ebenfalls ohne Rüge gem. § 88 Abs. 1 ZPO tätig werden dürfen, wenn besondere Gründe Zweifel hervor-

---

[167] Vgl. *Grundmann*, Minderjährige, S.36 f.; *Oda*, Prozeßfähigkeit, S.66 ff.; Rosenberg/Schwab/*Gottwald*, ZPR, § 97 I.2.a)(3), S.543; Baumbach/Lauterbach/*Hartmann*, § 216 Rn.3; MüKo-ZPO/*Lindacher*, §§ 51, 52 Rn.35.
[168] OLG Schleswig-Holstein, Beschl.v. 09.06.1958, SchlHA 1958, S.230.
[169] Vgl. *Groger*, Prozeßhandlungsvoraussetzungen, S.46 f.; *Oda*, Prozeßfähigkeit, S.70; *Blomeyer*, ZPR, § 43 I.2.c), S.251; AK-ZPO/*Koch*, §§ 51, 52 Rn.10; MüKo-ZPO/*Lindacher*, §§ 51, 52 Rn.37; MüKo-ZPO/*Lüke*, § 271 Rn.15; Thomas/Putzo/*Reichold* § 253 Rn.19 („offenkundig").
[170] *Hahn*, Materialien Reichs-Justizgesetze Bd.2/1, S.193; Baumbach/Lauterbach/*Hartmann*, § 88 Rn.5; Stein/Jonas/*Bork*, § 88 Rn.4; insoweit ist die Vorschrift des § 139 Abs.3 ZPO eingeschränkt.

rufen[171]. Diese Ausweitung der Amtsprüfung ist allerdings ihrerseits zu undifferenziert und lässt die Grenze zu dem eigentlich hier geltenden Beibringungsgrundsatz in unzulässiger Weise verschwimmen. Der Grund für die Privilegierung der Anwälte besteht neben Vereinfachungsgründen vor allem in dem besonderen Vertrauen, das sie als unabhängiges Organ der Rechtspflege vor den Gerichten genießen[172]. Deshalb ist der Grundsatz, die Amtsprüfung nach § 88 Abs. 2 ZPO nur beim Auftreten eines Nichtanwaltes zuzulassen, teleologisch dort zu reduzieren, wo zwar ein Anwalt auftritt, dieser aber keinen Vertrauensvorschuss für sich in Anspruch nimmt oder offensichtlich nicht verdient, so z.B. in den Fällen der Geschäftsführung ohne Auftrag oder beim kollusiven Zusammenwirken mit dem Gegner zulasten des Vertretenen.
Zur Konstellation des nicht verdienten Vertrauens gehört in jedem Fall auch der Prozessmissbrauch durch die Klage eines Rechtsanwaltes, welche erkennbar einen solchen Vollmachtsmangel aufweist, für den keine Heilungsaussicht besteht. Die von § 88 Abs. 2 ZPO für die Vollmachtsprüfung geforderte Rüge steht demnach einer Versagung des Verfahrens nicht entgegen.

c) Zwischenergebnis

Das Gericht ist ausnahmsweise dann zur Verweigerung der Verfahrenseinleitung gehalten, wenn keine Heilung des Vertretungsmangels zu erwarten ist.

3. Ergebnis

Die von einem vollmachtlosen Prozessvertreter bei Gericht eingereichte Klage ist in Übereinstimmung mit der heute allgemeinen Meinung geeignet, einen Prozess für den vertretenen Kläger einzuleiten. Entscheidend dafür, inwieweit das Verfahren tatsächlich durchgeführt wird, ist die Aussicht auf Heilung des Vertretungsmangels:
Ist bereits vor Beginn des Rechtsstreits für das Gericht erkennbar, dass keine Heilungsaussicht besteht, muss es die Verfahrenseinleitung durch Beschluss verweigern.
Im Laufe des Prozesses ist die voraussichtliche Heilung ausschlaggebend für die einstweilige Zulassung nach § 89 Abs. 1 ZPO und deren Beendigung. Erst wenn keine Aussicht auf Heilung mehr besteht, z.B. weil die Genehmigung verweigert wurde oder wegen des Fristablaufs gem. § 89 Abs. 1 S. 2 ZPO als verweigert gilt, darf das Gericht ein die Klage abweisendes Prozessurteil erlassen.

---

[171] Stein/Jonas/*Bork*, § 88 Rn.4; Musielak/*Weth*, § 88 Rn.5; Zöller/*Vollkommer*, § 88 Rn.2; a.A. *Christmann*, Der vollmachtlose Stellvertreter, S.64.
[172] *Hahn*, Materialien Reichs-Justizgesetze Bd.2/1, S.193 f.

B. Vorliegen eines Vollmachtsmangels

Wird die von einem vollmachtlosen Vertreter eingereichte Klage rechtshängig, bedarf es, bevor der Mangel prozessual berücksichtigt werden kann, der Feststellung, dass der Vertreter keine Vollmacht hat.

I. Feststellung des Vollmachtsmangels

Die ZPO hat den Prozessbeteiligten mit § 88 ZPO ein Mittel an die Hand gegeben, das ihnen eine Überprüfung der Bevollmächtigung eines auftretenden Vertreters ermöglicht.

Nach § 88 Abs. 1 ZPO kann der Mangel der Vollmacht von dem Gegner in jeder Lage des Rechtsstreits gerügt werden. Betrifft die Rüge die Vertretung durch einen Rechtsanwalt, handelt es sich um eine formlose Prozesshandlung[173], mit der das Gericht zur Prüfung der Vollmacht ersucht wird[174]. Über den Wortlaut hinaus steht ein solches Rügerecht in gleicher Weise der vollmachtlos vertretenen Partei und deren unbefugtem Vertreter selbst zu[175]. Bezieht sich die Vollmachtsrüge demgegenüber auf einen nichtanwaltlichen Vertreter, kommt ihr nur die Bedeutung einer Anregung des Gerichts zu[176], den Vertretungsmangel gem. § 88 Abs. 2 ZPO von Amts wegen zu prüfen.
Die Rüge kann in jedem Stadium des Prozesses erfolgen[177]. Praktisch wird die Rüge wegen des Mündlichkeitsgrundsatzes (§ 128 Abs. 1 ZPO) i.d.R. in der mündlichen Verhandlung erhoben und vom Gericht berücksichtigt[178]. Das Gericht kann dann nach § 80 Abs. 1 ZPO die Einreichung einer schriftlichen Vollmacht fordern bzw. auf Verlangen des Gegners gem. § 80 Abs. 2 ZPO eine öffentliche Beglaubigung der Vollmacht (§ 129 Abs. 1 BGB) anordnen oder muss auf etwaige Bedenken gegen eine vorgelegte Urkunde hinweisen (§ 139 Abs. 3 ZPO)[179].

---

[173] Musielak/*Weth*, § 88 Rn.3; Thomas/Putzo/*Putzo*, § 88 Rn.3.
[174] *Christmann*, Der vollmachtlose Stellvertreter, S.54; *Marzinek*, Mangel der Vollmacht, S.11.
[175] OLG Saarbrücken, Urt.v. 18.02.1970, NJW 1970, S.1464; *Ulbricht*, AcP 78 (1892), S.48 (81 f.); *Christmann*, Der vollmachtlose Stellvertreter, S.68 f.; *Schulte*, Stellung des gewillkürten Vertreters, S.22; Rosenberg/Schwab/*Gottwald*, ZPR, § 55 II.8.b), S.298; Baumbach/ Lauterbach/*Hartmann*, § 88 Rn.6; Zöller/*Vollkommer*, § 88 Rn.2.
[176] Baumbach/Lauterbach/*Hartmann*, § 88 Rn.8; Stein/Jonas/*Bork*, § 88 Rn.2; Zöller/*Vollkommer*, § 88 Rn.4.
[177] Baumbach/Lauterbach/*Hartmann*, § 88 Rn.6; MüKo-ZPO/*v.Mettenheim*, § 88 Rn.5; Musielak/*Weth*, § 88 Rn.4.
[178] *Hahn*, Materialien Reichs-Justizgesetze Bd.2/1, S.195; Musielak/*Weth*, § 88 Rn.8; Stein/ Jonas/*Bork*, § 88 Rn.8.
[179] Stein/Jonas/*Bork*, § 88 Rn.6.

Infolge der Rüge des Vollmachtsmangels kommt es zu einem Zwischenstreit unter den Parteien, den das Gericht ggf. nach § 303 ZPO zu entscheiden hat[180]. Die Beweislast trägt dabei grundsätzlich derjenige, der aus der behaupteten Prozessvoraussetzung, also hier aus der ordnungsgemäßen Klage (s.o. S. 44 f. *Teil 1 A.II.1.a)dd)(2)(a)(ee)*), Rechte für sich herleitet[181], mithin regelmäßig die ein Sachurteil begehrende Klägerseite[182]. Der für den Kläger handelnde Vertreter hat deshalb, wie auch mit der Beweisregelung des § 80 Abs. 1 ZPO zum Ausdruck kommt[183], eine schriftliche Vollmacht vorzulegen. Ist ein solcher Nachweis nicht möglich, kann die ggf. mündliche Bevollmächtigung für das bisherige Prozessieren, wie sich aus § 89 Abs. 2 ZPO ergibt, auch mit Hilfe der sonstigen Beweismittel belegt werden[184].

Aber selbst wenn der vollmachtlos vertretene Kläger die Vollmachtserteilung nicht für sich in Anspruch nimmt und zwischen den Parteien das Fehlen der Vollmacht unstreitig ist, wird das Gericht auch außerhalb der Amtsprüfung nicht zwangsläufig von der Beweiserhebung in diesem Punkte freigestellt[185]. Hat nämlich ein Vollmachtsmangel zur Folge, dass der Vertreter von der anstehenden Entscheidung des Gerichts, z.B. über seine Zurückweisung oder die Kosten des Verfahrens, „unmittelbar rechtlich von dem Verfahren betroffen wird"[186], muss stets sein Anspruch auf rechtliches Gehör (Art. 103 Abs. 1 ZPO) gewahrt werden. Dieser umfasst u.a. die Möglichkeit sich zu äußern[187] und die Berücksichtigung erheblicher Beweisanträge durch das Gericht[188]. Auch ist dem Vertreter gegenüber die richterliche Aufklärungs- und Hinweispflicht nach § 139 ZPO zu beachten[189].

---

[180] Stein/Jonas/*Bork*, § 88 Rn.3.

[181] Musielak/*Weth*, § 56 Rn.6; Stein/Jonas/*Bork*, § 56 Rn.8; Zöller/*Vollkommer*, § 56 Rn.9.

[182] Allerdings liegt die Beweislast umgekehrt beim Beklagten, wenn er z.B. ein Versäumnisurteil gegen den Kläger begehrt, vgl. Zöller/*Vollkommer*, § 56 Rn.9.

[183] Vgl. BGH, Urt.v. 23.10.1963, BGHZ 40, S.197 (203); *Brunn*, Vollmacht im Zivilprozeß, S.15; *Rimmelspacher*, Prüfung von Amts wegen, S.167.

[184] Vgl. *Renner*, MDR 1974, S.353; MüKo-ZPO/*v.Mettenheim*, § 89 Rn.17; Musielak/*Weth*, § 89 Rn.13; Stein/Jonas/*Bork*, § 89 Rn.13, 15.

[185] Ebenso im Ergebnis OLG Zweibrücken, Urt.v. 31.03.1999, JurBüro 1999, S.650 (651).

[186] So die den personellen Schutzbereich des Art.103 Abs.1 GG eingrenzende Formulierung des BVerfG, vgl. BVerfG, Beschl.v. 14.04.1987, BVerfGE 75, S.201 (215); BVerfG, Beschl.v. 07.03.1995, BVerfGE 92, S.158 (183).

[187] BVerfG, Beschl.v. 29.05.1991, BVerfGE 84, S.188 (190); Dreier/*Schulze-Fielitz*, Art.103 I Rn.54.

[188] BVerfG, Beschl.v. 22.12.1994, NVwZ 1995, S.1096 (1097); Rosenberg/Schwab/*Gottwald*, ZPR, § 85 II.1.(4), S.457.

[189] *Schneider*, Rpfleger 1976, S.229 (231).

Als derjenige, der aus der ordnungsgemäßen Vertretung das Recht zur Tätigkeit mit Fremdwirkung für sich herleitet, trägt dabei der Vertreter die Beweislast[190]. Für den Beweis stehen auch ihm alle von der ZPO vorgesehenen Mittel zur Verfügung[191]. Erst wenn der Vertreter sich geäußert oder eine ihm gesetzte Frist zur Stellungnahme verstreichen lassen hat, darf das Gericht von einem Vollmachtsmangel ausgehen und gegen ihn bzw. in dem Rechtsstreit entscheiden[192].

II. Die Voraussetzungen einer Prozessvollmacht

Soll ein Vollmachtsmangel ermittelt werden, muss vorab klargestellt sein, unter welchen Voraussetzungen das Vorliegen einer Prozessvollmacht tatbestandlich anzunehmen ist.

1. Die erteilte Vollmacht

Die Prozessvollmacht wird durch eine einseitige, empfangsbedürftige Willenserklärung des Vollmachtgebers gegenüber dem zu Bevollmächtigten, dem Prozessgegner oder Gericht erteilt[193]. Sie wird formlos wirksam (§ 89 Abs. 2 ZPO) und kann auch nur konkludent erklärt werden[194].
Da die Erteilung der Vollmacht unmittelbar auf die Verschaffung der Befugnis zur Vertretung im Prozess und damit primär auf die Herbeiführung prozessualer Wirkungen gerichtet ist, wird sie als Prozesshandlung angesehen und nach Prozessrecht beurteilt[195]. Die materiell-rechtlichen Vorschriften der §§ 164 ff. BGB sind deshalb nur anwendbar, wenn die vorrangig geltenden Normen der ZPO (§§ 78 ff. ZPO) keine abschließende Regelung enthalten und die Anwendung mit den Besonderheiten des Prozessrechts vereinbar ist[196].

---

[190] Vgl. OLG Hamburg, Beschl.v. 29.11.1955, MDR 1956, S.431; *Rimmelspacher*, Prüfung von Amts wegen, S.182; dies entspricht der allgemeinen Beweislastregel, wonach jeder die Beweislast für die Tatsachen trägt, die eine ihm günstige Norm ausfüllen, vgl. *Anders/Gehle*, Assessorexamen, B.IV.4.e)dd), Rn.140.

[191] Vgl. OLG Köln, Beschl.v. 29.07.1970, Rpfleger 1970, S.355 (356).

[192] *Schneider*, Rpfleger 1976, S.229 (231).

[193] AK-ZPO/*Christian*, § 80 Rn.4; Musielak/*Weth*, § 80 Rn.9.

[194] BGH, Beschl.v. 14.06.1995, FamRZ 1995, S.1484; Baumbach/Lauterbach/*Hartmann*, § 80 Rn.6.

[195] RG, Urt.v. 22.12.1902, RGZ 56, S.333 (337); BGH, Urt.v. 19.03.1993, NJW 1993, S.1926; *Urbanczyk*, ZZP 95 (1982), S.339 (350); *Baumgärtel*, Prozeßhandlung, S.182; *Jauernig*, ZPR, § 30 IV., S.121 f.; Rosenberg/Schwab/*Gottwald*, ZPR, § 55 II.1., S.292; Baumbach/Lauterbach/*Hartmann*, § 80 Rn.5.

[196] *Brunn*, Vollmacht im Zivilprozeß, S.10; Erman/*Palm*, § 167 Rn.45; Soergel/*Leptien*, Vor § 164 Rn.80.

Die Vollmacht bleibt entsprechend ihrem Zweck i.d.R. bis zur endgültigen Beendigung des Rechtsstreits einschließlich der Zwangsvollstreckung bestehen[197]. Ihre Fortgeltung ist unabhängig von dem Tod oder den Veränderungen hinsichtlich der Geschäftsfähigkeit bzw. gesetzlichen Vertretung der Partei (§ 86 ZPO). Das gilt entsprechend auch bei dem Wegfall einer juristischen Person oder eines sonstigen rechtsfähigen Gebildes, soweit eine Gesamtrechtsnachfolge, wie z.B. bei Umwandlung oder Verschmelzung, stattfindet[198].

Die Einordnung der Vollmachtserteilung als Prozesshandlung hat zur Folge, dass insoweit auch die allgemeinen Prozesshandlungsvoraussetzungen, wie insbesondere die Prozessfähigkeit (§ 52 ZPO), seitens des Vollmachtsgebers anwendbar sind.
Zu einem anderen Ergebnis gelangt man nur, wenn die Prozessvollmacht Bestandteil einer umfassenderen, außerprozessualen Vollmacht, etwa einer Generalvollmacht, Prokura (§ 49 HGB) oder Handlungsvollmacht (§ 54 HGB) ist. Diese ermächtigt grundsätzlich zur Wahrnehmung aller der Vertretung zugänglichen Rechtsgeschäfte einschließlich der daraus entstehenden Rechtsstreitigkeiten[199]. Da bei einer derart umfassenden Vollmacht der wirtschaftliche Schwerpunkt der Vertretungstätigkeit im Bereich der materiellen Rechtsgeschäfte liegt, die Prozessvollmacht also nur von untergeordneter Bedeutung ist, richtet sich die Erteilung einer solchen Vollmacht nach materiellem Recht[200].

2. Prozessvollmacht kraft Rechtsscheins

Im materiellen Zivilrecht wird in den §§ 170 – 173 BGB das Vertrauen des Geschäftsgegners auf den Anschein des Bestehens einer – in Wirklichkeit nicht (mehr) gegebenen – Vollmacht geschützt. Die Rechtsprechung[201] und herrschende Lehre[202] haben diese gesetzliche Rechtsscheinhaftung des Vertretenen auf andere Fallgestaltungen des äußeren Anscheins einer Vollmacht, die sog. Duldungs- und Anscheinsvollmacht, erweitert.
Fraglich ist, ob die Rechtsscheinhaftung auch im Rahmen eines Rechtsstreits für die Vertretungsmacht des Prozessvertreters zum Tragen kommen kann.

---

[197] Rosenberg/Schwab/*Gottwald*, ZPR, § 55 II.7.a)(1), S.296; Baumbach/Lauterbach/*Hartmann*, § 86 Rn.3; Wieczorek/Schütze/*Steiner*, § 86 Rn.2.

[198] Stein/Jonas/*Bork*, § 86 Rn.5; MüKo-ZPO/*v.Mettenheim*, § 86 Rn.8.

[199] *Spitzbarth*, BB 1962, S.851; *Urbanczyk*, ZZP 95 (1982), S.339 (349 f.); Palandt/*Heinrichs*, § 167 Rn.7; Staudinger/*Schilken*, § 167 Rn.83.

[200] KG Berlin, Urt.v. 11.05.1905, OLGRspr.11 (1905), S.50 f.; *Urbanczyk*, ZZP 95 (1982), S.339 (349); Rosenberg/Schwab/*Gottwald*, ZPR, § 55 II.1.a), S.292; Musielak/*Weth*, § 80 Rn.10; Stein/Jonas/*Bork*, § 80 Rn.18; Wieczorek/Schütze/*Steiner*, § 80 Rn.6.

[201] BGH, Urt.v. 27.09.1956, NJW 1956, S.1673 (1674); BGH, Urt.v. 24.01.1991, NJW 1991, S.1225; BGH, Urt.v. 13.05.1992, VersR 1992, S.989 f.

[202] Erman/*Palm*, § 167 Rn.7 ff.; MüKo-BGB/*Schramm*, § 167 Rn.43 ff.; Palandt/*Heinrichs*, § 173 Rn.9 ff.; RGRK/*Steffen*, § 167 Rn.12.

a) Fortgeltung der Vollmacht nach § 87 Abs. 1 ZPO

Ähnlich wie die §§ 170 ff. BGB regelt auch die Zivilprozessordnung mit § 87 ZPO die Fortgeltung einer erloschenen Vollmacht des Vertreters im Außenverhältnis. Sie endet gem. § 87 Abs. 1 ZPO gegenüber dem Gegner bzw. dem Gericht[203] erst mit der Anzeige ihres Erlöschens und – im Anwaltsprozess – der Anzeige der Bestellung eines anderen Anwalts.

Der Anzeige nach § 87 Abs. 1 ZPO bedarf es für ein Erlöschen der Vollmacht auch im Außenverhältnis jedoch nicht, wenn die Bevollmächtigung dem Gegner oder Gericht noch nicht mitgeteilt worden ist[204]. Denn mit der Regelung sollen im Interesse der Rechtssicherheit der Prozessgegner bzw. das Gericht für den „reibungslosen Fortgang" des Verfahrens vor Unsicherheiten über die Person des Vertreters und Schwierigkeiten infolge dessen Ausscheidens geschützt werden[205]. Eine Gefahr für die Rechtssicherheit kann jedoch vor Einführung der Vollmacht in den Rechtsstreit nicht entstehen[206].

Allerdings ist klarzustellen, dass die Entbehrlichkeit der Anzeige nicht, wie in der Literatur angenommen wird[207], auf ein erst nach Mitteilung der Vollmacht bestehendes Bedürfnis nach Vertrauensschutz gestützt werden kann. Das Abstellen auf ein schutzwürdiges Vertrauen würde die Verwirklichung einer der §§ 170 ff. BGB vergleichbaren Rechtsscheinhaftung in § 87 Abs. 1 ZPO voraussetzen[208]. Unverzichtbares Element einer Rechtsscheinhaftung ist allerdings der gute Glaube des Vertrauenden (vgl. § 173 BGB). Das bedeutet, wenn dieser die wahre Sachlage kennt, hat er keinen Grund zu vertrauen und verdient insoweit nicht den Schutz der Rechtsordnung[209]. Wie sich aus dem Fehlen einer § 173 BGB entsprechenden Vorschrift ergibt, endet der Schutz des Prozessgegners nach § 87 ZPO aber auch dann erst mit der Anzeige des Erlöschens der Vollmacht, wenn er auf andere Weise von der Kündigung oder dem Widerruf

---

[203] Der Wortlaut des § 87 Abs.1 ZPO, der nur den Gegner benennt, ist deshalb zu eng gefasst, vgl. BGH, Beschl.v. 06.12.1989, VersR 1990, S.328 (329); *Schmellenkamp*, AnwBl 1985, S.14; Rosenberg/Schwab/*Gottwald*, ZPR, § 55 II.7.a)(2), S.296.

[204] BGH, Urt.v. 07.10.1959, NJW 1959, S.2307 (2308); Stein/Jonas/*Bork*, § 87 Rn.3; Wieczorek/Schütze/*Steiner*, § 87 Rn.1.

[205] *Hahn*, Materialien Reichs-Justizgesetze Bd.2/1, S.193; BGH, Urt.v. 05.11.1974, NJW 1975, S.120 (121); *Brunn*, Vollmacht im Zivilprozeß, S.85; *Schmellenkamp*, AnwBl 1985, S.14 (15); Musielak/*Weth*, § 87 Rn.1; Stein/Jonas/*Bork*, § 87 Rn.1; § 87 Abs.2 ZPO dient außerdem dem Schutz des Bevollmächtigten und Vertretenen, vgl. MüKo-ZPO/*v.Mettenheim*, § 87 Rn.1 f.

[206] Wieczorek/Schütze/*Steiner*, § 87 Rn.1.

[207] MüKo-ZPO/*v.Mettenheim*, § 87 Rn.4; Musielak/*Weth*, § 87 Rn.2; Stein/Jonas/*Bork*, § 87 Rn.3; Wieczorek/Schütze/*Steiner*, § 87 Rn.1.

[208] Ähnlich sieht *Johannsen*, LM § 87 Nr.2, ihm folgend BGH, Urt.v. 05.11.1974, NJW 1975, S.120 (121), eine Vergleichbarkeit des § 87 ZPO mit §§ 170-172 BGB.

[209] *Canaris*, Vertrauenshaftung, S.503 f.

Kenntnis erlangt hat[210]. Kommt es insoweit auf die Gutgläubigkeit nicht an, kann es sich bei § 87 ZPO auch nicht um eine Rechtsscheinhaftung handeln. Auszugehen ist hier vielmehr von einem Rechtsklarheit und Rechtssicherheit schaffenden „absoluten Verkehrsschutz"[211] durch ein zusätzliches Wirksamkeitserfordernis für die Beendigung der Vollmacht[212].

Eine andere Problematik ergibt sich, wenn eine schriftlich erteilte Vollmacht an sich schon vor Klageeinreichung durch eine Kündigung bzw. einen Widerruf des Vollmachtgebers wieder erloschen war und der Vertreter dennoch unter Vorlage der sich noch in seinen Händen befindenden Vollmachtsurkunde den Prozess einleitet.
Das OLG Hamm[213] hat für einen solchen Fall die Ansicht vertreten, der Kläger müsse, da dem Beklagten das Erlöschen der Vertretungsmacht nicht bekannt gewesen sei, in Anwendung der Vorschriften der §§ 172 Abs. 2, 173 BGB den Fortbestand der Vertretungsmacht gegen sich gelten lassen.
Ein Rückgriff auf die Normen des BGB ist jedoch nicht in diesem Maße notwendig, da das Prozessrecht mit § 87 Abs. 1 ZPO dies bereits selbst regelt. Die Ausstellung der Vollmachtsurkunde ist für den Nachweis des Vertreters gem. § 80 Abs. 1 ZPO gegenüber dem Gericht und Prozessgegner bestimmt. Die schriftliche Vollmacht stellt also – insoweit ist die rechtliche Wertung des § 172 Abs. 1 BGB heranzuziehen – eine besondere Form der Mitteilung der Bevollmächtigung an das Gericht oder den Prozessgegner dar. Tritt nun der Prozessvertreter unter Vorlage dieser Vollmachtsurkunde im Prozess auf, ist im Interesse der Rechtssicherheit von einer Fortgeltung dieser erteilten Vollmacht im Außenverhältnis auszugehen. Der Kläger als Vollmachtgeber wird diese Wirkung nur durch Anzeige der Beendigung (§§ 87 Abs. 1 ZPO, § 130 Abs. 1 BGB) oder entsprechend § 172 Abs. 2 BGB durch Rückgabe bzw. Kraftloserklärung der Vollmacht bis zum Zeitpunkt der Vorlage der Vollmachtsurkunde, also i.d.R. bis zur Klageerhebung, verhindern können.

---

[210] Vgl. BGH, Beschl.v. 10.07.1985, VersR 1985, S.1185 (1186); MüKo-ZPO/*v.Mettenheim*, § 87 Rn.4; Stein/Jonas/*Bork*, § 87 Rn.9; Wieczorek/Schütze/*Steiner*, § 87 Rn.3.

[211] So bezeichnet *Canaris*, Vertrauenshaftung, S.1, die Fälle, in denen das Gesetz aus Gründen der Verkehrssicherheit eine an sich zweifelhafte oder nur scheinbar bestehende Rechtslage ohne Rücksicht auf ein entgegengebrachtes Vertrauen festlegt.

[212] Ähnlich *Hahn*, Materialien Reichs-Justizgesetze Bd.2/1, S.283; BAG, Beschl.v. 08.12. 1981, NJW 1982, S.2519 (2520); *Schmellenkamp*, AnwBl 1985, S.14 (15).

[213] OLG Hamm, Beschl.v. 29.06.1988, NJW-RR 1990, S.767.

b) Duldungs- und Anscheinsvollmacht

In der Rechtsprechung[214] und überwiegenden Lehre[215] werden die im materiellen Recht entwickelten Grundsätze zur Duldungs- und Anscheinsvollmacht auch im Zivilprozess für die Prozessvertretung herangezogen.

Zur Begründung hat der BGH angeführt, dass der Grundsatz von Treu und Glauben genauso das Prozessrechtsverhältnis der Parteien beherrsche und deshalb die aus § 242 BGB hergeleiteten Rechtsgrundsätze zur Anscheinsvollmacht im Zivilprozess einzubeziehen seien[216].

Die Literatur[217] hat allerdings den Anwendungsbereich der Vollmacht kraft Rechtsscheins insoweit eingeschränkt, als ein Vertrauen des Gegners angesichts der Möglichkeit, im Prozess einen Nachweis der Vollmacht nach § 88 Abs. 1 ZPO zu verlangen, häufig nicht schutzwürdig sei. Sobald Zweifel über die Vollmachtserteilung aufkämen, müsse er den Nachweis fordern, so dass er bis dahin geschützt sei.

Erkennt man die Duldungs- und Anscheinsvollmacht mit der im materiellen Recht herrschenden Meinung an, wird man sich ihrer Geltung bei der Prozessvertretung wegen der gleichen Interessenlage wie im materiellen Recht nicht verschließen können.

Dem steht § 87 ZPO nicht als vorrangige Norm im Wege, da er nur die Fortgeltung einer einmal erteilten Vollmacht bestimmt und nicht, wie die Duldungs- und Anscheinsvollmacht, eine solche begründet.

Allerdings ist, wie in der Lehre vertreten, der Geltungsbereich der Anscheins- und Duldungsvollmacht einzuschränken, sofern der Prozessgegner wegen der Rügemöglichkeit nicht schutzwürdig ist. Dieses prozessuale Instrument wird die Gutgläubigkeit oft ausschließen, wenn man analog §§ 173, 122 Abs. 2 BGB bereits jede fahrlässige Unkenntnis für eine Verneinung des Vertrauensschutzes genügen lässt, also einen strengen Maßstab bei der Nichtkenntnis anlegt.

Außerdem kann mit der Rügeoption nur so weit eine Rechtsscheinvollmacht ausgeschlossen werden, als mit ihr Gewissheit über die Vollmacht zu erlangen ist. Das ist i.d.R. erst mit der gerichtlichen Prüfung in der mündlichen Verhand-

---

214 BGH, Urt.v. 23.10.1963, BGHZ 40, S.197 (203); BGH, Urt.v. 22.05.1975, NJW 1975, S.1652 (1653); BGH, Urt.v. 18.02.1981, FamRZ 1981, S.865 (866).

215 *Blomeyer*, ZPR, § 9 III.1., S.78; Rosenberg/Schwab/*Gottwald*, ZPR, § 55 II.3.c), S.293; MüKo-ZPO/*v.Mettenheim*, § 80 Rn.2; Musielak/*Weth*, § 80 Rn.9; Stein/Jonas/*Bork*, § 80 Rn.15; Wieczorek/Schütze/*Steiner*, § 80 Rn.12.

216 BGH, Urt.v. 23.10.1963, BGHZ 40, S.197 (203); zustimmend Stein/Jonas/*Bork*, § 80 Rn.15; Wieczorek/Schütze/*Steiner*, § 80 Rn.12.

217 *Fleddermann*, Kostenrechtliche Probleme, S.43; Musielak/*Weth*, § 80 Rn.9; Stein/Jonas/*Bork*, § 80 Rn.15; Wieczorek/Schütze/*Steiner*, § 80 Rn.12; weitergehend *Abel*, Nichtigkeitsklage, S.64 ff., der aufgrund der Möglichkeit der Vollmachtsrüge die Duldungs- und Anscheinsvollmacht überhaupt nicht zur Anwendung kommen lassen will.

lung möglich (s.o. S. 58 *Teil 1 B.I.*). Deshalb muss für die Rechtsscheinvollmacht zumindest in dem Zeitraum davor ein unbeschränkter Anwendungsbereich bleiben, etwa bei der Zustellung der Klage an den scheinbar bevollmächtigten Beklagtenvertreter[218].
Jedoch wird dieser Anwendungsbereich insoweit begrenzt, als ein Vertrauen grundsätzlich nur deswegen schutzwürdig ist, weil es das Verhalten des Vertrauenden beeinflusst und sich in dessen Maßnahme verwirklicht. Es muss also zwischen Vertrauen und Verhalten ein Kausalzusammenhang bestehen[219]. Der Gegner ist nämlich nicht durch seinen guten Glauben zu einer Disposition bestimmt worden und somit nicht schutzwürdig, wenn er sich auch bei Kenntnis der wahren Sach- und Rechtslage in gleicher Weise verhalten hätte[220]. Dann aber ist ein Vertrauensschutz im Prozess immer bei Prozesshandlungen ausgeschlossen, welche die gegnerische Partei auch bei Kenntnis der Vollmachtlosigkeit vorgenommen hätte, d.h. bei denen es für den Gegner nicht auf ein Vertrauen auf die Vollmacht ankommt.
Dergestalt ist die Prozesslage nach Einreichung der Klage durch einen vollmachtlosen Prozessvertreter. Der Beklagte muss sich unabhängig von dem Vorliegen der Bevollmächtigung auf das Verfahren einlassen, und zwar mindestens bis zur mündlichen Verhandlung (s.o. S. 41 f. *Teil 1 A.II.1.a)dd)(2)(a)(cc)*). Aber auch anschließend kann sich dann ein Vertrauen des Gegners nicht mehr auswirken, da mangels ordnungsgemäßer Klage die weiteren, darauf aufbauenden Prozesshandlungen ohnehin keine Wirksamkeit erlangen können. Auf der Klägerseite ist deshalb nur bei einem nachträglichen Vollmachtsmangel für die Rechtsscheinsvollmacht Raum. In dem für den Fortgang dieser Arbeit relevanten Fall des Vollmachtsmangels bei Klageerhebung kommt sie überhaupt nicht zur Anwendung.

III. Vollmachtlosigkeit des Prozessvertreters

Ein Prozessvertreter handelt vollmachtlos, wenn der Vertretene ihm für den Rechtsstreit keine Vollmacht erteilt hat oder diese unwirksam bzw. bereits wieder erloschen ist.
Von der Vollmachtlosigkeit ist die fehlende Nachweisbarkeit der Vollmacht nach § 80 ZPO zu unterscheiden. Kann im Verfahren eine schriftliche bzw. öffentlich beglaubigte Vollmacht von dem Vertreter nicht vorgelegt werden, wird sein bisheriges Handeln nicht als vollmachtlos angesehen, wenn er eine Bevollmächtigung anderweitig nachweisen kann (s.o. S. 58 *Teil 1 B.I.*). Allerdings

---

[218] Vgl. dazu BGH, Beschl.v. 22.05.1975, NJW 1975, S.1652 (1653).
[219] *Canaris*, Vertrauenshaftung, S.514.
[220] *Canaris*, Vertrauenshaftung, S.515.

wird er für das weitere Verfahren zurückgewiesen und insoweit als nicht vertretungsbefugt behandelt[221].

1. Fehlen einer Vollmacht

Ein Vertretungsmangel kann sich daraus ergeben, dass dem Vertreter eine Vollmacht überhaupt nicht erteilt worden ist oder er mit dem Prozessieren eine ihm eingeräumte Vertretungsmacht überschreitet.

a) Nichterteilung

Fehlt es an jeglichem Bevollmächtigungsakt, kann der Vertreter zu einem bewusst vollmachtlosen Vorgehen gezwungen sein, wenn er als Geschäftsführer ohne Auftrag die Interessen des z. Zt. nicht erreichbaren Vertretenen wahrnehmen möchte.
Denkbar ist aber auch, dass er den Parteien mit der Einleitung des Verfahrens lediglich einen Schaden zufügen will.

Eine von dem Vertreter dagegen unbewusst, also irrtumsbedingt vollmachtlos eingereichte Klage lässt sich auf eine Nachlässigkeit des Vertreters oder auf ein Missverständnis mit dem Vertretenen zurückführen.
Hierher gehört auch der Fall, in dem der einer Partei nach § 121 ZPO beigeordnete Rechtsanwalt sich von dieser keine Vollmacht erteilen lässt[222]. Denn weder die Beiordnung bzw. Bewilligung der Prozesskostenhilfe noch die darauf gerichteten Anträge der Partei ersetzen die Erteilung einer Prozessvollmacht[223].

Es fehlt außerdem an einer erteilten Vollmacht, wenn der Prozessvertreter die Klage für eine nichtexistente Partei bei Gericht einreicht und rechtshängig werden lässt[224]. So kann sich die Partei als ein Phantasiegebilde des Vertreters ent-

---

[221] OLG Köln, Urt.v. 29.07.1970, Rpfleger, 1970, S.355 f.; *Marzinek*, Mangel der Vollmacht, S.18; *Schmitz*, Kostenentscheidung für oder gegen Dritte, S.18 f. m.w.N.; MüKo-ZPO/*v.Mettenheim*, § 89 Rn.17.

[222] *Christmann*, Der vollmachtlose Stellvertreter, S.18; *Schmitz*, Kostenentscheidung für oder gegen Dritte, S.17.

[223] RG, Urt.v. 18.02.1919, RGZ 94, S.342 (346); BGH, Beschl.v. 22.10.1986, NJW 1987, S.440 (441); Rosenberg/Schwab/*Gottwald*, ZPR, § 90 V.1.b), S.500; MüKo-ZPO/*Wax*, § 121 Rn.15.

[224] *Hupka*, Haftung des Vertreters, S.174, weist zutreffend darauf hin, dass die Vollmachtlosigkeit des Vertreters bei einem existenten Vertretenen aus seinem Unvermögen, bei einer nicht vorhandenen Person aus einer objektiven Unmöglichkeit resultiert; letzteres schließt aber nicht bereits begriffsmäßig eine Vollmachtshaftung aus; der Vertreter einer nicht existenten Person handelt wie jeder vollmachtlose Vertreter in fremdem Namen ohne Vertretungsmacht; lediglich die fehlende Genehmigungsmöglichkeit verhindert die Anwendung verschiedener Normen des Vertretungsrechts (z.B. §§ 177, 178 BGB im materiellen Recht oder § 89 Abs.2 ZPO im Prozessrecht).

puppen[225]. Möglich ist aber auch, dass die Partei noch nicht oder nicht mehr existiert[226].
Nichts anderes gilt schließlich, wenn der Vertreter für ein nicht parteifähiges Gebilde, das wie z.B. ein nichtselbständiges Sondervermögen in Form einer Insolvenzmasse oder des Nachlasses nicht personifiziert ist, gehandelt hat. Ein solches Gebilde ist nicht in der Lage, in irgendeiner Form einen Willen zu bilden und eine Vollmacht zu erteilen.

b) Überschreitung
Eine weitere Variante des Fehlens der Vollmacht ist, dass die Partei den Vertreter zwar bevollmächtigt hat, jedoch die von ihm vorgenommene Prozesshandlung, also hier die Klage, davon nicht erfasst wird. Eine solche Überschreitung der Vertretungsmacht kann deshalb eintreten, weil die Vollmacht für einen anderen als den gegenständlichen Rechtsstreit[227] oder nur für einzelne Teile eines Prozesses erteilt worden ist (vgl. § 83 Abs. 2, §§ 174, 175 ZPO).

c) Vollmachtsmissbrauch
Es ist auch möglich, dass der Vertreter die im Innenverhältnis mit der vertretenen Partei vereinbarte Begrenzung bei der Vollmachtsausübung überschreitet, ohne dabei jedoch im Außenverhältnis den Rahmen der ihm eingeräumten Vertretungsmacht zu verlassen[228]. Dieser Missbrauch der Vertretungsmacht lässt grundsätzlich die Wirksamkeit des Vertreterhandelns infolge des im Verhältnis der Vollmacht zum zugrundeliegenden Vertragsverhältnis geltenden Abstraktionsgrundsatzes unberührt[229].
Die überwiegende Ansicht[230] im materiellen Recht kommt nur dann zu einem anderen Ergebnis, wenn der Vertreter in für den Gegner erkennbarer Weise missbräuchlich vorgeht. Der mit dem Abstraktionsprinzip bezweckte Verkehrsschutz wird zulasten des in diesem Fall nicht schutzwürdigen Geschäftsgegners eingeschränkt[231]. Dem Vertretenen wird dann die Einwendung der unzulässigen

---

[225] OLG Frankfurt, Beschl.v. 22.05.1996, MDR 1997, S.303.
[226] So bei BGH, Beschl.v. 22.07.1997, NJW-RR 1998, S.63; OLG Karlsruhe, Beschl.v. 21.03.1997, NJW-RR 1997, S.1290 f.
[227] *Christmann*, Der vollmachtlose Stellvertreter, S.18; *Schmitz*, Kostenentscheidung für oder gegen Dritte, S.18, *Schulte*, Stellung des gewillkürten Vertreters, S.11.
[228] *Brox*, AT BR, § 26 I.1., Rn.579; *Flume*, AT BR Bd.2, § 45 II.3., S.788.
[229] Larenz/*Wolf*, AT BR, § 46 VII.3.a), Rn.148; MüKo-BGB/*Schramm*, § 164 Rn.111.
[230] Erman/*Palm*, § 177 Rn.9; Jauernig/*Jauernig*, § 164 Rn.8; Palandt/*Heinrichs*, § 164 Rn.13 f.; sowie die nachfolgenden Fn.
[231] BGH, Urt.v. 31.01.1991, BGHZ 113, S.315 (320); Larenz/*Wolf*, AT BR, § 46 VII.3.a), Rn.148; MüKo-BGB/*Schramm*, § 164 Rn.111; Soergel/*Leptien*, § 177 Rn.15.

Rechtsausübung aus § 242 BGB zugestanden[232], weshalb der Vertreter praktisch so dasteht, als wäre sein Handeln nicht von der Vertretungsmacht gedeckt[233]. Diese Grundsätze sind in der Rechtsprechung[234] und Literatur[235] auf den Missbrauch einer Prozessvollmacht übertragen worden, weshalb auch eine missbräuchliche Verfahrenseinleitung unwirksam sein soll[236].
Die Anwendbarkeit der Grundsätze zum Vollmachtsmissbrauch bei der Prozessvertretung ist jedoch abzulehnen.
Zwar gilt der Grundsatz von Treu und Glauben anerkanntermaßen ebenfalls im Zivilprozess[237], jedoch ist dabei auch die Eigenart des Verfahrensrechts zu beachten[238]. Eine solche ergibt sich in der ZPO für die mit der Prozessvollmacht verbundenen Befugnisse des Vertreters. Die Prozessvollmacht ermächtigt gem. §§ 81, 82 ZPO zu allen den Rechtsstreit betreffenden Prozesshandlungen. Mit „Rücksicht auf die Sicherheit und Schleunigkeit des Verfahrens" soll damit eine beschränkte Stellung des Prozessbevollmächtigten vermieden werden[239].
Ergänzend dazu bestimmt § 83 Abs. 1 ZPO als Grundsatz, dass eine Beschränkung des Umfangs gegenüber dem Gegner keine rechtliche Wirksamkeit entfaltet. Der Vollmachtgeber kann zwar im Innenverhältnis die Befugnisse des Vertreters nach Belieben davon abweichend festlegen, jedoch ist es, wie in der amtlichen Begründung zur ZPO ausgeführt[240], „nach den Regeln des Civilrechts zu entscheiden, inwiefern der Prozessmandatar seiner Partei wegen auftragswidriger Prozessführung haftbar wird". Eine auch im Außenverhältnis wirksame Begrenzung der Vollmachtsbefugnisse ist nur bzgl. der Beseitigung des Rechtsstreits durch Vergleich, Verzicht oder Anerkenntnis möglich (§ 83 Abs. 1 ZPO). Lediglich im Parteiprozess kann eine Vollmacht auch für einzelne Prozesshandlungen erteilt werden (§ 83 Abs. 2 ZPO). Die Beschränkung wird im Prozess aber erst wirksam, wenn sie dem Gegner gegenüber zum Ausdruck gebracht

---

[232] RG, Urt.v. 05.11.1934, RGZ 145, S.311 (315); BGH, Urt.v. 25.03.1968, BGHZ 50, S.112 (114 f.); Larenz/*Wolf*, AT BR, § 46 VII.3.b), Rn.150; RGRK/*Steffen*, § 167 Rn.24.
[233] BGH, Urt.v. 06.05.1999, NJW 1999, S.2266 (2268); OLG Karlsruhe, Urt.v. 06.10.1994, VersR 1996, S.45 f.; Erman/*Palm*, § 177 Rn.9; MüKo-BGB/*Schramm*, § 164 Rn.11.
[234] BGH, Urt.v. 01.03.1962, WM 1962, S.415 (418); BGH, Urt.v. 14.05.1986, JurBüro 1986, S.1660; AG Brakel, Urt.v. 18.05.1988, FamRZ 1988, S.849 (852).
[235] *Grundmann*, Minderjährige, S.65; Palandt/*Heinrichs*, § 164 Rn.14; Soergel/*Leptien*, § 177 Rn.20; Staudinger/*Schilken*, § 167 Rn.100; Zöller/*Vollkommer*, § 88 Rn.11.
[236] BFH, Beschl.v. 13.06.1996, NJW 1997, S.1029 (1030); *Fleddermann*, Kostenrechtliche Probleme, S.48.
[237] BGH, Urt.v. 10.03.1956, BGHZ 20, S.198 (206); BGH, Urt.v. 06.10.1971, BGHZ 57, S.108 (111); Rosenberg/Schwab/*Gottwald*, ZPR, § 2 IV., S.11 f.; MüKo-BGB/*Roth*, § 242 Rn.89; Palandt/*Heinrichs*, § 242 Rn.17.
[238] MüKo-BGB/*Roth*, § 242 Rn.89; Palandt/*Heinrichs*, § 242 Rn.17.
[239] *Hahn*, Materialien Reichs-Justizgesetze Bd.2/1, S.190; vgl. auch *Brunn*, Vollmacht im Zivilprozeß, S.119; MüKo-ZPO/*v.Mettenheim*, § 83 Rn.1;
[240] *Hahn*, Materialien Reichs-Justizgesetze Bd.2/1, S.196.

worden ist, also dieser nicht nur zufällig Kenntnis davon erlangt hat. Andernfalls bleibt es bei dem gesetzlich bestimmten Umfang[241].
Eine solche Regelung lässt sich mit dem hinter dem Missbrauchstatbestand stehenden Vertrauensgedanken nicht erklären. Der Gesetzgeber will mit dem „absolut" festgelegten Umfang der Vollmacht von vornherein jede Unklarheit über die Befugnisse des Prozessvertreters entsprechend „den Bedürfnissen des Prozesses und der Sicherheit des Verkehrs" ausschließen[242]. Aufgrund dieses „absoluten Verkehrsschutzes" (s.o. S. 63 *Teil 1 B.II.2.a)*) kommt es auf eine Gut- oder Bösgläubigkeit des Prozessgegners nicht an. Allein die Mitteilung über die Beschränkung der Vollmacht kann die Befugnisse des Vertreters wirksam begrenzen. Für eine Berücksichtigung eines erkennbaren Vollmachtsmissbrauchs nach den Grundsätzen von Treu und Glauben bleibt kein Raum.
Aber selbst, wenn man mit der Rechtsprechung und Lehre die gegenteilige Ansicht verträte, kämen die Grundsätze zum Vollmachtsmissbrauch in dem hier relevanten Verfahrensstadium der Klageerhebung nicht zur Anwendung.
Grundsätzlich hätte der Vollmachtsmissbrauch auch hier zur Folge, dass sich der vertretene Kläger gegenüber dem Beklagten an den als wirksam anzusehenden Prozesshandlungen des Vertreters für das weitere Verfahren festhalten lassen müsste. Diese „Rechtsausübung" wäre nur dann als rechtsmissbräuchlich anzusehen und dem Beklagten aufgrund des Einwandes aus § 242 BGB zu versagen, wenn der Vollmachtsmissbrauch des Vertreters erkennbar war. Übertragen auf den Beklagten hätte dieser deshalb, so der im Missbrauchstatbestand enthaltene Vorwurf, angesichts seiner Bösgläubigkeit auf seine Disposition, also die Einlassung auf den Rechtsstreit, verzichten müssen. Damit wäre aber nicht berücksichtigt, dass es dem Beklagten wegen der ihn treffenden Einlassungslast (s.o. S. 42 *Teil 1 A.II.1.a)dd)(2)(a)(cc)*) gerade nicht möglich ist, von der Einlassung ohne Gefährdung eigener Rechte abzusehen. Er ist also unabhängig von seinem guten Glauben gegenüber der Vollmacht zu der Disposition gezwungen, so dass ihn nicht der Makel des Rechtsmissbrauchs treffen könnte.
Es zeigt sich damit, dass sich der Vollmachtsmissbrauch lediglich bei einzelnen Prozesshandlungen während des Rechtsstreits auswirken würde.

Bei der hier in Rede stehenden Klageerhebung finden damit die Grundsätze zum Vollmachtsmissbrauch keine Anwendung. Der Vertreter ist insoweit immer als bevollmächtigt anzusehen.

2. Erlöschen der Vollmacht
Der Vertreter handelt auch ohne Vollmacht, wenn diese zwar zunächst wirksam erteilt wurde, aber vor Einreichung der Klage wieder erloschen ist.

---

[241] MüKo-ZPO/*v.Mettenheim*, § 83 Rn.8; Musielak/*Weth*, § 83 Rn.4; Stein/Jonas/*Bork*, § 83 Rn.5.
[242] *Hahn*, Materialien Reichs-Justizgesetze Bd.2/1, S.192.

Das Erlöschen der Vollmacht bestimmt sich primär nach ihrem Inhalt, also nach ihrem Zweck als Vertretungsmacht für einen Rechtsstreit, der i.d.R. spätestens mit dem endgültigen Abschluss des Prozesses erledigt ist (s.o. S. 61 *Teil 1 B.II.1.*).
Darüber hinaus erlischt unter den Voraussetzungen des § 87 ZPO die Vollmacht mit ihrem Widerruf durch den Vertretenen (vgl. §§ 168 S. 3, 167 Abs. 1 BGB), der Kündigung des der Vollmacht i.d.R. zugrunde liegenden Geschäftsbesorgungsvertrages (vgl. §§ 675, 168 S. 1 BGB) oder durch den Verzicht des Bevollmächtigten auf die Vollmacht[243].

Nach § 117 Abs. 1 InsO endet kraft Gesetzes eine vom Schuldner erteilte Vollmacht, soweit sie sich auf das zur Insolvenzmasse gehörende Vermögen bezieht, durch die Eröffnung des Insolvenzverfahrens[244]. Das gilt auch für die Prozessvollmacht[245]. Eine Fortwirkung der Vollmacht etwa nach § 87 ZPO wäre nicht mit dem Zweck der §§ 115 – 117 InsO vereinbar, wonach sichergestellt werden soll, „dass die Verwaltung der Masse vom Zeitpunkt der Verfahrenseröffnung an allein in den Händen des Verwalters liegt“[246].
Als weitere Erlöschensgründe in der Person des Vollmachtgebers kommen der Verlust der Parteifähigkeit (§ 50 Abs. 1 ZPO) und der Eintritt der Nichtexistenz bei juristischen Personen oder sonstigen rechtsfähigen Gebilden in Betracht[247].

Als ein in der Person des Bevollmächtigten angelegter Erlöschensgrund ist neben seinem Tod[248] im Zivilprozessrecht der Verlust der Prozessfähigkeit des Vertreters (§ 79 ZPO) anerkannt[249].
Demgegenüber soll nach einem Teil der Rechtsprechung[250] und Lehre[251] der Wegfall der Postulationsfähigkeit des Vertreters nicht als Beendigungsgrund für

---

[243] BGH, Beschl.v. 05.02.1965, NJW 1965, S.1019 (1020); *Schmellenkamp*, AnwBl 1985, S.14; *Brunn*, Vollmacht im Zivilprozeß, S.86; Stein/Jonas/*Bork*, § 87 Rn.7; zum Verzicht vgl. MüKo-BGB/*Schramm*, § 168 Rn.8 m.w.N.
[244] Vgl. dazu die Begründung des Regierungsentwurfs zur InsO, *Balz/Landfermann*, Insolvenzgesetze, S.208 f.
[245] BGH, Beschl.v. 11.10.1988, NJW-RR 1989, S.183; BGH, Beschl.v. 14.05.1998, BB 1998, S.2177; Rosenberg/Schwab/*Gottwald*, ZPR, § 55 II.7.a)(6), S.297; Kübler/Prütting/*Tintelnot*, § 117 InsO Rn.6; Zöller/*Vollkommer*, § 86 Rn.6.
[246] So die Begründung des Regierungsentwurfs, vgl. *Balz/Landfermann*, Insolvenzgesetze, S.208; s.a. Rosenberg/Schwab/*Gottwald*, ZPR, § 55 II.7.a)(6), S.297.
[247] Vgl. OLG Oldenburg, Urt.v. 29.06.1995, NJW-RR 1996, S.160 (161); Soergel/*Leptien*, § 168 Rn.14; Zöller/*Vollkommer*, § 86 Rn.6.
[248] Rosenberg/Schwab/*Gottwald*, ZPR, § 55 II.7.a)(4), S.297; Baumbach/Lauterbach/*Hartmann*, § 86 Rn.5; Stein/Jonas/*Bork*, § 86 Rn.6.
[249] Rosenberg/Schwab/*Gottwald*, ZPR, § 55 II.7.a)(5), S.297; Baumbach/Lauterbach/*Hartmann*, § 86 Rn.6; MüKo-ZPO/*v.Mettenheim*, § 79 Rn.7; Zöller/*Vollkommer*, § 86 Rn.5.
[250] OLG München, Beschl.v. 10.10.1984, AnwBl 1985, S.44; a.A. noch RG, Beschl.v. 03.06. 1926, JW 1926, S.2574 (2575).

die Vollmacht anzusehen sein. Zur Begründung wird auf den Umfang der Vollmacht nach § 81 ZPO, der auch anwaltsfreie Handlungen umfasse[252], auf die sonst drohende Ausweitung der Nichtigkeitsklage und auf das dem Gegner andernfalls auferlegte Risiko der sorgfältigen Auswahl des eigenen Prozessvertreters hingewiesen[253].
Die unterschiedliche Bewertung des Fehlens der Prozessfähigkeit des Vertreters einerseits und seiner Postulationsunfähigkeit andererseits in Bezug auf das Erlöschen der Prozessvollmacht ist nicht gerechtfertigt. In beiden Fällen betrifft der Mangel Prozesshandlungsvoraussetzungen, welche von Amts wegen zu berücksichtigen sind[254]. Der mit ihrer Geltung für die Vertreterhandlungen im Anwaltsprozess verfolgte Zweck geht ebenfalls in die gleiche Richtung: Es soll das Interesse der Allgemeinheit an einem geordneten Verfahren gewahrt und die vertretene Partei vor den nachteiligen Folgen einer unsachgemäßen Prozessvertretung geschützt werden[255]. Deshalb verhindert ein Fehlen der Prozess- oder Postulationsfähigkeit bei einem Vertreter das Wirksamwerden seiner Prozesshandlungen und unterbricht das Anwaltsverfahren nach § 244 Abs. 1 ZPO[256].

Jeweils ist der Vertreter also wegen eines persönlichen Defizits an einer wirksamen Prozessvertretung gehindert. Die ihm zur Wahrnehmung des angestrengten Rechtsstreits erteilte Vollmacht ist demzufolge, sofern die Prozess- oder Postulationsunfähigkeit von Dauer ist[257], ihrem wesentlichen Inhalt (§ 81 ZPO) nach undurchführbar. Selbst wenn der Vertreter dennoch Prozesshandlungen vornimmt, treten die Wirkungen für die Partei, und damit die mit der Vollmacht bezweckten Leistungen, nicht ein. Die deshalb begründete rechtliche Unmöglichkeit der Prozessvertretung analog §§ 275 Abs. 1, 105 BGB betrifft nicht nur

---

[251] *Urbanczyk*, ZZP 95 (1982), S.339 (350 f.); Musielak/*Weth*, § 86 Rn.7; Stein/Jonas/*Bork*, § 86 Rn.10; a.A. Wieczorek/Schütze/*Steiner*, § 86 Rn.7; Zöller/*Vollkommer*, § 86 Rn.5; differenzierend Rosenberg/Schwab/*Gottwald*, ZPR, § 55 II.7.c)(5), S.298, der das Erlöschen der Vollmacht nur bei einem Nichtanwalt annimmt.

[252] Baumbach/Lauterbach/*Hartmann*, § 80 Rn.7; Stein/Jonas/*Bork*, § 80 Rn.10.

[253] *Urbanczyk*, ZZP 95 (1982), S.339 (350 f.).

[254] Rosenberg/Schwab/*Gottwald*, ZPR, § 45 II.2., S.233 bzgl. der Postulationsfähigkeit; Stein/Jonas/*Bork*, § 78 Rn.37 bzgl. der Prozessfähigkeit.

[255] Für die Parteifähigkeit vgl. BVerfG, Beschl.v. 02.04.1974, NJW 1974, S.1279; *Abel*, Nichtigkeitsklage, S.75; für die Postulationsfähigkeit vgl. BAG, Beschl.v. 18.10.1990, NZA 1991, S.363 (364); *Urbanczyk*, ZZP 95 (1982), S.339 (356 f.).

[256] Baumbach/Lauterbach/*Hartmann*, § 244 Rn.8, 10; MüKo-ZPO/*Feiber*, § 244 Rn.14 ff.

[257] Eine lediglich vorübergehende, den Rechtsstreit nicht berührende Prozess- oder Postulationsunfähigkeit des Vertreters (z.B. nach § 105 Abs.2 BGB) bringt die Vollmacht nicht zum Erlöschen, da ihr Zweck dadurch nicht in Frage gestellt wird; vgl. MüKo/*Schramm*, § 168 Rn.7; s.a. Palandt/*Heinrichs*, § 168 Rn.3.

die sich aus dem Grundverhältnis ergebende Leistungspflicht[258], sondern lässt auch den Zweck der Vollmacht entfallen und diese damit erlöschen[259]. Die an sich zwar gegebene Chance einer Heilung durch Genehmigung seitens der Partei wird jedoch davon abhängen, wie günstig sich für diese das Verfahren entwickelt, und ist im Zeitpunkt des Eintritts des Leistungshindernisses, also mit Beginn der Prozess- oder Postulationsunfähigkeit, noch völlig ungewiss. Sie steht deshalb der Annahme einer Unmöglichkeit nicht entgegen.
Die Belastung des Gegners mit dem Risiko der eigenen Vertreterauswahl wird dabei nur im Einzelfall relevant[260] und ist hinzunehmen. Sie wird aber auch dadurch relativiert, dass ein Fehlen der Prozesshandlungsvoraussetzungen beim Vertreter für den Vollmachtgeber oft nicht erkennbar ist. Bei der Bevollmächtigung eines Rechtsanwaltes kommt hinzu, dass sich die Partei insoweit eines Organs der Rechtspflege (§ 1 BRAO) bedient bzw. bedienen muss, dessen Funktionstüchtigkeit, ähnlich wie die des Gerichts, nicht als Risikofaktor allein der Partei angesehen werden kann.
Gegen die Anerkennung der Vollmachtlosigkeit des Vertreters bei fehlender Postulationsfähigkeit sprechen auch nicht die so zur Anwendung gelangenden §§ 547 Nr. 4, 579 Abs. 1 Nr. 4 ZPO. Die von diesen Normen bezweckte Wahrung des Selbstbestimmungsrechts (s.o. S. 29 f. *Teil 1 A.II.1.a)aa)*) kommt auch beim Auftreten des im Prozess handlungsunfähigen Vertreters zum Zuge[261]. Da sein Vorgehen nicht von der Bevollmächtigung der Partei erfasst ist, kann es dieser „nicht nach Vorschrift der Gesetze“ zugerechnet werden.
Als Ergebnis ist somit festzuhalten, dass der Wegfall der Postulationsfähigkeit des Vertreters ebenfalls zur Beendigung der ihm erteilten Prozessvollmacht führt.

3. Unwirksamkeit der erteilten Vollmacht

Selbst wenn sich der Prozessvertreter auf eine ihm tatsächlich erteilte Vollmacht berufen kann und ggf. eine Vollmachtsurkunde vorlegt, ist damit nicht bereits das Vorliegen eines Vollmachtsmangels ausgeschlossen.

---

[258] So die materiell-rechtliche Lehre im vergleichbaren Fall der Beauftragung zu Rechtsgeschäften, vgl. Jauernig/*Vollkommer*, § 673 Rn.2; RGRK/*Steffen*, § 673 Rn.1; Soergel/*Beuthien*, § 673 Rn.2; Staudinger/*Wittmann*, § 673 Rn.2.

[259] Vgl. zu einer solchen Möglichkeit der Auslegung der Vollmacht unabhängig von der hier nur sekundär geltenden Regelung des § 168 S.1 BGB: MüKo-BGB/*Schramm*, § 168 Rn.2; Soergel/*Leptien*, § 168 Rn.3; Staudinger/*Schilken*, § 168 Rn.3; *Leptien*, a.a.O., weist zutreffend auf den inneren Zusammenhang von Bevollmächtigung und Vertretergeschäft hin.

[260] Vgl. als Beispiel der Fall in der bei *Urbanczyc*, ZZP 95 (1982), S.339 (351), zitierten RG-Entscheidung, RG, Urt.v. 03.06.1926, JW 1926, S.2574.

[261] Nach h.M. ist § 579 Abs.1 Nr.4 auf den Fall der Postulationsunfähigkeit nicht anwendbar, vgl. BAG, Beschl.v. 18.10.1990, NZA 1991, S.363 (364); OLG Köln, Beschl.v. 28.06.1982, MDR 1982, S.1024; Baumbach/Lauterbach/*Hartmann*, § 579 Rn.10; Stein/Jonas/*Bork*, § 78 Rn.10; Zöller/*Schneider*, § 579 Rn.7.

Die Vollmachtlosigkeit kann sich nämlich auch daraus ergeben, dass die Bevollmächtigung die bezweckten Vertretungswirkungen von Beginn an nicht hervorbringen kann, sie als fehlerhafte Bewirkungshandlung also unwirksam ist[262]. Zu unterscheiden ist dabei, ob der Vertreter die Vollmacht von der Partei selbst oder von einem Dritten erhalten hat.

a) Vollmachtserteilung durch den Kläger

Die Regeln des materiellen Rechts, insbesondere die über Willensmängel (§§ 116 ff. BGB), Sittenwidrigkeit (§§ 134, 138 BGB) und Bedingungen (§§ 158 ff. BGB), finden ab Verfahrensbeginn auf eine Prozessvollmacht angesichts ihres Charakters als Prozesshandlung keine Anwendung[263]. Unwirksamkeitsgründe für die Prozessvollmacht sind daher in den Vorschriften der ZPO zu suchen.

Ein in der Person des Vollmachtempfängers angelegter Mangel ist gegeben, wenn die Bevollmächtigung wegen Prozess- oder Postulationsunfähigkeit des Vertreters unwirksam ist (s.o. S. 65 ff. *Teil 1 B.III.*).
Möglich ist aber auch, dass dem Vollmachtgeber die Prozessfähigkeit (§ 52 ZPO) fehlt. Die deshalb mangelbehaftete Vollmachtserteilung[264] soll nach herrschender Meinung ebenfalls dazu führen, dass der Prozessvertreter bei der Klageerhebung vollmachtlos handelt (näher dazu s.u. S. 201 f. *Teil 2 C.I.1.a)*).

Denkbar ist darüber hinaus eine Unwirksamkeit wegen des Inhalts der Prozessvollmacht[265].
So soll nach *Bork*[266] eine im Anwaltsprozess nur für einzelne Prozesshandlungen erteilte Vollmacht wegen des Widerspruchs zu § 83 Abs. 1 ZPO unwirksam sein und das Fehlen der Vertretungsmacht begründen.
Demgegenüber hat der BGH[267] zwar die Beschränkung der Vollmacht eines Rechtsanwaltes auf einen Antrag "zur Wahrung der Nichteinlassung" auch im Außenverhältnis wegen der zwingenden Vorschrift des § 83 Abs. 1 ZPO für unzulässig gehalten, aber als Konsequenz eine Bevollmächtigung in vollem Umfang angenommen.
Der Ansicht des BGH ist zu folgen. Denn auch die Bevollmächtigung nur zu einer Prozesshandlung lässt, da insoweit auf das Prozessieren gerichtet, eine

---

[262] *Goldschmidt*, Prozeß als Rechtslage, S.460.
[263] Vgl. dazu im Einzelnen *Baumgärtel*, Prozeßhandlung, S.175 ff.; *Brunn*, Vollmacht im Zivilprozeß, S.23 ff.; Stein/Jonas/*Bork*, § 80 Rn.5.
[264] *Schmitz*, Kostenentscheidung für oder gegen Dritte, S.18; Musielak/*Weth*, § 80 Rn.6; Zöller/*Vollkommer*, § 80 Rn.3.
[265] *Christmann*, Der vollmachtlose Stellvertreter, S.18.
[266] Stein/Jonas/*Bork*, § 83 Rn.4.
[267] BGH, Urt.v. 30.03.1976, NJW 1976, S.1581; s.a. BGH, Beschl.v. 19.07.1984, NJW 1987, S.130 (131).

Prozessvollmacht entstehen. Liest man nämlich die Regelung des § 83 Abs. 2 ZPO, wonach eine Beschränkung der Vollmacht außerhalb des Anwaltsprozesses zulässig ist, in die Vorschrift des § 83 Abs. 1 ZPO hinein, haben Einschränkungen nur in den dort genannten Fällen der Prozessbeendigung gegenüber dem Gegner Wirkung. Im übrigen bleiben sie entsprechend „den Bedürfnissen des Prozesses und der Sicherheit des Verkehrs“ (s.o. S. 68 *Teil 1 B.III.1.c)*) lediglich unberücksichtigt, führen also nicht zur Unwirksamkeit der Vollmacht.
Das Gleiche muss nach § 83 Abs. 1 ZPO gelten, wenn die Beschränkung in Form einer ggf. unzulässigen Bedingung bestimmt ist[268]. Der „absolute Verkehrsschutz“ dieser Norm (s.o. S. 69 *Teil 1 B.III.1.c)*) geht der sonst für die Prozesshandlung geltenden Unwirksamkeitsfolge[269] als Sonderregelung für die Vollmacht vor.
Eine andere Beurteilung lässt nur die im Parteiprozess zum Ausdruck gebrachte Bedingtheit der Vollmacht zu. Da dann der absolute Verkehrsschutz des § 83 Abs. 1 ZPO nicht mehr greift und die Rechtssicherheit angesichts des offen liegenden Mangels nicht gefährdet ist, unterfällt die Bevollmächtigung dem allgemeinen Unwirksamkeitsstigma. Der Prozessvertreter handelt nunmehr vollmachtlos.

b) Vollmacht von einem Dritten

Erhält der Prozessvertreter im Falle einer mehrstufigen Vertretung die Vollmacht von einer mit dem zu vertretenden Kläger nicht identischen Person, muss seine Bevollmächtigung lückenlos über die Vertretungsmacht des zwischengeschalteten Erstvertreters und ggf. der weiteren Vertreter bis hin zum Vertretenen zurückgeführt werden können[270].
Deshalb handelt der Prozessvertreter bei der Klageerhebung auch dann vollmachtlos, wenn zwar die vom Erstvertreter erteilte Vollmacht an sich den tatbestandlichen Voraussetzungen einer Bevollmächtigung entspricht, der Erstvertreter sich jedoch seinerseits nicht auf eine Befugnis zur Vertretung der Partei stützen kann.

aa) Gewillkürter Erstvertreter als Vollmachtsmittler

Die Vollmachtlosigkeit eines an den Prozessvertreter herantretenden gewillkürten Erstvertreters (z.B. Korrespondenzanwalt, Generalbevollmächtigter u.Ä.) kann genauso wie im Verhältnis des Prozessvertreters zur Partei auf ein Fehlen, Erlöschen oder eine unwirksame Erteilung der Vollmacht zurückzuführen sein (s.o. S. 65 *Teil 1 B.III.*). Die Bevollmächtigung durch einen vollmachtlosen

---

268 So auch *Baumgärtel*, Prozeßhandlung, S.177.

269 Baumbach/Lauterbach/*Hartmann*, Grdz § 128 Rn.55; Thomas/Putzo/*Putzo*, Einl III Rn.14.

270 OLG Köln, Beschl.v. 27.05.1997, OLGR 1997, S.274; LG Kiel, Urt.v. 12.04.1995, SchlHA 1995, S.320 (322); Baumbach/Lauterbach/*Hartmann*, § 88 Rn.8; Zöller/*Vollkommer*, § 88 Rn.2.

Erstvertreter ist dann nicht von einer wirksamen Vollmacht des Klägers getragen, so dass der Prozessvertreter bei der Klageerhebung vollmachtlos handelt[271]. Denkbar ist allerdings auch, dass der dem Prozessvertreter die Vollmacht aushändigende Dritte nicht als bevollmächtigter Vertreter auftritt, sondern sich lediglich als Überbringer einer angeblich von dem Kläger ausgestellten Vollmachtsurkunde geriert. Stellt sich später heraus, dass die von dem Boten überbrachte Vollmacht von diesem gefälscht worden war, liegt hier ebenso die Vollmachtlosigkeit des Prozessvertreters vor[272].

bb) Gesetzlicher Erstvertreter als Vollmachtsmittler

Die fehlende Bevollmächtigung des Prozessvertreters kann auch daraus resultieren, dass der ihn bevollmächtigende, angebliche gesetzliche (Erst-)Vertreter in Wirklichkeit keine gesetzliche Vertretungsmacht hat. Die gesetzliche Vertretung bestimmt sich im Prozessrecht, § 51 Abs. 1 Alt. 2 ZPO zufolge, grundsätzlich nach materiellem Recht.

Das Fehlen der gesetzlichen Vertretungsmacht des Erstvertreters ergibt sich dadurch, dass ein gesetzlich vorgeschriebenes Begründungskriterium (Vaterschaft, Staatsakt, Bestellung u.a.) für die vermeintliche Stellung nie eingetreten ist oder der Vertreter diese Stellung bereits wieder verloren hat. Das ist beispielsweise der Fall, wenn der Vertreter seine ihm zustehende Vertretungsbefugnis überschreitet[273], er sich die gesetzliche Vertretungsmacht anmaßt[274], der sie begründende Akt unwirksam ist[275], die vertretene juristische Person nicht existiert bzw. parteiunfähig ist[276] oder dem Vertreter die Vertretungsmacht gerichtlich aberkannt wird[277].

---

[271] OLG Hamburg, Beschl.v. 29.11.1955, MDR 1956, S.431; *Christmann*, Der vollmachtlose Stellvertreter, S.18.

[272] LG Heidelberg, Beschl.v. 21.01.1991, NJW-RR 1992, S.316 f.

[273] Dieser Fall liegt vor, wenn der Vertreter z.B. nur für Vermögens-, aber nicht für Ehesachen legitimiert ist, *Schmitz*, Kostenentscheidung für oder gegen Dritte, S.18.

[274] So im Fall des OLG Frankfurt, Beschl.v. 21.01.1952, Rpfleger 1952, S.432.

[275] So im Fall des OLG Hamm, Urt.v. 16.01.1989, NJW-RR 1989, S.1532 (1534).

[276] So im Fall des OLG Düsseldorf, Beschl.v. 21.05.1980, MDR 1980, S.853, und des OLG Köln, Urt.v. 27.02.1997, GmbHR 1997, S.601 (602).

[277] So im Fall des OLG Schleswig, Beschl.v. 22.05.1978, SchlHA 1978, S.114; OLG Karlsruhe, Beschl.v. 01.02.1996, FamRZ 1996, S.1335.

C. Zurücknahme der Klage

Kommt das Gericht im Verlauf des Rechtsstreits zu der Überzeugung, dass keine Aussicht auf eine Heilung des festgestellten Vertretungsmangels besteht, weist es die vollmachtlos erhobene Klage als unzulässig ab (s.o. S. 44 f. *Teil 1 A.II.1.a)dd)(2)(a)(ee)*). Diese Entscheidung ist dem Gericht jedoch versagt, wenn zuvor infolge einer Rücknahme der Klage (§ 269 Abs. 1 ZPO) das Rechtsschutzgesuch widerrufen wird und damit die Rechtshängigkeit von Anfang an entfällt (§ 269 Abs. 3 S. 1 Hs. 1 ZPO). Die Klagerücknahme könnte deshalb für den Kläger oder den Prozessvertreter ein Weg sein, die angesichts des Vollmachtsmangels aussichtslose Klage „aus der Welt" zu schaffen[278] und ein belastendes Urteil zu vermeiden. Das setzt jedoch voraus, dass trotz des Vertretungsmangels die Rücknahme der Klage wirksam erklärt werden kann. Dies soll im Folgenden geprüft werden.

I. Klagerücknahme durch den Kläger

Die rechtliche Beurteilung der Erklärung des Klägers, er nehme die Klage zurück, erfordert zunächst die Feststellung, dass es sich dabei tatsächlich um eine Klagerücknahme handelt.

1. Auslegung der Klagerücknahmeerklärung

Die Auslegung einer Erklärung (§§ 133, 157 BGB) als Klagerücknahme ist an sich unproblematisch, wenn die Erklärung ihrem Sinn nach als Verzicht auf den gerichtlichen Rechtsschutz zu verstehen ist[279].
Demgegenüber wird in der Literatur vereinzelt angenommen, dass die Rücknahmeerklärung des vollmachtlos vertretenen Klägers regelmäßig auch Anhaltspunkte für ein Verständnis als Genehmigung der bisherigen Prozessführung oder als bloße Rüge des Vollmachtsmangels biete.

a) Verständnis als Genehmigung

Schneider[280] rät grundsätzlich von einer Rücknahme der vollmachtlos erhobenen Klage durch den Kläger ab. Es bestehe für diesen die Gefahr, dass seine Rücknahmeerklärung als Beteiligung am Verfahren und damit als Genehmigung gedeutet werden könne.

Diese Einschätzung von *Schneider* ist jedoch unzutreffend. Die Rücknahmeerklärung enthält hinsichtlich des Rechtsstreits eine ganz andere Willensrichtung als die Genehmigung. Vielmehr stellen beide Prozesshandlungen inhaltlich das

---

[278] *Emde*, MDR 1997, S.1003.
[279] Vgl. Musielak/*Foerste*, § 269 Rn.1; Zöller/*Greger*, § 269 Rn.1.
[280] *Schneider*, Rpfleger 1976, S.229 (231).

Gegenteil dar[281]. So lässt sich z.B. aus der persönlichen Fortführung des vollmachtlos begonnenen Prozesses durch die Partei auf eine Genehmigung schließen[282]. Der Vertreter bringt damit zum Ausdruck, dass er an der bisherigen Prozessführung anknüpfen und diese gegen sich gelten lassen möchte. Mit der Rücknahme dagegen zeigt der Kläger, dass er das Verfahren nicht will, es also missbilligt und sich umgehend davon lösen möchte, ohne den Rechtsstreit aufnehmen zu wollen[283].
Vor diesem Hintergrund wird man der Erklärung des Klägers eine Aussage bzgl. des Rechtsschutzes entweder in negativer oder in positiver Richtung entnehmen können, ohne dass die Auslegung Überschneidungen zulassen würde. Der Kläger läuft deshalb nicht Gefahr, dass seine Rücknahmeerklärung als Genehmigung aufgefasst wird[284].

b) Verständnis als Vollmachtsrüge

Nach der Ansicht von *Vollkommer*[285] gibt die vollmachtlos vertretene Partei grundsätzlich keine schlichte Klagerücknahmeerklärung ab, sondern eine Erklärung unter Kostenverwahrung verbunden mit einem Kostenantrag hinsichtlich des Vertreters. Bei der gebotenen Auslegung müsse diese Erklärung als Vollmachtsrüge verstanden werden, da sie entscheidend in einer Distanzierung von dem Verfahren bestehe. Denn es gehe nicht primär um das Problem der Rücknahme, sondern um die Prüfung der fehlenden Vollmacht des Klägervertreters und damit um die fehlende Klagezulässigkeit. Mit der Rüge könne sich der Kläger anwaltsfrei und ohne Zustimmung des Beklagten von dem Verfahren distanzieren, die Amtsprüfung der Vollmacht durch das Gericht gem. § 88 Abs. 2 ZPO auslösen und eine Klageabweisung unter Verurteilung des Vertreters bewirken. Dementsprechend habe man bei einem Auftreten der Partei selbst eine Erklärung der „Klagerücknahme“ i.d.R. als eine „untechnisch“ erhobene Vollmachtsrüge zu verstehen.
Bei einer Anwaltserklärung sei diese zwar i.d.R. technisch zu verstehen, jedoch könne gerade die Kombination der „Rücknahme“ mit Kostenverwahrung und Kostenantrag gegenüber einem Drittbeteiligten zeigen, dass es sich – trotz des fehlgegangenen Wortlautes – in Wahrheit um einen Protest gegen das Verfahren handele. Nur wenn die Erklärung ernsthaft und eindeutig die Rücknahme beinhalte, sei diese anzunehmen. Das Gericht werde das von der Partei wirklich Gewollte letztlich gem. § 139 ZPO zu klären haben.

---

281 *Emde*, MDR 1997, S.1003.
282 Stein/Jonas/*Bork*, § 89 Rn.15; Wieczorek/Schütze/*Steiner*, § 89 Rn.8.
283 *Emde*, MDR 1997, S.1003.
284 Ebenso BFH, Beschl.v. 22.05.1996, BFH/NV 1996, S.845.
285 *Vollkommer*, MDR 1997, S.1004 (1005).

Die „Rügetheorie“ von *Vollkommer* neigt dazu, den in der Rücknahmeerklärung verkörperten Willen zu übergehen und die Partei zu bevormunden. Sie grenzt an eine hier nicht gebotene Umdeutung (§ 140 BGB), sofern man, wie auch *Vollkommer*, die Wirksamkeit einer als Klagerücknahme verstandenen Erklärung annimmt (s.u. S. 79 *Teil 1 C.I.2.*).
Richtig ist zwar, dass Nebenumstände einer Erklärung einen Willen erkennen lassen können, der im Wortlaut nicht ausgedrückt wird[286]. Auch hat sich die Auslegung dabei an dem Grundsatz auszurichten, dass im Zweifel gewollt ist, was nach den Maßstäben der Rechtsordnung vernünftig ist und der erkennbaren Interessenlage entspricht[287]. Beschränkt sich aber die Partei oder der von ihr gewählte Vertreter auf die ausdrückliche Erklärung einer Klagerücknahme, bleibt für Zweifel an einem Rücknahmewillen kein Raum. Soweit nicht erkennbar ist, dass eine rechtsunkundige Partei sich über die Bedeutung der Erklärung nicht im Klaren ist, muss sie sich an dieser Prozesshandlung festhalten lassen[288]. Nur weil ihr ggf. ein Nachteil dadurch droht, dass sie – wie insbesondere von *Vollkommer* vertreten (s.u. S. 193 *Teil 2 B.I.1.b)*) – wegen der Rücknahme möglicherweise kostenrechtlich schlechter dasteht, als wenn sie die Klage wegen des Vollmachtsmangels abweisen lässt, kann der klar geäußerte Wille zum Verzicht auf den gerichtlichen Rechtsschutz nicht in Zweifel gezogen werden. Im Wege der Auslegung darf nicht an die Stelle einer von der Partei vorgenommenen eindeutigen Prozesshandlung eine andere, auch nicht eine ihren Interessen besser entsprechende gesetzt werden[289]. Ein davon abweichendes Vorgehen des Gerichts würde dem Dispositionsgrundsatz zuwiderlaufen und könnte den Vorwurf der Parteilichkeit nach sich ziehen.
Das gleiche gilt, wenn die Rücknahmeerklärung mit dem Antrag auf eine von § 269 Abs. 3 S. 2 ZPO abweichende Kostenentscheidung einhergeht. Sofern man in dem Kostenantrag keine unzulässige Bedingung für die Rücknahme erblickt, ist er lediglich als Anregung hinsichtlich der dem Gericht zufallenden Entscheidung zu verstehen. Hält das Gericht diese Kostenfolge für falsch, muss es gem. § 139 Abs. 1 ZPO darauf hinweisen, jedoch an dem Verständnis der eindeutigen Erklärung als Zurücknahme festhalten.
Sieht man demgegenüber mit *Vollkommer* den Sinn der Rücknahmeerklärung bei einer vollmachtlosen Prozessführung per se als unklar an oder kommen aufgrund einer weniger eindeutigen Erklärung bzw. des Hinzutretens weiterer Umstände Zweifel auf, ist eine Auslegung als Rüge nicht zwangsläufig die rechtlich

---

[286] RG, Urt.v. 16.06.1904, Gruchot's Beiträge 50 (1906), S.881 (885); Stein/Jonas/*Leipold*, Vor § 128 Rn.193.
[287] BGH, Urt.v. 10.03.1994, NJW 1994, S.1537 (1538); Baumbach/Lauterbach/*Hartmann*, Grdz § 128 Rn.52.
[288] BAG, Urt.v. 21.05.1981, NJW 1982, S.1174; Stein/Jonas/*Leipold*, Vor § 128 Rn.193.
[289] So für das Rechtsgeschäft BGH, Urt.v. 26.06.1962, VersR 1962, S.809 (810); Soergel/*Hefermehl*, § 133 Rn.4.

vernünftigere und interessengerechtere Lösung. Denn die Rügetheorie von *Vollkommer* setzt voraus, dass die Zurücknahme der vollmachtlos eingereichten Klage durch den Kläger unvermeidlich gem. § 269 Abs. 3 S. 2 ZPO zu dessen Haftung führt, was jedoch in der Rechtsprechung und Literatur äußerst umstritten ist (s.u. S. 192 ff. *Teil 2 B.I.*).
Aber selbst wenn man mit *Vollkommer* § 269 Abs. 3 S. 2 ZPO hier für anwendbar hielte, wäre damit noch nicht das Verständnis als Rüge gesichert. Eine Rücknahme bietet dem Kläger die Möglichkeit, dem Rechtsstreit in der Hauptsache die Rechtshängigkeit zu nehmen und insoweit den vorherigen Zustand wieder herzustellen (§ 269 Abs. 3 S. 1 ZPO). Er kann sich damit unmittelbar seiner unliebsamen Parteistellung entledigen, das nicht gewollte Verfahren beseitigen und ein Urteil auf seinen Namen verhindern. Eine pauschale Bewertung einer der beiden Auslegungsmöglichkeiten als vernünftig und interessengerecht wäre deshalb verfehlt. Zur Ermittlung des Auslegungsergebnisses bedürfte es deshalb der Berücksichtigung weiterer Anhaltspunkte.
Gelangt man jedoch kostenrechtlich zu dem Ergebnis, dass der Kläger im Falle seiner Zurücknahme der vollmachtlosen Klage nicht gem. § 269 Abs. 3 S. 2 ZPO haftet, wird man, entgegen *Vollkommer*, im Zweifel eine rücknahmefreundliche Auslegung vornehmen.

2. Wirksamkeit der Klagerücknahme

Die rechtliche Beurteilung einer als Zurücknahme verstandenen Erklärung des Vertretenen bzgl. der vom vollmachtlosen Vertreter eingereichten Klage erscheint auf den ersten Blick unproblematisch. Als Kläger des Rechtsstreits kann er grundsätzlich über die Klage verfügen und diese üblicherweise unter den Voraussetzungen des § 269 Abs. 1 und 2 ZPO zurücknehmen.
Dementsprechend werden in der damit befassten Rechtsprechung[290] und Literatur[291] keine Bedenken gegen die Rücknahme der Klage bzw. eines Rechtsmittels durch die vollmachtlos vertretene Partei geäußert, sondern deren Befugnis hierzu ohne weiteres angenommen.
Das FG Köln[292] hat sich in einem Beschluss vom 03.06.1983 bisher als einzige „Autorität“ der Mühe einer Begründung unterzogen. Es hat ausgeführt, dass die Wirksamkeit der Rücknahme nicht an der fehlenden Genehmigung der Verfahrensführung scheitere. Aufgrund der dem Kläger zukommenden Verfügungsmacht über den Streitgegenstand müsse er wegen der Dispositionsmaxime selbst

---

[290] BGH, Beschl.v. 26.10.1981, WM 1981, S.1332; BFH, Beschl.v. 22.05.1996, BFH/NV 1996, S.845; OLG Düsseldorf, Beschl.v. 19.06.1929, JW 1930, S.574; OLG Hamm, Beschl.v. 29.06.1988, NJW-RR 1990, S.767; KG Berlin, Beschl.v. 02.02.1996, WuM 1996, S.377.
[291] *Emde*, MDR 1997, S.1003 f. ; *Vollkommer*, MDR 1997, S.1004 f.; *Fleddermann*, Kostenrechtliche Probleme, S.128; *Schmitz*, Kostenentscheidung für oder gegen Dritte, S.73 ff.; Rosenberg/Schwab/*Gottwald*, ZPR, § 56 II.2., S.301; AK-ZPO/*Christian*, § 88 Rn.12; Musielak/*Weth*, § 88 Rn.15.
[292] FG Köln, Beschl.v. 03.06.1983, EFG 1984, S.132.

die in seinem Namen erhobene Klage zurücknehmen können. Denn auch ohne Genehmigung rücke er in die rechtliche Position eines Klägers ein, weshalb ihm neben dem rechtlichen Gehör auch die anderen Rechte eines Klägers zuständen. Die Stellung des vollmachtlosen Vertreters werde dadurch nicht eingeschränkt, da dieser von Beginn an nicht im eigenen Namen, sondern namens des angeblich Vertretenen aufgetreten sei.

Berücksichtigt man jedoch, dass der Kläger nicht selbst oder durch einen berechtigten Vertreter die Klage eingereicht und diese auch nicht genehmigt hat, sondern seine Parteistellung infolge der vollmachtlosen Klage des Vertreters lediglich vom Gesetz fingiert (s.o. S. 38 *Teil 1 A.II.1.a)dd)(2)(a)(aa)*) wird, ist seine Rücknahmebefugnis schon fragwürdiger. Der fehlerhaft vertretene Kläger würde mit der Rücknahme der fremden Klage über einen Rechtsstreit und dessen Prozessgegenstand verfügen, den er selbst nicht geschaffen hat.
Die Wirksamkeit der Rücknahmeerklärung hängt deshalb davon ab, inwieweit es nach der Regelung des § 269 ZPO auf die Einleitung des Verfahrens durch den Kläger selbst bzw. einen bevollmächtigten Vertreter ankommt und ob eine lediglich fingierte Parteistellung einer Rücknahme entgegensteht.
Dazu muss im Wege der Auslegung die Anwendbarkeit der Vorschrift des § 269 ZPO bei der Zurücknahmeerklärung des vollmachtlos Vertretenen geprüft werden.

a) Auslegung des § 269 ZPO

Der Gesetzeswortlaut gibt für eine einschränkende, die Rücknahme ausschließende Auslegung keine Anhaltspunkte. Die in § 269 Abs. 1 und 2 ZPO gewählten Formulierungen, wie „die Klage kann ... zurückgenommen werden“ oder „Zurücknahme der Klage“, sind ohne einen zwingenden Bezug auf den Kläger dergestalt, dass dieser die Klage eingereicht haben muss. Dem Wortsinn nach kommt es für die Rücknahme nur auf deren Ausübung an und erfasst demnach auch den Kläger, der aufgrund einer Fiktion ohne eigene Verfahrenseinleitung die Parteistellung erlangt hat.

In systematischer Hinsicht ist dagegen zu berücksichtigen, dass der ZPO die Verfahrenseinleitung durch eine Klage des Klägers unausgesprochen als der vorausgesetzte Normalfall zugrunde liegt[293]. Das wird man ohne weiteres auch für die Vorschrift des § 269 ZPO annehmen können. Eine Regelung der Rücknahme auf dieser Grundlage ließe sich deshalb gegen die Anwendbarkeit auf den Fall einer fingierten Klägerstellung anführen.

---

[293] Diese angenommene Ausgangslage wird z.B. in § 260 ZPO („Ansprüche des Klägers ... in einer Klage“) und § 330 ZPO („der Kläger mit der Klage“) angedeutet und ist allgemein anerkannt, vgl. Thomas/Putzo/*Reichold*, Vorbem § 253 Rn.1 ff.

Allerdings zeigt die in § 89 ZPO bestimmte Möglichkeit des Erlasses eines Endurteils bei vollmachtloser Klage, dass diese Grundvorstellung nicht zwingend ist. Es ist deshalb auch für eine Klagerücknahme denkbar, dass die fingierte Klägerstellung und die infolge einer eigenen Klage erworbene Parteiposition gleich behandelt werden.

Eindeutigere Erkenntnisse könnte die objektiv-teleologische Auslegung des § 269 ZPO zulassen. Ausschlaggebend ist dabei, welche Auslegung der ratio legis optimal entspricht[294].

aa) Die ratio legis der Klagerücknahme nach § 269 ZPO

Die ratio einer Norm wird anhand der dem Gesetz zugrundeliegenden Interessenlage festgestellt[295]. Diese ist bei der Klagerücknahme nach der Regelung des § 269 Abs. 1 ZPO von den z.T. gegensätzlichen Interessen der Parteien geprägt. Einerseits kann dem Kläger daran gelegen sein, die Fortsetzung des Verfahrens zu vermeiden und den Rechtsstreit nicht mehr entscheiden zu lassen[296]. Will er dabei auf den geltend gemachten Anspruch nicht endgültig verzichten, sondern ihn später ggf. unter für ihn günstigeren Voraussetzungen erneut vor Gericht einfordern, darf aus seiner Sicht einer neuen Klage weder die Rechtshängigkeit des ersten Verfahrens noch die Rechtskraft eines Urteils entgegenstehen. Sind diese Wirkungen hingegen für ihn unerheblich, weil er z.B. einen Zulässigkeitsmangel seiner Klage in einem späteren Prozess für behebbar hält oder er von einem Gerichtsverfahren endgültig Abstand nehmen möchte, soll der laufende Rechtsstreit einfach nur, ohne einen für ihn weitere Kosten auslösenden Verfahrensfortgang, möglichst schnell beseitigt werden.
Andererseits kann der Beklagte wegen seines bisherigen Verteidigungsaufwandes und des erreichten Verfahrensstandes das Bedürfnis haben, eine klärende Entscheidung herbeizuführen und der Gefahr einer erneuten Klage mit demselben Streitgegenstand vorzubeugen[297].

Das Gesetz hat dem Interesse des Klägers „bis zum Beginn der mündlichen Verhandlung des Beklagten zur Hauptsache“ den Vorrang eingeräumt.
Will der Kläger die Klage nicht mehr, kann er mit der Rücknahme die Rechtshängigkeit rückwirkend entfallen lassen und dadurch ein Urteil bzw. jegliche Rechtskraftwirkungen ausschließen.
Zudem kann er infolge der unmittelbaren Wirkung der Klagerücknahme weiteren Verfahrensaufwand verhindern und zusätzliche Prozesskosten einsparen, die

---

[294] *Larenz*, Methodenlehre, II.4.Kap.2.c), S.332.
[295] *Schmalz*, Methodenlehre, 5.Teil 3.4.II.2., Rn.276; s.a. *Brox*, AT BGB, § 3 II.2.c), Rn.66.
[296] Dazu *Blomeyer*, ZPR, § 63 I., S.328; *Hellwig*, System ZPR Teil 1, § 137 I.1., S.390 f.
[297] *Gross*, ZZP 75 (1962), S.93 (99); *Walther*, Klageänderung, S.44; Musielak/*Foerste*, § 269 Rn.1.

er sonst als Unterliegender gemäß § 91 ZPO zu tragen hätte. So würde eine Rücknahme vor der mündlichen Verhandlung die durch diese ausgelösten Kosten, wie die Verhandlungsgebühr gem. § 31 Abs. 1 Nr. 2 BRAGO des gegnerischen Rechtsanwalts, nicht zur Entstehung kommen lassen. Bei einer Rücknahme vor dem Schluss der letzten mündlichen Verhandlung reduzierten sich die Gerichtsgebühren gem. § 11 Abs. 1 GKG, Anlage 1, KV 1211 a), von einem dreifachen Gebührensatz auf eine einfache Gebühr.

Ab der mündlichen Verhandlung wird allerdings die Rechtsposition des Beklagten als schutzwürdiger eingestuft, so dass grundsätzlich ein Rücknahmeverbot besteht. Nur wenn auch der Beklagte keine Entscheidung des Gerichts wünscht und in die Klagerücknahme einwilligt, kann hier der Kläger die Rücknahmeerklärung wirksam abgeben.

Wie also deutlich wird, bleibt infolge der Möglichkeit einer Klagerücknahme die Durchführung des Verfahrens, entsprechend dem Dispositionsgrundsatz, in der Hand der Parteien. Der Kläger und später der Beklagte können über den Zeitpunkt und die Form der Beendigung des Rechtsstreits bestimmen. Auf diese Weise wird eine sinnlose Fortsetzung des Prozesses um seiner selbst willen unter andauernder Belastung der Prozessbeteiligten gemäß dem Gedanken der Prozessökonomie vermieden (s.u. S. 84 *Teil 1 C.I.2.a)dd)*).

Demnach besteht die ratio legis der Klagerücknahme darin, dem Kläger die umgehende Beseitigung des nicht mehr von ihm bzw. dem Beklagten gewollten Verfahrens dergestalt zu ermöglichen, dass er einerseits wegen des gleichen Streitgegenstandes erneut klagen und andererseits weiteren Verfahrens- und Kostenaufwand vermeiden kann. Dadurch wiederum entgehen die Parteien und das Gericht einer Belastung mit einem nunmehr sinnentleerten Prozess.

bb) Vergleichbarkeit der Interessenlage trotz vollmachtloser Klage

Eine Befugnis des Vertretenen zur Rücknahme der vollmachtlosen Klage kann der ermittelten ratio legis des § 269 ZPO nur gerecht werden, wenn die bei einer fingierten Klägerstellung bestehende Interessenlage mit der für die gesetzliche Regelung maßgeblichen Interessenlage übereinstimmt[298].

Wie ein wirksam vertretener Kläger kann auch der vollmachtlos Vertretene, selbst noch nach seiner Genehmigungsverweigerung, ein Interesse daran haben, prozessual den Zustand herzustellen, der ohne die von ihm nicht gewollte Klage bestehen würde. Der umgehende Wegfall der Rechtshängigkeit verschafft ihm die Möglichkeit, sofort selbst in zulässiger Weise einen neuen Prozess einzulei-

---

[298] Vgl. *Larenz*, Methodenlehre, II.4.Kap.2.d), S.334; *Schmalz*, Methodenlehre, 5.Teil 3.4.II., Rn.284.

ten bzw. weiterzubetreiben. Andernfalls müsste er ggf. bis zum Wegfall der Rechtshängigkeitssperre die Feststellung des Vollmachtsmangels, die Anhörung des Vertreters, den Erlass des Urteils und Eintritt der Rechtskraft abwarten (s.o. S. 58 f. *Teil 1 B.I.*). Mit seiner Klagerücknahme würde deshalb die belastende Fortsetzung eines nicht gewollten und daher sinnlosen Verfahrens vermieden werden.
Dagegen ist zwar das Interesse des Vertretenen an der Vermeidung der Rechtskraft eines Urteils gegen sich nur gering, da der davon betroffene Vertretungsmangel in einem eigenen Verfahren unerheblich ist. Jedoch besteht insoweit kein Unterschied zu anderen Fällen der von § 269 ZPO erfassten Rücknahme einer unzulässigen Klage, bei denen später genauso das Fehlen der Sachurteilsvoraussetzungen in einem neuen Prozess korrigiert werden kann.

Aber auch wenn der vollmachtlos Vertretene hingegen, ähnlich wie ein die Klage später endgültig ablehnender „regulärer" Kläger, generell nicht an einer gerichtlichen Auseinandersetzung interessiert ist, verhilft seine Rücknahme zweckentsprechend dazu, weiteren Verfahrensaufwand und eine fortdauernde Belastung mit dem nicht gewollten Prozess abzuwenden.

§ 269 ZPO müsste demnach extensiv ausgelegt werden und auch zugunsten des vollmachtlos vertretenen Klägers zur Anwendung gelangen.

cc) Disposition des Klägers über die für ihn günstige Rechtsstellung
Darüber hinaus gebietet der mit der Vorschrift des § 269 ZPO zum Ausdruck kommende Dispositionsgrundsatz (s.o. S. 82 *Teil 1 C.I.2.a)aa)*) die extensive Auslegung auch aus einem anderen Blickwinkel heraus.
Der Eintritt der prozessualen Wirkungen stellt nämlich entsprechend dem Zweck des § 89 ZPO neben der Belastung vor allem auch eine Begünstigung der vertretenen Partei dar, wenn dieser trotz Verhinderung oder erst späterem Vollmachtsnachweis der Rechtsschutz ermöglicht wird.
Deshalb ist zu beachten, dass das der Dispositionsmaxime zugrundeliegende Selbstbestimmungsrecht nicht nur vor Verhaltenshindernissen, sondern auch vor Fremdbestimmung[299] und Bevormundung durch die Rechtsordnung[300] schützt. Es muss sich niemand gegen seinen Willen eine für ihn günstige Rechtsstellung aufdrängen lassen, wenn nicht Interessen Dritter ein Anderes fordern.
Dieser für die Vertragsfreiheit im Privatrecht anerkannte Grundsatz[301] gilt über die Dispositionsmaxime auch im Zivilprozessrecht (vgl. z.B. §§ 308 Abs. 1, 528 Abs. 2, 269, 516 ZPO). Der vollmachtlos Vertretene muss deshalb in der Lage

---

[299] Sachs/*Sachs*, Vor Art.1 Rn.43.
[300] *Hönn*, Jura 1984, S.57 (59).
[301] *Larenz*, Schuldrecht AT, § 4 I., S.40; MüKo-BGB/*Kollhosser*, § 516 Rn.9; Palandt/*Heinrichs*, § 333 Rn.1; Staudinger/*Jagmann*, Vorbem §§ 328 ff. Rn.6.

sein, selbst über die vorteilhafte Prozessstellung zu bestimmen. Denn das gesamte Verfahren erfolgt zunächst allein in seinem Interesse. Erst von dem Zeitpunkt des mit Beginn der mündlichen Verhandlung geltenden Rücknahmeverbots an gesellt sich das rechtlich relevante Interesse des Beklagten an der Aufrechterhaltung des Prozesses hinzu. Steht letzteres einer Rücknahme nicht entgegen, gibt es keinen Grund, dem Vertretenen die Ausübung des Selbstbestimmungsrechts zu versagen[302].
Dazu reicht es aber nicht aus, dass er die Möglichkeit hat, schlicht die Genehmigung zu verweigern und die Klageabweisung abzuwarten. Er muss es auch in der Hand haben, sich gegen die weiteren zu seinen Gunsten eintretenden Wirkungen, wie z.B. das Endurteil, zu entscheiden. Um auch dies zu verwirklichen, ist es erforderlich, ihm die Befugnis zur Klagerücknahme mittels einer weiten Auslegung des § 269 ZPO einzuräumen.

dd) Vereinbarkeit mit der ratio legis des § 89 ZPO
Einer extensiven Auslegung könnte jedoch entgegenstehen, dass die fingierte Parteiposition des Vertretenen lediglich Konsequenz des von § 89 ZPO verfolgten Zwecks der Rechtswahrung und Prozessökonomie ist. Danach treten für den vollmachtlos Vertretenen prozessuale Wirkungen insoweit ein, als sie für die Durchführung des Prozesses mit einem heilbaren Vertretungsmangel erforderlich sind (s.o. S. 36 ff. *Teil 1 A.II.1.a)dd)(2)(a)*). Die Befugnis zur Rücknahme der Klage ist aber für die Verwirklichung des Zwecks von § 89 ZPO nicht notwendig, weshalb insoweit das Fehlen einer (fingierten) Klägerstellung in Erwägung zu ziehen ist.

Der erwogene Einwand wäre jedoch zu kurz gegriffen. Die Beschränkung der prozessualen Wirkungen auf das zur Zweckerreichung Erforderliche ist in dem Übermaßverbot begründet. Der vermeintlich Vertretene soll durch die vollmachtlose Klage nicht stärker belastet werden als nötig. Erklärt er nun in Form der Rücknahme, das Rechtsschutzgesuch nicht zu wollen, ist eine Genehmigung und demnach eine Heilung des Vertretungsmangels nicht mehr zu erwarten. Damit entfällt aber der Zweck der Verfahrensfortsetzung. Eine weitere Durchführung bis zum rechtskräftigen Urteil entgegen dem Willen des Vertretenen würde länger als erforderlich in seine Dispositionsfreiheit eingreifen.
Das Übermaßverbot verlangt somit hier keine Beschränkung der Parteistellung, sondern gerade die Berücksichtigung des Willens zur Beendigung des ansonsten sinnentleerten Verfahrens. Denn der Zivilprozess ist nicht Selbstzweck[303], son-

---

[302] Andernfalls würde außerdem der Beklagte mit der Annahme des Rücknahmeverbots einerseits prozessual ohne Grund bessergestellt und ihm andererseits die Möglichkeit zur Verfahrensbeseitigung durch Einwilligung in die Rücknahme genommen werden.
[303] BGH, Urt.v. 20.09.1988, BGHZ 105, S.197 (201); Baumbach/Lauterbach/*Hartmann*, Einl III Rn.38.

dern dient der Verwirklichung des materiellen Rechts und ist auf eine sachliche Entscheidung gerichtet (s.o. S. 52 *Teil 1 A.II.2.b)aa)*). Deshalb darf nicht unnötig lange an ihm festgehalten werden, wenn sich der Zweck des Verfahrens nicht mehr erreichen lässt oder nicht mehr erreicht werden soll.

Die fingierte Klägerposition muss demzufolge auch bzgl. des Rücknahmerechts mit einer gewollten Klägerstellung gleichgesetzt werden.

b) Ergebnis

Es kommt für den Eintritt der Rücknahmefolgen nicht auf die Art und Weise der Begründung der Klägereigenschaft an, sondern lediglich auf den Willen des Klägers bzw. der Parteien zur Verfahrensbeseitigung. Folgerichtig wird eine extensive Auslegung des § 269 ZPO dessen ratio legis am ehesten gerecht.
Der vermeintlich vertretene Kläger kann deshalb die vollmachtlose Klage trotz seiner fingierten Parteistellung wirksam nach § 269 ZPO zurücknehmen.

II. Klagerücknahme durch den Prozessvertreter

Nimmt nun der Prozessvertreter die von ihm vollmachtlos erhobene Klage zurück, stellt sich auch hier das Problem der Wirksamkeit.
Die Rücknahme als Bewirkungshandlung[304] bedarf zu ihrer wirksamen Ausübung der Prozesshandlungsvoraussetzungen. Da es einem Vertreter ohne eine Bevollmächtigung des Klägers aber gerade an einer solchen Voraussetzung fehlt, kann seine Rücknahmeerklärung eigentlich keinerlei Wirkungen entfalten (vgl. §§ 81, 85 ZPO). Es gilt also die gesetzliche Regel, dass die Wirksamkeit der Klagerücknahme eines Vertreters dessen Bevollmächtigung erfordert[305].
Der Grundsatz des Vollmachtserfordernisses findet demgemäß in der Literatur und Rechtsprechung auch allgemeine Anerkennung, indem sie für die Befugnis des Vertreters zu einer Prozesshandlung, und damit auch zur Klagerücknahme, grundsätzlich eine Vollmachtserteilung durch die Partei verlangen[306].
Entgegen diesem grundsätzlichen Vollmachtserfordernis wird jedoch von der herrschenden Meinung dem Prozessvertreter, der das Verfahren vollmachtlos eingeleitet hat, die Möglichkeit zur Rücknahme der Klage nicht verwehrt.

---

[304] Rosenberg/Schwab/*Gottwald*, ZPR, § 64 II.1., S.351; Musielak/*Musielak*, Einl Rn.62.

[305] Vgl. *Christmann*, Der vollmachtlose Stellvertreter, S.22; Stein/Jonas/*Leipold*, Vor § 128 Rn.183; Rosenberg/Schwab/*Gottwald*, ZPR, § 56 II.1., S.300.

[306] BGH, Urt.v. 08.05.1990, BGHZ 111, S.219 (221); *Blomeyer*, ZPR, § 30 II.2., III.1., S.165; *Groger*, Prozeßhandlungsvoraussetzungen, S.65; *Lüke*, ZPR, § 10 VI., Rn.124; Musielak/*Weth*, § 80 Rn.11; Stein/Jonas/*Bork*, § 88 Rn.1; Wieczorek/Schütze/*Steiner*, § 80 Rn.1; Zöller/*Vollkommer*, § 88 Rn.1.

1. Auffassung der Rechtsprechung und Literatur

Die Zivilgerichte[307] haben die Wirksamkeit der Klagerücknahme durch den Prozessvertreter bei anfänglicher Vollmachtlosigkeit bisher nicht ausdrücklich ausgesprochen, sondern nur im Zusammenhang mit der kostenrechtlichen Beurteilung als selbstverständlich vorausgesetzt.

Der Bundesfinanzhof[308] und die Finanzgerichte[309] halten den vollmachtlosen Vertreter in ständiger Rechtsprechung für zur Rücknahme der Klage oder eines Rechtsmittels befugt. In gleicher Weise haben sich das Bundesverwaltungsgericht[310] sowie die Verwaltungsgerichtshöfe Hessen[311] und Baden-Württemberg[312] geäußert.

Auch in der Literatur werden gegen die Rücknahmebefugnis des Vertreters keine Einwände erhoben. Vielmehr wird die Rücknahme im Rahmen der Kostenfrage als möglich zugrunde gelegt[313] oder, teilweise unter Berufung auf die Rechtsprechung der Finanzgerichte[314], schlicht als zulässig festgestellt[315].

Eine Begründung dieser Auffassung findet sich vereinzelt nur in den Entscheidungen der Finanzgerichte.

In einem Beschluss vom 01.04.1970 geht das FG Berlin[316] bei vollmachtloser Klage von einem Prozessrechtsverhältnis zu dem aufgetretenen „Steuerbevollmächtigten" aus. Daraus folgert es, dass dieser auch durch eine eigene, nicht von

---

307 OLG München, Beschl.v. 03.09.1954, MDR 1955, S.176 (177); OLG Hamburg, Beschl.v. 29.11.1955, MDR 1956, S.431; OLG Hamm, Beschl.v. 29.06.1988, NJW-RR 1990, S.767; bei Rechtsmittelrücknahme: OLG Köln, Beschl.v. 09.03.1972, NJW 1972, S.1330; KG Berlin, Beschl.v. 02.02.1996, WuM 1996, S.377.

308 BFH, Beschl.v. 22.05.1979, BFHE 128, S.24 (25); BFH, Beschl.v. 08.11.1988, BFH/NV 1989, S.514 f.; BFH, Beschl.v. 26.04.1990, BFH/NV 1991, S.247; BFH, Beschl.v. 19.10. 1990, BFH/NV 1991, S.469; BFH, Beschl.v. 17.07.1991, BFH/NV 1991, S.833 f.; BFH, Beschl.v. 16.02.1993, BFH/NV 1993, S.428; BFH, Beschl.v. 15.06.1993, BFH/NV 1993, S.749 (750); BFH, Beschl.v. 21.12.1994, BFH/NV 1995, S.1008; BFH, Beschl.v. 20.12.1995, BFH/NV 1996, S.496.

309 FG München, Urt.v. 26.08.1970, EFG 1971, S.86; FG Düsseldorf, Beschl.v. 02.12.1970, EFG 1971, S.142; FG Münster, Urt.v. 20.12.1972, EFG 1973, S.170 (171); FG Münster, Beschl.v. 25.01.1973, EFG 1973, S.278.

310 BVerwG, Beschl.v. 25.11.1974, Buchholz 310 § 155 VwGO Nr.2.

311 VGH Hessen, Beschl.v. 26.08.1955, DÖV 1956, S.413.

312 VGH Baden-Württemberg, Beschl.v. 09.11.1981, VBlBW 1982, S.259.

313 Vgl. *Emde*, MDR 1997, S.1003; *Schneider*, Rpfleger, 1976, S.229 (231); *Vollkommer*, MDR 1997, S.1004; *Fleddermann*, Kostenrechtliche Probleme, S.127 f.; *Schmitz*, Kostenentscheidung für oder gegen Dritte, S.71; Baumbach/Lauterbach/*Hartmann*, § 269 Rn.33; MüKo-ZPO/*v.Mettenheim*, § 89 Rn.14; MüKo-ZPO/*Lüke*, § 269 Rn.49.

314 Gräber/*Koch*, § 62 Tz.66; *Tipke/Kruse*, § 62 Tz.12; *Ziemer/Haarmann/Lohse/Beermann*, HB Bd.2, Tz.6359; bei Rechtsmittelrücknahme: Zöller/*Vollkommer*, § 88 Rn.7.

315 Rosenberg/Schwab/*Gottwald*, ZPR, § 130 II.1.a), S.757.

316 FG Berlin, Beschl.v. 01.04.1970, EFG 1970, S.401 (402); so auch FG München, Urt.v. 04.07.1966, EFG 1966, S.467 f.; FG Berlin, Urt.v. 29.07.1980, EFG 1981, S.101 f.

einer Vollmacht gedeckte Erklärung die Klage zurücknehmen kann. Denn es müsse für den „Steuerbevollmächtigten" in einer solchen Situation rechtlich möglich sein, die mit der Einreichung der Klageschrift begründete Rechtshängigkeit in dem genannten Umfange wieder zu beseitigen.
In ähnlicher Weise argumentiert das FG Düsseldorf[317] in seinem Beschluss vom 02.12.1970. Wer rechtlich in der Lage sei, ohne Nachweis der Prozessvollmacht durch Klageerhebung die Rechtshängigkeit zu begründen, die unabhängig von der Zulässigkeit der Klage eintrete, müsse auch seine eigene Prozesshandlung rückgängig machen und damit die durch ihn veranlasste Rechtshängigkeit beenden können.
Das FG Münster[318] weist in einem Urteil vom 20.12.1972 außerdem darauf hin, dass der vollmachtlose Vertreter ja nur das in der Klageerhebung liegende Gesuch um Rechtsschutz widerrufe und nicht, wie bei der Erledigungserklärung, das Rechtsschutzbedürfnis für gegenstandslos erkläre, also nicht über den Streitgegenstand verfüge.

Der BFH[319] hat sich in seiner die Wirksamkeit der Klagerücknahme befürwortenden Grundsatzentscheidung vom 22.05.1979 zunächst auf die vorgenannten Entscheidungen gestützt. Ergänzend argumentiert er an dieser Stelle, dass die Rücknahmebefugnis des vollmachtlosen Vertreters nicht anders beurteilt werden könne als ähnliche vom BFH entschiedene Fälle, in denen ein nicht in gesetzmäßiger Weise vertretener Kläger seine beim BFH erhobene Klage zurückgenommen habe. Allen Fällen sei gemeinsam, dass die eine Rücknahme erklärende Person nicht in einer vom Gesetz bestimmten Weise vertreten worden sei.
Die in Bezug genommenen Entscheidungen des BFH[320] befassen sich mit der jeweils bejahten Wirksamkeit einer Rücknahme der eigenen Klage eines in zweiter Instanz postulationsunfähigen Klägers. Sie verweisen wiederum in ihrer Begründung auf einen Beschluss des BVerwG[321] vom 16.02.1962. Das BVerwG führt darin im Zusammenhang mit einer „nicht rechtswirksam eingelegten Revision" aus, dass über diese von vornherein nicht in der Sache entschieden werden könne und sie daher unter allen Umständen als unzulässig verworfen werde. Eine Prozesserklärung, die nicht ohne jede Wirkung gewesen sei, müsse dann jedoch innerhalb einer Instanz in der gleichen Form wieder zurückgenommen werden können. Bei dieser Rechtslage entfalle der dem Anwaltszwang zugrunde liegende Gedanke, die Parteien in ihrem Interesse und zur Entlastung des Revi-

---

[317] FG Düsseldorf, Beschl.v. 02.12.1970, EFG 1971, S.142.
[318] FG Münster, Urt.v. 20.12.1972, EFG 1973, S.170 (171); ähnlich VGH Hessen, Beschl.v. 26.08.1955, DÖV 1956, S.413.
[319] BFH, Beschl.v. 22.05.1979, BFHE 128, S.24 (25).
[320] BFH, Beschl.v. 31.01.1978, BFHE 124, S.156 f.; BFH, Beschl.v. 16.06.1978, BFHE 125, S.149 f.
[321] BVerwG, Beschl.v. 16.02.1962, BVerwGE 14, S.19 f.

sionsgerichts zu einer Darlegung des Prozessstoffes durch einen Rechtsanwalt zu nötigen. Da der Prozessvertreter sich mit der Sache selbst nicht zu befassen habe, würde sich die erzwungene Heranziehung eines Anwalts nur zum Zwecke der Klagerücknahme als eine für die Prozesspartei „unbillige Förmelei" erweisen.

2. Stellungnahme

Die von der Rechtsprechung befürwortete Berechtigung des vollmachtlosen Vertreters zur Klagerücknahme steht im klaren Widerspruch zu dem Grundsatz, dass die Bevollmächtigung als Prozesshandlungsvoraussetzung ein Wirksamkeitserfordernis für die Zurücknahme der Klage durch den Vertreter darstellt. Um so mehr überrascht es, dass sich die Literatur bisher mit diesem Problem nicht auseinandergesetzt hat, zumal die Rechtsprechung nicht nur in ihrer Begründung angreifbar ist.

Das vom FG Berlin angenommene Prozessrechtsverhältnis mit dem vollmachtlosen „Steuerbevollmächtigten" und die ihm eingeräumte Befugnis zur Klagerücknahme durch „eigene" Erklärung wird nicht seinem Auftreten als Vertreter im fremden Namen gerecht. Sowohl im Verfahren der ZPO als auch in dem der FGO[322] versteht man unter einem Prozessrechtsverhältnis eine Vielzahl rechtlich geregelter Beziehungen zwischen dem Gericht und den anhand des formalen Parteibegriffs bestimmten Parteien (s.o. S. 41 *Teil 1 A.II.1.a)dd)(2)(a)(cc)*). Da der Vertreter unabhängig von seiner Bevollmächtigung für den Kläger tätig wird, also nicht für sich Rechtsschutz begehrt, ist er nicht Partei des Verfahrens und kann damit nicht dem Prozessrechtsverhältnis unterliegen (s.o. S. 37 *Teil 1 A.II.1.a)dd)(2)(a)(aa)*)[323]. Eine Verfügung über den Rechtsstreit im Wege der Klagerücknahme ist wegen der Dispositionsmaxime grundsätzlich allein den Parteien vorbehalten. Der Vertreter kann die Rücknahme deshalb immer nur im fremden Namen mit Wirkung für den Kläger erklären, ohne insoweit selbst ein dem Sinn und Zweck der Rücknahme nach § 269 ZPO entsprechendes Interesse an einem umgehenden Fortfall der Rechtshängigkeit und der Vermeidung eines rechtskraftfähigen Urteils (s.o. S. 81 *Teil 1 C.I.2.a)aa)*) aufweisen zu können. Eine Rücknahme im eigenen Namen ist dem Vertreter demzufolge nicht, auch nicht im Wege einer analoge Anwendung des § 269 ZPO, gestattet[324].

Soweit die Finanzgerichte die Berechtigung daraus herleiten, dass dem Vertreter auch eine Rücknahme der von ihm eingereichten, die Rechtshängigkeit begründenden Klage möglich sein müsse, übersehen sie den besonderen Grund für die prozessuale Berücksichtigung der vollmachtlosen Klage. Dieser ist speziell in

---

[322] Vgl. Gräber/*v.Groll*, § 57 Tz.11; *Tipke/Kruse*, § 57 Tz.5.

[323] Das gilt auch für die FGO, vgl. BFH, Beschl.v. 11.11.1981, BStBl II 1982, S.167 (168).

[324] So auch *Schmitz*, Kostenentscheidung für oder gegen Dritte, S.73.

dem Stadium des Verfahrensbeginns angelegt und besteht bei der Rücknahme nicht. Die Einleitung des Verfahrens trotz der Klage eines nicht bevollmächtigten Vertreters dient insbesondere der Rechtswahrung einer verhinderten Partei und der Prozessökonomie durch Verschaffung einer nachträglichen Heilungsmöglichkeit des Vollmachtsmangels (s.o. S. 31 f. *Teil 1 A.II.1.a)cc)*). Zur Verwirklichung dieses Zwecks ist zwar eine Annahme der Rechtshängigkeit und anderer prozessualer Wirkungen erforderlich, jedoch nicht die Befugnis des Vertreters zur Klagerücknahme.

Eine andere Betrachtungsweise vermittelt auch nicht der Einwand des FG Münster, der Vertreter widerrufe nur das Rechtsschutzgesuch und verfüge nicht über den Streitgegenstand. Ließe man dies als Begründung für die Rücknahmebefugnis genügen, müsste auch der erst nach Klageerhebung vollmachtlos gewordene Vertreter zur Rücknahme berechtigt sein, was aber zu Recht allgemein abgelehnt wird[325]. Denn hinsichtlich des Vollmachtserfordernisses für eine Prozesshandlung des Vertreters wird nicht danach unterschieden, inwieweit der Streitgegenstand davon betroffen ist. Vielmehr ist grundsätzlich jede Fremdhandlung dem Vollmachtserfordernis unterworfen.

Verfehlt ist schließlich der vom BFH vorgenommene Vergleich der Rücknahme bei Vollmachtlosigkeit des Vertreters mit der bei Postulationsunfähigkeit des Klägers. Während nämlich der Vertretungszwang zu einer möglichst sachgemäßen Durchführung des Verfahrens beitragen soll[326], wird mit dem in Rede stehenden Vollmachtserfordernis als Wirksamkeitsvoraussetzung für Prozesshandlungen ein völlig anderer Zweck verfolgt: Es soll sichergestellt werden, dass die Partei im Rahmen der ihr im Prozess zustehenden Dispositionsfreiheit vor unbefugter Einmischung durch Dritte geschützt wird (s.u. S. 91 *Teil 1 C.II.3.a)aa) (1)*). Die diskutierte Rücknahmebefugnis des vollmachtlosen Vertreters wird sich deshalb zu vorderst an diesem Sinn und Zweck messen lassen müssen. Bei dem Verweis des BFH auf die der Postulationsfähigkeit zugrundeliegende Teleologie handelt es sich demnach um Erwägungen, die für die Bewertung der Rücknahme des vollmachtlosen Vertreters nichts hergeben.

3. Eigene Lösung

Der Fall einer Klagerücknahme im Namen des Klägers durch einen nicht bevollmächtigten Vertreter ist an sich mit dem in der ZPO geltenden Grundsatz des Vollmachtserfordernisses für die Wirksamkeit von Prozesshandlungen des Vertreters eindeutig geregelt.

---

[325] Vgl. nur AK-ZPO/*Christian*, § 88 Rn.11; Musielak/*Weth*, § 88 Rn.11; Thomas/Putzo/ *Putzo*, § 89 Rn.9.

[326] BAG, Beschl.v. 18.10.1990, NZA 1991, S.363 (364); *Urbanczyk*, ZZP 95, (1982), S.339 (356 f.).

Es ist jedoch zu bedenken, dass sich die Rechtsordnung nicht in ihren Anordnungen erschöpft, sondern auch die dahinter stehenden Wertungen einen wesentlichen Bestandteil des geltenden Rechts bilden[327]. Diese Wertungen des Gesetzes lassen sich, regelmäßig in Verbindung mit dem Gleichheitssatz, zur Feststellung von Gesetzes- oder Regelungslücken heranziehen[328]. Denn auch wenn eine gesetzliche Regel dem Wortlaut gemäß einen Sachverhalt erfasst, kann sie ihrem Sinn und Zweck nach hier nicht passen und eine Lücke aufzeigen, falls sie die für diesen Sachverhalt erhebliche Besonderheit wertungsgemäß unberücksichtigt lässt[329].

Namentlich *Canaris*[330] hat für den Fall, dass das Gesetz die nach seiner Wertung gebotenen Differenzierungen nicht vornimmt, darauf hingewiesen, dass der Gleichheitssatz in seiner negativen Aussage, Ungleichartiges verschieden zu behandeln, als Maßstab zur Feststellung einer sog. „verdeckten" Lücke herangezogen werden kann, um so dem Gesetz den geforderten Ausnahmetatbestand mittels einer teleologischen Reduktion hinzuzufügen. Die Lücke besteht dann in dem Fehlen einer von der Teleologie des Gesetzes gebotenen Einschränkung seines Anwendungsbereichs[331].

Für die Annahme einer Regelungslücke müsste somit die ZPO nach ihrer Teleologie eine „planwidrige Unvollständigkeit" aufweisen[332]. Deren Vorliegen hängt davon ab, ob die sich aus dem Grundsatz des Vollmachtserfordernisses ergebende Rechtsfolge des Wirksamkeitsmangels teleologisch auch im Fall der Klagerücknahme durch den das Verfahren einleitenden vollmachtlosen Vertreter anwendbar ist.

a) Wertungsgemäß gebotene Differenzierung

Die teleologische Reduktion kann geboten sein durch den Sinn und Zweck der einzuschränkenden Norm selbst, durch den insoweit vorrangigen, sonst nicht zu erreichenden Zweck einer anderen Norm oder durch ein für eine bestimmte Fallgruppe vorrangiges, dem Gesetz immanentes Prinzip[333].

aa) Reduktion durch den Sinn und Zweck des Vollmachtserfordernisses ?

Möglicherweise ergibt sich die Notwendigkeit einer teleologischen Reduktion aus dem Sinn und Zweck des Grundsatzes des Vollmachtserfordernisses selbst.

---

[327] *Canaris*, Feststellung von Lücken, § 48, S.56.
[328] Vgl. *Canaris*, Feststellung von Lücken, § 63, S.71; *Larenz*, Methodenlehre, II.5.Kap.2.a), S.372.
[329] *Larenz*, Methodenlehre, II.5.Kap.2.a), S.377.
[330] *Canaris*, Feststellung von Lücken, § 74, S.82 f., in Anlehnung an *Larenz*, Methodenlehre, II.5.Kap.2.a), S.374 f., 392.
[331] *Larenz*, Methodenlehre, II.5.Kap.2.a), S.377; Palandt/*Heinrichs*, Einl Rn.48.
[332] Vgl. *Larenz*, Methodenlehre, II.4.Kap.2.a), S.373.
[333] *Larenz*, Methodenlehre, II.4.Kap.2.c), S.392.

(1) Ratio legis des Vollmachtserfordernisses

Der Sinn und Zweck des Grundsatzes, dass die Wirksamkeit des Vertreterhandelns eine Vollmacht erfordert, ist Konsequenz des Schutzes der Privatautonomie bzw. der im Prozess geltenden Dispositionsfreiheit[334]. Dieser Schutz beruht seinerseits auf dem Selbstbestimmungsrecht (s.o. S. 34 *Teil 1 A.II.1.a)dd)(1))*. Die Gewährleistung dieses Rechts setzt nicht nur die Freiheit der Entscheidung über das eigene Verhalten voraus, sondern auch die Bewahrung vor Einmischung durch Dritte (s.o. S. 83 *Teil 1 C.I.2.a)cc)*). Ein solcher Schutz vor Fremdbestimmung wird mit dem Erfordernis einer auf den selbstbestimmten Willensakt des Vertretenen zurückzuführenden Vollmacht dadurch verwirklicht, dass Vertreterhandlungen bei fehlender Vertretungsmacht für den Vertretenen grundsätzlich ohne Wirkung bleiben.

Das Vollmachtserfordernis dient im Prozess somit dem Schutz vor Fremdbestimmung zur Wahrung der Dispositionsfreiheit der Partei.

(2) Keine vom Sinn und Zweck selbst gebotene Einschränkung

Mit Hilfe der dem Grundsatz des Vollmachtserfordernisses zugrundeliegenden Teleologie, die auch für den Fall der Rücknahme durch den vollmachtlosen Vertreter passt, lässt sich die Notwendigkeit einer Einschränkung des Grundsatzes jedoch nicht nachweisen.

Der vermeintlich vertretene Kläger erlangt durch die vollmachtlose Klage die (fingierte) Stellung einer Partei, in der er, wenn auch in begrenztem Umfang, über den Gang und Inhalt des Verfahrens bestimmen kann. Die ihm bis zum Abschluss des Verfahrens zustehende Dispositionsbefugnis umfasst die Entscheidung darüber, ob er das Vertreterhandeln durch Genehmigung gegen sich gelten lassen will und ob er die Klage zurücknimmt oder vom Gericht durch Endurteil entscheiden lässt (s.o. S. 83 f. *Teil 1 C.I.2.a)cc)*). Der Schutz dieser Dispositionsfreiheit vor einer diese beeinträchtigenden Fremdbestimmung muss somit, lässt man die vom Vertreter ohne Vollmacht herbeigeführten notwendigen prozessualen Wirkungen außer Betracht, ebenso bei einem Prozess infolge einer vollmachtlosen Klage gelten, wie auch mit dem Genehmigungserfordernis in § 89 Abs. 2 ZPO zum Ausdruck kommt.

Deutlich wird das insbesondere, wenn man sich die Konsequenzen vor Augen hält, falls der vollmachtlose Vertreter befugtermaßen die Klage zurücknehmen könnte. Die mit der Berücksichtigung der vollmachtlosen Klage beabsichtigte Möglichkeit der Heilung durch nachträgliche Beibringung einer Vollmacht bzw. Genehmigung und die so geschaffene Dispositionsfreiheit der Partei wären damit vereitelt. Denn aufgrund der Wirkung nach § 269 Abs. 3 S. 1 ZPO würde es nun an einer genehmigungsfähigen Schwebelage fehlen. Der insoweit teleolo-

---

[334] Vgl. *Urbanczyk*, ZZP 95 (1982), S.339 (357), im Zusammenhang mit §§ 551, 579 ZPO; vgl. zum Selbstbestimmungsrecht des Vertretenen, *Flume*, AT BR Bd.2, § 43 3., S.754; MüKo-BGB/*Schramm*, Vor § 164 Rn.68; Soergel/*Leptien*, Vor § 164 Rn.12.

gisch erhebliche Grundsatz des Vollmachtserfordernisses soll aber gerade eine solche Einmischung verhindern.

Der eigenen Teleologie des Vollmachtserfordernisses nach ist somit eine Einschränkung bei einer Klagerücknahme nicht geboten und eine Regelungslücke nicht zu erkennen.

bb) Vorrangiger, andernfalls nicht zu erreichender Zweck des § 269 ZPO

Allerdings könnte die wertungsgemäß gebotene Differenzierung einer verdeckten Lücke auch durch die vorrangige und andernfalls nicht zu verwirklichende ratio legis der Klagerücknahme nach § 269 ZPO begründet sein. Die Vorschrift bezweckt, dem Kläger die umgehende Beendigung des nicht mehr von ihm bzw. dem Beklagten gewollten Prozesses dergestalt zu ermöglichen, dass er einerseits weiteren Verfahrens- und Kostenaufwand verhindern und andererseits wegen des gleichen Streitgegenstandes erneut klagen kann. Auf diesem Wege entgehen die Parteien und das Gericht einer Belastung mit einem nunmehr nicht gewollten, sinnentleerten Verfahren (s.o. S. 82 *Teil 1 C.I.2.a)aa)*).

(1) Sonst nicht zu erreichender Zweck

Stellt sich im Laufe des vollmachtlosen Verfahrens zur Überzeugung des Gerichts heraus, dass z.B. wegen der ausdrücklichen Genehmigungsverweigerung des Klägers keine Aussicht auf eine Heilung des Vollmachtsmangels mehr besteht und damit die Klage unzulässig bleibt, entspricht diese Situation der von § 269 ZPO erfassten Prozesslage: Der Kläger will nicht, dass mit dem Rechtsstreit in seiner (materiell-rechtlichen) Angelegenheit entschieden wird.
Ein verständiger Kläger würde die nun offenkundig erfolglose Klage zurücknehmen, um sich die Möglichkeit einer ggf. erneuten klageweise Geltendmachung seiner Ansprüche offen zu halten, zumindest aber um sich einer Belastung durch weiteren Verfahrensaufwand und der damit verbundenen Kosten zu entziehen. Hat der Beklagte kein entgegenstehendes, gesetzlich erhebliches Interesse, könnte auf diese Weise ein sinnloser, die Prozessbeteiligten belastender Fortgang des nicht gewollten Verfahrens vermieden werden.

Im Fall der vollmachtlosen Klage stellt sich die Situation für den Kläger jedoch anders dar. Das Verfahren berührt ihn hier nur vorübergehend in prozessualer, nicht jedoch in materiell-rechtlicher Hinsicht (s.o. S. 44 *Teil 1 A.II.1.a)dd)(2)(a)(ee)*). Letzteres soll nach der, wie sich zeigen wird, im Ergebnis zutreffenden Ansicht in der Rechtsprechung und Literatur auch für die Kosten des Rechtsstreits gelten, wonach wegen des festgestellten Vertretungsmangels der vollmachtlose Prozessvertreter statt des Klägers mit den Verfahrenskosten belastet wird (s.u. S. 103 ff. *Teil 2 A.I.2.a)*).

Geht man im Folgenden von einer derartigen Kostenentscheidung des Gerichts aus, hätte der vollmachtlos vertretene Kläger, außer im Fall der einer eigenen Klage entgegenstehenden Rechtshängigkeit, keinen rechtlich erheblichen Grund, die unzulässige Klage zurück zu nehmen. Der weitere, kostenauslösende Verfahrensaufwand und das die Klage abweisende Urteil ließen seine materiellrechtliche Stellung unangetastet. Es wäre deshalb für ihn gleichgültig, ob das Verfahren bis zum Urteil fortgesetzt wird oder bereits vorher endet. Der mit der Klagerücknahme verfolgte Zweck, dem Kläger die Möglichkeit der eigenen Entlastung bzgl. des weiteren Verfahrens- und Kostenaufwandes zu geben, lässt sich in der Person des vollmachtlos vertretenen Klägers nicht erreichen. Die mit dem vereitelten Zweck wiederum beabsichtigte Vermeidung einer sinnlosen, die Prozessbeteiligten belastenden Fortsetzung des nicht gewollten Verfahrens ist auf diesem Wege und damit in der vom Gesetz vorgesehenen Bandbreite der Mittel nicht zu verwirklichen.

Würde man in diesem Fall auf das Erfordernis einer Vollmacht verzichten und dem Vertreter die Rücknahmemöglichkeit einräumen, wäre dagegen die Umsetzung der ratio legis in einem größeren Rahmen gewährleistet.
Für den vollmachtlosen Vertreter wären zwar die Fortdauer der Rechtshängigkeit und der Erlass eines Urteils uninteressant, jedoch könnte er mit der Klagerücknahme zu seiner Entlastung einen weiteren Verfahrensaufwand und damit zusätzliche Kosten vermeiden. Denn der nicht bevollmächtigte Vertreter tritt kostenrechtlich an die Stelle des Klägers und wird deshalb in gleicher Weise Kostenschuldner, mit den selben Rechten und Pflichten, wie sonst ein im Verfahren unterlegener Kläger (s.u. S. 178 ff. *Teil 2 A.I.4.d)bb)*). Dadurch wird die an sich einheitliche Klägerposition bzgl. der Hauptsache und der Kostenfolge gespalten. Wenn aber der Vertreter z.T. die Klägerrolle einnimmt, lassen sich die an diesem Teil ausgerichteten Zwecke der Klagerücknahme nur mit dem Vertreter als Normadressaten umsetzen. Denn allein der Vertreter hat als Kostenschuldner das Interesse an einer Rücknahme, da er so die ihn treffenden Kosten vermindern kann.
Dies gilt zumindest bei einer Rücknahme vor der mündlichen Verhandlung für dadurch begründete Kosten. Eine Reduzierung der Gerichtsgebühren gem. § 11 Abs. 1 GKG, Anlage 1, KV 1211 a), käme nach einer vollmachtlosen Klage hingegen nicht in Betracht, da die Ermäßigung zweckgemäß eine Beendigung des gesamten Verfahrens einschließlich der Kostenfrage und damit ein Ersparen weiterer Arbeit des Gerichts voraussetzt[335]. Im Fall einer Kostenhaftung des vollmachtlosen Vertreters bei einer Klagerücknahme ließe sich jedoch die Kostenfolge nicht mehr einfach dem § 269 Abs. 3 ZPO entnehmen, sondern bedürfte noch einer konstitutiven Entscheidung des Gerichts (s.u. S. 190 *Teil 2 A.II.*

---

[335] Vgl. *Hartmann*, KV 1210 Rn.3; Markl/*Meyer*, KV 1202 Rn.14.

3.c)aa)), weshalb das Verfahren mit der Rücknahme nicht vollständig beendet wäre.

Soweit also der vollmachtlose Vertreter mit einer Klagerücknahme die ihn treffende Kostenlast reduzieren könnte, ließe sich bei einem Verzicht auf das Vollmachtserfordernis die ratio legis des § 269 ZPO – in erheblich größerem Maße – verwirklichen.

(2) Vorrang des Zwecks der Klagerücknahme

Der mit der Klagerücknahme verfolgte, sonst nicht zu erreichende Zweck (s.o. S. 92 f. *Teil 1 C.II.3.a)bb)(1)*) steht hier einem vom Vollmachtserfordernis gewahrten Dispositionsrecht des Klägers gegenüber, welches nur von einem äußerst geringen Interesse getragen ist.

Zunächst wäre die Ausübung der Dispositionsfreiheit des vollmachtlos Vertretenen dahingehend, sich zur Erlangung eines rechtsmittelfähigen Endurteils gegen die Klagerücknahme zu entscheiden, im Fall einer Rücknahme durch den Vertreter als nicht erheblich zu bewerten. Nimmt dieser nämlich die Klage bei tatsächlich bestehender Vollmachtlosigkeit zurück, könnte der Kläger mit der sonst wegen des Vollmachtsmangels als unzulässig abzuweisenden Klage auch nicht in der Rechtsmittelinstanz Erfolg haben, da eine Genehmigung dann ausgeschlossen wäre[336]. Ist der Vertreter dagegen in Wahrheit bevollmächtigt, muss sich der Kläger die dann zweifellos wirksame Rücknahme nach § 85 ZPO zurechnen lassen.

Aber auch die mit dem Vollmachtserfordernis geschützte Dispositionsbefugnis des Klägers, noch bis zum Schluss der letzten mündlichen Verhandlung das vollmachtlose Verfahren genehmigen zu können, ist als nachrangig gegenüber dem mit der Klagerücknahme verfolgten Zweck anzusehen, wenn die Heilungsaussicht bereits vor der mündlichen Verhandlung entfallen ist.
Zum einen bildet der Fortfall allgemein einen prozessualen Wendepunkt in dem vollmachtlosen Verfahren. Der zunächst auf Rechtserhaltung gerichtete Prozess geht in das Stadium der Abwicklung über, indem eine Fortsetzung durch eine einstweilige Zulassung des Vertreters ausgeschlossen ist und hinsichtlich des Vollmachtsmangels Entscheidungsreife eintritt. Die gem. § 89 ZPO für die Bewertung der Interessen des Vertretenen an der Prozessfortsetzung entscheidende Heilungsaussicht fehlt. Damit besteht nur noch, wie die Verfahrensabwicklung zeigt, ein vermindert schutzwürdiges Interesse an der Heilung des Vollmachtsmangels und der Fortführung des Prozesses.
Zum anderen ist insbesondere der Fall, in dem die fehlende Heilungsaussicht schon in dem hier relevanten Zeitraum vor der mündlichen Verhandlung fest-

[336] Stein/Jonas/*Bork*, § 89 Rn.14; Wieczorek/Schütze/*Steiner*, § 89 Rn.10.

steht, i.d.R. auf eine ausdrückliche Genehmigungsverweigerung des Vertretenen zurückzuführen. Damit bringt dieser aber unmissverständlich zum Ausdruck, das Verfahren nicht zu wollen und insoweit an den weiteren Dispositionsbefugnissen nicht interessiert zu sein. Eine spätere, dennoch erteilte Genehmigung würde dazu im Widerspruch stehen (§ 242 BGB). Die Möglichkeit ihrer Ausübung kann hier deshalb der Dispositionsfreiheit kein erhebliches Gewicht verleihen.

Dagegen kommt dem Zweck der Klagerücknahme, zu dessen Verwirklichung auf das Vollmachtserfordernis verzichtet werden müsste, deutlich größere Bedeutung zu. Denn mit der Klagerücknahme wird eine nicht gewollte Fortsetzung des Prozesses und damit ein weiterer Verfahrensaufwand vermieden.
Das entlastet zunächst den vollmachtlosen Vertreter, der kostenrechtlich an die Stelle des Klägers tritt. Für den Vertreter ist der Rechtsstreit eine das eigene Vermögen betreffende Angelegenheit geworden. Er hat deshalb ein fundamentales Interesse daran, die ihm durch das Verfahren drohenden Kosten gering zu halten, also eine Vermögenseinbuße so weit wie möglich abzuwenden[337].
Darüber hinaus werden der Beklagte und das Gericht infolge der Klagerücknahme vor der Belastung mit einem weiteren, sinnlosen Verfahren bewahrt: Denn für den zum Prozessieren gezwungenen Beklagten stellt sich das vollmachtlose Verfahren, das eine Entscheidung in der Sache nicht zulässt, nur als eine unnütze Last dar. Das damit befasste Gericht verwendet zudem für eine nicht gewollte Klage Kapazitäten, die es für andere Verfahren, in denen tatsächlich Rechtsschutz begehrt wird, sinnvoller verwenden könnte.
Dem der Klagerücknahme zukommende Zweck, welcher also von schwerwiegenden Interessen des Vertreters, des Beklagten und der Allgemeinheit getragen wird, ist demzufolge ein möglichst großer Anwendungsbereich zu verschaffen. Der damit einhergehende Vorrang gegenüber dem vom Vollmachtserfordernis geschützten Dispositionsrecht geht aber nur so weit, wie mit der Klagerücknahme deren Zwecke erreicht werden können (s.o. S. 93 *Teil 1 C.II.3.a)bb)(1)*) und keine Rechte Dritter (z. B. die des § 269 Abs. 2 ZPO) beeinträchtigt werden.

b) Teleologische Reduktion

Da der Grundsatz des Vollmachtserfordernisses die wertungsgemäß gebotene Differenzierung nicht sicherstellt, ist im Wege der teleologischen Reduktion dem Gesetz die geforderte Ausnahme hinzuzufügen. Die zu weit gefasste Rege-

---

[337] Dieses Interesse des vollmachtlosen Prozessvertreters ist mit der Haftungsabwehr des nach § 179 BGB verpflichteten falsus procurator vergleichbar, dem die Rechtsprechung und Literatur insoweit die Rechte des Vertretenen (z.B. aus §§ 119 ff., 320 ff. BGB) zugestehen, vgl. BGH, Urt.v. 13.03.1991, NJW-RR 1991, S.1074 (1075); *Prölss*, JuS 1986, S.169 (171); *Flume*, AT BR Bd.2, § 47 3.b), S.806; MüKo-BGB/*Schramm*, § 179 Rn.28; Soergel/*Leptien*, § 179 Rn.16.

lung wird auf den ihr nach der immanenten Teleologie des Gesetzes zukommenden Anwendungsbereich zurückgeführt[338].
Die Vollmachtsregelung ist also um die Einschränkung zu ergänzen, dass die Rücknahme der vollmachtlosen Klage durch den unbefugten Vertreter nicht unwirksam ist, wenn diesem andernfalls eine größere Kostenbelastung droht. Hier liegt also eine – mittels teleologischer Reduktion nachgewiesene – verdeckte Regelungslücke vor[339].
Mit der Feststellung der Lücke durch Einschränkung des Vollmachtserfordernisses ergeht zugleich deren Ausfüllung, indem sich als Rechtsfolge das Gegenteil der gesetzlichen Anordnung ergibt[340]. Diese besteht in einem ausnahmsweise anzunehmenden Verzicht auf die Bevollmächtigung bei der Klagerücknahme des vollmachtlosen Vertreters in der o.g. Prozesslage. Die Bildung dieses Ausnahmetatbestandes schließt damit die Regelungslücke.

4. Ergebnis

Entgegen der Auffassung in der Literatur und Rechtsprechung kann der vollmachtlose Prozessvertreter nicht ohne weiteres die von ihm eingereichte Klage zurücknehmen. Die Rücknahme ist ihm vielmehr nur in einem eng begrenzten Rahmen möglich, nämlich wenn die Heilung des vom Gericht erkannten Vertretungsmangels nicht mehr zu erwarten ist, ihm bei der Klageabweisung deswegen eine Kostenerstattungspflicht anstelle des Klägers droht[341] und er diese nur im Wege der Rücknahme mindern kann. Letzteres wird ihm i.d.R. nur bis vor dem Beginn der mündlichen Verhandlung möglich sein.

---

[338] *Canaris*, Feststellung von Lücken, § 75, S.83; *Larenz*, Methodenlehre, II.5.Kap.2.c), S.391.

[339] Anhaltspunkte dafür, dass es sich dabei um eine planmäßige Unvollständigkeit handeln könnte, die sich aus einer bewussten Nichtregelung ergibt, lassen sich weder den Materialien noch dem Gesetz selbst entnehmen, vgl. *Hahn*, Materialien Reichs-Justizgesetze Bd. 2/1, S.263; *Schubert*, Protokolle Norddt. Entwurf Bd.1, S.434 ff.

[340] Vgl. *Canaris*, Feststellung von Lücken, § 145, S.151 f.; *Larenz*, Methodenlehre, II.5. Kap.2.c), S.395.

[341] Die Abhängigkeit der Wirksamkeit einer Klagerücknahme des vollmachtlosen Prozessvertreter von der ihm drohenden Kostenlast stellt keine von dem Vertreter gesetzte, möglicherweise sogar unzulässige prozessuale Bedingung dar, sondern ist eine Frage der Wirksamkeitsvoraussetzung; aber selbst wenn man die „drohende Kostenlast" als Bedingung ansehen wollte, wäre sie als zulässige innerprozessuale Bedingung zu bewerten, deren Verneinung es dem Gericht in ordnungsgemäßer Fortsetzung des Verfahrens auch ermöglichen würde, durch Klageabweisung zu einer anderen Entscheidung zu gelangen, vgl. zur Zulässigkeit der innerprozessualen Bedingung *Kion*, Eventualverhältnisse, S.125 f., und Rosenberg/Schwab/*Gottwald*, ZPR, § 65 IV.2., S.356 f.

Teil 2: Die kostenrechtliche Beurteilung

Wird die vollmachtlose Klage wirksam zurückgenommen, ist nach § 269 Abs. 3 S. 1 Hs. 1 ZPO der Rechtsstreit als nicht anhängig geworden anzusehen. Dennoch kann die Rücknahme das bisherige Verfahren nicht ungeschehen machen. Das zeigt sich insbesondere an den von den Beteiligten zur Rechtsverfolgung bzw. Rechtsverteidigung aufgewendeten Kosten. Da jede Seite diese Prozesskosten vorerst selbst zu tragen hat[342], stellt sich nach Beendigung des Verfahrens durch Klagerücknahme die Frage, ob und wie die aufgewendeten Kosten zwischen den Beteiligten zum Ausgleich gebracht werden.

Die Haftung[343] für Verfahrenskosten richtet sich nach den Kostenvorschriften der Prozessordnung.
Sie wird i.d.R. auf der Grundlage einer Kostenentscheidung entweder durch das Gericht oder, wie bei der Klagerücknahme (s. aber § 269 Abs. 4 ZPO), kraft Gesetzes[344] begründet. Die Entscheidung ergeht nur über den Kostengrund, d.h. es wird dabei unabhängig von der Höhe der tatsächlichen Kostenlast anhand der prozessualen Kostennormen (z.B. § 91 Abs. 1 S. 1 oder § 269 Abs. 3 S. 2 ZPO) bestimmt, welche Partei zu welchem Anteil die Kosten des Rechtsstreits zu tragen hat[345]. Mit dieser sog. Kostengrundentscheidung wird der üblicherweise den Parteien untereinander zustehende prozessuale Kostenerstattungsanspruch wirksam. Der Anspruch entsteht als gesetzliches Schuldverhältnis[346] mit Eintritt der Rechtshängigkeit unter der aufschiebenden Bedingung der Kostengrundentscheidung[347].

Im Fall der Klagerücknahme bestimmt sich die Kostenentscheidung unmittelbar nach § 269 Abs. 3 S. 2 ZPO, wonach der Kläger verpflichtet ist, die Kosten des Rechtsstreits zu tragen.

---

[342] Rosenberg/Schwab/*Gottwald*, ZPR, § 87 I., S.464; Thomas/Putzo/*Putzo*, Vorbem § 91 Rn.2.

[343] Haftung in diesem Zusammenhang meint, dass jemand für ein bestimmtes Geschehen in der Weise verantwortlich ist, dass er einem anderen zur Ersatzleistung verpflichtet ist, vgl. *Larenz*, Schuldrecht AT, § 2 IV., S.22; MüKo-BGB/*Kramer*, Einl §§ 241-432 Rn.41; Palandt/*Heinrichs*, Einl § 241 Rn.9; die Verwendung des so verstandenen Begriffs im Rahmen des prozessualen Kostenrechts deckt sich mit dem Verständnis der ZPO, wie die Bedeutung von „Haftung" in § 100 ZPO belegt.

[344] Vgl. Baumbach/Lauterbach/*Hartmann*, § 269 Rn.33 m.w.N.

[345] Stein/Jonas/*Bork*, Vor § 91 Rn.1.

[346] RG, Urt.v. 08.04.1925, RGZ 110, S.398 (400); BGH, Urt.v. 08.01.1976, JR 1976, S.332 (333); *Becker-Eberhard*, Grundlagen der Kostenerstattung, S.19; *Blomeyer*, ZPR, § 129 IV.1., S.738; Rosenberg/Schwab/*Gottwald*, ZPR, § 87 V.4., S.473.

[347] RG, Urt.v. 12.06.1934, RGZ 145, S.13 (15); BGH, Urt.v. 22.05.1992, NJW 1992, S.2575; Baumbach/Lauterbach/*Hartmann*, Übers § 91 Rn.34; Musielak/*Wolst*, Vor § 91 Rn.14; Wieczorek/Schütze/*Steiner*, Vor § 91 Rn.7; Zöller/*Herget*, Vor § 91 Rn.10.

Ob diese gesetzliche Kostenfolge zulasten des Klägers auch nach vorausgehender vollmachtloser Prozessführung gilt, soll im Folgenden zunächst für den Fall der Rücknahme durch den Vertreter (s.u. S. 99 ff. *Teil 2 A.*) und die Partei (s.u. S. 192 ff. *Teil 2 B.*) bei nicht erteilter Vollmacht und anschließend bei unwirksamer Bevollmächtigung (s.u. S. 200 ff. *Teil 2 C.*) erörtert werden.

A. Klagerücknahme des Prozessvertreters bei nicht erteilter Vollmacht

Die Klagerücknahme des ohne eine erteilte Vollmacht handelnden Prozessvertreters war Gegenstand eines Beschlusses des Finanzgerichts Rheinland-Pfalz[348] vom 06.07.1966:

> **Fall 1**: Das Finanzgericht hatte sich in der Entscheidung mit der Klage eines als Prozessbevollmächtigter für die Mitglieder einer Erbengemeinschaft aufgetretenen Steuerberaters auseinander zu setzen. Nachdem der Steuerberater trotz mehrfacher Aufforderung des Gerichts keinen Vollmachtsnachweis erbrachte, räumte er ein, von keinem der Miterben eine Vollmacht erhalten zu haben. Der einzige Miterbe, den er unterrichtet hatte, versagte eine Vollmachtserteilung; die übrigen Miterben hatten keine Kenntnis von dem Prozess. Der Steuerberater nahm daraufhin, soweit ersichtlich, noch vor der mündlichen Verhandlung die Klage wieder zurück.

Die Wirksamkeit der Zurücknahme einer vollmachtlosen Klage durch den Vertreter kommt, wie bereits festgestellt (s.o. S. 96 *Teil 1 C.II.4.*), nur in Betracht, wenn für eine Heilung des vom Gericht erkannten Vertretungsmangels keine Aussicht mehr besteht, der Beklagte gemäß § 269 Abs. 1, 2 S. 1 ZPO einwilligt und dem Vertreter bei Klageabweisung die Kostenerstattungspflicht droht, deren Umfang er mittels Klagerücknahme reduzieren könnte.
In **Fall 1** konnte das Gericht eine Heilung des Vertretungsmangels aufgrund der Vollmachtsversagung des Miterben insoweit nicht mehr erwarten; hinsichtlich der übrigen Miterben sei dies hier unterstellt. Die Erklärung der Rücknahme vor der mündlichen Verhandlung führte in jedem Fall zur Reduzierung der Kosten gegenüber denen bei Klageabweisung nach durchgeführter Verhandlung (s.o. S. 93 *Teil 1 C.II.3.a)bb)(1)*). Entscheidend für die Rücknahmebefugnis des Steuerberaters war deshalb letztlich die Frage, ob er bei Abweisung der wegen des Vollmachtsmangels unzulässigen Klage (s.o. S. 44 f. *Teil 1 A.II.1.a)dd)(2)(a)(ee)*) statt der Miterben in die Kosten des Rechtsstreits zu verurteilen gewesen wäre.

Um also überhaupt zu der Problematik der kostenrechtlichen Beurteilung der Rücknahme einer vollmachtlosen Klage durch den Prozessvertreter zu gelangen, muss vorweg das Bestehen einer Rücknahmebefugnis des Vertreters und damit die Möglichkeit, dass eine solche Prozesslage tatsächlich eintreten kann, geprüft werden. Dafür ist es erforderlich, die Kostenbeurteilung im Fall der Abweisung der vollmachtlosen Klage zu klären, also festzustellen, ob dem Vertreter ohne die Rücknahme eine Kostenbelastung droht.

---

[348] FG Rheinland-Pfalz, Beschl.v. 06.07.1966, EFG 1966, S.416.

Die kostenrechtliche Bewertung der Klageabweisung soll deshalb zuerst untersucht werden, zumal es sich dabei um die in der Literatur und Rechtsprechung schwerpunktmäßig diskutierte Konstellation handelt und sie ferner die Grundlage der bei der Rücknahme zur Kostenhaftung vertretenen Ansichten bildet.

I. Kostenentscheidung bei Abweisung der vollmachtlos erhobenen Klage

Die vom Gericht zu entscheidende Kostenfolge bei Abweisung einer Klage ist mit § 91 Abs. 1 S. 1 Hs. 1 ZPO an sich eindeutig bestimmt: „Die unterliegende Partei hat die Kosten des Rechtsstreits zu tragen".
Da der Vertretene bei einer vollmachtlosen Klage kraft gesetzlicher Fiktion die Klägerrolle einnimmt (s.o. S. 38 *Teil 1 A.II.1.a)dd)(2)(a)(aa)*) und die Klageabweisung grundsätzlich das Unterliegen des Klägers bedeutet, müsste an sich der vollmachtlos Vertretene die Kosten des Rechtsstreits tragen. Allerdings hat das Gericht die Kostenentscheidung davon abweichend zu fällen, wenn der Umstand, dass der Vertreter das Verfahren ohne eine ihm erteilte Vollmacht eingeleitet hat, wertungsgemäß die Kostenfolge des § 91 Abs. 1 S. 1 Hs. 1 ZPO ausschließt.

Das OLG Zweibrücken[349] hatte in einem Urteil vom 31.03.1999 über die Kostenfrage bei Klageabweisung wegen vollmachtloser Prozessvertretung zu befinden:

> **Fall 2:** Die Klägerin war Verwalterin einer Wohnanlage. Eine Wohnungseigentümergemeinschaft hatte diese Anlage von dem Beklagten erworben. Wegen angeblicher Mängel am Dach und am Außenputz des Anwesens machten die erstinstanzlich als Prozessbevollmächtigte auftretenden Rechtsanwälte für die Klägerin beim Landgericht Schadensersatzansprüche gegen den Beklagten geltend. Letzterer rügte schriftsätzlich das Fehlen einer Vollmacht der für die Klägerin aufgetretenen Rechtsanwälte. Die Klägerin machte sich diesen Vortrag zu eigen. Das LG wies die Klage ohne Berücksichtigung der Vollmachtsrüge als unbegründet ab und verurteilte die Klägerin in die Kosten. Eine im Rahmen des Berufungsverfahrens durchgeführte Beweiserhebung ergab keine Anhaltspunkte dafür, dass die Klägerin den Rechtsanwälten erstinstanzlich eine schriftliche oder formlose Vollmacht erteilt hatte.

Klarzustellen ist, dass das Landgericht in diesem Fall die Klage unter Berücksichtigung des Vollmachtsmangels als unzulässig hätte abweisen müssen, da ein Sachurteil die – in diesem Fall nicht gegebene (s.o. S. 44 f. *Teil 1 A.II.1.a)dd)(2)(a)(ee)*) – Zulässigkeit der Klage voraussetzt.

[349] OLG Zweibrücken, Urt.v. 31.03.1999, JurBüro 1999, S.650 ff.

Es stellt sich dann die Frage, welche Kostenentscheidung angesichts des Vollmachtsmangels richtigerweise hätte ergehen müssen.

1. Notwendigkeit einer Kostenentscheidung

Zunächst ist festzustellen, ob im Fall einer vollmachtlosen Klage eine Kostenentscheidung überhaupt zu ergehen hat.

Nach der in der älteren Literatur von *Just*[350] und *Hellmann*[351] vertretenen Auffassung ist bei einer vollmachtlosen Klage über Prozesskosten nicht zu entscheiden. Das Gericht könne das so vom Vertreter eingeleitete „Verfahren" in Ermangelung eines Rechtsstreits nur durch Beschluss beenden, der aber eine Kostenentscheidung nicht erfordere, zumal nach der Ansicht von *Hellmann* durch die unwirksame Klageerhebung Prozesskosten gar nicht erst entständen[352]. Die tatsächlich aufgewendeten Kosten müssten nach materiellem Recht in einem gesonderten Rechtsstreit geltend gemacht werden[353].
Dieser Ansicht liegt die oben bereits erörterte Annahme zugrunde, dass die vollmachtlose Klage nicht zur Rechtshängigkeit führt und somit keinen Rechtsstreit begründen kann (s.o. S. 26 f. *Teil 1 A.II.1.*).

Auch der Bundesfinanzhof sah sich in einem Urteil vom 14.01.1964 bei einer vollmachtlosen Klage daran gehindert, über die Kosten zu befinden[354]. Das Gericht konnte der damals geltenden Reichsabgabenordnung hierfür keine Rechtsgrundlage entnehmen und hielt sich nicht für befugt, die bestehende Gesetzeslücke zu schließen.

Demgegenüber wird nach heutiger Ansicht[355] – im Ergebnis zutreffend – angenommen, dass eine Kostenentscheidung zu ergehen hat. Der abweichenden Meinung von *Just* und *Hellmann* wird entgegengehalten, dass die vollmachtlose Klage eben doch rechtshängig werde und zu einem Rechtsstreit führe (s.o. S. 27 *Teil 1 A.II.1.*). Zudem knüpfe die Entstehung von Prozesskosten nicht an die

---

[350] *Just*, AcP 68 (1885), S.268 (326).
[351] *Hellmann*, ZZP 27 (1900), S.261 (283 ff.).
[352] *Hellmann*, ZZP 27 (1900), S.261 (284, 289).
[353] *Just*, AcP 68 (1885), S.268 (326); s.a. *Hellmann*, ZZP 27 (1900), S.261 (289, Fn.40).
[354] BFH, Urt.v. 14.01.1964, HFR 1964, S.98; so auch FG Karlsruhe, Urt.v. 10.05.1963, EFG 1963, S.435 f. mit zustimmender Anm. von *Boeker*, BB 1963, S.1164; dagegen jedoch FG Hessen, Urt.v. 12.05.1965, EFG 1965, S.504; FG Stuttgart, Urt.v. 15.12.1965, EFG 1966, S.299; auch schon RFH, Urt.v. 08.11.1922, StW 1923, S.142.
[355] Vgl. nur Rosenberg/Schwab/*Gottwald*, ZPR, § 56 II.2., S.301; Musielak/*Weth*, § 88 Rn.14; Stein/Jonas/*Bork*, § 88 Rn.14; sowie die Nachweise in den folgenden Fn.

Wirksamkeit der Prozesshandlungen, sondern an das tatsächliche Prozessgeschehen an[356].
Damit ist allerdings der Gegenansicht nur die Argumentationsgrundlage entzogen, aber noch nicht begründet, warum auch hier eine Kostenentscheidung zu ergehen hat.

Die Notwendigkeit der Entscheidung über die Kosten eines Prozesses ergibt sich aus dem Gesamtzusammenhang der ZPO[357].
Eine Niederschlagung der Gerichtskosten ist nach dem geltenden Recht grundsätzlich unzulässig[358] und eine dem § 12a Abs. 1 S. 1 ArbGG vergleichbare Regel, nach der jede Partei die außergerichtlichen Kosten erster Instanz selbst zu tragen hat, ist der ZPO nicht bekannt.
Vielmehr ist nach der ZPO prinzipiell mit jeder Beendigung des Verfahrens eine Regelung über die Kosten des Rechtsstreits verbunden. Das gilt kraft Gesetzes für die Beendigung durch Zurücknahme einer Klage bzw. eines Rechtsmittels (§§ 269 Abs. 3 S. 2, 516 Abs. 3 S. 1, 565 ZPO) oder – soweit keine Parteivereinbarung vorliegt – durch Abschluss eines Vergleichs (§ 98 ZPO). Endet das Verfahren ohne eine Kostenfolge kraft Gesetzes, also insbesondere durch Erledigung der Hauptsache (§ 91a ZPO) oder durch Endurteil (§§ 91, 92 ff. ZPO), ist gem. § 308 Abs. 2 ZPO über die Kosten des Rechtsstreit durch Entscheidung des Gerichts zu befinden.
Der Grund für die allgemeine Notwendigkeit einer Kostenentscheidung erschließt sich aus der Regelung des § 91 ZPO. Danach werden die zur „zweckentsprechenden" Rechtsverfolgung oder -verteidigung notwendigen Kosten (§ 91 Abs. 1 S. 1 Hs. 2 ZPO), also die typischerweise von den Parteien im Rechtsstreit erbrachten Aufwendungen, von der prozessualen Kostenhaftung erfasst. Auf diese Weise wird ein neuer Rechtsstreit nur wegen der Kosten für das in der Hauptsache abgeschlossene Verfahren vermieden, der andernfalls wiederum zu weiteren Kosten und zusätzlicher Belastung der Gerichte führen würde. Die Erforderlichkeit einer Regelung der Kostenfolge verhindert also eine Prozess- und Kostenspirale und dient damit dem Rechtsfrieden und der Verfahrensökonomie.
Die von der ZPO bei Verfahrensbeendigung geforderte Regelung der Kosten muss auch bei Abschluss des Prozesses nach einer vollmachtlosen Klageerhebung gelten. Das die Klage als unzulässig abweisende Endurteil unterscheidet sich hinsichtlich der Prozesslage nicht von anderen Urteilen, die aus sonstigen Unzulässigkeitsgründen gegen den Kläger ergehen. Der Gedanke der Vermei-

---

[356] *Christmann*, Der vollmachtlose Stellvertreter, S.40 (Fn.40); *Fleddermann*, Kostenrechtliche Probleme, S.65; *Schmitz*, Kostenentscheidung für oder gegen Dritte, S.23, 30.
[357] *Canaris*, Feststellung von Lücken, § 54, S.61.
[358] *Hager*, ZZP 97 (1984), S.174 (177); *Schlosser*, ZPR Bd.1, § 9 II.2., S.220; *Oda*, Prozeßfähigkeit, S.63 f; *Renner*, MDR 1974, S.353 (356).

dung eines weiteren Prozesses, welchen in diesem Fall etwa der Beklagte wegen seiner gemachten Aufwendungen möglicherweise führen würde, gilt auch hier. Selbst wenn sich eine Kostenregelung mit den Vorschriften der ZPO unmittelbar nicht erzielen ließe, wäre wegen des geltenden Rechtsverweigerungsverbots (s.o. S. 25 *Teil 1 A.I.*), entgegen dem genannten BFH-Urteil, eine Entscheidungsgrundlage dafür im Wege der Rechtsfortbildung zu ergründen.

Das Gericht hat deshalb gemäß § 308 Abs. 2 ZPO[359] auch bei Erlass eines die vollmachtlose Klage abweisenden Urteils eine Kostenentscheidung zu fällen.

2. Der Meinungsstand zur Kostenentscheidung

Wie die Kostenentscheidung inhaltlich auszusehen hat, wenn keine Vollmacht für die abgewiesene Klage erteilt wurde, ist umstritten.

Einigkeit besteht noch darüber, dass der Beklagte als Kostenschuldner ausscheidet[360]. Der tragende Grund dafür liegt darin, dass es für eine Kostenbelastung der obsiegenden Partei, wenn man von den Ausnahmetatbeständen der §§ 93 ff. ZPO absieht, keine Rechtsgrundlage in der ZPO gibt. Eine Haftung des Gewinners würde sich zudem als systemwidrig darstellen. Denn nach dem im Kostenrecht herrschenden Unterliegensgrundsatz (vgl. §§ 91, 92, 97 ZPO) soll das der obsiegenden Partei zugesprochene Recht nicht durch das Tragen von Prozesskosten geschmälert werden[361]. Die den Prozess für sich entscheidende Partei ist also grundsätzlich von den Kosten freizuhalten.

Streit herrscht dagegen darüber, ob und unter welchen Voraussetzungen der vertretene Kläger oder der vollmachtlose Vertreter für die Kosten des Rechtsstreits einzustehen haben.

a) Die Entwicklung in der Rechtsprechung und Literatur als Überblick

Das Reichsgericht[362], die damaligen Instanzengerichte[363] und die früher herrschende Lehre[364] sahen stets den Vertreter ohne Vertretungsmacht in der Verantwortung für die Kosten des von ihm eingeleiteten Rechtsstreits.

---

[359] § 308 Abs.2 ZPO nennen in diesem Zusammenhang auch *Christmann*, Der vollmachtlose Stellvertreter, S.40, und *Schmitz*, Kostenentscheidung für oder gegen Dritte, S.30.

[360] Dies wird allgemein angenommen, jedoch nicht explizit erwähnt, vgl. die Nachweise in den folgenden Fn.; *Schneider*, Rpfleger 1976, S.229 (233), weist darauf hin, dass der beklagte Gegner am schutzwürdigsten sei und nicht um seinen Kostenerstattungsanspruch gebracht werden dürfe.

[361] Vgl. *Schubert*, Motive Preuß. Entwurf, S.321; *Görres*, ZZP 35 (1906), S.339; *Pawlowski*, JZ 1975, S.197 (198); *Pollak*, FS Wach, S.103 (139); *Kohler*, Prozeß als Rechtsverhältnis, S.81; *Siebert*, Prinzipien des Kostenerstattungsrechts, S.193 ff.

[362] RG, Beschl.v. 03.03.1930, JW 1930, S.1489 (1490 f.); so auch für den gesetzlichen Vertreter: RG, Urt.v. 03.07.1899, Gruchot's Beiträge 46 (1902), S.1170 (1171); RG, Urt.v.

Zur Begründung führte das Reichsgericht aus, dass jemand, der als Vertreter eines anderen auftrete, ohne hierzu berechtigt zu sein, diesen durch seine Handlungen nicht verpflichten könne, so dass der vermeintlich Vertretene nicht die Kosten zu tragen habe. Der nicht berechtigte Vertreter sei hinsichtlich der Kostenpflicht selbst als Partei zu behandeln und in die Kosten zu verurteilen, da ihn die Wirkungen seiner Handlung träfen[365].
Rechtsgrundlage für die Kostenhaftung des Vertreters sollte nach Auffassung der Oberlandesgerichte[366] die Vorschrift des § 179 BGB, nach der Literatur[367] der sich aus § 179 BGB ergebende Grundsatz sein.

Nur in der Minderheit lehnten dagegen die Gerichte[368] und das Schrifttum[369], entsprechend der in neuerer Zeit insbesondere noch von *Christmann* und *Renner*

03.10.1904, Gruchot's Beiträge 49 (1905), S.664 (665 f.); RG, Urt.v. 20.04.1907, RGZ 66, S.37 (39).

363 OLG Hamburg, Urt.v. 02.07.1900, OLGRspr 1 (1900), S.449 (450); OLG Köln, Beschl.v. 07.10.1901, OLGRspr 3 (1901), S.330; KG Berlin, Beschl.v. 05.02.1902, ZZP 31 (1903), S.512 (513); LG Berlin, Beschl.v. 30.04.1931, JW 1932, S.125.

364 *Eccius*, Gruchot's Beiträge 9 (1885), S.1 (6, 7, Fn.11); *Friedländer*, AcP 85 (1896), S.332 (337); *Görres*, ZZP 35 (1906), S.313 (390); *Pfizer*, ZZP 13 (1889), S.156 (176); *Ulbricht*, AcP 78 (1892), S.48 (69 ff.); *Kohler*, Prozeß als Rechtsverhältnis, § 20, S.82; *Goldschmidt*, ZPR, § 41 5., S.125; *Hellwig*, LB ZPR Bd.2, § 129 I.2.a), S.423; *ders.*, System Teil 1, § 78 II.3.b), S.185, § 85, I.2.a), S.204; *Nikisch*, ZPR, § 35 VI.2.b), S.133; *Wach*, HB CPR Bd.1, § 52 IV., S.603 (für Klage- und Rechtsmittelabweisung); *Weismann*, LB ZPR Bd.1, § 89 I.1.d), S.368; Förster/*Kann*, § 56 Anm.4a (bei falscher gesetzlicher Vertretung); Seuffert/*Walsmann*, § 56 Anm.1c, § 88 Anm.3a; so bereits die Prozessordnungen für Hannover (§ 33; vgl. *Dahlmanns*, Zivilprozessuale Kodifikationen Bd.1) und Bayern (Art.100; vgl. *Dahlmanns*, Zivilprozessuale Kodifikationen Bd.4); aus neuerer Zeit offenbar auch: *Bergerfurth*, Zivilprozeß, 1.Teil 3., Rn.41; *Furtner*, Urteil im Zivilprozeß, 2.Abschn. B.IV.7.6., S.69; Hoche/*Haas*, ZPR, § 34, S.82.

365 RG, Urt.v. 03.07.1899, Gruchot's Beiträge 46 (1902), S.1170 (1171); RG, Urt.v. 03.10.1904, Gruchot's Beiträge 49 (1905), S.664 (665 f.); RG, Urt.v. 20.04.1907, RGZ 66, S.37 (39); RG, Beschl.v. 03.03.1930, JW 1930, S.1489 (1490 f.); so auch LG Berlin, Beschl.v. 30.04.1931, JW 1932, S.125; *Hellwig*, LB ZPR Bd.2, § 125 III.1.b), S.391 f.; *Weismann*, LB ZPR Bd.1, § 89 I.1.d), S.368; Haftung des Vertreters als möglich vorausgesetzt: RG, Beschl.v. 11.05.1891, SeuffArch.47 (1892), S.105 ff.; RG, Urt.v. 14.03.1918, JW 1918, S.361 (363).

366 OLG Hamburg, Urt.v. 02.07.1900, OLGRspr 1 (1900), S.449 (450); OLG Köln, Beschl.v. 07.10.1901, OLGRspr 3 (1901), S.330; KG Berlin, Beschl.v. 05.02.1902, ZZP 31 (1903), S.512 (513); KG Berlin, Urt.v. 11.07.1902, OLGRspr 9 (1904), S.55 (56); OLG Dresden, Urt.v. 24.01.1908, OLGRspr 20 (1910), S.36 (37); so auch *Pfizer*, ZZP 13 (1889), S.156 (176).

367 *Goldschmidt*, ZPR, § 41 5., S.125; *Hellwig*, System Teil 1, § 78 II.3.b), S.185; Förster/*Kann*, § 56 Anm.4a; Seuffert/*Walsmann*, § 56 Anm.1c.

368 RG, Beschl.v. 21.11.1902, RGZ 53, 65 (67); OLG Hamburg, Urt.v. 13.06.1904, OLGRspr 9 (1904), S.57; OLG Stuttgart, Entsch.v. 23.03.1905, Recht/Beil. 1908, S.429; KG Berlin, Beschl.v. 12.05.1916, OLGRspr 33 (1916), S.30 (31).

vertretenen Ansicht[370], eine Verpflichtung des nicht berechtigten Vertreters zur Kostentragung ab. Es fehle dafür an einem Rechtsgrund, wenn die Voraussetzungen des § 89 ZPO oder des § 102 ZPO a.F.[371] nicht vorlägen[372], zumal auch § 179 BGB hier nicht anwendbar sei[373]. Es fielen deshalb der unterliegenden Partei nach § 91 ZPO die Prozesskosten zur Last[374].

Im Anschluss an die Rechtsprechung des Reichsgerichts ging zunächst auch der Bundesgerichtshof ohne weitere Begründung von der uneingeschränkten Kostenhaftung des vollmachtlosen Prozessvertreters aus[375]. Die dem BGH folgenden Oberlandesgerichte[376] übernahmen die Argumentation des Reichsgericht wiederum mit dem Hinweis auf die materiell-rechtlichen Vertretungsvorschriften

---

369 *Jonas*, JW 1930, S.1489 (1490); *Planck*, CPR Bd.2/1, § 95, S.90 f.; *R. Schmidt*, ZPR, § 105 III.2.b), S.674; Petersen/*Remelé*/Anger, § 89 Anm.3; Stein/Jonas/*Pohle*, 19.Aufl., § 88 Anm.III.2.c), Vor § 91 Anm.V.1.; Sydow/*Busch*, § 80 Anm.4; Förster/*Kann* § 88 Anm.4a (bei gewillkürter Prozessvertretung).

370 *Christmann*, Der vollmachtlose Stellvertreter, S.45; für Klage- und Rechtsmittelabweisung: *Renner*, MDR 1974, S.353 (356 f.); so auch *Smid*, NJW 1989, S.1578 ff.

371 § 102 ZPO war Bestandteil der ZPO in der Fassung von 1898, ist jedoch im Zuge späterer Gesetzesnovellen weggefallen, vgl. dazu die Nachweise bei Hahn/*Mugdan*, Materialien Reichs-Justizgesetze Bd.8, S.535 ff.; § 102 Abs.1 ZPO hatte folgenden Inhalt: „Urkundsbeamte der Geschäftsstelle, gesetzliche Vertreter, Rechtsanwälte oder andere Bevollmächtigte sowie Gerichtsvollzieher können durch das Prozeßgericht auch von Amts wegen zur Tragung der Kosten verurteilt werden, die sie durch grobes Verschulden veranlaßt haben."

372 RG, Beschl.v. 02.07.1891, Gruchot's Beiträge 37 (1893), S.135 (136); KG Berlin, Beschl.v. 12.05.1916, OLGRspr 33 (1916), S.30 (31); ähnlich, aber nur Ablehnung der Vertreterhaftung unter Verneinung von § 89 ZPO: RG, Beschl.v. 11.11.1901, JW 1901, S.834 f.; KG Berlin, Beschl.v. 24.03.1906, OLGRspr 13 (1906), S.91.

373 KG Berlin, Beschl.v. 12.05.1916, OLG Rspr.33 (1916), S.30 (31).

374 RG, Beschl.v. 21.11.1902, RGZ 53, S.65 (67); OLG Hamburg, Urt.v. 13.06.1904, OLGRspr 9 (1904), S.57; KG Berlin, Beschl.v. 12.05.1916, OLGRspr 33 (1916), S.30 (31); offengelassen: RG, Beschl.v. 02.07.1891, Gruchot's Beiträge 37 (1893), S.135 (136 f.); RG, Beschl.v. 11.11.1901, JW 1901, S.834 (835).

375 BGH, Beschl.v. 26.11.1953, BB 1953, S.1024; so wohl auch noch BGH, Beschl.v. 18.11.1982, VersR 1983, S.183 (184).

376 OLG München, Beschl.v. 03.09.1954, MDR 1955, S.176 (177); OLG Stuttgart, Beschl.v. 08.01.1955, ZZP 68 (1955), S.62 (63); OLG Hamm, Beschl.v. 01.03.1963, JMBl.NRW 1963, S.131; OLG Hamburg, Urt.v. 25.11.1966, MDR 1967, S.399; OLG Köln, Beschl.v. 09.03.1972, NJW 1972, S.1330; so auch LG Stuttgart, Beschl.v. 01.04.1954, ZZP 68 (1955), S.64 (66); ohne Begründung: OLG Hamburg, Beschl.v. 29.11.1955, MDR 1956, S.431; OLG Bremen, Urt.v. 06.07.1956, Rpfleger 1957, S.275; OLG Celle, Beschl.v. 12.12.1967, JurBüro 1968, S.146.

der §§ 177, 179 BGB, die auch im Prozessrecht entsprechend[377] bzw. ihrem Rechtsgedanken[378] nach anwendbar seien.

Später griff der Bundesgerichtshof[379] das von *Rosenberg*[380] für die Kostenbeurteilung bei vollmachtloser Prozessvertretung herangezogene Veranlassungsprinzip auf. Danach sollte grundsätzlich zwar immer noch – entsprechend dem in § 179 BGB enthaltenen Rechtsgedanken[381] – der nicht legitimierte Vertreter wie eine Partei mit den Kosten des Rechtsstreits belastet werden. Die Haftung des Vertreters war aber zu verneinen, wenn die vertretene Partei sein vollmachtloses Handeln veranlasst hatte, so dass dann die Partei für die Kosten einstehen musste.

Nach der heutigen Rechtsprechung des Bundesgerichtshofs[382] und der Instanzengerichte[383], aber auch nach der Rechtsprechung in anderen Gerichtszweigen[384], erfolgt nunmehr die Entscheidung über die Kostenbelastung bei voll-

---

377 OLG München, Beschl.v. 03.09.1954, MDR 1955, S.176 (177); OLG Köln, Beschl.v. 09.03.1972, NJW 1972, S.1330 (§§ 179, 180 BGB entsprechend); LG Göttingen, Beschl.v. 03.11.1987, NJW-RR 1988, S.1273 (1274).

378 BGH, Beschl.v. 26.10.1981, WM 1981, S.1332; BGH, Urt.v. 26.10.1981, WM 1981, S.1353 (1354); OLG Frankfurt, Beschl.v. 21.01.1952, Rpfleger 1952, S.432; OLG Köln, Beschl.v. 29.07.1970, Rpfleger 1970, S.355 (356).

379 BGH, Beschl.v. 04.12.1974, VersR 1975, S.343 (344); BGH, Beschl.v. 26.10.1981, WM 1981, S.1332; BGH, Urt.v. 26.10.1981, WM 1981, S.1353 (1354); OLG Köln, Beschl.v. 29.07.1970, Rpfleger 1970, S.355 (356); OLG Köln, Beschl.v. 17.12.1975, Rpfleger 1976, S.101 (102); OLG Schleswig-Holstein, Beschl.v. 22.05.1978, SchlHA 1978, S.114; OLG Frankfurt, Beschl.v. 10.03.1980, OLGZ 1980, S.278 (282); LG Hamburg, Urt.v. 01.03.1951, ZZP 65 (1952), S.159 (161 ff.); ausdrücklich unter Bezugnahme auf *Rosenberg*: BFH, Beschl.v. 10.11.1966, BStBl III 1967, S.5 (6).

380 Vgl. *Rosenberg*, ZPR, 2.Aufl., § 50 II.2., S.146, wo seitdem eine Beurteilung der Kostenfrage nach dem Veranlassungsprinzip vertreten wird, vgl. Rosenberg/Schwab/*Gottwald*, ZPR, § 56 II.2., S.301.

381 BGH, Beschl.v. 26.10.1981, WM 1981, S.1332; BGH, Urt.v. 26.10.1981, WM 1981, S.1353 (1354); OLG Köln, Beschl.v. 29.07.1970, Rpfleger 1970, S.355 (356); LG Hamburg, Urt.v. 01.03.1951, ZZP 65 (1952), S.159 (161 ff.).

382 BGH, Urt.v. 27.05.1986, NJW-RR 1986, S.1252 (1253); BGH, Urt.v. 24.06.1987, NJW 1988, S.49 (51); BGH, Beschl.v. 13.02.1992, NJW 1992, S.1458; BGH, Beschl.v. 04.03.1993, BGHZ 121, S.397 (400); BGH, Beschl.v. 22.07.1997, NJW-RR 1998, S.63.

383 OLG Düsseldorf, Beschl.v. 21.05.1980, MDR 1980, S.853; OLG Hamm, Urt.v. 16.01.1989, NJW-RR 1989, S.1532 (1534); OLG Karlsruhe, Beschl.v. 01.02.1996, FamRZ 1996, S.1335; OLG Köln, Urt.v. 27.02.1997, GmbHR 1997, S.601 (602); OLG Dresden, Urt.v. 22.04.1998, JurBüro 1998, S.480 (481); a.A. allein AG Brakel, Urt.v. 18.05.1988, FamRZ 1988, S.849 (852).

384 Finanzgerichte: BFH, Beschl.v. 10.11.1966, BStBl III 1967, S. 4 (5); BFH, Beschl.v. 11.07.1975, BStBl II 1975, S.714 (715); BFH, Urt.v. 04.07.1984, BB 1984, S. 2249; BFH, Beschl.v. 17.12.1992, BFH/NV 1994, S.117; BFH, Beschl.v. 09.06.1997, BFH/NV 1997, S.892; BFH, Beschl.v. 17.03.1998, BFH/NV 1998, S.1120; Verwaltungsgerichte: BVerwG,

machtloser Prozessvertretung zwischen dem Vertreter und der Partei ausschließlich nach dem Veranlassungsprinzip. Dem hat sich inzwischen die ganz überwiegende Rechtslehre angeschlossen[385].
So soll der nichtlegitimierte Vertreter haften, wenn er von sich aus ohne Anstoß[386] bzw. ohne Wissen und Zutun der vermeintlich vertretenen Partei[387], etwa infolge eines Missverständnisses[388], gehandelt, der Vertretene also das Auftreten in keiner Weise veranlasst[389] hat. Dabei dürfe der Vertreter tatsächlich keine ausreichenden Anhaltspunkte für einen Auftrag der Partei mit der Prozessführung gehabt haben[390]. Dann habe auch der Prozessgegner kein berechtigtes Interesse daran, die vollmachtlos vertretene Partei wegen der ihm entstandenen Kosten in Anspruch zu nehmen, da ihr im Fall ihrer Verurteilung in die Kosten der Nichtigkeitsgrund nach § 579 Abs. 1 Nr. 4 ZPO zur Seite stände[391].
Dagegen wird eine Veranlassung durch die Partei und damit ihre Kostenbelastung angenommen, wenn sie dem Vertreter eine – ggf. auch nur formell (§ 80 ZPO) ungültige – Vollmacht oder einen entsprechenden Auftrag erteilt hat[392].
In jüngerer Zeit ist die Bestimmung des nichtberechtigten Vertreters als Veranlasser außerdem von der Kenntnis seiner fehlenden Legitimation abhängig gemacht worden[393].

Beschl.v. 20.09.1974, Buchholz 310 § 67 VwGO Nr.39; BVerwG, Beschl.v. 25.11.1974, Buchholz 310 § 155 VwGO Nr.2; BVerwG, Beschl.v. 23.03.1982, NVwZ 1982, S.499; OVG Münster, Beschl.v. 12.01.1993, NJW 1993, S.3155 (3156); OVG Berlin, Beschl.v. 10.06.1996, MDR 1996, S.1079; VG Bremen, Urt.v. 13.12.1968, MDR 1969, S.958 (959); VG Freiburg, Urt.v. 12.05.1987, NJW 1988, S.2689; Arbeitsgericht: BAG, Beschl.v. 04.02.2003, NZA 2003, S.628 (630).

385 *Pape*, LM § 51 ZPO Nr.26; *Schneider*, Rpfleger 1976, S.229 (230); *Fleddermann*, Kostenrechtliche Probleme, S.121; *Schmitz*, Kostenentscheidung für oder gegen Dritte, S.70; *Blomeyer*, ZPR, § 9 V.2., S.84; *Pukall*, Zivilprozeß, Kap.8 C.1.b), Rn.403; Rosenberg/Schwab/*Gottwald*, ZPR, § 56 II.2., S.301; *Schellhammer*, ZPR, 14.Teil 2.Kap.7.3., Rn.1306; *Schilken*, ZPR, § 4 II.5., Rn.98; AK-ZPO/*Christian*, § 88 Rn.12; MüKo-ZPO/*v.Mettenheim*, § 88 Rn.18, § 89 Rn.14; Musielak/*Weth*, § 88 Rn.14; Stein/Jonas/*Bork*, § 88 Rn.14; Thomas/Putzo/*Putzo*, § 89 Rn.11; Zöller/*Vollkommer*, § 88 Rn.11.

386 *Jauernig*, ZPR, § 21 V.2., S.73 f.

387 MüKo-ZPO/*v.Mettenheim*, § 89 Rn.14.

388 BFH, Beschl.v. 10.11.1966, BStBl III 1967, S.5 (6); Rosenberg/Schwab/*Gottwald*, ZPR, § 56 II.2., S.301.

389 AK-ZPO/*Christian*, § 88 Rn.12; *Schmitz*, Kostenentscheidung für oder gegen Dritte, S.57.

390 BVerwG, Beschl.v. 20.09.1974, Buchholz 310 § 67 VwGO Nr.39; BFH, Beschl.v. 28.09.1987, BFH/NV 1988, S.183 (184); *Pape*, LM § 51 ZPO Nr.26.

391 *Fleddermann*, Kostenrechtliche Probleme, S.68; MüKo-ZPO/*v.Mettenheim*, § 89 Rn.14.

392 *Schmitz*, Kostenentscheidung für oder gegen Dritte, S.68; *Blomeyer*, ZPR, § 9 V.2., S.84; Rosenberg/Schwab/*Gottwald*, ZPR, § 56 II.2., S.301.

393 BGH, Beschl.v. 04.03.1993, BGHZ 121, S.397 (401); BGH, Beschl.v. 22.07.1997, NJW-RR 1998, S.63.

Das OLG Zweibrücken wies in **Fall 2** die Klage unter Aufhebung des landgerichtlichen Urteils ab und legte die Kosten des Rechtsstreits den Rechtsanwälten als vollmachtlose Vertreter der Klägerin auf. Dies folge aus dem allgemein anerkannten Grundsatz, wonach abweichend von §§ 91 Abs. 1, 269 Abs. 3 S. 2 ZPO die Kosten des Rechtsstreits grundsätzlich demjenigen aufzuerlegen seien, der als vollmachtloser Vertreter eine Klage erhoben habe, die deswegen als unzulässig abgewiesen werde, und so den nutzlosen Verfahrensaufwand veranlasst habe. Dies gelte aber nur, sofern nicht die Partei selbst zu dem Auftreten des unbefugten Vertreters Veranlassung gegeben habe[394].

b) Verdeutlichung der Haftungsproblematik

Es werden somit im Wesentlichen drei Auffassungen in der Literatur und Rechtsprechung vertreten: die generelle Kostentragungspflicht der vertretenen Partei einerseits, das Einstehenmüssen des vollmachtlosen Vertreters andererseits und die vermittelnde, heute mehrheitlich vertretene Ansicht, die eine Haftung nach dem Veranlassungsprinzip vorsieht.

Die jeweiligen Ansatzpunkte in dieser Diskussion werden deutlich, wenn man sich die im Zusammenhang mit der Prozessvertretung und der Kostenhaftung betroffenen Rechtsverhältnisse vor Augen hält.
Zunächst geht es um die Verteilung der Prozesskosten unter den Parteien gem. §§ 91 ff. ZPO. Diese Kostenregelungen kommen ohne weiteres zur Anwendung, wenn die Parteien im Prozess selbst handeln. Im Fall des Auftretens eines bevollmächtigten Prozessvertreters wird das fehlende Prozessieren der Partei in Person durch die Wirkung des § 85 ZPO ersetzt, wonach das Handeln des Vertreters als von der Partei selbst vorgenommen gilt.
Fehlt dem Vertreter nun die Legitimation, so dass die Wirkungen des § 85 ZPO nicht eintreten können, ist zu klären, ob die §§ 91 ff. auch dann für die Partei gelten, wie insbesondere heute noch von *Christmann* und *Vollkommer* befürwortet.
Verneint man mit der überwiegenden Ansicht eine Kostentragungspflicht der Partei gem. §§ 91 ff. ZPO, stellt sich schließlich die Frage, ob dem Vertreter wegen seines Vorgehens ohne Vollmacht die Prozesskosten angelastet werden können, wie es im materiellen Recht mit § 179 BGB möglich ist.

Es muss deshalb geprüft werden, inwieweit die Zivilprozessordnung die Kostenproblematik der vollmachtlosen Klage geregelt hat und ob insbesondere die Unterliegenshaftung nach § 91 ZPO auch in diesem Fall anwendbar ist. Findet sich keine Regelung, liegt also eine Regelungslücke vor, ist zu erörtern, in welcher Form eine Rechtsfortbildung vorgenommen werden kann.

---

[394] OLG Zweibrücken, Urt.v. 31.03.1999, JurBüro 1999, S.650 (651).

3. Vorliegen einer Regelungslücke im Kostenrecht der Zivilprozessordnung

Der nahe liegende Gedanke in der Haftungsfrage bei vollmachtloser Vertretung ist die Suche nach einer der materiell-rechtlichen Vorschrift des § 179 BGB gleichkommenden Norm für den Zivilprozess. Jedoch kennt die ZPO keine Regelung, die zu einer vollen Kostentragungspflicht des Prozessvertreters wegen seiner Vollmachtlosigkeit führt.

Die einzige Norm, die eine solche Prozesslage kostenrechtlich aufgreift, findet sich in § 89 Abs. 1 S. 3 ZPO. Diese Regelung betrifft aber nur die Kosten der einstweiligen Zulassung, nicht die hier in Rede stehenden gesamten Prozesskosten.

Auch die übrigen Kostenvorschriften, die eine Haftung Dritter vorsehen, passen nicht. Der Vertreter ist weder Partei eines Zwischenstreitverfahrens (§§ 71, 135, 372a, 387, 408 ZPO) noch Nebenintervenient oder Streitgenosse (§§ 69, 100, 101 ZPO). Eine Belastung mit den Kosten des Rechtsstreits ist auch nicht über die Vorschriften für den Zeugen bzw. Sachverständigen möglich (§§ 380 Abs. 1 S. 1, 390 S. 1, 409 Abs. 1 S. 1 ZPO).

Da sich also unmittelbar aus den Normen der ZPO keine Kostentragungspflicht des Vertreters begründen lässt und eine Haftung des Beklagten von vornherein ausgeschlossen ist (s.o. S. 103 *Teil 2 A.I.2.*), bleibt zu untersuchen, ob dem vermeintlich vertretenen Kläger die Kosten auferlegt werden können. Hierfür kommt bei Klageabweisung allein die Anwendung des § 91 Abs. 1 S. 1 Hs. 1 ZPO in Betracht.

a) Darstellung des Meinungsstandes

Die Geltung des § 91 ZPO bei Abweisung der Klage wegen eines Vollmachtsmangels wird, wie die dargelegte Entwicklung der Rechtsprechung und Literatur gezeigt hat, unterschiedlich beurteilt.

aa) Die Anwendung des § 91 Abs. 1 S. 1 ZPO befürwortende Ansicht

Nach der früheren[395], heute noch von *Christmann* und *Renner*[396] vertretenen Ansicht, soll gemäß dem gesetzlichen Wortlaut der §§ 91, 97 ZPO lediglich die vollmachtlos vertretene Partei Kostenschuldner sein.

Der im fremden Namen handelnde Vertreter werde nicht dadurch Partei, dass ihm die Vertretungsmacht fehle und könne somit grundsätzlich nicht in die Kosten des Rechtsstreits verurteilt werden[397]. Da die Prozessordnung eine richterliche Vorprüfung des Legitimationspunktes ausschließe und der zugestellten Kla-

---

[395] *Jonas*, JW 1930, S.1489 (1490); *Planck*, CPR Bd.2/1, § 95, S.90 f.; *R. Schmidt*, ZPR, § 105 III.2.b), S.674; Petersen/*Remelé*/Anger, § 89 Anm.3; Stein/Jonas/*Pohle*, 19.Aufl., § 88 Anm.III. 2.c), Vor § 91 Anm.V.1.; Sydow/*Busch*, § 80 Anm.4.

[396] *Christmann*, Der vollmachtlose Stellvertreter, S.45; für Klage- und Rechtsmittelabweisung: *Renner*, MDR 1974, S.353 (356 f.); so auch *Smid*, NJW 1989, S.1578 ff.

[397] *R. Schmidt*, ZPR, § 105 III.2.b), S.674; Stein/Jonas/*Pohle*, 19.Aufl., § 88 Anm.III.2.b), c).

ge die Wirkung der Klageerhebung zugestehe, sei der in der Klageschrift benannte Kläger auch Partei mit dem Recht auf eine Entscheidung über den geltend gemachten Anspruch geworden und im Falle der Erfolglosigkeit als der Unterlegene in die Kosten zu verurteilen[398]. Die Partei sei deshalb zur Klärung der vertretungsrechtlichen Lage und etwaiger Ersatzansprüche gegen den vollmachtlosen Vertreter auf einen Zweitprozess angewiesen[399].

bb) Die eine Haftung der Partei ablehnende Auffassung

Die überwiegende Gegenansicht, die im Fall einer nicht erteilten Vollmacht den Vertreter unter Heranziehung des § 179 BGB oder nach dem Veranlassungsprinzip haften lässt, empfindet eine Belastung der vertretenen Partei als „unbillig“[400], „nicht gerecht“[401] und somit als „nicht zumutbar“[402]. Die Kostenlast sei keineswegs notwendig mit der Parteistellung verbunden. Denn es gehe nicht an, die formelle Anknüpfung des Prozesses an den Namen der Partei dazu „auszubeuten“, sie als Partei zu behandeln und es ihr zu überlassen, die Folgen anderweitig wieder abzustreifen[403]. Andernfalls sei es jedem möglich, einen anderen zum Prozesskostenschuldner zu machen und ihm einen Schaden zuzufügen, ohne dass dieser vor der Kostenanforderung bzw. der Zustellung des Kostenfestsetzungsbeschlusses etwas davon erfahre und ihm rechtliches Gehör gewährt werden könne[404]. Es sei sogar denkbar, dass ein armer, vollmachtloser Vertreter im Namen einer zahlungskräftigen Partei böswilligerweise Klage auf Zahlung eines Millionenbetrages erhebe[405]. Werde dann die Klage auf Kosten der Partei abgewiesen, sei sie auf einen zweifelhaften, materiellen Ersatzanspruch gegen den Vertreter angewiesen, dessen Realisierung etwa bei einem nicht vermögenden Prozessvertreter unsicher sei und im Wege eines weiteren, kostenverursachenden Rechtsstreits geltend gemacht werden müsse[406]. Die einen Zweitprozess

---

[398] *Christmann*, Der vollmachtlose Stellvertreter, S.45; *Planck*, CPR Bd.2/1, § 95, S.91.

[399] *Renner*, MDR 1974, S.353 (357); *Smid*, NJW 1989, S.1578; *Planck*, CPR Bd.2/1, § 95, S.90.

[400] LG Hamburg, Urt.v. 01.03.1951, ZZP 65 (1952), S.159 (162); OLG Hamm, Beschl.v. 01.03.1963, JMBl.NRW 1963, S.131; KG Berlin, Beschl.v. 02.02.1996, WuM 1996, S.377; Wieczorek/Schütze/*Steiner*, § 88 Rn.8; Zöller/*Vollkommer*, § 88 Rn.11; so auch *Fleddermann*, Kostenrechtliche Probleme, S.68.

[401] Musielak/*Weth*, § 88 Rn.14.

[402] *Schneider*, Rpfleger 1976, S.229 (333); *Schmitz*, Kostenentscheidung für oder gegen Dritte, S.62.

[403] *Ulbricht*, AcP 78 (1892), S.48 (65, 69 f.).

[404] *Friedländer*, AcP 85 (1896), S.332 (333); *Hellwig*, LB ZPR Bd.2, § 125 III.1.b), S.392.

[405] *Marzinek*, Mangel der Vollmacht, S.41; so auch LG Hamburg, Urt.v. 01.03.1951, ZZP 65 (1952), S.159 (161).

[406] OLG Hamm, Beschl.v. 01.03.1963, JMBl.NRW 1963, S.131; *Schneider*, Rpfleger 1976, S.229 (233); *Christmann*, Der vollmachtlose Stellvertreter, S.42 f.; *Fleddermann*, Kostenrechtliche Probleme, S.68; *Schmitz*, Kostenentscheidung für oder gegen Dritte, S.54 f.; Wieczorek/Schütze/*Steiner*, § 88 Rn.8.

verursachende Kostenbelastung der Partei sei deshalb auch aus prozessökonomischen Gesichtspunkten abzulehnen[407]. Berücksichtige das Gericht den Vollmachtsmangel bei der Kostenentscheidung im selben Verfahren, könne es dazu i.d.R. ohne Mehrarbeit auf die für die Klageabweisung gewonnenen Erkenntnisse zur Vollmachtlosigkeit zurückgreifen[408].

b) Stellungnahme

Für die Haftung der Partei mag zwar die Fassung der gesetzlichen Regelung des § 91 Abs. 1 S. 1 ZPO sprechen, jedoch leuchtet es ohne weiteres ein, dass aus „freiem Himmel" niemand für die Geschicke eines anderen verantwortlich gemacht werden kann[409].

Denn grundsätzlich begründet erst die Zurechnung zusammen mit den übrigen Haftungsvoraussetzungen[410] die rechtliche Verantwortung gegenüber einer anderen Person für ein schädigendes bzw. kostenauslösendes Verhalten von sich oder seinem Geschäftskreis[411]. Die Zurechnung setzt eine diese Verantwortung rechtfertigende Beziehung des Gegenstandes der Zurechnung (Schaden, Kosten u.Ä.) zu dem – willensabhängigen – Verhalten voraus[412]. Diese haftungsbegründende Beziehung kann von dem Verhalten aber nur ausgehen, wenn es dafür einen besonderen, die Abweichung vom Grundsatz des „casum sentit dominus" rechtfertigenden, rechtlichen Grund gibt[413]. Dieser Zurechnungsgrund besteht grundsätzlich in einer bestimmten Art und Weise des Verhaltens, wie z.B. in einem schuldhaften oder gefährlichen Tun[414].

---

[407] Vgl. LG Hamburg, Urt.v. 01.03.1951, ZZP 65 (1952), S.159 (162); OLG Köln, Beschl.v. 29.07.1970, Rpfleger 1970, S.355 (356); OLG Düsseldorf, Beschl.v. 21.05.1980, MDR 1980, S.853; KG Berlin, Beschl.v. 02.02.1996, WuM 1996, S.377; *Schneider*, Rpfleger 1976, S.229 (233); Musielak/*Weth*, § 88 Rn.14; Wieczorek/Schütze/*Steiner*, § 88 Rn.8; Zöller/*Vollkommer*, § 88 Rn.11; so auch *Fleddermann*, Kostenrechtliche Probleme, S.68;

[408] KG Berlin, Beschl.v. 02.02.1996, WuM 1996, S.377; *Schneider*, Rpfleger 1976, S.229 (232 f.); *Schmitz*, Kostenentscheidung für oder gegen Dritte, S.64; Zöller/*Vollkommer*, § 88 Rn.11.

[409] Esser/*Schmidt*, Schuldrecht Bd.1/1, § 8 II.2., S.129; ähnlich *Schneider*, Rpfleger 1976, S.229 (233).

[410] Mit dem Aufstellen derartiger Voraussetzungen, wie z.B. bei § 823 Abs.1 BGB die rechtswidrige Verletzung eines absoluten Rechts, stellt der Gesetzgeber klar, welche Verhaltensweisen er mit der Haftungsfolge belegen will, vgl. *Canaris*, Vertrauenshaftung, S.469 f. (spricht hier vom „Haftungsgrund"); Esser/*Schmidt*, Schuldrecht Bd.1/1, § 8 III., S.129 f., („Haftungstatbestand").

[411] *Larenz*, NJW 1965, S.1 (7); *ders.*, Hegels Zurechnungslehre, S.90; *Deutsch*, Fahrlässigkeit, § 5 I.1., S.64.

[412] *Canaris*, Vertrauenshaftung, S.468; *Deutsch*, Haftungsrecht, A.VI. 2.c), Rn.91; *ders.*, Unerlaubte Handlungen, § 1 I.2., Rn.2; *Larenz*, Hegels Zurechnungslehre, S.88.

[413] *Deutsch*, Haftungsrecht, A.I.1., 2., Rn.1, 3.

[414] Vgl. *Canaris*, Vertrauenshaftung, S.469.

An einem solchen Verhalten fehlt es aber bei einem nicht von dem vermeintlich vertretenen Kläger und ohne sein Wissen und Wollen eingeleiteten Prozess. Eine Zurechnung dieses Vertreterhandelns, entsprechend den in § 85 Abs. 1 S. 1 ZPO vorgesehenen Wirkungen, scheidet ohne eine Vollmacht aus[415]. Würde hier das Gericht dem Gebot der Unterliegenshaftung in § 91 Abs. 1 S. 1 ZPO Folge leisten, käme es zu dem als unbefriedigend und unpassend empfundenen Ergebnis, dass der Vertretene für die Kosten einzustehen hätte, obwohl er kein auf den Rechtsstreit gerichtetes Verhalten getätigt hat, sondern lediglich existiert.

Kann also mit den vorgefundenen Normen keine befriedigende Lösung erzielt werden, ist zu untersuchen, ob sich im Wege der richterlichen Rechtsfortbildung eine angemessene Kostenentscheidung für diesen Fall gewinnen lässt. Das setzt voraus, dass das Gesetz insoweit eine Lücke, also eine planwidrige Unvollständigkeit aufweist[416]. Der Richter, der eine Entscheidung nicht verweigern kann[417], wäre dann zur Lückenausfüllung verpflichtet[418].

aa) Unvollständigkeit der gesetzlichen Regelung bei vollmachtloser Prozessvertretung (Auslegung des § 91 Abs. 1 S. 1 ZPO)

Zu einer Unvollständigkeit im Kostenrecht der ZPO gelangt man bei der vollmachtlosen Prozessvertretung nur, wenn angesichts der vorgefundenen Normen auch eine Haftung der vermeintlich vertretenen Partei ausgeschlossen ist, also § 91 ZPO hier nicht zum Zuge kommt.

Die Anwendbarkeit des § 91 Abs. 1 S. 1 Hs. 1 ZPO ist davon abhängig, ob diese Kostenregelung nur dann gilt, wenn die als unzulässig abgewiesene Klage von dem Kläger selbst bei Gericht eingereicht worden ist bzw. ihm die Verfahrenseinleitung gem. § 85 Abs. 1 ZPO zugerechnet werden kann, oder ob die Kostenfolge auch ohne eine solche zurechenbare Klage eintritt. Nur wenn die Vorschrift eine dem Kläger zurechenbare Klage voraussetzte, ließe sich die Nichtanwendbarkeit und damit die Unvollständigkeit des Gesetzes bejahen. Das zutreffende Verständnis der Regelung des § 91 ZPO ist im Wege der Auslegung zu ermitteln.

(1) Grammatikalische Auslegung

Da nach dem Wortlaut des § 91 Abs. 1 S. 1 Hs. 1 ZPO „die unterliegende Partei“ die Kosten des Rechtsstreits zu tragen hat und der Kläger trotz der Voll-

---

[415] *Canaris*, Vertrauenshaftung, S.469, ordnet die Vertretung ohne Vertretungsmacht als einen „allgemeinen Zurechnungsausschlussgrund“ ein.

[416] *Larenz*, Methodenlehre, II.4.Kap.1., S.366.

[417] Eine Entscheidung ist aufgrund des sog. Rechtsverweigerungsverbotes erforderlich, *Canaris*, Feststellung von Lücken, § 47, S.55.

[418] *Larenz*, Methodenlehre, II.4.Kap.1., S.367; der Richter ist über Art.20 Abs.3 GG an „Gesetz“, aber auch an „Recht“ gebunden, so dass eine Rechtsfindung praeter legem geboten sein kann, *Canaris*, Feststellung von Lücken, § 21, S.33.

machtlosigkeit des für ihn handelnden Vertreters die Parteiposition erlangt (s.o. S. 38 *Teil 1 A.II.1.a)dd)(2)(a)(aa))*, ist der Eintritt seiner Kostenerstattungspflicht von dem Vorliegen des Unterliegens als Haftungsgrund[419] abhängig.
In der Kommentarliteratur wird das Unterliegen einer Partei angenommen, wenn diese hinsichtlich der gerichtlichen Entscheidung nicht mit dem Sachantrag durchdringt[420]. Ein solches Verständnis ist jedoch nicht zwingend und für die Frage der Zurechnungsprämisse nicht aufschlussreich.

Unterliegen hat bezogen auf den Rechtsstreit den allgemeinen Wortsinn von „besiegt werden"[421].
Damit ist zunächst Raum für eine Bedeutung, die eine Erfolglosigkeit des Streitens, also des Prozessverhaltens der Partei, zum Inhalt hat. Daran würde es bei einer für den Kläger nicht zurechenbar eingereichten Klage fehlen.
Denkbar und vom Wortsinn erfasst ist aber auch eine Auslegung, die allein die formale Stellung als Partei und den für sie gestellten Antrag, über den das Gericht befindet, berücksichtigt. Für eine solche formale Betrachtungsweise käme es auf eine zurechenbare Klage nicht an.

Der Wortsinn von Unterliegen enthält somit keine eindeutige Aussage über die Notwendigkeit des Vorliegens einer zurechenbaren Klage.

(2) Systematische Auslegung
Die inhaltliche Bedeutung von „Unterliegen" erhellt sich im Zusammenhang mit den für die gerichtliche Entscheidung maßgebenden Normen.
Das für das Unterliegen einer Partei ausschlaggebende Urteil ist, wie in § 313 Abs. 2 und 3 ZPO ersichtlich wird, das Ergebnis einer rechtlichen Bewertung des Sach- und Streitstandes, also der im Verfahren gem. §§ 128 ff., 253 ff. ZPO u.a. erhobenen Ansprüche, vorgebrachten Angriffs- und Verteidigungsmittel und gestellten Anträge. Bewertungsgegenstand ist damit nicht nur die jeweils im Rechtsstreit vertretene Rechtsposition, sondern die Summe der Prozesshandlungen, d.h. die jeweilige Prozessführung[422]. Das Unterliegen stellt sich deshalb als eine von der gerichtlich festgestellten formellen bzw. materiellen Rechtslage divergierende Prozessführung dar. Griffiger lässt sich bzgl. dieses Haftungs-

---

[419] Haftungsgrund wird hier als ein dem Zurechnungsgrund übergeordneter Gattungsbegriff verstanden, da eine Haftung auch ohne Zurechnung denkbar ist.
[420] MüKo-ZPO/*Belz*, § 91 Rn.9; Musielak/*Wolst*, § 91 Rn.5; Stein/Jonas/*Bork*, § 91 Rn.7.
[421] *Duden*, Wörterbuch Bd.7, S.3589; die andere Bedeutung i.S.v. „einer Sache unterworfen sein", vgl. *Duden*, a.a.O., kommt hier nicht in Betracht.
[422] Prozesshandlungen sind alle prozessgestaltenden Betätigungen der Parteien oder ihrer Vertreter, vgl. Thomas/Putzo/*Putzo*, Einl III Rn.3; zum Begriff s.a. §§ 81, 85 Abs.1 ZPO; die Summe der Prozesshandlungen bezeichnet die ZPO, wie sich aus den §§ 51 Abs.1, 89 Abs.2 ZPO folgern lässt, als Prozessführung.

grundes in terminologischer Anlehnung an § 97 Abs. 1 ZPO und im Anschluss an *Rosenberg*[423] auch von „erfolgloser Prozessführung“ sprechen.

Bewertungsgrundlage für das Unterliegen des Klägers ist demzufolge auch die erhobene Klage als Bestandteil der Prozessführung. Damit ist zwar ein für die Zurechnung anknüpfbares Verhalten bestimmt, jedoch noch nicht geklärt, ob für die Haftung nach § 91 Abs. 1 S. 1 Hs. 1 ZPO tatsächlich eine der Partei zurechenbare Prozessführung bzw. Klage erforderlich ist.
Anhand des Bedeutungszusammenhangs lässt sich aber zumindest weiter feststellen, dass der ZPO und insbesondere den Normen des Kostenrechts eine Prozessführung der Partei bzw. eine Verfahrenseinleitung durch den Kläger als vorausgesetzter Normalfall zugrunde liegt (s.o. S. 80 *Teil 1 C.I.2.a)*). Das zeigt sich bei den für die gerichtliche Bewertung wesentlichen, z.B. in § 313 Abs. 2 ZPO genannten Prozesshandlungen, welche nach den sie regelnden Vorschriften – ggf. auch über § 85 Abs. 1 S. 1 ZPO – als solche einer Partei umschrieben werden (vgl. §§ 253 Abs. 5, 260, 282 Abs. 1, 297 Abs. 2 ZPO). Für die Kostennormen ergibt sich das aus § 93 ZPO, in dem die „Erhebung der Klage“ mit Bezug auf den Kläger genannt wird, oder aus § 94 ZPO, der voraussetzt, dass der Kläger einen auf ihn übergegangenen Anspruch geltend macht. Am deutlichsten spricht diesen Gedanken der ebenfalls vom Unterliegensgrundsatz getragene § 97 Abs. 1 ZPO aus, wonach die Kosten eines ohne Erfolg eingelegten Rechtsmittels der Partei zur Last fallen, die es eingelegt hat.

Geht man von einer sachlichen Übereinstimmung der auf das Unterliegen abstellenden Kostenvorschriften aus, spricht dies dafür, dass auch die Regelung in § 91 Abs. 1 S. 1 Hs. 1 ZPO auf der Vorstellung beruht, dass der Prozess durch eine Klage des Klägers eingeleitet worden ist und das Unterliegen des Klägers somit einer ihm zurechenbaren Klage bedarf.

Schließlich lässt sich aus § 93 ZPO ein weiterer systematischer Aspekt für die Notwendigkeit einer der Partei zurechenbaren Prozessführung anführen. Die Entlastung des Beklagten in § 93 ZPO rechtfertigt sich daraus, dass ein materieller Streit und ein „eigentliches Unterliegen“ nicht stattgefunden haben (s.u. S. 157 *Teil 2 A.I.4.c)bb)(3)(b)(bb)*). Dieser Gedanke muss auch bei der vollmachtlosen Prozessvertretung für den Kläger Bedeutung erlangen. Trotz seiner formalen Parteiposition findet ein Streit mit ihm mangels einer zurechenbaren Klage nicht statt, so dass man genauso wenig von einem „eigentlichen Unterliegen“ sprechen kann.

---

[423] *Rosenberg*, ZPR, 1.Aufl., § 78 IV.3., S.224; ähnlich die früher h.L., die den Prozessverlust als Zurechnungsgrund ansah, vgl. die Nachweise bei *Siebert*, Prinzipien des Kostenerstattungsrechts, S.85 f.

(3) Historisch-teleologische Auslegung
In der amtlichen Begründung des ZPO-Entwurfs findet sich zunächst nur der allgemeine Hinweis, „dass das Unterliegen in der Hauptsache als Rechtsfolge die Verantwortlichkeit für die Prozesskosten“ nach sich ziehe[424]. Der historische Gesetzgeber hielt es offenbar nicht für notwendig, diesen seit der Rezeption im deutschen Recht etablierten[425] und bereits in den damaligen Landesprozessgesetzen[426] geltenden Grundsatz inhaltlich zu erläutern.
Lediglich im Zusammenhang mit § 97 Abs. 1 ZPO, dem damaligen § 90 Abs. 1 CPO, findet sich in der amtlichen Begründung folgendes[427]:

> „Der § 90 Abs. 1 bestimmt in Konsequenz des allgemeinen Prinzips ..., daß die Kosten eines ohne Erfolg eingelegten Rechtsmittels der Partei zur Last fallen, welche dasselbe eingelegt hat. Das erfolglos angewendete Rechtsmittel wird sachgemäß gleich einer abgewiesenen Klage behandelt.“

Die vom Gesetzgeber beabsichtigte sachliche Gleichstellung von erfolglosem Rechtsmittel und abgewiesener Klage bestätigt die bei der systematischen Auslegung erfolgte Annahme, dass die Haftung für Prozesskosten einer der Partei zurechenbaren Klage bedarf. Überträgt man die für § 97 Abs. 1 ZPO vorausgesetzte Erfolglosigkeit des von der Partei eingelegten Rechtsmittels sinngemäß auf die erste Instanz, bedarf es für das Unterliegen nach § 91 Abs. 1 ZPO einer Abweisung der vom Kläger eingereichten Klage.

Dem lässt sich jedoch entgegenhalten, dass es nach den vom Gesetzgeber mit dieser Norm verfolgten Zwecken z.T. nicht auf die Zurechenbarkeit der Klage ankommt.
In der Entwurfsbegründung zu § 91 ZPO bleiben zwar die Zwecke unerwähnt, allerdings wird die Regelungsabsicht in den Motiven des Preußischen Entwurfs von 1864, Grundlage und Vorläufer des ZPO-Entwurfs, deutlich[428]. Dort heißt es zum Unterliegensgrundsatz:

> „Dasselbe ist für das allein richtige und den Anforderungen der Gerechtigkeit entsprechende erkannt, weil es zur Aufrechterhaltung der Rechtsordnung und zur vollständigen Verwirklichung des Rechts der

---

[424] Vgl. *Hahn*, Materialien Reichs-Justizgesetze Bd. 2/1, S.197.
[425] *Planck*, LB CPO Bd.1, § 69, S.377 f.
[426] Siehe nur die Prozessgesetze von Hannover (§§ 44 ff.), Baden (§§ 169 ff.), Württemberg (Art.133 ff.), Bayern (Art.106 ff.) sowie die Entwürfe: hannov. Entwurf. (§§ 66 ff.), sächs. Entwurf. (§§ 256 ff.), nordd. Entwurf. (§§ 149 ff.); vgl. dazu die Nachweise in der amtlichen ZPO-Begründung bei *Hahn*, Materialien Reichs-Justizgesetze Bd. 2/1, S.197.
[427] *Hahn*, Materialien Reichs-Justizgesetze Bd.2/1, S.199.
[428] Vgl. *Schubert*, Motive Preuß. Entwurf, S.321.

Partei, welche aus dem Prozess als Sieger hervorgeht, gehört, daß der Gegner allein auch die Kosten des für die Behufs Verfolgung eines rechtmäßigen Anspruchs oder zur Verteidigung gegen einen unbegründeten Anspruch unvermeidlich gewordenen Prozesses trage, wie sich am deutlichsten zeigt, wenn der Kläger den von ihm erhobenen Anspruch siegreich durchführt."

Die in den Motiven genannte Funktion der „vollständigen Verwirklichung des Rechts" soll mittels eines Erstattungsanspruchs gegen den Unterliegenden die tatsächliche wirtschaftliche Schmälerung des Rechts der obsiegenden Partei infolge der prozessualen Durchsetzung vermeiden[429]. Damit ist der vordergründige Zweck einer jeden haftungsbedingten Ersatzpflicht angesprochen, der in dem Ausgleich erlittener Nachteile besteht[430]. Dieser Zweck geht jedoch zwingend mit einer Anlastung des Ersatzpflichtigen einher[431], für die es wiederum stets eines rechtlichen Grundes, wie er auch in den Motiven mit dem prozessualen Sieg des Gegners äußerlich umschrieben wird, bedarf (s.o. S. 111 f. *Teil 2 A.I.3.b)*). Die Erreichung der Ausgleichsfunktion ist also an das Vorliegen des Haftungsgrundes gebunden, welcher mit der hier erörterten Zurechnungsfrage erst geklärt werden muss. Der Ausgleichsgedanke ist deshalb insoweit für die Auslegung des § 91 Abs. 1 S. 1 ZPO nicht weiterführend.
Der außerdem mit „Aufrechterhaltung der Rechtsordnung" angesprochene Zweck der Rechtsbewährung ist im Hinblick auf den Unterliegensgrundsatz[432] dergestalt zu verstehen, dass einerseits die drohende Kostenerstattungspflicht zur freiwilligen Einhaltung des objektiven Rechts anhalten[433] und andererseits die mögliche Kostenerstattung Hemmungen vor einer gerichtlichen Geltendmachung des Rechts nehmen soll[434]. Diese Rechtsbewährungsfunktion kann jedoch – genauso wie der gemäß der Lehre in die gleiche Richtung wirkende und hier zum Tragen kommende Präventivgedanke, wonach die Aussicht auf eine Kos-

---

[429] *Schubert*, Motive Preuß. Entwurf, S.321; *Görres*, ZZP 35 (1906), S.339; *Pawlowski*, JZ 1975, S.197 (198); *Pollak*, FS Wach, S.103 (139); *Kohler*, Prozeß als Rechtsverhältnis, S.81; *Siebert*, Prinzipien des Kostenerstattungsrechts, S.193 ff.; teilweise wird im gleichen Sinne auch vom „Nettoprinzip" gesprochen, vgl. *Bokelmann*, ZRP 1973, S.164 (169); *Kollhosser*, ZRP 1979, S.297 (301); *Pawlowski*, JZ 1975, S.197 (202); kritisch *Baumgärtel*, Gleicher Zugang, S.153.

[430] BGH, Urt.v. 04.06.1992, BGHZ 118, S.312 (343); *Deutsch*, Haftungsrecht, A.II.1., Rn.17; MüKo-BGB/*Oetker*, § 249 Rn.8; Palandt/*Heinrichs*, Vorb § 249 Rn.4.

[431] Hinsichtlich der jeder Haftungsnorm immanenten finanziellen Anlastung des Ausgleichs spricht man im materiellen Recht von „Kostenanlastungsfunktion", vgl. dazu *Bullinger*, FS v.Caemmerer, S.297 (301), und Soergel/*Mertens*, Vor § 249 Rn.26.

[432] Vgl. dazu im Einzelnen *Siebert*, Prinzipien des Kostenerstattungsrechts, S. 196 ff.

[433] *Pawlowski*, JZ 1975, S.197 (199); *Baumgärtel*, Gleicher Zugang, S.155.

[434] *Pollak*, FS Wach, S.103 (138).

tentragungspflicht missbräuchliche[435], mutwillige[436], leichtsinnige[437] oder aussichtslose[438] Prozesse verhindern soll – allenfalls ausnahmsweise zur Anwendung kommen. Die mögliche Ersatzpflicht kann diese Funktionen nämlich nur erfüllen, wenn der Adressat der Norm in der Lage ist, sich dadurch zu einem die Kosten vermeidenden Verhalten verleiten zu lassen[439]. Doch ist die Vorhersehbarkeit des Prozessausgangs i.d.R. von Unsicherheiten und Irrtümern rechtlicher bzw. tatsächlicher Art geprägt[440], so dass ein der Rechtslage entsprechendes Verhalten oft nicht erkennbar wird. Befürwortet man dennoch die Geltung dieser Funktionen, lässt sie sich für das Erfordernis der Zurechenbarkeit anführen. Würde man nämlich auf eine zurechenbare Klage verzichten und den Kläger haften lassen, hätte dieser die ohne seinen Willen erfolglos erhobene Klage nicht vermeiden können und der Vertreter keine prozessuale Kostentragungspflicht zu befürchten. Die drohende Kostenlast als Mittel der Rechtsbewährungs- und Präventivfunktion kann sich nur auswirken, wenn der potentiell Haftende auch die Möglichkeit einer Entscheidung über die Verfahrenseinleitung hat, was nur bei einer ihm zurechenbaren Klage anzunehmen ist.

Mit Hilfe der Regelungsabsichten des historischen Gesetzgebers lässt sich somit auch noch keine zweifelsfreie Antwort auf die Auslegungsfrage der Notwendigkeit einer Zurechenbarkeit ermitteln.

(4) Objektiv-teleologische Auslegung

Die Auslegung hat sich ebenfalls von den über die Einzelnormen hinaus greifenden rechtsethischen Prinzipien leiten zu lassen (s.o. S. 33 *Teil 1 A.II.1.a)dd)*).

(a) Selbstverantwortung

Ein derartiges Rechtsprinzip bildet der insbesondere von *Larenz*[441] für das Privatrecht hervorgehobene Grundsatz der Selbstverantwortung. Dieses Verantwortungsprinzip bildet das Korrelat zu dem der allgemeinen Handlungsfreiheit (vgl. Art. 2 Abs. 1 GG) impliziten Recht auf Selbstbestimmung[442]. Es resultiert aus

---

[435] *Görres*, ZZP 35 (1906), S.339; *Baumgärtel*, Gleicher Zugang, S.125; *Unger*, Handeln auf eigene Gefahr, S.111.

[436] *Redeker*, NJW 1973, S.1153 (1160); Rosenberg/Schwab/*Gottwald*, ZPR, § 87 V.5., S.474.

[437] *Pollak*, FS Wach, S.103 (194); *Endemann*, ZPR, § 128 III., S.479.

[438] *Endemann*, ZPR, § 128 III., S.508; Rosenberg/Schwab/*Gottwald*, ZPR, § 87 V.5., S.474; Stein/Jonas/*Leipold*, Vor § 91 Rn.4.

[439] So *Larenz*, Schuldrecht AT, § 27 I., S.423, für den Präventionsgedanken im Schadensersatzrecht.

[440] Ebenso *Siebert*, Prinzipien des Kostenerstattungsrechts, S.198.

[441] *Larenz*, Hegels Zurechnungslehre, S.89 ff.; *ders.*, AT BR, 7.Aufl., § 2 II.c), S.37; *ders.*, Methodenlehre, II.4.Kap.2.a), S.474; so auch *Bydlinski*, System und Prinzipien, S.99; *Canaris*, Vertrauenshaftung, S.468.

[442] *Schmidt-Salzer*, JR 1969, S.281 (285); *Flume*, AT BR Bd.2, § 4 8., S.61; *Mayer-Maly*, Jahrbuch Rechtssoziologie Bd.14, S.278; Soergel/*Wolf*, Einl Rn.46; *Canaris*, Vertrauenshaf-

der Vorstellung, dass der Einzelne, dem die Gestaltung der eigenen Rechts- und Lebensverhältnisse überlassen ist, die Verantwortung für seine selbstbestimmten Entscheidungen trägt[443]. Verantwortung tragen heißt dabei, die Folgen seines Verhaltens auf sich zu nehmen und dafür einzustehen[444]. Das gilt aber nur, wenn die Möglichkeit besteht, sich auch anders zu verhalten und die Folgen zu vermeiden[445].

Die Bewertung eines Geschehens als das die Verantwortung begründende Verhalten einer Person bedarf stets eines besonderen rechtlichen Grundes und erfolgt im Wege der Zurechnung anhand bestimmter Kriterien (s.o. S. 111 f. *Teil 2 A.I.3.b)*). Ohne eine Zurechnung ist demnach keine Verantwortung möglich[446]. Es lässt sich deshalb mit *Canaris*[447] sagen, dass sich das rechtsethische Prinzip der Selbstverantwortung in dem Gedanken der Zurechnung verwirklicht.

Das Verantwortungsprinzip ist nicht nur Konsequenz des Selbstbestimmungsrechts und damit auf die Rechtsidee zurückführbar[448], sondern dem Privatrecht in verschiedenen Bereichen als fundamentales Rechtsprinzip immanent. So zeigt sich die Verantwortung in der Bindung an einer in selbstbestimmter Entscheidung abgegebenen rechtsgeschäftlichen Erklärung[449]. Besonders aber wird das Haftungsrecht vom Selbstverantwortungsprinzip dominiert, da Schäden haftpflichtrechtlich nur beachtlich sind, wenn eine mit dem Geschädigten nicht identische Person dafür zivilrechtlich verantwortlich ist[450], wie die Normen, denen z.B. die Verschuldens-, Risiko- oder Aufopferungshaftung zugrunde liegen, belegen[451].

---

tung, S.433, wonach der Grundsatz der Selbstverantwortung vom Prinzip der Selbstbestimmung geradezu als Ergänzung gefordert werde.

443 *Becker*, Unerlaubte Handlungen, S.65; *Bydlinski*, System und Recht, S.105; nach *Larenz*, AT BR, 7.Aufl., § 2 II.c), S.37, handelt es sich um ein Grundphänomen des menschlichen Daseins, das als erfahrbare Tatsache des Bewusstseins unbestreitbar sei; nach *Nicolai Hartmann* ist Verantwortung in diesem Sinne eine „reale Tatsache des sittlichen Lebens", zit. bei *Becker*, Unerlaubte Handlungen, S.66.

444 *Larenz*, JuS 1965, S.373; *ders.*, Hegels Zurechnungslehre, S.90; *Becker*, Unerlaubte Handlungen, S.65; *Deutsch*, Haftungsrecht, A.I.2., Rn.3; Soergel/*Wolf*, Einl Rn.46.

445 *Becker*, Unerlaubte Handlungen, S.66; *Deutsch*, Haftungsrecht, A.I.2., Rn.3; *Larenz*, Richtiges Recht, S.91, 95; *ders.*, Schuldrecht AT, § 20 I., S.276; Larenz/*Wolf*, AT BR, § 2 I.5., Rn.25.

446 *Larenz*, Hegels Zurechnungslehre, S.90; Larenz/*Wolf*, AT BR, § 2 I.5., Rn.25.

447 *Canaris*, Vertrauenshaftung, S.468.

448 *Canaris*, Feststellung von Lücken, § 104, S.113; *Larenz*, Methodenlehre, II.4.Kap.2.a), S.474; zur Rechtsidee s.o. S.34 *Teil 1 A.II.1.a)dd)*.

449 Vgl. *Flume*, AT BR Bd.2, § 4 8., S.61 f.; Larenz/*Wolf*, AT BR, § 2 I.5.c), Rn.32; Soergel/*Wolf*, Einl Rn.47; jeweils m.w.N. zu Beispielen und Grenzen.

450 *Reinecke*, Schaden und Interesseneinbuße, S.52 f.; s.a. *Bydlinski*, System und Prinzip, S.100 (Fn.98); *Canaris*, Vertrauenshaftung, S.473; *Deutsch*, Haftungsrecht, A.I.2., Rn.3, A.I.8.a), Rn.15; *Larenz*, Schuldrecht AT, § 27 I., S.424.

451 Vgl. *Deutsch*, Haftungsrecht, A.I.3. ff., Rn.5 ff.; Esser/*Schmidt*, Schuldrecht I/1, § 8 II., S.131 ff.; *Larenz*, JuS 1965, S.373 ff.; jeweils m.w.N.

Der Ersatz eines Schadens kommt demnach nur in Betracht, wenn ein anderer für diesen rechtlich verantwortlich ist. Da eine Verantwortung die Zurechnung voraussetzt, lässt sich der Grundsatz aufstellen, dass eine Schadenshaftung nur bei Zurechnung möglich ist[452]. Davon wird, wie *Canaris*[453] nachgewiesen hat, im geltenden Recht nur dann eine Ausnahme gemacht, wenn es dafür besonders schwerwiegende Gründe gibt, wie z.B. ein gesteigertes Verkehrsschutzbedürfnis oder andere besonders bedeutsame Interessen der Allgemeinheit.

Dieser Grundsatz muss auch für die Erstattungspflicht nach § 91 Abs. 1 S. 1 Hs. 1 ZPO gelten.
Zum einen stellen die Kostennormen wie die Schadensersatzvorschriften des BGB materiell-rechtliche Regelungen[454] des Privatrechts dar[455] und stimmen mit diesen hinsichtlich ihrer Struktur (s.u. S. 155 *Teil 2 A.I.4.c)bb)(3)(b)(aa)*) und Funktionen (s.o. S. 117 *Teil 2 A.I.3.b)aa)(3)*) im Wesentlichen überein. Die Kostennormen sind lediglich aus Zweckmäßigkeitsgründen zur Wahrung des Sachzusammenhangs Bestandteil der ZPO geworden[456]. Ihrer Rechtsnatur nach hätten sie auch in das BGB aufgenommen werden können. Denn ihre Funktion besteht nicht, wie bei den übrigen Vorschriften der ZPO, in der Gestaltung des eigentlichen Rechtsstreits, sondern in der Regelung der weiteren, außerhalb des Prozessrechtsverhältnisses liegenden Folgen des Streits[457].
Zum anderen ist auch der Zivilprozess vom Selbstbestimmungsrecht geprägt, wie die Prozessgrundsätze der Verhandlungs- und Dispositionsmaxime sowie des Gebots eines fairen Verfahrens zeigen[458]. Das setzt sich im Kostenrecht fort, indem hier etwa ein eigenes selbstbestimmtes Verhalten des Klägers durch seine

---

[452] So auch *Deutsch*, Haftungsrecht, A.II.2., Rn.20; *Larenz*, Schuldrecht AT, § 27 I., S.424; *Schmidt-Salzer*, JR 1969, S.281 (285), für die Abgabe einer Willenserklärung.
[453] *Canaris*, Vertrauenshaftung, S.433, 471; so auch schon *Westermann*, JuS 1963, S.1 (6); *Larenz*, Schuldrecht AT, § 27 I., S.424.
[454] RG, Urt.v. 03.12.1888, RGZ 22, S.421 (423); OLG München, Urt.v. 13.03.1958, NJW 1958, S.1000 (1002); *Becker-Eberhard*, Grundlagen der Kostenerstattung, S.12 f.; Rosenberg/Schwab/*Gottwald*, ZPR, § 2 III.1., S.11; Stein/Jonas/*Bork*, Vor § 91 Rn.10.
[455] Die Einordnung als privatrechtlicher Anspruch hat sich inzwischen durchgesetzt, vgl. *Meyer*, JurBüro 1981, S.677; *Loritz*, Kostenerstattung, S.40; *Sonnen*, Kostenentscheidung, S.41; *Goldschmidt*, ZPR, § 38 1., S.113; *Lappe*, Justizkostenrecht, § 32 II., S.137; *Furtner*, Das Urteil, 2.Abschn. B.I.3., S.15; Rosenberg/Schwab/*Gottwald*, ZPR, § 87 V.4., S.473; Thomas/Thomas/*Putzo*, Vorbem § 91 Rn.8; so jetzt auch Baumbach/Lauterbach/*Hartmann*, Übers § 91 Rn.28.
[456] *Becker-Eberhard*, Grundlagen der Kostenerstattung, S.19.
[457] *Loritz*, Kostenerstattung, S.41 f.; *Sonnen*, Kostenentscheidung, S.41; Rosenberg/Schwab/*Gottwald*, ZPR, § 87 V.4., S.473; ausführlich dazu *Becker-Eberhard*, Grundlagen der Kostenerstattung, S.13 ff.
[458] Dabei handelt es sich jeweils um einen Ausfluss der Privatautonomie bzw. des Selbstbestimmungsrechts, vgl. Rosenberg/Schwab/*Gottwald*, ZPR, § 77 I.1., S.422, § 78 I.3., S.425; Thomas/Putzo/*Reichold*, Einl I Rn.1, 4, 27.

Klage vorausgesetzt wird. Angesichts der Vergleichbarkeit der Kostenhaftung mit der Schadenshaftung ist es deshalb gerechtfertigt, dem Selbstverantwortungsprinzip auch bei § 91 Abs. 1 ZPO Geltung zu verschaffen, zumal es mit dem hier ebenfalls geltenden Selbstbestimmungsrecht in korrelativer Verbindung steht.
Ein besonderer, sehr schwerwiegender Grund, die Haftung auch ohne Heranziehung des Zurechnungsgedankens eintreten zu lassen, besteht nicht. Die Kostenerstattung betrifft nur das Verhältnis der Parteien untereinander[459]. Außer dem hier unerheblichen Interesse der obsiegenden Partei am Kostenausgleich, das kein Interesse der Allgemeinheit darstellt und ggf. auch anderweitig befriedigt werden kann (s.u. S. 127 ff. *Teil 2 A.I.4.*), ist kein Grund ersichtlich, der einen Verzicht auf das Zurechnungserfordernis rechtfertigen könnte.

Unter Berücksichtigung des Selbstverantwortungsprinzips ist § 91 Abs. 1 S. 1 ZPO also restriktiv auszulegen, so dass die Haftung danach eine Zurechenbarkeit der Klage voraussetzt und deshalb eine Kostenpflicht des vollmachtlos vertretenen Klägers ausgeschlossen ist.

Dieses Ergebnis steht nicht im Widerspruch zu den über § 89 ZPO nachgewiesenen prozessualen Wirkungen einer vollmachtlosen Klage für die Partei (s.o. S. 36 ff. *Teil 1 A.II.1.a)dd)(2)(a)*). Die Wirkungen der Parteistellung, Rechtshängigkeit usw. sollen die Durchführung des Verfahrens insbesondere zur Wahrung der Rechte der verhinderten Partei ermöglichen, solange eine Heilung des Vollmachtsmangels noch möglich ist (s.o. S. 32 f. *Teil 1 A.II.1.a)cc)*). Ist demgegenüber nach Abschluss des Verfahrens die Beibringung der Vollmacht oder Genehmigung ausgeschlossen, haben die prozessualen Wirkungen die Aufgabe, Grundlage eines Rechtsmittels zu sein (s.o. S. 44 *Teil 1 A.II.a)dd)(2)(a)(ee)*). Demgegenüber ist zur Rechtswahrung nicht die Kostenhaftung der Partei erforderlich. Eine Ausstrahlung der prozessualen Wirkungen auf die Kostenentscheidung zulasten der Partei wäre deshalb weder von der ratio legis des § 89 ZPO gefordert noch von dem Grundsatz der Verhältnismäßigkeit gedeckt.

(b) Prozessökonomie
Als ein weiteres, hier relevantes rechtsethisches Prinzip hat *Schumann*[460] die im Prozessrecht geltende Prozessökonomie nachgewiesen. Als prozessökonomisch

---

459 Der mittelbar von der Kostenentscheidung betroffene Gerichtskostenanspruch des Staates nach § 54 Abs.1 ZPO fordert keinen bestimmten Inhalt der Kostenentscheidung, sondern nur, dass diese überhaupt ergeht, was durch die Anordnung des § 308 Abs.2 ZPO, über die Kosten von Amts wegen zu entscheiden, sichergestellt wird, vgl. Baumbach/Lauterbach/*Hartmann*, § 308 Rn.15; Musielak/*Musielak*, § 308 Rn.24.

460 *Schumann*, FS Larenz, S.271 (280 ff.); so auch Baumbach/Lauterbach/*Hartmann*, Grdz § 128 Rn.14; überwiegend wird in der Literatur und Rechtsprechung im gleichen Sinne von einem „Grundsatz des Prozessrechts“ gesprochen, vgl. BAG, Urt.v. 04.08.1961, NJW 1962,

wird ein Verfahren bezeichnet, das die Zielrichtungen des Prozesses mit einem Minimum an Aufwand optimal verwirklicht[461]. Der Prozess soll also möglichst zweckmäßig und kostengünstig gestaltet werden.
Das hat seinen Grund darin, dass der Staat den Bürger wegen des Verbots der Selbsthilfe zwingt, sich zur Durchsetzung seines materiellen Rechts der Gerichte zu bedienen. Jegliche staatliche Maßnahme ist aber stets dem verfassungsrechtlichen Übermaßverbot als Ausfluss des Verhältnismäßigkeitsgrundsatzes unterworfen (s.o. S. 35 *Teil 1 A.II.1.a)dd)(2)*), weshalb der zur Herstellung von Recht und Gerechtigkeit zur Verfügung gestellte Prozess mit der geringst möglichen Belastung und Verzögerung für den Bürger verbunden sein muss[462].
Die Prozessökonomie bildet damit ein Postulat des Prinzips der Verhältnismäßigkeit und weist demzufolge einen Sinnbezug zur Rechtsidee auf[463]. Darüber hinaus kommt sie in zahlreichen Normen der ZPO zum Ausdruck[464], wie z.B. bei den Vorschriften der Klageänderung (§§ 267, 268 ZPO)[465] oder der Anerkennung bzw. des Verzichts (§§ 306, 307 ZPO)[466].

Für die hier in Frage stehende Auslegungsproblematik bedeutet dies, dass die Interpretation gewählt werden muss, die der Prozessökonomie am weitesten gerecht wird.
Sieht man bereits in dem Unterliegensgrundsatz prozessökonomische Zwecke verwirklicht[467], da der für das Gericht leicht feststellbare Tatbestand des Unterliegens[468] die einfache und kostensparende Möglichkeit[469] zu einer schnellen und wirksamen Verwirklichung des Erstattungsanspruch[470] bietet, liegt es nahe, der Unterliegenshaftung zur Verwirklichung der Prozessökonomie einen möglichst großen Anwendungsbereich zu verschaffen, was für eine extensive Auslegung des § 91 Abs. 1 S. 1 Hs. 1 ZPO spricht. Allerdings darf die Prozessökonomie

---

S.125 (126); *Mühl*, JuS 1963, S.351 (354); *Canaris*, Feststellung von Lücken, § 117, S.126, ordnet die Prozessökonomie als einen jeder Prozessordnung immanenten und daher letztlich in der Natur der Sache begründeten „Rechtswert" ein; zu den Kritikern der Prozessökonomie vgl. *Noske*, Prozeßökonomie, S.20 f. m.w.N.
461 *Schumann*, FS Larenz, S.271 (277); *Siebert*, Prinzipien des Kostenerstattungsrechts, S.207.
462 *Schumann*, FS Larenz, S.271 (281); *Noske*, Prozeßökonomie, S.60 f.
463 *Schumann*, FS Larenz, S.271 (281); *Sauer*, Prozeßrechtslehre, S.150; ähnlich *Mühl*, JuS 1963, S.351 (354).
464 Vgl. die Nachweise bei *v.Mettenheim*, Prozeßökonomie, S.76 ff.
465 Baumbach/Lauterbach/*Hartmann*, §§ 267, 268 Rn.1; MüKo-ZPO/*Lüke*, § 268 Rn.1.
466 Baumbach/Lauterbach/*Hartmann*, Einf §§ 306, 307 Rn.3.
467 Baumbach/Lauterbach/*Hartmann*, Übers § 91 Rn.10; Stein/Jonas/*Bork*, Vor § 91 Rn.6; dagegen OLG Düsseldorf, Beschl.v. 17.11.1992, JurBüro 1993, S.605; *Siebert*, Prinzipien des Kostenrechts, S.206 ff.
468 *Pollak*, FS Wach, S.103 (140); *Baumgärtel*, Gleicher Zugang, S.153; Stein/Jonas/*Bork*, Vor § 91 Rn.6.
469 *Pawlowski*, JZ 1975, S.197 (198); *Pollak*, FS Wach, S.103 (140).
470 Stein/Jonas/*Bork*, Vor § 91 Rn.6.

nicht nur zugunsten eines der Prozessbeteiligten, z.B. des Gerichts, und des laufenden Verfahrens herangezogen werden[471]. Für die Feststellung des ökonomischeren Weges ist hinsichtlich des Verfahrensaufwands vielmehr der Nutzen aller Beteiligten und insbesondere die Möglichkeit eines Folgeprozesses in Form einer Gesamtbilanz mit einzubeziehen[472]. Es kann deshalb auch prozessökonomisch sein, einen Rechtsstreit zu verlängern oder zu vertiefen, um ein zweites Verfahren zu vermeiden[473].
Der Aspekt eines drohenden Folgeprozesses ist auch bei der an der Prozessökonomie orientierten Auslegung des Unterliegensgrundsatzes ausschlaggebend. Würde man für die Kostenhaftung des Klägers nach § 91 Abs. 1 ZPO auch eine ihm nicht zurechenbare Klage genügen lassen, wäre sicher zu erwarten, dass er in diesem Fall versuchen würde, sich in einem weiteren Rechtsstreit bei dem Vertreter schadlos zu halten. Angesichts der damit verbundenen erheblichen Mehrarbeit erscheint ein zusätzlicher Verfahrensaufwand im laufenden Prozess durch das Abweichen des Gerichts vom Unterliegensgrundsatz, etwa zulasten des Vertreters, wesentlich prozessökonomischer. Dabei dürfte es nur ausnahmsweise überhaupt zu einer Mehrbelastung des Gerichts und Verzögerung des Rechtsstreits kommen, wenn über das Vorliegen der Vollmachtlosigkeit wegen der Kostenentscheidung noch Beweis erhoben werden muss. Aber auch dann ist es prozessökonomischer, einen einmal begonnenen Prozess weiterzuführen, als einen neuen zu beginnen[474].
In den meisten Fällen steht hingegen der Vollmachtsmangel bereits mit der Hauptsacheentscheidung fest, so dass eine Nichtanwendung des § 91 Abs. 1 ZPO keinen Mehraufwand bedeuten würde.

Auch aus prozessökonomischer Sicht ist deshalb von einem Zurechnungserfordernis in § 91 Abs. 1 S. 1 ZPO auszugehen.

(5) Zwischenergebnis

Das Unterliegen in § 91 Abs. 1 S. 1 Hs. 1 ZPO erfordert, wie insbesondere die systematische und objektiv-teleologische Auslegung gezeigt haben, eine der Partei zurechenbare, erfolglose Prozessführung. Da die Norm mithin restriktiv auszulegen ist, kann sie bei dem vollmachtlos vertretenen Kläger, dem die Klage bzw. Prozessführung nicht zurechenbar ist, zu keiner Anwendung kommen.

---

[471] *Schumann*, FS Larenz, S.271 (279); *Lüke*, Beteiligung Dritter, S.245; *v.Mettenheim*, Prozeßökonomie, S.17; Stein/Jonas/*Schumann*, 20.Aufl., Einl Rn.81.

[472] *Schumann*, FS Larenz, S.271 (279); *Lüke*, Beteiligung Dritter, S.245; s.a. BGH, Urt.v. 10.03.1988, BGHZ 103, S.362 (368).

[473] *Pohle*, ZZP 77 (1964), S.98 (111); *Schumann*, FS Larenz, S.271 (279).

[474] Insoweit kann sich auf die auch der prozessualen Behandlung einer einseitigen Erledigungserklärung (dazu Thomas/Putzo/*Putzo*, § 91a Rn.32) zugrunde liegenden, gleichlautende Überlegung gestützt werden, vgl. dazu Stein/Jonas/*Schumann*, 20.Aufl., Einl Rn.82.

bb) Planwidrigkeit der Unvollständigkeit

Die festgestellte Unvollständigkeit der ZPO muss, um als Lücke angesehen zu werden, auch planwidrig sein. Die Planwidrigkeit beurteilt sich nach der dem Gesetz zugrunde liegenden Regelungsabsicht und den mit dieser verfolgten Zwecke, also nach dem gesetzgeberischen Plan[475].

(1) Keine planmäßige Unvollständigkeit des Gesetzgebers

Das Vorliegen einer Regelungslücke ist ausgeschlossen, wenn sich die Unvollständigkeit als „planmäßig" erweist, weil der Gesetzgeber bewusst die vermisste Regelung weggelassen hat[476]. Demgegenüber handelt es sich bei einer Unvollständigkeit um eine unbewusste Lücke, wenn der Gesetzgeber eine regelungsbedürftige Frage übersehen oder irrtümlich für bereits geregelt gehalten hat[477].

Der historische Gesetzgeber hat sich in der amtlichen Begründung des Entwurfs der ZPO aus dem Jahre 1877 im Zusammenhang mit der einstweiligen Zulassung des vollmachtlosen Vertreters nach § 89 ZPO (§ 83 CPO) zu der Haftungsfrage bei vollmachtloser Prozessvertretung wie folgt geäußert[478]:

> „Das durch die Prozessvertretung ohne Auftrag zwischen dem Vertreter und der vertretenen Partei entstehende Rechtsverhältnis liegt außerhalb des Bereichs der Prozessordnung im materiellen Recht. Der Entwurf überlässt demselben auch die Entscheidung der civilrechtlichen Frage, ob und inwieweit der unbeauftragte Prozessvertreter bei ausbleibender Genehmigung der Prozessführung dem Gegner für die Kosten und Schäden des Prozesses verantwortlich ist".

Ein in die im Jahre 1875 stattfindenden Beratungen eingebrachter Antrag auf Einfügung einer Bestimmung, die eine Kostenbelastung des vollmachtlos handelnden Vertreters ermöglicht, wurde von der Kommission abgelehnt[479], da die

---

[475] *Larenz*, Methodenlehre, II.4.Kap.2.a), S.373.

[476] *Krey*, JZ 1978, S.361 (365); *Schmalz*, Methodenlehre, 5.Teil 6.4.1, Rn.386; s.a. *Larenz*, Methodenlehre, II.4.Kap.2.a), S.374, II.4.Kap.4., S.413.

[477] *Larenz*, Methodenlehre, II.4.Kap.2.a), S.379.

[478] *Hahn*, Materialien Reichs-Justizgesetze Bd.2/1, S.196; insoweit in Übereinstimmung mit der Begründung für den Preußischen Justizministerial-Entwurf von 1871, vgl. *Dahlmanns*, Zivilprozessuale Kodifikationen Bd.2, S.540.

[479] Obwohl die Regelung des § 89 ZPO in den „wesentlichen Beziehungen übereinstimmend" mit dem Norddt. Entwurf war, welcher in § 142, wie andere damalige Landesgesetze (z.B. § 78 der Bürgerlichen Prozeßordnung für das Königreich Hannover von 1850; vgl. *Dahlmanns*, Zivilprozessuale Kodifikationen Bd.1) eine Haftung des Vertreters ohne Bevollmächtigung für die dem Gegner aus der Prozessführung entstandenen Kosten und Schäden vorsah: „Wer als Geschäftsführer ohne Auftrag oder ohne Beibringung einer Vollmacht als Bevollmächtigter handelt, haftet, wenn die Partei die Prozessführung nicht genehmigt, dem Gegner

Sache „nicht wichtig genug, das Interesse ... ein sehr geringes“ sei[480]. Dementsprechend heißt es in den Motiven zu § 89 ZPO, es sei nicht anzunehmen, dass die Anwälte sich „ohne Auftrag oder gegründeter Aussicht auf dessen Erteilung ... in Prozesse“ einmischten, und „für die ... sonst auftretenden Bevollmächtigten“ werde „einige Bescheinigung meist in deren Verhältnis zur vertretenen Partei gegeben sein“[481].
Demnach sollte die kostenrechtliche Regelung der vollmachtlosen Prozessführung in der ZPO wegen geringer praktischer Relevanz ausgeklammert und dem bürgerlichen Recht überlassen bleiben, was zunächst für einen bewussten und planmäßigen Ausschluss dieser Kostenfrage spricht.
Zu berücksichtigen ist aber, dass sich der Gesetzgeber lediglich mit dem „Rechtsverhältnis“ von „vertretener Partei“ und Prozessvertreter einerseits und den möglichen Ansprüchen des Gegners gegen den Vertreter andererseits befasste. Die Frage der Kostenerstattungspflicht der nicht wirksam vertretenen Partei, insbesondere des vom Vertreter genannten Klägers, ließ er hingegen außer Acht. Es ist deshalb anzunehmen, dass er die Problematik der Regelungslücke nicht vor Augen hatte. Offensichtlich ging der Gesetzgeber angesichts seines Verweises an das materielle Recht und der – bei extensiv ausgelegtem Wortlaut anwendbaren – Kostenvorschrift in § 91 Abs. 1 S. 1 ZPO davon aus, den Fall einer vollmachtlos erhobenen Klage erschöpfend geregelt zu haben.

Hinzu kommt, dass der Gesetzgeber seine ursprüngliche Entscheidung, die Haftung des Vertreters gegenüber dem Prozessgegner im laufenden Rechtsstreit auszuklammern, später ausdrücklich wieder revidierte. In Anbetracht der später für das BGB beschlossenen Vorschriften über die Haftung aus unerlaubter Handlung sah sich die 2. Kommission für das BGB 1892 veranlasst, eine Haftungsregelung für die einstweilig zugelassene Prozessvertretung nach § 89 Abs. 1 ZPO zu bestimmen[482], die später ohne weiteres Eingang in die erste Novelle der ZPO von 1898 fand. In der Begründung der Novelle heißt es dazu[483]:

> „Die Frage, inwieweit der Gegner für die Kosten und Schäden Ersatz verlangen kann, die ihm dadurch entstehen, dass die andere Partei nachträglich die Genehmigung der Prozessführung oder die Ausstellung einer Vollmachtsurkunde verweigert, ist in der CPO nicht geregelt. Aus den Vorschriften des BGB aber lässt sich eine Haftung des Vertreters hier nur begründen, wenn er vorsätzlich und wider besse-

---

für die aus der Prozessführung entstandenen Kosten und Schäden.“, vgl. *Schubert*, Protokolle Bd.5, S.2418.

[480] *Hahn*, Materialien Reichs-Justizgesetze Bd.2/1, S.550.

[481] *Hahn*, Materialien Reichs-Justizgesetze Bd.2/1, S.195 f.

[482] *Mugdan*, Materialien BGB Bd.2, S.1163 f.

[483] Hahn/*Mugdan*, Materialien Reichs-Justizgesetze Bd.8, S.86.

> res Wissen seine Zulassung zur Prozessführung bewirkt hat. Der Schutz, der hiermit dem Gegner gewährt wird, ist völlig unzureichend."

Die naheliegende Folge dieser Erkenntnis wäre eigentlich die Schaffung eines allgemeinen Haftungstatbestandes für den vollmachtlosen Vertreter gewesen. Denn inzwischen ließ sich auch die praktische Relevanz dieser Kostenfrage in Anbetracht von mindestens zwei zur Kostenhaftung ohne einstweilige Zulassung ergangener Entscheidungen des Reichsgerichts[484] und einer anschwellenden Diskussion in der Literatur, die mehrheitlich eine Kostenbelastung des vermeintlich Bevollmächtigten vertrat[485], nicht mehr leugnen. Damit waren eigentlich die Voraussetzungen für den Gesetzgeber geschaffen, eine Kostenregelung – als Ausnahmevorschrift gegenüber § 91 Abs. 1 S. 1 ZPO – für eine vollmachtlose Prozessvertretung insgesamt in die ZPO aufzunehmen. Das Ausbleiben einer solchen Regelung mag deshalb zwar „befremdlich"[486] erscheinen. Es lässt allerdings auch nicht den Schluss zu, dass außerhalb der einstweiligen Zulassung bewusst keine Rechtsfolge ergehen sollte. Es könnte vielmehr darauf zurückzuführen sein, dass die Kommission der ZPO-Novelle den Regelungsvorschlag der BGB-Kommission[487] – außer einiger redaktioneller Veränderungen[488] – unbesehen übernahm[489].
Denkbar ist aber auch, dass eine weitergehende Regelung nicht für notwendig erachtet wurde[490]. Der „Entwurf des Gesetzes zur Änderung der CPO" sah nämlich ursprünglich für § 88 ZPO (§ 84 CPO) die Ausdehnung der gerichtlichen

---

[484] Vgl. RG, Beschl.v. 11.05.1891, SeuffArch.47 (1892), S.105 ff.; RG, Beschl.v. 02.07.1891, Gruchot's Beiträge 37 (1893), S.135 ff.

[485] Vgl. die Nachweise bei *Ulbricht*, AcP 78 (1892), S.48, 69, Fn.33.

[486] So *Wach*, DJZ 1 (1896), S.285 (287).

[487] Es leuchtet ein, dass sich die BGB-Kommission auf die einstweilige Prozesszulassung nach § 89 ZPO beschränkte, da sie nur die Fälle der Wahrnehmung vorläufig eingeräumter Prozessbefugnisse (vgl. etwa §§ 302 Abs.4 S.3, 600 Abs.2, 717 Abs.2 S.1 ZPO), in denen für die Haftung vom ZPO-Gesetzgeber auf das Bürgerliche Recht verwiesen worden war, im Auge hatte und die Bedeutung einer solchen Regelung für die dem Gegner ohne Zulassung entstandenen Kosten und Schäden offensichtlich übersah.

[488] Die Fassung der BGB-Kommission lautete: „Ist zur Zeit der Erlassung des Endurtheils die Genehmigung nicht beigebracht, so hat der einstweilen zur Prozessführung Zugelassene dem Gegner die durch die einstweilige Zulassung verursachten Kosten und Schäden zu ersetzen.", vgl. *Mugdan*, Materialien BGB Bd.2, S.1163.

[489] Darauf deutet die fehlende Abhandlung der Änderung des § 89 ZPO im Kommissionsbericht hin, vgl. Hahn/*Mugdan*, Materialien Reichs-Justizgesetze Bd.8, S.287 f.

[490] Möglicherweise u.a. deshalb, weil man die Lösung der noch im Fluss befindlichen Lehre und Rechtsprechung überlassen wollte; so die Einschätzung des LG Hamburg, Urt.v. 01.03.1951, ZZP 65 (1952), S.159 (163).

Prüfung der Vollmacht von Amts wegen auf den Anwaltsprozess vor[491] und versprach sich offensichtlich davon u.a. eine Vermeidung vollmachtlos erhobener Klagen[492]. Möglicherweise hat man, nachdem die Kommission diese Änderung abgelehnt hatte, versäumt, sich mit der Vertreterhaftung erneut zu befassen. Jedenfalls gibt es keine Anhaltspunkte dafür, dass der Gesetzgeber an seinem Verweis auf das bürgerliche Recht bei der sich letztlich ergebenden Gesetzeslage teilweise festhalten und die Kostenfrage bei einer vollmachtlosen Vertretung bewusst nicht regeln wollte.
Es ist somit anzunehmen, dass der Gesetzgeber bei der Frage einer Kostenhaftung des vollmachtlosen Prozessvertreters ohne einstweilige Zulassung keine „planmäßige" Lücke gelassen hat[493].

(2) Planwidrigkeit aufgrund unvollständiger positivrechtlicher Anordnung
Schließlich bedarf es einer positiven Feststellung der Planwidrigkeit der als nicht planmäßig erkannten Unvollständigkeit. Diese liegt jedenfalls dann vor, wenn eine positivrechtliche Anordnung des Gesetzgebers derart unvollständig ist, dass sie ohne eine Ergänzung nicht anwendbar ist[494]. Dabei wird ein bestimmter Fall zwar ausdrücklich für rechtserheblich erklärt, das Gesetz weist jedoch keine oder nur eine unzureichende Rechtsfolge auf[495].
Eine solche Anordnung des positiven Rechts ergibt sich aus dem Gesamtzusammenhang der ZPO, wonach mit jeder Verfahrensbeendigung eine Regelung der Kostenfolge einhergehen muss, wie es für das Vollendurteil in § 308 Abs. 2 ZPO zum Ausdruck kommt (s.o. S. 102 *Teil 2 A.I.1.*). Den Inhalt der Kostenentscheidung schreibt § 308 Abs. 2 ZPO nicht vor. Er überlässt die nähere Regelung den kostenrechtlichen Vorschriften der ZPO. Diese Vorschriften regeln zwar insbesondere in den §§ 91 ff. ZPO umfassend die Kostenfolge eines Urteils, lassen jedoch den Fall der Klageabweisung wegen vollmachtloser Prozessvertretung unberücksichtigt. Da auch hier ein zur Verfahrensbeendigung geeignetes Urteil ergeht, ist das Gericht konsequenterweise ebenfalls angehalten, über die Kostenfolge zu befinden.
Um dem Geltungsanspruch der sich aus dem Gesamtzusammenhang der ZPO und § 308 Abs. 2 ZPO ergebenden Anordnung zu genügen, hat das Gericht also auch in diesem Urteil eine Kostenentscheidung zu fällen (s.o. S. 103 *Teil 2 A.I.1.*). Da dies trotz der Anordnung bei unmittelbarer Anwendung der Kosten-

---

[491] „Das Gericht hat den Mangel der Vollmacht von Amtswegen zu berücksichtigen.", vgl. Hahn/*Mugdan*, Materialien Reichs-Justizgesetze Bd.8, S.287.
[492] Dafür spricht, dass ein die Änderung favorisierendes Kommissionsmitglied in der Beratung auf den Fall eines Rechtsanwalts hinwies, der „ohne Vorwissen des angeblichen Klägers eine Klage erhoben" hatte, Hahn/*Mugdan*, Materialien Reichs-Justizgesetze Bd.8, S.288.
[493] So im Ergebnis auch LG Hamburg, Urt.v. 01.03.1951, ZZP 65 (1952), S.159 (163).
[494] *Canaris*, Feststellung von Lücken, § 47, S.55; *Larenz*, Methodenlehre, II.4.Kap.2.a), S.371 f.
[495] *Canaris*, Feststellung von Lücken, § 47, S.55.

normen nicht möglich ist, lässt sich diese Unvollständigkeit als planwidrig einordnen.

c) Zwischenergebnis

Die Kostenvorschriften der ZPO weisen für den Fall der Klageabweisung wegen Vollmachtlosigkeit des Prozessvertreters eine Lücke auf. Da hier eine gesetzliche Regelung, also die ZPO, im Ganzen unvollständig ist, handelt es sich dabei um eine sog. (offene) Regelungslücke[496].

Es ist deshalb mit der herrschenden Meinung und damit entgegen der Ansicht von *Christmann* und *Renner* eine Haftung des Klägers nach § 91 ZPO bei einer dem Vertreter für die Klage nicht erteilten Vollmacht abzulehnen.

4. Ausfüllung der Regelungslücke

Da eine Kostenentscheidung zu ergehen hat, fehlt es nunmehr an einer positiven Regelung, welche Rechtsfolge eintreten soll. Es gilt daher diese Lücke auszufüllen.

a) Kostenbelastung des Vertreters als Rechtsfolge

Eine Kostenbelastung des vollmachtlos vertretenen Klägers kommt aufgrund des über die Regelung des § 91 ZPO hinausgehend Bedeutung erlangenden Selbstverantwortungsprinzips (s.o. S. 117 ff. *Teil 2 A.I.3.b)aa)(4)(a)*) auch nicht im Wege einer Rechtsfortbildung in Betracht.

Da der Beklagte ebenfalls als Kostenschuldner ausscheidet, bleibt als Rechtsfolge lediglich die Kostenerstattungspflicht des Vertreters. Zu diesem Ergebnis gelangt auch die herrschende Meinung in der Rechtsprechung und Literatur, indem sie den ohne Bevollmächtigung und Beauftragung handelnden Prozessvertreter – früher – gemäß dem Gedanken des § 179 BGB oder – heute – vor allem aufgrund des Veranlassungsprinzips mit den Verfahrenskosten beschwert (s.o. S. 103 ff. *Teil 2 A.I.2.a)*).

aa) Einwände von *Christmann* und *Renner*

Dagegen sind insbesondere von *Christmann*[497] und *Renner*[498] erhebliche Bedenken vorgebracht worden. Nach ihrer Ansicht fehlt es für eine Kostenbelastung des Prozessvertreters an einer geeigneten Rechtsgrundlage:

---

[496] Ebenso *Canaris*, Feststellung von Lücken, § 53, S.61, für die Kostenfrage bei mehreren Streitgenossen und deren nur teilweisem Prozesserfolg; zur „offenen Regelungslücke" vgl. *Larenz*, Methodenlehre, II.4.Kap.2.a), S.372, 377.

[497] *Christmann*, Der vollmachtlose Stellvertreter, S.43 f.

[498] *Renner*, MDR 1974, S.353.

Eine Haftung des vollmachtlosen Prozessvertreters nach §§ 177 ff. BGB sei eine unzulässige Übertragung zivilistischer Grundsätze[499]. Diese seien für die besonderen Verhältnisse bei Anbahnung, Eingehung und Abwicklung von Vertragsbeziehungen konzipiert und versuchten in abgewogenen und vielfältig differenzierten Einzelregelungen die Interessen des Vertreters, des Vertretenen und des Vertragspartners je nach deren Schutzbedürftigkeit miteinander in Einklang zu bringen.

Im Prozessrecht dagegen seien die Handlungen des vollmachtlosen Vertreters, anders als nach § 177 Abs. 1 BGB, auch ohne Genehmigung des angeblich Vertretenen jedenfalls insoweit gegen ihn wirksam, als die Klage bzw. das Rechtsmittel als von ihm erhoben bzw. eingelegt gelte[500].

Außerdem könne es der unterschiedlichen Interessenlage und Schutzbedürftigkeit des vollmachtlosen Vertreters, des angeblich Vertretenen und der anderen Verfahrensbeteiligten nicht gerecht werden, wenn die Kostenfolgen der vollmachtlosen Prozessführung allein den vollmachtlosen Vertreter treffen würden[501].

Eine Prozesskostenlast des Vertreters lasse sich auch nicht aus der ZPO begründen. Die Kostenbestimmungen könnten weder direkt noch analog auf den vollmachtlosen Vertreter angewendet werden. Nach der abschließenden Regelung der §§ 91 ff. ZPO seien Kostenschuldner die Parteien einschließlich der Nebenintervenienten, also nur Personen, die mit Sachanträgen oder anderen Prozesshandlungen die Prozessführung beeinflussen könnten, nicht aber sonstige Prozessbeteiligte, die hierzu nicht in der Lage seien. Denn die Kostenpflicht knüpfe primär an die formelle und materielle Stellung der Partei im Prozess und deren erfolglose Prozessführung an[502].

Auch das Veranlassungsprinzip als Grundlage der Kostenvorschriften betreffe jeweils nur die Stellung des Veranlassers als Partei. Andernfalls müsse berücksichtigt werden, ob der vollmachtlose Vertreter, der nicht immer nur wegen der Klageerhebung bereits als Veranlasser gelten dürfe, seinerseits durch den angeblich Vertretenen oder einen Dritten zu der Prozessführung veranlasst worden sei. Auch sei für die Kostenpflicht ein mögliches Verschulden relevant, zumal das Verschuldensprinzip teilweise im Kostenrecht Eingang gefunden habe. Die Kostenentscheidung erfordere daher die Untersuchung aller Umstände, die zu der vollmachtlosen Prozessführung i.S. einer Verursachung oder eines Verschuldens beigetragen hätten, um so tatsächlich durch die prozessuale Kostenentscheidung

---

[499] *Christmann*, Der vollmachtlose Stellvertreter, S.43 f.; *Hellwig*, LB ZPR Bd.2, § 125 III. 1.b), S.391 (Fn.46); zustimmend *Schmitz*, Kostenentscheidung für oder gegen Dritte, S.66 f.

[500] *Renner*, MDR 1974, S.353 (356); zustimmend *Fleddermann*, Kostenrechtliche Probleme, S.70.

[501] *Renner*, MDR 1974, S.353 (356).

[502] *Renner*, MDR 1974, S.353 (356); *Christmann*, Der vollmachtlose Stellvertreter, S.43.

einen neuen Prozess um die endgültige materielle Kostentragungspflicht zu vermeiden. Es könne aber nicht Aufgabe des Prozessgerichts sein, anlässlich der Entscheidung über eine wegen Vollmachtlosigkeit des Prozessbevollmächtigten unzulässige Klage alle Vorgänge, die zur Einleitung und Durchführung des gerichtlichen Verfahrens geführt haben, nur zu dem Zweck zu untersuchen, eine Kostenentscheidung fällen zu können.

Offen sei auch, wer im Rahmen der Prozesskostenentscheidung als materiell beweislastverpflichtet angesehen werde. Solle dem Vertreter die Beweislast zugeschoben werden, die im Rückgriffsprozess die Partei hätte, sei dies ungerechtfertigt und mit der dem Rechtsanwalt verliehenen Stellung eines unabhängigen Organs der Rechtspflege unvereinbar[503].
Das Absehen von der Kostenbelastung des Vertreters entspreche ferner den praktischen Bedürfnissen. Die Beschleunigung des Verfahrens werde erheblich beeinträchtigt, wenn ein Anwalt z.B. bei eiligen Aufträgen von auswärtigen Klienten oder von Handelsgesellschaften, deren Vertreter er nicht kenne, wegen einer drohenden Kostenlast vor Einleitung des Verfahrens gezwungen wäre, sich nicht nur die Vollmacht ausstellen zu lassen, sondern auch die recht häufig schwierige Frage der Wirksamkeit der Vollmacht prüfen zu müssen[504]. Auch bestehe ein Schutzbedürfnis des Vertreters, der etwa eine schriftliche Vollmacht trotz Beauftragung nicht vorlegen könne oder die Unwirksamkeit einer erteilten Vollmacht nicht habe erkennen können[505].
Andernfalls müsse das Gericht eine Kostenentscheidung gegenüber einem prozessual Dritten fällen, die außerhalb des vom Zwei-Parteien-System geprägten Prozessrechtsverhältnisses liege und das Verhältnis zwischen Mandant und Anwalt betreffe[506]. Wenn der Rechtsanwalt aber bereits durch die Kostenentscheidung für sein vollmachtloses prozessuales Handeln haftbar gemacht werde, komme dies einer Ahndung seines Verhaltens durch das Prozessgericht nahe. Eine solche Beurteilung solle aber zweckmäßigerweise der Ehrengerichtsbarkeit vorbehalten bleiben[507].

bb) Stellungnahme
Die von *Christmann* und *Renner* geäußerten Vorbehalte gegenüber einer Kostenbelastung des Vertreters an sich sind unbegründet.

---

503 *Renner*, MDR 1974, S.353 (356); im Ergebnis ebenso *Christmann*, Der vollmachtlose Stellvertreter, S.45.
504 *Christmann*, Der vollmachtlose Stellvertreter, S.45; Förster/*Kann*, § 88 Anm.4a; ähnlich OLG Frankfurt, Beschl.v. 10.03.1980, OLGZ 1980, S.278 (282), wonach die Haftung des vollmachtlosen Vertreters insbesondere bei Rechtsanwälten und Notaren eingeschränkt bleiben müsse.
505 *Renner*, MDR 1974, S.353 (356).
506 *Smid*, NJW 1989, S.1578.
507 *Renner*, MDR 1974, S.353 (357).

So lässt sich nicht dagegen anführen, dass damit die Beweislast zum Nachteil des Vertreters verschoben wird. Die Darlegungs- und Beweislast, die der vertretene Kläger im Rückgriffsprozess z.B. für die Voraussetzungen des Anspruchs wegen unberechtigter Geschäftsführung aus § 678 BGB tragen würde[508], besteht im Verhältnis des Vertreters zum Kläger. Dagegen trifft den Vertreter die Nachweispflicht und damit die Beweislast hinsichtlich seiner Vollmacht gegenüber dem Beklagten bzw. Gericht (s.o. S. 59 *Teil 1 B.I.*), wobei es primär nicht um die Entlastung des Klägers, sondern um das Vorliegen eines Erstattungsanspruchs des Beklagten gegenüber dem Vertreter geht. Es sind also zwei unterschiedliche Rechtsbeziehungen betroffen, die in Bezug auf die jeweilige Beweislast keinen Vergleich zulassen.
Damit ist außerdem klargestellt, dass sich die Kostenfrage nicht auf das Mandatsverhältnis zwischen Partei und Vertreter bezieht, sondern dieses nur als Entscheidungsgrundlage herangezogen wird.

Die Verschonung des Vertreters ist auch nicht etwa deshalb geboten, weil dieser schutzwürdiger ist als der „in die Parteirolle gezwungene" Kläger[509], der von dem alles nicht weiß[510]. Lässt man den Vertreter haften, hat er sich dies vielmehr, wie es das LG Hamburg[511] formuliert hat, „aufgrund seines eigenen vorausgegangenen Handelns selbst zuzuschreiben". Verdeutlicht wird das in dem Fall, dass im Namen einer überhaupt nicht vorhandenen Partei geklagt wird, bei dem der Vertreter auch ohne erteilte Vollmacht handelt (s.o. S. 66 *Teil 1 B.III.1.a)*). Wäre hier eine Einstandspflicht des Vertreters ausgeschlossen, würde der allgemein als am schutzwürdigsten eingeschätzte Beklagte (s.o. S. 103 *Teil 2 A.I.2.*) um sein Recht auf Kostenerstattung gebracht werden[512].
Zwar kann im Einzelfall auch die Schutzbedürftigkeit des Vertreters gegeben sein, etwa wenn die Partei durch ihn einen Rechtsstreit führen lässt, ihm aber ggf. sogar in Schädigungsabsicht die Ausstellung einer Vollmacht verweigert[513]. Dies rechtfertigt aber nicht, ihn generell zu schützen[514]. Denn er hat die Möglichkeit und letztlich wegen der in § 80 Abs. 1 ZPO normierten Schriftform im Interesses eines geordneten Verfahrensablaufs (s.u. S. 248 *Teil 2 C.III.2.b)aa)*) auch die Last, sich durch eine vorherige schriftliche Vollmacht abzusichern[515]. Selbst bei eiligen Aufträgen ist es ihm angesichts moderner Telekommunikation möglich, sich zumindest den Auftrag zur Klageerhebung z.B. per Telefax in zwar nicht formgerechter, aber in beweisgeeigneter Form bestätigen zu lassen.

---

508 Palandt/*Sprau*, § 678 Rn.4.
509 OLG Bremen, Urt.v. 06.07.1956, Rpfleger 1957, S.275.
510 *Schneider*, Rpfleger 1976, S.229 (233); *Fleddermann*, Kostenrechtliche Probleme, S.67.
511 LG Hamburg, Urt.v. 01.03.1951, ZZP 65 (1952), S.159 (162).
512 Darauf weist *Christmann*, Der vollmachtlose Stellvertreter, S.42 f., hin.
513 *Christmann*, Der vollmachtlose Stellvertreter, S.43.
514 *Schneider*, Rpfleger 1976, S.229 (233).
515 Ähnlich auch *Marzinek*, Mangel der Vollmacht, S.41.

Überprüft der Vertreter außerdem noch zur Vermeidung eines vollmachtlosen Handelns die Wirksamkeit der ihm erteilten Vollmacht, erfüllt er – jedenfalls im Rahmen einer rechtsberatenden Funktion – insoweit die ihn ohnehin treffende Pflicht, die Erfolgsaussichten der Klage und damit das Vorliegen der Prozessvoraussetzungen zu ermitteln.
Versäumt der Vertreter dennoch das Einholen einer Vollmacht oder handelt er als Geschäftsführer ohne Auftrag, kann er zwar nicht seiner Nachweispflicht gerecht werden. Er handelt jedoch in gesetzlich zugelassener Weise (s.o. S. 19 *Einl.*), so dass seine Kostenbelastung nicht einer Ahndung durch die Ehrengerichtsbarkeit gleichkommen kann, sondern lediglich ausgleichenden Charakter zugunsten des Beklagten hat.

Sind also die Bedenken gegenüber einer Kostenbelastung des Vertreters nicht haltbar, lassen sich jedoch die Zweifel an dem Vorliegen einer Rechtsgrundlage nicht ohne weiteres zerstreuen.
Die Ausfüllung einer Regelungslücke erfolgt im Wege der Analogie oder des Rückganges auf ein im Gesetz angelegtes Prinzip[516]. Die in der Rechtsprechung und Lehre gemachten Lösungsvorschläge sollen unter Berücksichtigung der von *Christmann* und *Renner* vorgetragenen Einwände auf ihre Tragfähigkeit und Eignung zu einer solchen Rechtsfortbildung untersucht werden.

b) Zulässigkeit der Analogie bei der Kostenentscheidung
Eine Haftungsbegründung im Wege der Analogie oder der Heranziehung eines Gesetzesprinzips bei einer vollmachtlosen Klage würde allerdings den Prozessvertreter mit einer Kostenfolge belasten, die für ihn nicht aus dem Wortlaut des Gesetzes ersichtlich wäre. Damit steht die prinzipiell auf materielle Gerechtigkeit ausgerichtete richterliche Rechtsfortbildung[517] – symptomatisch – im Widerstreit zum rechtsstaatlichen Gebot der Rechtssicherheit[518]. Ein gewichtiges Bedürfnis nach Rechtssicherheit kann deshalb einer Analogie entgegenstehen und ein Analogieverbot rechtfertigen[519].
Im Bereich des Privatrechts ist die Lückenschließung im Wege der Analogie aber als grundsätzlich zulässig anerkannt[520]. Im öffentlichen Recht dagegen ist

---

[516] *Larenz*, Methodenlehre, II.5.Kap.2.b), S.381.
[517] *Canaris*, Feststellung von Lücken, § 175, S.183; *Zippelius*, Methodenlehre, § 11 I.c), S.67.
[518] *Larenz*, Methodenlehre, II.5.Kap.1., S.368; *Zippelius*, Methodenlehre, § 11 I.c), S.67; Maunz/Dürig/*Herzog*, Art.20 VII Rn.61; Schmidt-Bleibtreu/Klein/*Kannengießer*, Art.2 Rn.19.
[519] *Bydlinski*, Methodenlehre, 3.Buch 7.Teil III., S.601; *Canaris*, Feststellung von Lücken, § 175, S.184; *Zippelius*, Methodenlehre, § 11 I.c), S.67.
[520] BVerfG, Beschl.v. 03.04.1990, BVerfGE 82, S.1 (12 f.); *Lappe*, Rpfleger 1984, S.337; Dreier/*Schulze-Fielitz*, Art.20 Rn.92; Palandt/*Heinrichs*, Einl Rn.46, 48; Schmidt-Bleibtreu/Klein/*Brockmeyer*, Art.20 Rn.41; *Canaris*, Feststellung von Lücken, § 47, S.55 u. § 175,

die Rechtssicherheit im Sinne der Bestimmtheit untrennbar mit dem Vorbehalt des Gesetzes verbunden[521]. Der Gesetzgeber muss deshalb die der staatlichen Eingriffsmöglichkeit eröffnete Rechtssphäre grundsätzlich selbst eingrenzen, indem er Inhalt, Zweck und Ausmaß der Eingriffe festlegt und so dem Betroffenen ermöglicht, die Rechtslage zu erkennen und sein Verhalten darauf einzurichten[522]. Das Bundesverfassungsgericht hat daraus in einer Kammerentscheidung vom 14.08.1996[523] in Übereinstimmung mit einem Teil der Literatur[524] gefolgert, dass die Exekutive nicht befugt sei, im Wege der Analogie selbst neue Eingriffstatbestände zu schaffen und hat damit ein generelles Analogieverbot, wie es nach Art. 103 Abs. 2 GG im Strafrecht gilt, für hoheitliche Eingriffe bestimmt.

Ein solches uneingeschränktes Analogieverbot besteht für die Kostenentscheidung, trotz des an sich öffentlich-rechtlichen Charakters des Zivilprozessrechts[525], nicht. Die dafür maßgebenden Kostenvorschriften der ZPO haben weder Strafcharakter[526] noch dienen sie der Verwirklichung staatlicher Ordnungs- und Hoheitsgewalt. Sie regeln allein den Erstattungsanspruch der Parteien und übrigen Prozessbeteiligten untereinander wegen der ihnen infolge des Rechtsstreits entstandenen Kosten[527]. Die privatrechtliche Natur dieses Ausgleichsanspruchs ist anerkannt (s.o. S. 119 *Teil 2 A.I.3.b)aa)(4)(a)*), so dass er nicht im Geltungsbereich des vom Bundesverfassungsgericht angenommenen Analogieverbots liegt.
Dem steht auch nicht entgegen, dass die Kostenentscheidung mittelbare Bedeutung für den öffentlich-rechtlichen Anspruch der Gerichtskasse[528] gem. § 54 Nr. 1 GKG hat, wonach Kostenschuldner der Gerichtskosten derjenige ist, dem

---

S.183; *Larenz*, Methodenlehre, II.5.Kap.1., S.368 f.; s.a. BVerfG, Beschl.v. 14.02.1973, BVerfGE 34, S.269 (287 f.).

521 BVerfG, Beschl.v. 20.10.1981, BVerfGE 58, S.257 (278); *Konzak*, NVwZ 1997, S.872 (873); *Jarass*/Pieroth, Art.20 Rn.61.

522 BVerfG, Urt.v. 24.04.1985, BVerfGE 69, S.1 (41); BVerfG, Beschl.v. 27.11.1990, BVerfGE 83, S.130 (145); Dreier/*Schulze-Fielitz*, Art.20 Rn.124; Schmidt-Bleibtreu/Klein/*Brockmeyer*, Art.20 Rn.34.

523 BVerfG, Beschl.v. 14.08.1996, NJW 1996, S.3146.

524 *Konzak*, NVwZ 1997, S.872 (873); *Loeser*, System VwR, § 8 IV.2,a)(1), Rn.55; *Zippelius*, Methodenlehre, § 11 I.c), S.68; so zum Justizkostenrecht *Lappe*, Rpfleger 1984, S.337 (338 f.); gegen ein generelles Analogieverbot: *Schwabe*, DVBl. 1997, S.352 f. m.w.N.; so zum Abgabenrecht *Gern*, NVwZ 1995, S.1145 (1147 ff.); zum Analogieverbot im Steuerrecht vgl. BFH, Urt.v. 13.01.1984, BStBl II 1984, S.315 (316).

525 Rosenberg/Schwab/*Gottwald*, ZPR, § 1 V., S.5.

526 *Hahn*, Materialien Reichs-Justizgesetze Bd.2/1, S.197; *Becker-Eberhard*, Grundlagen der Kostenerstattung, S.11; Stein/Jonas/*Bork*, Vor § 91 Rn.6.

527 Vgl. *Hahn*, Materialien Reichs-Justizgesetze Bd.2/1, S.196 u. Bd.2/2, S.948; Baumbach/Lauterbach/*Hartmann*, Übers § 91 Rn.26; MüKo-ZPO/*Belz*, Vor § 91 Rn.4.

528 *Loritz*, Kostenerstattung, S.42; Thomas/Putzo/*Putzo*, Vorbem § 91 Rn.6.

durch gerichtliche Entscheidung die Kosten des Verfahrens auferlegt werden. Denn der Richter konstituiert mit der Analogie in einer Kostenentscheidung nicht – wie vom Bundesverfassungsgericht vorausgesetzt – eine Ermächtigungsgrundlage für den hoheitlichen Eingriff der Gerichtskasse. Der Kostenanspruch des Staates beruht mit § 54 Nr. 1 GKG vielmehr auf der Grundlage eines bestehenden Gesetzes, das allen Anforderungen des Gesetzesvorbehalts und der Rechtssicherheit genügt. Der Richter verfolgt demgegenüber in erster Linie die Feststellung der Rechtslage für eine gerechte Entscheidung des privaten Streits der Parteien um die Prozesskosten und schafft damit nur nebenbei die Voraussetzung für die Bestimmung des Kostenschuldners nach dem GKG. Dass aber das Gesetz wie in § 54 Nr. 1 GKG einen privatrechtlichen Tatbestand als Eingriffsvoraussetzung festlegt, ist, wie z.B. das Lohn- und Umsatzsteuerrecht zeigt, nicht außergewöhnlich. Die Zulässigkeit der Analogie im Privatrecht wird dadurch nicht in Frage gestellt. Das Gleiche gilt, wenn der Richter infolge eines Analogieschlusses in der Hauptsache etwa zur Unterliegenshaftung einer Partei gelangt und so mittelbar den Gerichtskostenschuldner bestimmt. Insoweit besteht aber zu der Analogie im Bereich der als privatrechtlich erkannten Kostennormen kein Unterschied, der die Annahme eines generellen Analogieverbotes bei der Kostenentscheidung rechtfertigen könnte.

Die Zulässigkeit einer Analogie lässt sich außerdem nicht wegen eines besonderen Bedürfnisses des vollmachtlosen Prozessvertreters nach Rechtssicherheit verneinen. Im Kostenrecht der ZPO ist es keine Ausnahme, dass die Kostenentscheidung nicht unmittelbar aus dem Gesetz zu entnehmen ist[529], wie dies beispielsweise die Analogie zu § 93 ZPO bei Arrest und einstweiliger Verfügung[530] oder die Fälle des Unterliegens einzelner Streitgenossen[531] belegen. Darüber hinaus bedarf der vollmachtlose Vertreter keines besonderen Schutzes wegen der möglichen Folgen seines unbefugten Handelns. Er muss durchaus damit rechnen, dass der im Zivilrecht geltende Grundsatz der Haftung des Vertreters ohne Vertretungsmacht auch im Prozessrecht, wie mit § 89 Abs. 1 S. 3 ZPO angedeutet, seine Ausprägung erfahren hat und dass er beim Fehlen der behaupteten Vertretungsmacht für sein unberechtigtes Auftreten einstehen muss.

Im Fall der Klage ohne Vertretungsmacht besteht somit kein die Zulässigkeit der Analogie im Bereich des Kostenrechts ausschließendes Analogieverbot.

---

[529] *Haubelt*, ZZP 89 (1976), S.192 (196).
[530] Vgl. *Anders/Gehle*, HB Zivilurteil, B. 1.Abschn. § 9 III., Rn.251 ff. m.w.N.
[531] MüKo-ZPO/*Belz*, § 100 Rn.33 ff. m.w.N.

c) Erörterung der Lückenausfüllung gemäß der Rechtsprechung und Lehre
Die eine Kostenhaftung des vollmachtlosen Prozessvertreters befürwortende Rechtsprechung und Lehre stützen sich in ihrer Begründung auf die Analogie zu §§ 177 ff. BGB, zu § 91 ZPO oder auf das Veranlassungsprinzip.

aa) Analoge Anwendung des materiell-rechtlichen Vertretungsrechts
Das Vertretungsrecht des BGB hat bei der Begründung der Haftung des Prozessvertreters insbesondere in der älteren Lehre und Rechtsprechung (s.o. S. 104 f. *Teil 2 A.I.2.a)*), aber auch unter einigen Vertretern des Veranlassungsprinzips[532] eine maßgebliche Rolle eingenommen.
Die zunächst auch vom BGH und in der Literatur übernommene Formel des Reichsgerichts, wonach ein nichtberechtigter Vertreter einen anderen nicht durch seine Handlungen verpflichten könne und für die Folgen seines Handelns hinsichtlich der Kostenpflicht selbst einzustehen habe (s.o. S. 104 *Teil 2 A.I.2.a)*), beruht – vom RG letztlich unausgesprochen, aber von den Instanzengerichten hervorgehoben – auf der Regelung der materiell-rechtlichen Vorschriften zur vollmachtlosen Stellvertretung. Dementsprechend ist von der Lehre und den Gerichten hier ausdrücklich eine analoge Anwendung der §§ 177, 179, 180 BGB oder die Geltung des darin enthaltenen Rechtsgedankens bzw. allgemeinen Grundsatzes angenommen worden (s.o. S. 106 *Teil 2 A.I.2.a)*)[533].

Trotz der grundsätzlichen Eigenständigkeit der ZPO gegenüber dem BGB[534] ist ihre Ergänzung durch dieses im Falle ihrer Lückenhaftigkeit nicht ausgeschlossen. So sollen Rechtsgrundsätze, die im bürgerlichen Recht einen Niederschlag gefunden haben und allgemeine Geltung beanspruchen, auf den prozessualen Erstattungsanspruch anzuwenden sein[535]. Und auch im prozessualen Vertretungsrecht kann wegen der Wesensgleichheit[536] auf die Bestimmungen des BGB zurückgegriffen werden (s.o. S. 60 *Teil 1 B.II.1.*). Es erscheint somit eine Anwendung der Regelung über die vollmachtlose Stellvertretung (§§ 177 ff. BGB) durchaus möglich[537], soweit die materiell-rechtlichen Vorschriften ihrem Wesen nach nicht in der eigentümlichen Natur und den besonderen praktischen Bedürfnissen des freien rechtsgeschäftlichen Verkehrs wurzeln[538].

---

[532] Vgl. *Schneider*, Rpfleger 1976, S.229 (230); *Fleddermann*, Kostenrechtliche Probleme, S.70; *Schmitz*, Kostenentscheidung für oder gegen Dritte, S.65; Stein/Jonas/*Bork*, § 88 Rn.14.
[533] So auch für den materiell-rechtlichen Haftungsanspruch des Beklagten gegen den vollmachtlosen Vertreter eines früheren Prozesses im Regressverfahren: AG Hamburg, Urt.v. 19.11.1985, NJW-RR 1986, S.1120 (1121); *Hupka*, Haftung des Vertreters, S.131 ff.; *Isay*, Geschäftsführung, S.258.
[534] MüKo-ZPO/*Lüke*, Einl Rn.25.
[535] Stein/Jonas/*Bork*, Vor § 91 Rn.10a.
[536] *Rosenberg*, Stellvertretung, S.145; *Hellwig*, System Teil 1, § 79 V.2., S.186.
[537] So grundsätzlich auch *Heckelmann*, JW 1915, S.267 (268).
[538] *Hupka*, Haftung des Vertreters, S.132.

(1) Keine Anwendbarkeit der §§ 177 ff. BGB
Dennoch ist eine entsprechende Anwendung der §§ 177 ff. BGB in Übereinstimmung mit der Ansicht von *Christmann* und *Renner* für das Prozessrecht nicht möglich.

Gegenüber § 177 Abs. 1 BGB enthält § 89 Abs. 2 ZPO eine Sondervorschrift. Der in §§ 177 Abs. 2, 178 BGB geregelte Schwebezustand entspricht dem während der einstweiligen Zulassung nach § 89 Abs. 1 ZPO. Im Übrigen lassen sich Genehmigungsaufforderung und Widerruf der Vertragserklärung naturgemäß nicht mit dem Prozessrecht in Einklang bringen[539].

Das gleiche gilt für § 180 BGB, der an sich für die vollmachtlose Klage als einseitige Willenserklärung an das Gericht zur Geltung kommen könnte.
Nach § 180 S. 1 BGB ist bei einem einseitigen Rechtsgeschäft die Vertretung ohne Vertretungsmacht unzulässig; das Rechtsgeschäft ist aufgrund des Verbots unheilbar nichtig[540]. Demgegenüber kommen der von der ZPO ermöglichten Klage bei vollmachtloser Prozessvertretung prozessuale Wirkungen zu (s.o. S. 36 ff. *Teil 1 A.II.1.a)dd)(2)(a)*). Ferner ist sie im Laufe des Verfahrens noch genehmigungsfähig (s.o. S. 28 *Teil 1 A.II.1.a)*). Die Entscheidung des Gerichts zur Zurückweisung des Klageantrags als unzulässig (s.o. S. 45 *Teil 1 A.II.1.a)dd)(2)(a)(ee)*) ist deshalb mit der Nichtigkeitsfolge nicht vergleichbar[541].
Die Wirkungen der vollmachtlosen Klage können auch nicht mit § 180 S. 2 BGB begründet werden. Der Beklagte hat vor Klagezustellung gar nicht die Möglichkeit, die behauptete Vertretungsmacht zu beanstanden. Auf sein Einverständnis kommt es nicht an. Lediglich das Gericht entscheidet, ob es die Klage zustellen lässt. Ein Heranziehen des § 179 BGB müsste also unabhängig von den Verweisungsvoraussetzungen des § 180 BGB wegen der Beachtlichkeit der Klage als prozessuale Besonderheit erfolgen[542].

Letztlich scheitert aber auch eine Anwendung des § 179 BGB.
Da der Prozess dem Beklagten aufgezwungen wird[543], kann es für die Haftung des Vertreters nicht auf die Kenntnis des Beklagten von der Vollmachtlosigkeit ankommen. § 179 Abs. 3 S. 1 BGB könnte deshalb nur im Anwaltsprozess greifen, wenn der Beklagte nach seinem Kenntnisstand den Mangel nach § 88 Abs. 1 ZPO hätte rügen müssen, wobei davon nur die ab diesem Zeitpunkt ent-

---

539 Vgl. *Hupka*, Haftung des Vertreters, S.134.
540 Staudinger/*Schilken*, § 180 Rn.2.
541 So aber *Schneider*, Rpfleger 1976, S.229 (230).
542 So im Ergebnis auch *Hupka*, Haftung des Vertreters, S.134.
543 *Hellwig*, LB ZPR Bd.2, § 125 III.1.b), S.391 (Fn.46).

standenen Kosten, nicht aber die hier relevanten gesamten Verfahrenskosten, betroffen wären.
Die Haftungsbegrenzung des § 179 Abs. 2 BGB passt im Prozessrecht nicht, weil der Beklagte sich unabhängig von dem Vertrauen auf die Vertretungsmacht gezwungenermaßen auf den Rechtsstreit einlassen muss[544].

Schließlich ist § 179 Abs. 1 BGB nicht geeignet, die Haftung des vollmachtlosen Prozessvertreters zu begründen. Den fehlenden Vertragsschluss wird man dabei mit Blick auf das durch die vollmachtlose Klage herbeigeführte Prozessrechtsverhältnis zwischen dem Vertretenen und dem Gegner im Wege der Analogie überwinden können[545]. Das gleiche gilt für die angeordnete Rechtsfolge, die auf eine Ersatzpflicht beschränkt werden müsste. Das Fehlen des Vollmachtnachweises und der Genehmigung treffen auch noch zu.
Allerdings passt die Regelung des § 179 Abs. 1 BGB in ihren nach dem Sinn und Zweck für die Haftung maßgebenden Kriterien nicht auf den Fall einer vollmachtlosen Klage. Sie dient dem Verkehrsinteresse, indem sie den als ermächtigt auftretenden Vertreter persönlich voll dafür einstehen lässt, dass die Vertretungsmacht vorliegt oder eine Genehmigung durch den Vertretenen erfolgt[546]. Der Rechtsgedanke des § 179 Abs. 1 BGB besteht demgemäß in der Begründung der Haftung des vollmachtlosen Vertreters, der durch sein Auftreten als Vertreter rechtliche Beziehungen zu dem Vertretenen kundgibt und dadurch in dem Dritten das später enttäuschte Vertrauen erweckt, das Geschäft komme mit dem Vertretenen zustande[547]. Der Grund für die Zurechnung ist somit die mit dem Auftreten des Vertreters zum Ausdruck kommende Behauptung, die Rechtsmacht zur Vornahme eines Rechtsgeschäfts mit Wirkung für einen Anderen zu haben. Diese Garantie-[548] oder Risikohaftung soll der Gefahr durch die Zwischenschaltung eines Stellvertreters Rechnung tragen[549].
Als das andere entscheidende – tatbestandliche – Element ergibt sich, wie der Umkehrschluss aus § 179 Abs. 3 BGB erkennen lässt, das begründete Vertrauen. Denn die Haftung des Vertreters tritt nur ein, wenn der andere nicht den Mangel der Vertretungsmacht kannte oder kennen musste[550]. Das Vertrauen auf die behauptete Vollmacht, deren Richtigkeit der Dritte im Gegensatz zum Vertreter

---

544 So auch *Hupka*, Haftung des Vertreters, S.135.
545 *Schneider*, Rpfleger 1976, S.229 (230).
546 *Mugdan*, Materialien BGB Bd.1, S.487.
547 RG, Urt.v. 16.12.1922, RGZ 106, S.68 (73); BGH, Urt.v. 29.01.1963, BGHZ 39, S.45 (51); Staudinger/*Schilken*, § 179 Rn.2.
548 Palandt/*Heinrichs*, § 179 Rn.1; Soergel/*Leptien*, §179 Rn.1; die Motive sprechen von einem „stillschweigenden Garantieversprechen", vgl. *Mugdan*, Materialien BGB Bd.1, S.488.
549 *Canaris*, Vertrauenshaftung, S.535, 546, geht von einer verschuldensunabhängigen „Erklärungshaftung kraft Risikozurechnung" aus.
550 *Mugdan*, Materialien BGB Bd.1, S.839.

nur schwer nachprüfen kann, soll im Interesse der Verkehrssicherheit mit dieser Regelung geschützt werden[551].
Für die Wertung des § 179 Abs. 1 BGB sind also die Garantie- oder Risikozurechnung einerseits und die hervorgerufene Vertrauenslage andererseits die maßgebenden Haftungskriterien.
Die der Garantie- oder Risikozurechnung zugrundeliegende Interessenlage ist zwar mit der bei vollmachtloser Klage vergleichbar, da auch hier eine rechtliche Beziehung zum angeblich vertretenen Kläger kundgetan worden ist (s.u. S. 172 *Teil 2 A.I.4.d)aa)(1)(c)*). Jedoch sind die tatbestandlichen Wirkungen der behaupteten Vertretungsmacht grundlegend unterschiedlich. Bei § 179 Abs. 1 BGB entschließt sich der Geschäftsgegner zur Eingehung eines Vertrages unter Mitwirkung des Vertreters und wird in seinem Vertrauen auf dessen Vollmacht durch das Ausbleiben der Vertragswirkungen enttäuscht. Der Beklagte dagegen muss sich gezwungenermaßen mit dem die Klage einreichenden Prozessvertreter einlassen. Auf ein Vertrauen hinsichtlich der behaupteten Prozessvollmacht kommt es dabei nicht an. Ferner besteht der Unterschied, dass der vollmachtlosen Klage mit der Entstehung des Prozessrechtsverhältnisses prozessuale Wirkungen zukommen und eine Ersatzpflicht gerade wegen des Eintritts dieser Wirkung in Frage steht. Damit ist aber die Schutzwürdigkeit der Beklagteninteressen von ganz anderer Natur als bei der Vertrauenshaftung. Die prozessual ausgelöste Zwangswirkung lässt sich nicht mit einem vertrauensbedingten, autonomen Vertragsschluss vergleichen[552].

Eine Analogie bzw. entsprechende Anwendung der §§ 177 ff. BGB ist damit nicht zulässig.

(2) Unanwendbarkeit eines aus § 179 Abs. 1 BGB hergeleiteten Grundsatzes
Es ist durchaus zutreffend, dass die Haftungsregelung in § 179 Abs. 1 BGB Ausdruck eines allgemeinen Rechtsgrundsatzes ist. Die Regelung geht auf Art. 55 HGB a.F. zurück[553] und findet sich in ähnlicher Gestalt in Art. 8 WG und Art. 11 ScheckG wieder. Den Vorschriften ist gemeinsam, dass sie eine Einstandspflicht des vollmachtlosen Vertreters vorsehen, da dieser mit seinem Auftreten das Vertrauen im Rechtsverkehr darauf geweckt hat, Rechtswirkungen für den angeblich Vertretenen erzeugen zu können. Diese Vertrauenshaftung kraft Garantie- oder Risikozurechnung ist deshalb als ein Grundsatz im materiellen Recht anzusehen.
Eine Übertragung dieses Rechtsgedankens auf den vollmachtlosen Prozessvertreter ist jedoch nicht möglich. Das diesen Rechtssatz prägende Element des er-

---

[551] BGH, Urt.v. 29.01.1963, BGHZ 39, S.45 (51).
[552] So auch KG Berlin, Beschl.v. 12.05.1916, OLG Rspr.33 (1916), S.30 (31).
[553] Vgl. *Mugdan*, Materialien BGB Bd.1, S.487 f.

weckten und enttäuschten Vertrauens gilt, wie ausgeführt, bei der vollmachtlosen Klage nicht.

(3) Zwischenergebnis

Für eine Haftung des nicht bevollmächtigten Prozessvertreters kann weder eine analoge Anwendung der §§ 179 ff. BGB noch ein aus § 179 BGB hergeleiteter allgemeiner Rechtsgedanke herangezogen werden. Die materiell-rechtlichen Vorschriften zur Vertreterhaftung sind somit zur Schließung der Regelungslücke nicht geeignet.

bb) Kostenhaftung des Vertreters nach dem Veranlassungsprinzip

Die Ausfüllung der Regelungslücke lässt sich aber möglicherweise im Wege des Rückgangs auf das in der heutigen Rechtsprechung und Lehre verfochtene Veranlassungsprinzip erreichen.

(1) Inhalt und Begründung des Veranlassungsprinzips im Vertretungsrecht

Die in der Rechtsprechung und im Schrifttum favorisierte Haftung bei vollmachtloser Prozessvertretung nach dem Veranlassungsprinzip[554] wird, selbst innerhalb des BGH, nicht immer einheitlich ausgestaltet[555].

Das zeigt sich etwa, wenn es um den Gegenstand geht, auf den sich die Veranlassung bezieht.
So stellt der BGH[556] in einer Entscheidung vom 27.05.1986 darauf ab, ob die Klageerhebung bzw. Rechtsmitteleinlegung von dem nicht berechtigten Vertreter veranlasst wurde.
Nach dem Beschluss des BGH[557] vom 13.02.1992, einigen oberlandes-[558] und landgerichtlichen[559] Entscheidungen sowie nahezu der gesamten Lehre[560] wird

---

[554] Seit BGH, Beschl.v. 04.03.1993, BGHZ 121, S.397 (400) wird auch von „Veranlasserprinzip" gesprochen; vgl. OLG Frankfurt, Beschl.v. 22.05.1996, MDR 1997, S.303; OLG Frankfurt, Beschl.v. 11.07.1996, NJW-RR 1997, S.31; OLG Karlsruhe, Beschl.v. 21.03.1997, NJW-RR 1997, S.1290 (1291); OLG Köln, Beschl.v. 27.05.1997, OLGR Köln 1997, S.274; OLG München, Urt.v. 12.11.1997, NJW-RR 1998, S.788.

[555] Ein offener Meinungsstreit tritt dabei allerdings nicht zu Tage; vielmehr wird auf die Übereinstimmung mit der ständigen Rechtsprechung verwiesen und dann – möglicherweise je nach zugrunde gelegter Literatur – in Nuancen davon abgewichen.

[556] BGH, Urt.v. 27.05.1986, NJW-RR 1986, S.1252 (1253); ähnlich auch OLG Schleswig-Holstein, Beschl.v. 22.05.1978, SchlHA 1978, S.114; *Emde*, MDR 1997, S.1003 (1004) („Veranlassung der Verfahrenseinleitung"); *Schmitz*, Kostenentscheidung für oder gegen Dritte, S.70 (jedoch nur für den Vertreter; bei der Partei „Veranlassung des Auftretens des vollmachtlosen Vertreters"); *Jauernig*, ZPR, § 21 V.2., S.73 f. („Veranlassung des Prozesses").

[557] BGH, Beschl.v. 13.02.1992, NJW 1992, S.1458.

[558] OLG Köln, Beschl.v. 29.07.1970, Rpfleger 1970, S.355 (356); OLG Frankfurt, Beschl.v. 10.03.1980, OLGZ 1980, S.278 (282); OLG Hamm, Beschl.v. 29.06.1988, NJW-RR 1990, S.767; OLG Hamm, Urt.v. 16.01.1989, NJW-RR 1989, S.1532 (1534); KG Berlin, Beschl.v.

die Kostenverteilung im Anschluss an *Rosenberg*[561] danach bestimmt, wer das Auftreten des vollmachtlosen Vertreters veranlasst hat.
Andere Oberlandesgerichte[562] beurteilen die Einstandspflicht wiederum nach dem Veranlassen der Verfahrenskosten.
Das LG Göttingen[563] hält in einer Entscheidung denjenigen für den Veranlasser, der entweder selbst den Rechtsstreit führt oder einen anderen dazu beauftragt.
Der BFH spricht überwiegend von einer Veranlassung der erfolglosen Prozessführung[564] oder des erfolglosen Verfahrens[565].
Nach den jüngsten Beschlüssen des BGH[566] vom 04.03.1993, 22.07.1997 und 18.05.2000 sind die Prozesskosten grundsätzlich demjenigen aufzuerlegen, der den nutzlosen Verfahrensaufwand veranlasst hat.

02.02.1996, WuM 1996, S.377; OLG Brandenburg, Beschl.v. 29.09.2000, NJW-RR 2002, S.265 (266).

559 LG Göttingen, Beschl.v. 03.11.1987, NJW-RR 1988, S.1273 (1274); LG Heidelberg, Beschl.v. 21.01.1991, NJW-RR 1992, S.316 (317).

560 *Pape*, LM § 51 ZPO Nr.26; *Schneider*, Rpfleger 1976, S.229 (230); *Fleddermann*, Kostenrechtliche Probleme, S.127; *Schmitz*, Kostenentscheidung für oder gegen Dritte, S.70; *Blomeyer*, ZPR, § 9 V.2., S.84; *Pukall*, Zivilprozeß, Kap.8 C.1.b), Rn.403; Rosenberg/Schwab/*Gottwald*, ZPR, § 56 II.2., S.301, § 87 III.8., S.471; *Schellhammer*, ZPR, 14.Teil 2.Kap.7.3, Rn.1306; *Schilken*, ZPR, § 4 II.5., Rn.98; Zeiss, ZPR, § 25 III.8., Rn.168; Soergel/*Leptien*, § 179 Rn.14; Stein/Jonas/*Bork*, § 56 Rn.13a, § 88 Rn.14, § 89 Rn.10, Vor § 91 Rn.23; *Zimmermann*, § 89 Rn.4, s.a. § 91 Rn.10; für die Klage- und Rechtsmittelabweisung: AK-ZPO/*Christian*, § 88 Rn.12, § 89 Rn.6; Baumbach/Lauterbach/*Hartmann*, § 56 Rn.18, § 91 Rn.20, § 97 Rn.12; MüKo-ZPO/*Belz*, § 91 Rn.11, § 97 Rn.6; Musielak/*Weth*, § 88 Rn.14 f.; Thomas/Putzo/*Putzo*, § 89 Rn.11; Wieczorek/Schütze/*Steiner*, § 88 Rn.8; Zöller/*Vollkommer*, § 88 Rn.11; Zöller/*Herget*, § 97 Rn.4; wohl auch Musielak/*Wolst*, § 97 Rn.4.

561 *Rosenberg*, ZZP 65 (1952), S.163; *ders.*, ZPR, 2. Aufl., § 78 IV.3., S.224.

562 OLG Köln, Beschl.v. 17.12.1975, Rpfleger 1976, S.101 (102); BayObLG, Beschl.v. 12.06.1986, NJW 1987, S.136 (137); OLG Frankfurt, Beschl.v. 22.05.1996, MDR 1997, S.303; OLG Köln, Urt.v. 27.02.1997, GmbHR 1997, S.601 (602); so auch BVerwG, Beschl.v. 20.09.1974, Buchholz 310 § 67 VwGO Nr.39; BVerwG, Beschl.v. 25.11.1974, Buchholz 310 § 155 VwGO Nr.2; BFH, Beschl.v. 10.03.1998, BFH/NV 1998, S.992; ähnlich *Fleddermann*, Kostenrechtliche Probleme, S.121 („Veranlassung kostenauslösender Maßnahmen aus eigener Entschließung“).

563 LG Göttingen, Beschl.v. 03.11.1987, NJW-RR 1988, S.1273 (1274).

564 BFH, Beschl.v. 10.11.1966, BStBl III 1967, S.5 (6); BFH, Beschl.v. 02.05.1969, BStBl II 1969, S.438; BFH, Beschl.v. 27.07.1983, BStBl II 1983, S.644 (645); BFH, Beschl.v. 15.06.1993, BFH/NV 1993, S.749 (750); BFH, Beschl.v. 19.12.1997, BFH/NV 1998, S.878 (879); so auch FG Niedersachsen, Urt.v. 10.08.1966, EFG 1966, S.513 (514); FG Düsseldorf, Urt.v. 06.12.1978, EFG 1979, S.191; FG Köln, Beschl.v. 03.06.1983, EFG 1984, S.132; FG Hessen, Urt.v. 28.05.1997, EFG 1998, S.383 (384).

565 BFH, Beschl.v. 11.07.1975, BStBl II 1975, S.714 (715); BFH, Beschl.v. 02.06.1987, BFH/NV 1988, S.48; BFH, Beschl.v. 17.12.1992, BFH/NV 1994, S.117; BFH, Beschl.v. 09.06.1997, BFH/NV 1997, S.892; so auch BVerwG, Beschl.v. 23.03.1982, NVwZ 1982, S.499.

566 BGH, Beschl.v. 04.03.1993, BGHZ 121, S.397 (400); BGH, Beschl.v. 22.07.1997, NJW-RR 1998, S.63; BGH, Beschl.v. 18.05.2000, NJW-RR 2000, S.1499 (1500); so auch OLG

Auch hinsichtlich der Begründung für die Haftung nach dem Veranlassungsprinzip, sofern eine solche überhaupt gegeben wird, ist keine klare Linie zu erkennen.
Der BGH[567] hat in dem Beschluss aus dem Jahre 1993 das Veranlassungsprinzip damit erklärt, dass die §§ 91, 97 ZPO auf dem Gedanken beruhten, dass die unterlegene Partei den Rechtsstreit verursacht habe. Wenn die Partei – ausnahmsweise – keinen Anlass für den Prozess gegeben habe, seien die Vorschriften entsprechend dahin anzuwenden, dass die Kosten demjenigen Verfahrensbeteiligten aufzuerlegen seien, der sie verursacht habe.
Der BFH[568] beruft sich darauf, dass im Verfahrensrecht der Grund für die Prozesskostenpflicht in der Veranlassung der erfolglosen Prozessführung liege.
Das LG Heidelberg[569] argumentiert, dass zwar die Belastung des vollmachtlosen Vertreters vom Gesetz nicht vorgesehen sei, sie jedoch auf eine entsprechende Anwendung des § 91 ZPO gestützt werden könne[570]. Dies habe seinen Grund darin, dass andernfalls, wenn die Partei keinen Anlass für den Prozess gegeben habe, sie möglicherweise überhaupt nicht existiere, der Beklagte die Kosten des Prozessurteils zu tragen habe.
Nach Ansicht des OLG Köln[571] ist der Haftung gemäß der Veranlassung deshalb zuzustimmen, weil sie der Unterscheidung zwischen formlos gültiger Bevollmächtigung und formgebundenem Nachweis der Vollmacht allein Rechnung trage.
Im Schrifttum wird darauf hingewiesen, dass die Kostenentscheidung zulasten des vollmachtlosen Prozessvertreters zwar abweichend vom Wortlaut der §§ 91 ff. ZPO, jedoch in Übereinstimmung mit dem Grundgedanken der Kostenpflicht ergehe, welcher in der Haftung nach dem Veranlassungsprinzip[572] bzw. in der Haftung für die Veranlassung der erfolglosen Prozessführung[573] bestehe. Dieser Grundsatz müsse auch in den Fällen beachtet werden, die gesetzlich nicht ausdrücklich geregelt seien. Damit werde die gesetzliche Interessenabwägung, wonach der Veranlasser prozesskostenpflichtig sei, durchgehend und

---

Karlsruhe, Beschl.v. 21.03.1997, NJW-RR 1997, S.1290 (1291); OLG Zweibrücken, Urt.v. 31.03.1999, JurBüro 1999, S.650 (651); MüKo-ZPO/*v.Mettenheim* § 88 Rn.18, § 89 Rn.14.

[567] BGH, Beschl.v. 04.03.1993, BGHZ 121, S.397 (400); ähnlich bereits das LG Stuttgart, Beschl.v. 01.04.1954, ZZP 68 (1955), S.64 (66).

[568] BFH, Beschl.v. 10.11.1966, BStBl III 1967, S.5 (6); BFH, Beschl.v. 19.04.1968, BStBl II 1968, S.473; BFH, Beschl.v. 11.07.1975, BStBl II 1975, S.714 (715); so auch OVG Lüneburg, Beschl.v. 29.03.1956, ZMR 1956, S.321.

[569] LG Heidelberg, Beschl.v. 21.01.1991, NJW-RR 1992, S.316 (317).

[570] So bereits OLG Köln, Beschl.v. 29.07.1970, Rpfleger 1970, S.355 (356); BGH, Beschl.v. 04.12.1974, VersR 1975, S.343 (344).

[571] OLG Köln, Beschl.v. 29.07.1970, Rpfleger 1970, S.355 (356).

[572] Zöller/*Vollkommer*, § 88 Rn.11.

[573] Rosenberg/Schwab/*Gottwald*, ZPR, § 56 II.2., S.301.

gleichmäßig berücksichtigt[574]. Stelle sich also heraus, dass der Vertreter als der Veranlasser anzusehen sei, müsse er hinsichtlich der Kosten wie eine Partei behandelt werden[575]. Ein Teil der herrschenden Lehre beruft sich dafür auf eine analoge Anwendung des § 91 ZPO, wonach der nichtberechtigte Vertreter wie die unterlegene Partei als Veranlasser des Rechtsstreits angesehen wird[576].
Für die Anwendbarkeit des Veranlassungsprinzips auf den Prozessvertreter und die Möglichkeit einer Kostenentscheidung überhaupt gegenüber Dritten stützt sich die Lehre auf die in der ZPO geregelten Fälle, in denen jemand, ohne Partei der Hauptsache zu sein, zur Tragung von Kosten verurteilt werden kann. Das gelte etwa für den einstweilig zugelassenen Vertreter in § 89 Abs. 1 S. 3 ZPO, wonach dieser kraft Veranlassung hafte[577]. Auch die §§ 380 Abs. 1 S. 1, 390 S. 1 und 409 Abs. 1 S. 1 ZPO sähen die Kostenbelastung Dritter vor[578]. Besonders deutlich zeige sich das im mit der Situation des vollmachtlosen Vertreters vergleichbaren Zwischenstreitverfahren (§§ 71, 135, 372a, 387, 408 ZPO), wo der Dritte eine beschränkte Parteistellung erlange und über die Kostentragung nach § 91 ZPO i.S.d. Veranlassungsprinzips zu entscheiden sei[579].

Das zur Rechtfertigung der Haftung bei vollmachtloser Prozessvertretung überwiegend herangezogene Veranlassungsprinzip lässt also inhaltlich nur ein uneinheitliches und unbestimmtes Bild erkennen. Da für die Anwendbarkeit dieses Prinzips regelmäßig auf seinen Ansatz im Kostenrecht der ZPO verwiesen wird, soll es zur inhaltlichen Eingrenzung und Feststellung seiner Berechtigung unter diesem Gesichtspunkt überprüft werden.

(2) Das als Grundlage des Kostenrechts verstandene Veranlassungsprinzip
Bei dem in der Rechtsprechung[580] und Lehre[581] heute überwiegend als Grundlage des prozessualen Kostenrechts angesehenen Veranlassungs- oder auch Verur-

---

[574] *Schneider*, Rpfleger 1976, S.229 (230); so auch *Fleddermann*, Kostenrechtliche Probleme, S.102.

[575] *Blomeyer*, ZPR, § 9 V.2., S.84; *Pukall*, Zivilprozeß, Kap.8 C.1.b), Rn.403.

[576] *Fleddermann*, Kostenrechtliche Probleme, S.124 ; *Schmitz*, Kostenentscheidung für oder gegen Dritte, S.70; Musielak/*Weth*, § 88 Rn.14; Stein/Jonas/*Bork*, § 88 Rn.14.

[577] Stein/Jonas/*Bork*, § 88 Rn.14; Wieczorek/Schütze/*Steiner*, § 88 Rn.8, § 91 Rn.4.

[578] *Fleddermann*, Kostenrechtliche Probleme, S.101; *Schmitz*, Kostenentscheidung für oder gegen Dritte, S.60; darauf wies auch bereits *Marzinek*, Mangel der Vollmacht, S.41 f., hin.

[579] *Schneider*, Rpfleger 1976, S.229 (233); *Fleddermann*, Kostenrechtliche Probleme, S.125; *Schmitz*, Kostenentscheidung für oder gegen Dritte, S.61 f.; Vergleich mit einem Zwischenstreit auch bei *Vollkommer*, MDR 1997, S.1004; OLG Köln, Beschl.v. 26.05.1976, Rpfleger 1976, S.323 (324); s.a. LG Berlin, Beschl.v. 15.04.1983, Rpfleger 1983, S.369.

[580] OLG Düsseldorf, Beschl.v. 11.08.1972, MDR 1972, S.1043; OLG Düsseldorf, Beschl.v. 13.03.1975, NJW 1975, S.1569 (1570); OLG Stuttgart, Beschl.v. 26.05.1975, MDR 1976, S.51; OLG Nürnberg, Beschl.v. 12.10.1976, MDR 1977, S.320; OLG Düsseldorf, Beschl.v. 21.05.1980, MDR 1980, S.853; OLG Frankfurt, Urt.v. 15.01.1985, BB 1985, S.1219; OLG Köln, Beschl.v. 16.12.1992, JurBüro 1993, S.559; OLG Brandenburg, Beschl.v. 20.12.1995,

sachungsprinzip soll es sich um ein in langer Rechtstradition entwickeltes Institut handeln[582]. Es wurde zunächst zur Erklärung der Unterliegenshaftung herangezogen[583], später aber auf das gesamte Kostenrecht ausgeweitet, da es in zahlreichen kostenrechtlichen Vorschriften zum Ausdruck kommen soll[584].
So werde das Prinzip in den §§ 93, 94, 95 und 344 ZPO ausdrücklich hervorgehoben[585], aber auch die übrigen Vorschriften, wie §§ 91, 97, 269 Abs. 3 und 516 Abs. 3 ZPO, beruhten, mit Ausnahme der sozial motivierten §§ 93a, 93c, 93d ZPO[586], auf diesem Gedanken[587]. Denn diese Normen ließen grundsätzlich den Unterlegenen bzw. Zurücknehmenden haften, der durch seine grundlose Klage sich eines Anspruchs gerühmt oder durch seine Weigerung, eine Rechtspflicht zu erfüllen, die Kosten veranlasst habe[588]. Darüber hinaus komme die Veranlassung auch bei Kostenentscheidungen gegenüber Dritten gem. §§ 380 Abs. 1 S. 1, 390 S. 1, 409 Abs. 1 S. 1 ZPO („verursachten Kosten") zum Tra-

---

MDR 1996, S.317; LG Heilbronn, Beschl.v. 31.01.1995, MDR 1995, S.860 (861) (Geltung bei Klagerücknahme).

581 *Baumgärtel*, FS Schnorr v.Carolsfeld, S.19 (20), anders jedoch *ders.*, Gleicher Zugang, S.153; *Brammsen/Leible*, JuS 1997, S.54 (58); *Coester-Waltjen*, DRiZ 1976, S.240 (241); *Deubner*, JuS 1962, S.205 (207); *ders.*, JuS 1998, S.539 (542); *Kempter*, NJW 1993, S.2158 (2159); *Pape*, LM § 51 ZPO Nr.26; *Schneider*, MDR 1971, S.587; *Schreiber*, Jura 1990, S.162 (163); *Vollkommer/Schwaiger*, FamRZ 1996, S.1336; *Heinrich*, Gewillkürter Parteiwechsel, S.148; *Krahe*, Schutzschrift, S.29; *May*, Schutzschrift, S.130; Rosenberg/Schwab/*Gottwald*, ZPR, § 87 V.5., S.473; Baumbach/Lauterbach/*Hartmann*, Übers § 91 Rn.27; MüKo-ZPO/*v.Mettenheim*, § 89 Rn.14; Musielak/*Weth*, § 88 Rn.14; Stein/Jonas/*Bork*, § 88 Rn.14; Thomas/Putzo/*Putzo*, Vorbem § 50 Rn.5; Wieczorek/Schütze/*Steiner*, § 91 Rn.4; Zöller/*Vollkommer*, § 88 Rn.11; ähnlich bereits *Marzinek*, Mangel der Vollmacht, S.39 f.; *Ulbricht*, AcP 78 (1892), S.48 (69 f.); *Francke*, ZZP 6 (1883), S.64 (65 f.); vgl. ferner die weiteren Nachweise in den folgenden Fn.

582 BGH, Urt.v. 24.06.1987, NJW 1988, S.49 (51).

583 Vgl. etwa BGH, Urt.v. 05.04.1973, BGHZ 60, S.337 (343); *Planck*, CPR Bd.1, § 69, S.379 ff.

584 *Coester-Waltjen*, DRiZ 1976, S.240 (241); *Renner*, MDR 1974, S.353 (355 f.); *Schneider*, Rpfleger 1976, S.229 (230); *Fleddermann*, Kostenrechtliche Probleme, S.100.

585 OLG Düsseldorf, Beschl.v. 13.03.1975, NJW 1975, S.1569 (1570); *Deubner*, JuS 1962, S.205 (207, Fn.17); *Vollkommer/Schwaiger*, FamRZ 1996, S.1336 (Fn.1); *Becker-Eberhard*, Grundlagen der Kostenerstattung, S.26; *Schmitz*, Kostenentscheidung für oder gegen Dritte, S.60; MüKo-ZPO/*Belz*, § 93 Rn.1 (ausdrücklich für § 93 ZPO).

586 *Becker-Eberhard*, Grundlagen der Kostenerstattung, S.26; *Fleddermann*, Kostenrechtliche Probleme, S.102; *Schmitz*, Kostenentscheidung für oder gegen Dritte, S.60.

587 OLG Düsseldorf, Beschl.v. 13.03.1975, NJW 1975, S.1569 (1570); *Pape*, LM § 51 ZPO Nr.26; Zöller/*Vollkommer*, § 88 Rn.11; ähnlich *Kempter*, NJW 1993, S.2158 (2159), der vom strengen Veranlassungsprinzip des § 91 Abs.1 S.1 ZPO spricht.

588 *Coester-Waltjen*, DRiZ 1976, S.240 (241); *Deubner*, JuS 1962, S.205 (207, Fn.17), der sich insoweit auf *Hellwig*, System Teil1, § 223 II.2., S.749, beruft; ähnlich: *Kempter*, NJW 1993, S.2158 (2159, Fn.15); *Schneider*, Rpfleger 1976, S.229 (230); *Vollkommer/Schwaiger*, FamRZ 1996, S.1336 (Fn.1); *Fleddermann*, Kostenrechtliche Probleme, S.100; *Schmitz*, Kostenentscheidung für oder gegen Dritte, S.60.

gen[589]. Die Veranlassungshaftung werde außerdem bei der Inanspruchnahme des siegreichen Klägers als Zweitschuldner gem. §§ 49, 54, 58 GKG deutlich, wenn der Beklagte nicht in der Lage sei, die Gerichtskosten zu bezahlen[590].

Das Veranlassungsprinzip ist aus einer Kontroverse um die haftungsrechtliche Einordnung des prozessualen Kostenerstattungsanspruchs hervorgegangen. Dabei stellt sich die Frage nach der Zurechnung der durch den Rechtsstreit entstandenen Kosten[591], also nach dem rechtlichen Grund insbesondere für die Anknüpfung der Kostenentscheidung gem. § 91 ZPO an das Unterliegen einer Partei. Der Rechtsgrund soll den der Unterliegenshaftung eigenen Rechtsgedanken erklären und dadurch die Kostenerstattungspflicht einem der geltenden Zurechnungs- oder Haftungsprinzipien[592] zuordnen. So ist als Rechtsgrund die Haftung für begangenes Unrecht, Gefährdung, Aufopferung und Veranlassung vorgeschlagen worden[593].
Das Veranlassungsprinzip scheint sich gegenüber den anderen Haftungsgründen durchgesetzt zu haben.

Obwohl sich die Vertreter des Veranlassungsprinzips gleichermaßen auf dieses berufen, lässt die inhaltliche Ausprägung in der Judikatur und Rechtslehre im Wesentlichen drei unterschiedliche Ansätze erkennen[594], die auch im Zusammenhang mit der kostenrechtlichen Beurteilung bei vollmachtloser Prozessvertretung zum Ausdruck kommen.

---

[589] *Fleddermann*, Kostenrechtliche Probleme, S.101; *Schmitz*, Kostenentscheidung für oder gegen Dritte, S.60.

[590] LG Hamburg, Urt.v. 01.03.1951, ZZP 65 (1952), S.159 (161); zustimmend *Schneider*, Rpfleger 1976, S.229 (230); *Fleddermann*, Kostenrechtliche Probleme, S.102.

[591] *Becker-Eberhard*, Grundlagen der Kostenerstattung, S.20; *Schmitz*, Kostenentscheidung für oder gegen Dritte, S.55; *Siebert*, Prinzipien des Kostenerstattungsrechts, S.77.

[592] Die Begriffe „Zurechnungsgrund" bzw. „-prinzip" und „Haftungsgrund" bzw. „-prinzip" werden in der Literatur im gleichen Sinne verwendet, vgl. *Becker*, Recht der unerlaubten Handlungen, S.49; *Becker-Eberhard*, Grundlagen der Kostenerstattung, S.20; *Bokelmann*, ZRP 1973, S.164 (169); *Deutsch*, Unerlaubte Handlungen, § 1 II., Rn.5; *M.Rümelin*, Gründe der Schadenszurechnung, S.24.

[593] Vgl. dazu ausführlich die Nachweise bei *Becker-Eberhard*, Grundlagen der Kostenerstattung, S.20 ff.; *Fleddermann*, Kostenrechtliche Probleme, S.75 ff.; *Schmitz*, Kostenentscheidung für oder gegen Dritte, S.37 ff.

[594] Diese unterschiedlichen Ausprägungen sind gerade in jüngerer Vergangenheit oft unbeachtet geblieben, vgl. BGH, Urt.v. 04.06.1992, BGHZ 118, S.312 (325); *Fleddermann*, Kostenrechtliche Probleme, S.84 f.; *Hommelsheim*, Cost Allocation, S.65; *Schmitz*, Kostenentscheidung für oder gegen Dritte, S.54.

(a) Bundesgerichtshof: Unberechtigtes Verhalten als Anlass

Nach der Rechtsprechung des BGH[595] soll die Verteilung der Kostenlast je nach Verfahrensausgang aus dem Veranlassungsprinzip folgen. Die §§ 91, 97 ZPO beruhten auf dem Gedanken, dass die unterlegene Partei den Rechtsstreit verursacht habe[596]. Denn wer unterliege, habe die Vermutung gegen sich, zum Streite Anlass gegeben zu haben. Es erscheine als ein Gebot der Billigkeit, nicht stets den jeweiligen Antragsteller als Veranlasser anzusehen, sondern denjenigen, der durch unberechtigtes Verhalten Anlass zum Einschreiten der Gerichte geboten habe. Der BGH leitet seine Auffassung daraus ab, dass die Kosten in nichtstreitigen Angelegenheiten regelmäßig dem veranlassenden Teil und bei streitigen Verfahren, vor allem auf dem Gebiet des Prozessrechts, i.d.R. dem unterlegenen Teil überbürdet werden würden. Dabei sei der Grundsatz einer Unterliegenshaftung Ausfluss des Veranlassungsprinzips. Das zeige besonders die Bestimmung des § 93 ZPO, nach der ein siegreicher Kläger die Kosten zu tragen habe, wenn der Beklagte keinen Anlass zur Klageerhebung gegeben und den Anspruch sofort anerkannt habe: Da es hier unbillig sein würde, den Beklagten mit Kosten zu belasten, sei die Regelung des § 91 ZPO durchbrochen.

(b) *Becker-Eberhard*: Veranlassung unnötiger Kosten

Becker-Eberhard[597] versucht in Anlehnung an *Planck*[598] und den BGH sämtliche prozessuale Kostenregeln auf einen gemeinsamen Zurechnungsgrund zurückzuführen, das in einer besonderen Ausgestaltung des Veranlassungsprinzips zu finden sein soll. Die Kostenhaftung des Unterlegenen beruhe in der Weise auf dem Veranlassungsgedanken, dass, unabhängig von Rechtswidrigkeit und Verschulden[599], gehaftet werden solle für die Veranlassung der eigenen Sache nicht dienlicher und deshalb insoweit unnötiger Kosten[600]. Im Unterliegen einer Partei komme zum Ausdruck, dass sie der eigentliche Veranlasser des Verfahrens sei. Sie habe durch ihr Verhalten einen Prozess herbeigeführt, der, wie sein Ergebnis zeige, zur Durchsetzung oder Verteidigung ihrer im Prozess vertretenen Rechts-

---

595 BGH, Urt.v. 05.04.1973, BGHZ 60, S.337 (343); BGH, Urt.v. 04.06.1992, BGHZ 118, S.312 (325).

596 BGH, Beschl.v. 04.03.1993, BGHZ 121, S.397 (400); so auch Stein/Jonas/*Bork*, § 88 Rn.14.

597 *Becker-Eberhard*, Grundlagen der Kostenerstattung, S.20, 25 ff.; ihm folgend: *M.Bydlinski*, Kostenersatz im Zivilprozeß, S.59; *Fleddermann*, Kostenrechtliche Probleme, S.100 ff.; *Hommelsheim*, Cost Allocation, S.65 f.; *Schmitz*, Kostenentscheidung für oder gegen Dritte, S.55 f.

598 *Planck*, CPR Bd.1, § 69, S.379 ff.; ihm folgend *Ulbricht*, AcP 78 (1892), S.48 (69 f.); ähnlich auch *Kleinfeller*, ZPR, § 160 1., S.695.

599 *Becker-Eberhard*, Grundlagen der Kostenerstattung, S.11; so auch *Schneider*, MDR 1971, S.587, der dies mit der Verschuldensunabhängigkeit der analogiefähigen §§ 91 ff. begründet; insoweit abweichend *Fleddermann*, Kostenrechtliche Probleme, S.104, der nur grundsätzlich das Verschulden für unbeachtlich hält.

600 *Becker-Eberhard*, Grundlagen der Kostenerstattung, S.25 f.

position objektiv nichts Förderliches habe beitragen können. Der Prozess habe sich damit im Nachhinein aus Sicht des Verlierers durch seine Erfolglosigkeit zugleich als ein vergeblicher, unnötiger Prozess erwiesen, den dieser bei objektiver Betrachtung hätte vermeiden können und sollen. Für den Prozesssieger dagegen stelle der Rechtsstreit eine letztlich allein durch das Verhalten des Verlierers veranlasste, unausweichliche Belästigung dar. Der siegreiche Kläger habe zwar den Prozess durch die Erhebung der Klage unmittelbar selbst veranlasst, aber nur weil ihn der Beklagte mit seiner Leistungsverweigerung u.Ä. dazu genötigt habe. Der erfolgreiche Beklagte habe sich dem Prozess wegen der sonst drohenden Säumnisfolgen stellen müssen. Der innere Grund der Kostenhaftung gegenüber dem Gegner liege damit nicht in der Erfolglosigkeit als solcher, sondern darin, dass der Unterlegene die andere Partei in einen Prozess verwickelt habe, der samt seiner Kosten zur Durchsetzung oder Verteidigung eigener Rechtspositionen objektiv nicht förderlich und damit zugleich insoweit auch nicht erforderlich gewesen sei.

(c) *Rosenberg*: Veranlassung der erfolglosen Prozessführung

Rosenberg sah in seinem Lehrbuch[601] den Grund der Kostenerstattungspflicht zunächst „nur in der Erfolglosigkeit der Prozeßführung". Später[602] fügte er das Element der Veranlassung hinzu und sprach von der „Veranlassung einer erfolglosen Prozeßführung". In unveränderter Begründung führte er dazu aus, dass dies für den unterliegenden Kläger gelte, durch dessen unbegründete Klage die Kosten entstanden seien, und nicht minder für den Beklagten, der die Kostenschuld hätte vermeiden können, wenn er nicht zu der begründeten Klage Anlass gegeben hätte („arg. § 93 ZPO"). Da die allgemeine Kostenpflicht (§ 91 ZPO) niemals die Folge eines Verschuldens sei, könne sie nicht als Strafe oder Schadensersatz für subjektiv rechtswidriges Prozessieren aufgefasst werden.

(3) Untersuchung des Veranlassungsprinzips

Trotz der inhaltlichen Unterschiede ist den Vertretern des Veranlassungsprinzips der Anknüpfungspunkt für die Kostentragungspflicht gemeinsam, der in der Veranlassung des Rechtsstreits und der damit verbundenen Kosten bestehen soll. Dabei wird auf die Klage des Klägers bzw. auf die Weigerung u.Ä. des Beklagten zur Anspruchserfüllung abgestellt.

---

[601] *Rosenberg*, ZPR, 1.Aufl., § 78 IV.3., S.214.

[602] *Rosenberg*, ZPR, 2.Aufl., § 78 IV.3., S.224 mit gleicher Begründung wie in der Vorauflage; die Textpassage ist seitdem wortwörtlich unverändert in seinem Lehrbuch beibehalten worden, vgl. Rosenberg/Schwab/*Gottwald*, ZPR, § 87 V.5., S.473; ausdrücklich ihm folgend: OLG München, Beschl.v. 03.09.1954, MDR 1955, S.176 (177); OLG Köln, Beschl.v. 27.01.1971, MDR 1971, S.585 (586); OLG Düsseldorf, Beschl.v. 23.01.1986, MDR 1986, S.504; LG Hamburg, Urt.v. 01.03.1951, ZZP 65 (1952), S.159 (161); *Brammsen/Leible*, JuS 1977, S.54 (58); *Deubner*, JuS 1998, S.539 (542); *Renner*, MDR 1974, S.353 (356); *Schreiber*, Jura 1990, S.162 (163 f.).

Letztlich ist das Veranlassungsprinzip jedoch „ein dunkler, ungeklärter Begriff geblieben“[603]. So stellt sich die Frage, ob sich die Bedeutung von Veranlassung in einem kausalen Zusammenhang erschöpft[604] bzw. einen rein tatsächlichen Vorgang bildet[605], ein subjektives Element enthält[606] oder sonst eine Wertung beinhaltet. Darüber hinaus ist zu klären, ob das Veranlassungsprinzip ein rein prozessuales Institut darstellt[607] und inwieweit es sich den Kostenvorschriften der ZPO entnehmen lässt. Denn als ein zur Lückenausfüllung geeignetes Rechtsprinzip muss es der Rechtsordnung dergestalt immanent sein, dass es den positiven Einzelregeln als Leitgedanke zugrunde liegt und von einem Sinnbezug auf die Rechtsidee geprägt ist (s.o. S. 34 *Teil 1 A.II.1.a)dd)*).

Um den Inhalt und die Berechtigung des Veranlassungsprinzips beurteilen zu können, soll es im Folgenden eingehend untersucht werden.

(a) Inhaltliche Bedeutung von Veranlassung

Das allen Varianten des Veranlassungsprinzips gemeinsame Element der Veranlassung wird inhaltlich nicht definiert.

Da es als Zurechnungskriterium einheitlich für den Kläger und den Beklagten zur Anwendung gebracht wird, kann sich das haftungsbegründende Verhalten nicht etwa in der Bedeutung einer Willenserklärung, wie sie mit der Klage geäußert wird, erschöpfen, sondern muss etwa die als relevant angesehene vorprozessuale Weigerung des Beklagten mit umfassen. Das wird noch zwingender, wenn das Veranlassungsprinzip auch für Dritte gelten soll.

Dementsprechend weit gefächert ist das Verhalten, das als Veranlassung angesehen wird. So wurde eine Zurechnung wegen einer Klage, der Beauftragung des Prozessbevollmächtigten, einer Leistungsverweigerung, eines unberechtigten Verhaltens oder einfach nur wegen einer Verursachung angenommen (s.o. S. 138 ff. *Teil 2 A.I.4.c)bb)(1),(2)*). Da die herrschende Meinung also noch in diesen Fällen eine Veranlassung annimmt, liegt es nahe, von einem weiten Veranlassungsbegriff auszugehen, der sich als gemeinsamer Nenner dieser zurechnungsrelevanten Verhaltensweisen darstellt. Dieser könnte in einem kausalen Verhalten, also in der Verursachung liegen.

---

[603] *Schneider/Herget*, Kostenentscheidung im Zivilurteil, § 21, S.74 (Fn.14).

[604] So *Siebert*, Prinzipien des Kostenerstattungsrechts, S.77; ausdrücklich dagegen: *Fleddermann*, Kostenrechtliche Probleme, S.103; *Schmitz*, Kostenentscheidung für oder gegen Dritte, S.56.

[605] *Schneider*, Rpfleger 1976, S.229 (230); *Fleddermann*, Kostenrechtliche Probleme, S.104; *Schmitz*, Kostenentscheidung für oder gegen Dritte, S.68.

[606] Dies soll nach *Fleddermann*, Kostenrechtliche Probleme, S.104, nur in Ausnahmefällen gelten; dagegen allein auf objektive Kriterien abstellend *Schneider*, MDR 1971, S.587.

[607] *Schneider*, Rpfleger 1976, S.229 (230).

Diese Hypothese findet ihre Stütze darin, dass etwa der BGH[608] und einige Vertreter in der Literatur[609] „veranlassen" synonym mit „verursachen" verwenden und auch die o.g. Ansätze zum Veranlassungsprinzip von *Rosenberg* und *Becker-Eberhard* bei einem solchen Verständnis ihrem Sinngehalt nach unverändert blieben. Die für die weitere Betrachtung des Veranlassungsprinzips erhebliche Hypothese soll im Folgenden auf ihre Berechtigung geprüft werden.

(aa) Der allgemeine Sprachgebrauch

Ausgangspunkt der inhaltlichen Klärung von „Veranlassung" ist die semantische Betrachtung zur Ermittlung des allgemeinen Wortsinns.

Das im Veranlassungsprinzip enthaltene Wort „Veranlassung" ist zunächst gleichbedeutend mit dem Substantiv „Anlass"[610]. Dieses wird seit dem 16. Jahrhundert wie „Ursache"[611] verwendet[612], später auch mit „(Beweg-) Grund" oder „Anstoß" umschrieben[613].

Von „Anlass" leitet sich das – ebenfalls mit „Veranlassung" umschreibbare[614] – Verb „veranlassen" ab[615]. Es kann zunächst wie „jemandem Anlass zu etwas geben" gebraucht werden und bedeutet dann „jemanden dazu bewegen, etwas zu tun"[616]. „Veranlassen" bezieht sich also hier – provozierend, anregend – auf eine andere Person[617], bei der ein Verhalten hervorgerufen wird. Demgegenüber kann „veranlassen" auch unmittelbar auf ein Objekt oder Geschehen bezogen werden[618]. In diesem Fall erlangt es die Bedeutung von „verursachen, bewirken, herbeiführen" oder auch von „dafür sorgen, dass etwas Bestimmtes geschieht"[619].

---

608 So auch OLG Düsseldorf, Beschl.v. 13.03.1975, NJW 1975, S.1569 (1570); OLG Köln, Beschl.v. 06.05.1992, VersR 1993, S.721 (722); BAG, Beschl.v. 04.02.2003, NZA 2003, S.628 (630).

609 *Fleddermann*, Kostenrechtliche Probleme, S.84 f.; *Krahe*, Schutzschrift, S.29; *May*, Schutzschrift, S.130; *Siebert*, Prinzipien des Kostenerstattungsrechts, S.77.

610 Brockhaus/*Wahrig*, Wörterbuch Bd.6, S.467.

611 Die anfängliche Bedeutung „Anfang (Ur-) eines Rechtsstreits (Sache)" wurde im 15. Jahrhundert zu „Kausalität" verallgemeinert, vgl. *Kluge*, Etymologisches Wörterbuch, S.851.

612 Die ursprüngliche Bedeutung „Loslassen" wurde zunächst zu „Anfang", dann zu „Ursache" verallgemeinert, vgl. *Kluge*, Etymologisches Wörterbuch, S.41.

613 Brockhaus/*Wahrig*, Wörterbuch Bd.1, S.239; zur weiteren, hier außer Betracht bleibenden Bedeutung „Gelegenheit, Ereignis" vgl. *Duden*, Wörterbuch Bd.1, S.196.

614 Brockhaus/*Wahrig*, Wörterbuch Bd.6, S.467; *Duden*, Wörterbuch Bd.8, S.3625.

615 *Heyse*, Handwörterbuch Bd.3, S.1505.

616 Brockhaus/*Wahrig*, Wörterbuch Bd.6, S.467; *Duden*, Wörterbuch Bd.8, S.3625.

617 Syntaktisch mit der veranlassten Person (o. sonstigem Subjekt) im Akkusativ, vgl. *Grimm*, Wörterbuch Bd.25, S.77.

618 Mit dem veranlassten Objekt oder Geschehen syntaktisch im Akkusativ, vgl. *Grimm*, Wörterbuch Bd.25, S.77.

619 Brockhaus/*Wahrig*, Wörterbuch Bd.6, S.467; *Duden*, Wörterbuch Bd.8, S.3625.

Der allgemeine Sprachgebrauch würde für das kostenrechtliche Zurechnungskriterium „Veranlassung“ bedeuten, dass es von einem finalen Charakter geprägt wäre, mit dem eine ausgelöste Wirkung, nämlich die Entstehung des Rechtsstreits bzw. der Kosten, zum Ausdruck gebracht wird.
Auf eine Person bezogen bestände diese Wirkung in einem vom Entschluss des Veranlassten getragenen Verhalten. So würde der Kläger auf Veranlassung des Beklagten die Klage einreichen und das Gericht auf Veranlassung des Klägers das Verfahren einleiten. Bei einem solchen Verständnis von Veranlassung bliebe das die Wirkung auslösende Verhalten des Veranlassers qualitativ unbestimmt. Geeignet für die Begründung der Verantwortung zwecks Zurechnung wäre hier jedes Verhalten, das die Wirkung, also Klage oder Verfahren, kausal herbeiführt.
Genauso würde es sich verhalten, wenn man Veranlassung in Bezug auf ein Objekt oder Geschehen, also auf die Kosten oder den Rechtsstreit verstände. Hier käme es darauf an, dass das Verfahren verursacht worden wäre. Allerdings könnte in diesem Fall auch ein im Hinblick auf die Entstehung des (kostenauslösenden) Rechtsstreits vorsätzliches Verhalten anzunehmen sein, wenn man Veranlassung die Bedeutung von „dafür sorgen, dass etwas Bestimmtes geschieht“ geben würde.

Der allgemeine Sprachgebrauch lässt also mehrere Deutungen zu: Verursachung mit und ohne Entschließungswirkung sowie vorsätzliches Herbeiführen. Folglich kann mit Hilfe der allgemeinen Wortbedeutung allein noch keine inhaltliche Klärung des Begriffs „Veranlassung“ für das Kostenrecht erzielt werden. Die oben aufgestellte These, dass Veranlassung gleichbedeutend ist mit Verursachung, bleibt in diesem Rahmen aber noch möglich.

(bb) Das historisch gewachsene Verständnis im materiellen Haftungsrecht

Das Veranlassungsprinzip hat seine Wurzeln im materiellen Haftungsrecht. Die dort erfolgte Ausgestaltung könnte behilflich sein, die für das Kostenrecht relevante Bedeutung von „Veranlassung“ inhaltlich weiter einzugrenzen.
Das Veranlassungsprinzip geht, sieht man von möglichen Ursprüngen im altgermanischen Recht ab[620], auf die Naturrechtslehre zur Zeit der Aufklärung zurück[621], die in Fortbildung der rezipierten lex Aquilia bei deliktischer Haftung deutlich zwischen Verursachung und Verschulden unterschied[622].

---

[620] Dazu *M.Rümelin*, Schadenszurechnung, S.27 f., einerseits und *Bienenfeld*, Haftungen ohne Verschulden, S.34 ff., andererseits.
[621] *Bienenfeld*, Haftungen ohne Verschulden, S.116; *M.Rümelin*, Schadenszurechnung, S.24.
[622] *Kiefer*, Aquilische Haftung, S.80 ff. m.w.N.

Ein Teil der Naturrechtler forderte zunächst eine Ersatzpflicht unabhängig von der Schuldfähigkeit des Schädigers[623]. Später entstand dann der Gedanke einer Haftung für den angerichteten Schaden ohne Berücksichtigung des Verschuldens, die auf Veranlassung oder, im gleichen Sinne, Verursachung bzw. Kausalität beruhte[624]. Dabei war nach der damaligen Auffassung die Kausalität enger, äußerlich sinnfällig etwa als unmittelbare Kausalbeziehung zu verstehen[625]. Die damit formulierte Veranlassungshaftung konnte sich jedoch in dem seit der Rezeption vom Verschuldensprinzip geprägten deutschen Haftungsrecht[626] nicht durchsetzen[627].

Mit Einsetzen der Industrialisierung im 18. Jahrhundert sahen vereinzelt deutsche Gesetze, vornehmlich im Zusammenhang mit Gefährdungstatbeständen, eine Haftung ohne Verschulden vor[628].
Erst Ende des 19. Jahrhunderts im Zuge der Gesetzesberatungen für das BGB kam in der Rechtswissenschaft eine erneute Diskussion um die Veranlassungs- und Verschuldenshaftung auf[629]. Das Veranlassungsprinzip, bis dahin als einzige ernst zu nehmende Alternative zum Verschuldensprinzip angesehen, entwickelte sich in Teilen der Rechtslehre zum Sammelbegriff[630] für neu aufkommende, verschuldensunabhängige Haftungsprinzipien[631], die eine Haftung auf der Grundlage des Veranlassungsgedankens vom Vorliegen weiterer Voraussetzungen entsprechend z.B. der Gefährdungs-, Herrschafts- oder Interessentheorien[632] abhängig machten.

---

[623] Vgl. *Kiefer*, Aquilische Haftung, mit Hinweisen auf die Naturrechtler *Christian Thomasius* in „Larva Legis Aquiliae" (S.92 f.) und *Joachim Georg Darjes* in „Discours über sein Natur- und Völkerrecht" (S.106).
[624] Vgl. *Lenz*, Haftung ohne Verschulden, S.136 ff. m.w.N.; s.a. *Bienenfeld*, Haftungen ohne Verschulden, S.116, und *M.Rümelin*, Schadenszurechnung, S.24.
[625] Vgl. *Bydlinski*, System und Prinzipien, S.185 (Fn.184), 186 m.w.N.
[626] *G.Rümelin*, AcP 88 (1898), 285 (286 f.).
[627] *Würthwein*, Schadensersatzpflicht im Gemeinen Recht, S.51 m.w.N.
[628] Z.B. I 6 § 41 ALR (Haftung Unzurechnungsfähiger), I 6 § 72 ALR (Haftung des Halters von Luxustieren); s.a. *Bienenfeld*, Haftungen ohne Verschulden, S.18 ff., und *Hedemann*, Fortschritte des Zivilrechts Teil 1, S.88 f., jeweils m.w.N.
[629] Ausführlich dazu *Lenz*, Haftung ohne Verschulden, S.154 ff.
[630] Synonym wurden „Erfolgshaftung" und „Haftung ohne Verschulden" verwendet, vgl. *Bienenfeld*, Haftungen ohne Verschulden, S.94 f.
[631] *Weyl*, System der Verschuldenshaftung, S.564 f.; nach *Müller-Erzbach*, AcP 106 (1910), S.309 (329), werde das Veranlassungsprinzip „gewöhnlich als ein rohes Erzeugnis des Deutschen Rechts angesehen"; in den Protokollen zum BGB, *Mugdan*, Materialien BGB Bd.2, S.1074, heißt es: „Jedenfalls habe die Wissenschaft das Veranlassungsprinzip nicht soweit durchgebildet, daß es dem Gesetze zu Grunde gelegt werden könne."; differenzierend dagegen *M.Rümelin*, Schadensersatz, S.4 m.w.N.
[632] Vgl. *Bienenfeld*, Haftungen ohne Verschulden, S.93; *Weyl*, System der Verschuldenshaftung, S.565 m.w.N.

Andere hielten am Verständnis als „reine“[633] Veranlassungshaftung fest, obwohl bei deren Einordnung als deliktisches Haftungsprinzip oft eine widerrechtliche Schadenszufügung vorausgesetzt wurde[634].

Der BGB-Gesetzgeber lehnte „eine Ersatzpflicht des Thäters, der einen Schaden (widerrechtlich) veranlasst“ hat, als „eine Erscheinung ... niederer Kulturstufen“, die „die Bewegungsfreiheit des Einzelnen allzu sehr“ einschränke, für das Deliktsrecht ab und hielt grundsätzlich am Verschuldensprinzip fest[635]. Daneben setzte sich von den „modernen“ Veranlassungstheorien Anfang des 20. Jahrhunderts die Gefährdungshaftung durch[636]. Während im deliktischen Haftungsrecht das „reine“ Veranlassungsprinzip damit an Bedeutung verlor[637], ist es dagegen in anderen materiell-rechtlichen Bereichen des Zivilrechts, wie etwa im Zusammenhang mit der Vertrauenshaftung bei § 122 BGB[638] oder den Rechtsscheintatbeständen in §§ 932 ff. BGB, § 15 HGB[639] wieder aufgegriffen geworden. Dabei wird in der Literatur[640] dem Begriff „Veranlassung“ heute im Privatrecht überwiegend die Bedeutung von „Kausalität“ oder „Verursachung“ zugeschrieben[641].
Allerdings gibt es vereinzelt auch Stimmen im Schrifttum, die Veranlassung von der Kausalität inhaltlich trennen[642] oder als „zurechenbare Verursachung“ verstehen[643]. Veranlassung soll dabei z.T. gegenüber der Verursachung ein weite-

---

633 So *M.Rümelin*, Schadenszurechnung, S.27; s.a. *Hedemann*, Fortschritte des Zivilrechts Teil 1, S.82, der zwischen den „reinen“ und den „modernen Fällen“ des Veranlassungsprinzips unterscheidet.
634 Vgl. *Wilburg*, Elemente des Schadensrechts, S.3 m.w.N.
635 *Mugdan*, Materialien BGB Bd.2, S.1074.
636 Dazu *Zachert*, Gefährdungshaftung, S.20 ff.
637 *Hedemann*, Fortschritte des Zivilrechts Teil 1, S.1074.
638 RG, Urt.v. 25.02.1913, RGZ 81, S.395 (399); BGH, Urt.v. 14.03.1969, NJW 1969, S.1380; MüKo-BGB/*Kramer*, § 122 Rn.2 f. m.w.N.
639 Vgl. *Westermann*, JuS 1963, S.1 (7) m.w.N.; s. dazu *Canaris*, Vertrauenshaftung, S.475.
640 *Stoll*, AcP 135 (1932), S.89 (105); *H.Meyer*, Das Akzept, S.23; *Münzberg*, Verhalten und Erfolg, S.321; *Schlickum*, Verpflichtungstatbestand und Einreden im Wechselrecht, S.10; aus neuerer Zeit: *Canaris*, Vertrauenshaftung, S.474; *Herrmann*, Störer, S.56; *Wenzel*, Anscheinsvollmacht, S.20; *Deutsch*, Haftungsrecht, A.I.8.a), Rn.15; Esser/*Schmidt*, Schuldrecht Bd.1/1, § 8 II., S.130; s.a. *Trapp*, Veranlassungsprinzip in der Finanzverfassung, S.222.
641 Davon zu unterscheiden sind die auf den verschiedenen Rechtsgebieten vertretenen sog. „Kausaltheorien“, wie etwa die Adäquanztheorie im privaten Schadensrecht oder die Theorie der unmittelbaren Veranlassung im öffentlichen Gefahrenabwehrrecht, vgl. Schmidt-Aßmann/*Friauf*, Bes. VwR, Abschn.II, Rn.76 m.w.N.; auch diese gehen von dem Verständnis der „Veranlassung“ bzw. „Verursachung“ als Kausalität aus, stellen ihr aber i.d.R. ausdrücklich ein weiteres, einschränkendes Zurechnungskriterium zur Seite, vgl. dazu *Schudt*, Kausalitätsprobleme, S.3.
642 *Poppe*, Verursachungsprinzip, S.6, jedoch ohne weitere Begründung.
643 *Heilmann*, Veranlassungsprinzip, S.3, im Anschluss an *Hubmann*, AcP 155 (1956), S.85 ff., der Veranlassung insoweit als ein Verhalten „im Hinblick auf Werte und ihren Ach-

res, subjektives Zurechnungsmoment enthalten[644], wie etwa die Kenntnis oder das Kennenmüssen, dass das Verhalten ein Drittinteresse begründet, das dem eigenen Interesse entgegensteht[645].

Damit stellt sich der Begriff Veranlassung im materiellen Recht nach der überwiegenden Literatur entsprechend der oben gebildeten Hypothese als inhaltsgleich mit „verursachen" dar. Allerdings ist, wie die Ansicht von der „zurechenbaren Verursachung" zeigt, auch ein davon abweichendes Verständnis denkbar.

(cc) Verständnis von Veranlassung in der Zivilprozessordnung
Ob der im materiellen Recht mehrheitlich vertretene Veranlassungsbegriff auch für das Prozessrecht gilt, ist anhand der Kostenvorschriften in der ZPO festzustellen.

Auch wenn die ZPO das Veranlassungsprinzip nicht ausdrücklich ausspricht, werden bei zahlreichen kostenrechtlichen Regelungen die Begriffe „veranlassen" und „Veranlassung" verwendet.
So enthalten die §§ 75, 92 Abs. 2, 94, 95, 100 Abs. 3, 344 ZPO das Verb „veranlassen" und findet sich in § 93 ZPO das Wort „Veranlassung".

In der Literatur wird deshalb vertreten, dass mit den Kostennormen, die in ihrem Wortlaut auf den Veranlassungsgedanken abstellen, das Veranlassungsprinzip für das gesamte prozessuale Kostenrecht zum Ausdruck kommt[646]. Insbesondere § 93 ZPO spielt etwa bei *Rosenberg* und dem BGH in der Begründung für das Veranlassungsprinzip eine tragende Rolle.

In § 93 ZPO ist die Frage der Klägerhaftung davon abhängig, ob „der Beklagte ... zur Erhebung der Klage Veranlassung gegeben" hat. „Veranlassung" bezieht sich hier gemäß dem allgemeinen Sprachgebrauch hervorrufend bzw. provozierend auf den Kläger, der so zur Klageeinreichung bewegt wird, und umschreibt demnach „jemandem Anlass zu etwas geben" bzw., entsprechend dem personenbezogenen „Veranlassen", „jemanden dazu bewegen, etwas zu tun". In dem als Erweiterung des § 93 ZPO vorgesehenen[647] § 94 ZPO wird das beim Beklag-

---

tungsanspruch" versteht, jedoch ohne zu erläutern, worin die über die Verursachung hinausgehende Zurechnung besteht; vgl. dazu auch *Canaris*, Vertrauenshaftung, S.474 (Fn.4).

[644] *Waldeyer*, Vertrauenshaftung kraft Anscheinsvollmacht, S.87 f., der dieses zusätzliche Element nicht näher konkretisiert.

[645] So *Heilmann*, Veranlassungsprinzip, S.4 ff., unter Bezugnahme auf §§ 122 Abs.2, 932 Abs.2 BGB.

[646] *Becker-Eberhard*, Grundlagen der Kostenerstattung, S.26; *Fleddermann*, Kostenrechtliche Probleme, S.100; *Schmitz*, Kostenentscheidung für oder gegen Dritte, S.60.

[647] So die Begründung zur Novelle von 1898, vgl. Hahn/*Mugdan*, Materialien Reichs-Justizgesetze Bd.8, S.87; dagegen Stein/Jonas/*Bork*, § 94 Rn.1.

ten veranlasste Bestreiten des Anspruchs durch die fehlende Mitteilung bzw. den nicht erbrachten Nachweis des Anspruchsübergangs auf den Kläger hervorgerufen, so dass hier wiederum von der allgemeinen Bedeutung „jemandem Anlass geben bzw. dazu bewegen, etwas zu tun" auszugehen ist. Demzufolge geht es hier jeweils um „Verursachung mit Entschließungswirkung" (s.o. S. 147 f. *Teil 2 A.I.4.c)bb)(3)(a)(aa)*).
Fraglich ist, ob sich die Bedeutung in diesem allgemeinen Sprachgebrauch erschöpft. Dafür spricht, dass der Gesetzgeber das Wort „Veranlassung" in § 109 Abs. 1 ZPO und das Verb in §§ 396 Abs. 1, 437 Abs. 2 ZPO im gleichen Sinne ohne einen haftungsrechtlichen Bezug verwendet hat und den Begriffen somit keine kostenrechtliche Exklusivität zukommt. Aber auch das juristische Verständnis in Literatur und Rechtsprechung weicht nicht von diesem Wortsinn ab. Für eine Veranlassung in § 93 ZPO wird ein vorprozessuales Verhalten des Beklagten wie etwa Bestreiten des Anspruchs oder Nichtleistung trotz Verzuges voraussetzt, weshalb der Kläger annehmen muss, nur durch einen Prozess sein Ziel erreichen zu können[648]. Als Voraussetzung des § 94 ZPO wird betont, die unterlassene Mitteilung und der nicht geführte Nachweis des Übergangs müssten ursächlich dafür sein, dass der Beklagte den Anspruch bestreite[649]. Für die Begründung eines Kostenerstattungsanspruchs aus §§ 93, 94 ZPO bedarf es somit eines die Wirkung „Klageerhebung" bzw. „Anspruchsbestreitung" verursachenden Verhaltens[650]. Demzufolge stellt Veranlassung hier ein kausales Verhalten dar, das zu einer entschließungsbedingten Wirkung führt.

Die Teilkostennormen §§ 75, 92 Abs. 2, 100 Abs. 3, 344 ZPO sehen eine Haftung für durch „unbegründeten Widerspruch" (§ 75 ZPO), „Zuvielforderung" (§ 92 Abs. 2 ZPO), „besonderes Angriffs- und Verteidigungsmittel" (§ 100 Abs. 3 ZPO) oder „Versäumnis" (§ 344 ZPO) veranlasste Kosten vor. Nach § 95 Fall 3-6 ZPO haftet die Partei, „welche ... die Verlegung eines Termins (usw.) ... durch ihr Verschulden veranlasst" hat.
Da „veranlassen" sich jeweils auf das „Geschehen" der Entstehung von Kosten bzw. die Terminverlegung (usw.) bezieht, gilt hier die allgemeine Wortbedeutung von „verursachen, bewirken, herbeiführen". Ein vorsätzliches Herbeiführen i.S.v. „dafür sorgen, dass etwas Bestimmtes geschieht" kommt nicht in Betracht, da die §§ 75, 92 Abs. 2, 100 Abs. 3, 344 ZPO eine Willensrichtung nicht be-

---

[648] BGH, Urt.v. 27.06.1979, NJW 1979, S.2040 (2041); MüKo-ZPO/*Belz*, § 93 Rn.7; Stein/Jonas/*Bork*, § 93 Rn.12; Thomas/Putzo/*Putzo*, § 93 Rn.4.

[649] MüKo-ZPO/*Belz*, § 94 Rn.5; Stein/Jonas/*Bork*, § 94 Rn.4.

[650] Seit dem 01.01.2002 heißt es in § 269 Abs.3 S.3 ZPO „Anlass zur Einreichung der Klage", also ebenfalls Anlass i.S.v. Grund oder Ursache; allerdings wird hinsichtlich der Kostenfolge für den dabei behandelten Wegfall des Anlasses vor Rechtshängigkeit auf das billige Ermessen verwiesen; kostenrechtliche Bedeutung kommt dem Wort „Anlass" in diesem Zusammenhang deshalb lediglich mittelbar zu.

rücksichtigen und die verschuldensabhängige Norm des § 95 ZPO auch fahrlässiges Verhalten erfasst.
Das Verständnis von „veranlassen" in diesem allgemeinen Sprachgebrauch wird dadurch bestätigt, dass das Verb im genannten Sinne auch ohne kostenrechtlichen Bezug z.B. in den §§ 81, 367 Abs. 2, 526 Abs. 2 ZPO Aufnahme gefunden hat. Außerdem sprechen im gleichen Sinne andere Kostenvorschriften der ZPO von „verursachten"[651], „erwachsenen"[652] oder „entstandenen"[653] Kosten. Auch bei diesen Normen geht es um die Regelung von Kosten, die durch prozessual erhebliche Vorgänge ausgelöst werden. Substituiert man für „veranlassen" die Worte „verursachen", „erwachsen" oder „entstehen", bleibt der Sinn der Kostenregelung der Gleiche.
Dementsprechend finden sich in der amtlichen Begründung des ZPO-Entwurfs z.B. im Zusammenhang mit § 92 Abs. 2 ZPO abweichend vom gesetzlichen „veranlassen" das Wort „erwachsen" oder bei §§ 95, 101 Abs. 1, 380 Abs. 1 S. 1 ZPO statt „verursachen" die Verben „veranlassen" oder „erwachsen".
Aus den Protokollen der Reichstagskommission ist ferner ersichtlich, dass in der Lesung zu § 75 ZPO „veranlassen", „verursachen" und „erwachsen" synonym gebraucht wurden.
Schließlich wird das kausale Verständnis dadurch bestätigt, dass in den Kostenvorschriften „veranlassen", „verursachen" usw. oft in Verbindung mit den Worten „dadurch", „durch", oder „in Folge" stehen, was deutlich auf eine ursächliche Beziehung hinweist.
Also weist „veranlassen" auch in diesen Kostennormen die Bedeutung von „verursachen" auf.

Im Ergebnis lässt sich also festhalten, dass der Gesetzgeber, wenn er in den Kostenvorschriften „Veranlassung" oder „veranlassen" verwendet, damit einen kausalen Zusammenhang umschreibt.
Dabei besteht nur der Unterschied, dass die §§ 93, 94 ZPO im Gegensatz zu den übrigen Normen eine entschlussbedingte Wirkung voraussetzen, was sich aber als nur für den Inhalt ihrer Tatbestände relevant erweist. Denn eine Person kann nur zu einer Handlung veranlasst werden, wenn sie sich zu etwas entschließt. Bei einem veranlassten Geschehen ist dies dagegen nicht möglich. Die in beiden Fällen erforderliche Kausalität von Verhalten und Wirkung ist identisch.

(dd) Zwischenergebnis
Da sich die herrschende Meinung zur Begründung des Veranlassungsprinzips im wesentlichen auf die untersuchten Vorschriften stützt, kann die oben aufgestellte

[651] §§ 95, 101 Abs.1, 380 Abs.1 S.1, 390 Abs.1, 409 Abs.1 ZPO.
[652] §§ 89 Abs.1 S.3, 91 Abs.1 S.1, 281 Abs.3 S.1 ZPO o. „erwachsenden": § 281 Abs.3 S.1 ZPO.
[653] § 516 Abs.3 S.1 ZPO.

und von der überwiegenden Literatur im materiellen Recht getragene Hypothese, dass der Begriff Veranlassung eine andere Bezeichnung für Verursachung ist, auch für das prozessuale Kostenrecht als bewiesen angesehen werden. Veranlassung bedeutet damit Verursachung oder Kausalität.

(b) Überprüfung der rechtlichen Herleitung aus den einzelnen Kostennormen

Mit der bloßen Verwendung der Begriffe in der ZPO ist jedoch nicht bereits ein gleichnamiges, zur Rechtsfortbildung geeignetes rechtsethisches Prinzip nachgewiesen. Vielmehr ist es auch denkbar, dass sich der Gesetzgeber des Wortes „veranlassen" lediglich im Rahmen des allgemeinen Sprachgebrauchs zur Regelung des Kostenrechts bedient hat, ohne jedoch ein kostenspezifisches Prinzip zu manifestieren.

In der amtlichen Begründung des ZPO-Entwurfs zum Kostenteil findet sich jedenfalls kein Hinweis auf die Zugrundelegung des Veranlassungsprinzips. Der Gesetzgeber bestimmt nur die Gründe für eine Kostenhaftung, die nicht gelten sollen. Er führt insoweit aus[654], dass „das Prinzip der Strafe als Rechtsgrund allgemein aufgegeben" sei und die Kostenerstattung keine Pflicht zum Ersatz eines widerrechtlich verursachten Schadens i.S.d. Deliktsrechts darstelle, wobei er gleichzeitig „die ungerechte Schonung des unterliegenden Theils auf Kosten des Siegers" im Falle eines unverschuldeten Tatsachenirrtums ablehnte und damit die verschuldensunabhängige Kostenhaftung des Unterlegenen hervorhob[655].

Andererseits wurde z.Zt. der Gesetzesentstehung dem Verschuldensgrundsatz i.d.R. allgemein nur das Veranlassungsprinzip gegenübergestellt (s.o. S. 149 *Teil 2 A.I.4.c)bb)(3)(a)(bb)*). Daher ist es möglich, dass die Haftung aufgrund Veranlassung vom Gesetzgeber stillschweigend dem Kostenrecht zugrunde gelegt worden ist oder ihm gar nicht bewusst war.

Als ein auf dem Kostenrecht basierender Zurechnungsgrund müsste sich das Veranlassungsprinzip – entsprechend der Argumentation der herrschenden Meinung – jedenfalls aus den Kostennormen herleiten lassen.

(aa) Kein Zurechnungsprinzip der Veranlassung in §§ 94, 95, 344, 380 Abs. 1 S. 1, 390 S. 1, 409 Abs. 1 S. 1 ZPO

Nach der Begründung der herrschenden Ansicht soll das Veranlassungsprinzip insbesondere in den §§ 94, 95 Fall 1/2, 344, 380 Abs. 1 S. 1, 390 S. 1, 409 Abs. 1 S. 1 ZPO zum Ausdruck kommen, da diese die Begriffe „veranlassen" und „verursachen" enthalten. Unzweifelhaft soll mit diesen Verben – wie oben

---

[654] *Hahn*, Materialien Reichs-Justizgesetze Bd.2/1, S.197.

[655] Eine Ausnahme von der Verschuldensunabhängigkeit des Kostenrechts stellt § 95 ZPO dar; zur verschuldensabhängigen Kostenhaftung Dritter vgl. §§ 380 Abs.1 S.1, 409 Abs.1 i.V.m. 381, 402 ZPO.

nachgewiesen – ein ursächlicher Zusammenhang bestimmt werden, der damit dem Inhalt des Veranlassungsprinzips entsprechen würde.
Soweit es um die „veranlassten" bzw. „verursachten" Kosten (§§ 95 Fall 1/2, 344, 380 Abs. 1 S. 1, 390 S. 1, 409 Abs. 1 S. 1 ZPO) geht, wird eine Verbindung zwischen dem die Haftung begründenden Prozessvorgang und den entstandenen Kosten hergestellt. Es ist also die Rechtsfolgenseite betroffen[656]. Die hier zum Tragen kommende Kausalbeziehung dient lediglich der Bestimmung des Haftungsgegenstandes[657]. Ergänzend zu der Begrenzung durch § 91 Abs. 1 S. 1 Hs. 2 ZPO auf die Kosten, „soweit sie zur zweckentsprechenden Rechtsverfolgung oder Rechtsverteidigung notwendig waren", soll damit nur für durch den haftungsbegründenden Prozessvorgang „veranlasste" bzw. „verursachte" Kosten gehaftet werden. Auf diese Weise wird ein innerer Zusammenhang zu diesem Vorgang sichergestellt und ein Ausufern der Haftung vermieden. Die Begründung der Einstandspflicht und damit eine Zurechnung wird von dieser Rechtsfolge vorausgesetzt. Dagegen ist über das dafür erforderliche Zurechnungskriterium damit keine Aussage getroffen.

Bei § 94 ZPO ist „veranlassen" zur Begründung der Haftung des Klägers erforderlich, indem seine Unterlassung von Mitteilung oder Nachweis des Anspruchsübergangs den Beklagten veranlasst haben muss, den Anspruch zu bestreiten. Damit soll sichergestellt werden, dass das Bestreiten durch die Ungewissheit verursacht worden ist, da der Beklagte sonst nicht den § 410 BGB erweiternden Schutz verdienen würde[658]. Damit kommt „veranlassen" in diesem Zusammenhang eher ein tatbestandlicher Charakter zu. Jedenfalls ist hier das ursächliche Verhalten derart spezifiziert, dass sich daraus nicht das Veranlassungsprinzip in der von der herrschenden Meinung unbestimmten Weise begründen lässt

(bb) Die Unabhängigkeit der Kostenhaftung vom vorprozessualen Verhalten im Lichte des § 93 ZPO

Die zentrale Norm in der Begründung des Veranlassungsprinzips stellt § 93 ZPO dar. Sie enthält als einzige Kostenvorschrift in der ZPO den das Prinzip kennzeichnenden Begriff „Veranlassung" und wird inhaltlich zur Umschreibung des die Zurechnung auslösenden Beklagtenverhaltens herangezogen. Demnach soll es für die Haftung des Beklagten auf die vorprozessuale Verweigerung einer

---

[656] Im gleichen Sinne sehen die Gesamtkostenregelungen eine Einstandspflicht nur für „Kosten des Rechtsstreits" (§§ 91 Abs.1 S.1, 269 Abs.3 S.2 ZPO), „Kosten des Rechtsmittelverfahrens" (§ 97 Abs.2 ZPO) und „Prozesskosten" (§ 93 ZPO) vor.
[657] Ähnlich bezeichnet *Görres*, ZZP 35 (1906), S.313 (392), im Zusammenhang mit den „veranlaßten Kosten" in dem früher geltenden § 102 ZPO diese Begrenzung als „Maß der Haftung".
[658] Stein/Jonas/*Bork*, § 94 Rn.1, 4.

Rechtspflicht bzw. Nichterfüllung eines bestehenden Anspruchs ankommen, welche zu der Klageerhebung und den Prozesskosten geführt hat (s.o. S. 142 ff. *Teil 2 A.I.4.c)bb)(2)*). Dieses Verhalten wird somit einem Umkehrschluss aus § 93 ZPO entnommen. Ob eine solche Folgerung aus § 93 ZPO gerechtfertigt ist, erscheint jedoch fraglich.

Nach § 93 ZPO fallen die Prozesskosten in Abweichung vom Unterliegensgrundsatz des § 91 Abs. 1 S. 1 ZPO dem obsiegenden Kläger zur Last, wenn „der Beklagte nicht durch sein Verhalten zur Erhebung der Klage Veranlassung gegeben" hat und „den Anspruch sofort anerkennt". Musste der Kläger also aufgrund des Verhaltens des Beklagten davon ausgehen, dass er seinen Anspruch auch ohne gerichtliche Hilfe durchsetzen kann, etwa weil der Beklagte leistungsbereit war, bestand für ihn keine Veranlassung zur Klage, so dass er bei sofortigem Anerkenntnis seitens des Beklagten für die Prozesskosten einzustehen hat.

Es ist aber auch denkbar, dass der unterlegene Beklagte kein sofortiges Anerkenntnis abgegeben hat, obwohl sonst die Voraussetzungen für die Kostenentscheidung nach § 93 ZPO vorgelegen hätten. Die Zurechnung der Kosten entsprechend der herrschenden Meinung ist dann nicht möglich.
Das ist z.B. der Fall, wenn der Beklagte wegen seiner Zahlungsbereitschaft eigentlich keine Veranlassung zu der erhobenen Klage gegeben hat, aber den Anspruch deshalb nicht – wie § 93 ZPO verlangt – sofort anerkennt, weil er dies versäumt oder sich nun doch zu einer Ausfechtung des Rechtsstreits entschließt. Weiter ist es möglich, dass der Beklagte den klageweise schlüssig geltend gemachten Anspruch vorprozessual noch rechtserheblich bestreiten kann und sich der Kläger dennoch zur Verfahrenseinleitung „veranlasst" sieht, aber die Klage während des Verfahrens wegen einer Rechtsänderung oder Änderung der Sachlage begründet wird[659]. Schließlich ist auf den Fall hinzuweisen, dass der Beklagte gerade in einer die Veranlassung i.S.d. § 93 ZPO ausschließenden Weise nicht leistet und die Klage wiederum erst während des Rechtsstreits Begründetheit erlangt.
Verliert der Beklagte nun in diesen Fällen den Rechtsstreit, trifft ihn die Unterliegenshaftung. Hier fehlt es aber an den Zurechnungsvoraussetzungen des von der herrschende Meinung vertretenen Veranlassungsprinzips. In der ersten Variante fehlt es überhaupt an einer Veranlassung, in der zweiten lässt sich eine solche zwar noch annehmen, jedoch erfolgte die Verweigerung der Erfüllung nicht entgegen einer Rechtspflicht. Die sich aus dem Unterliegen ergebende Wertung ist insoweit noch nicht verwirklicht. Im dritten Fall erschöpft sich das Verhalten

---

[659] Ein die Wirkung des § 93 ZPO auslösendes sofortiges Anerkenntnis ist dann auch noch möglich, wenn sie zu einem späteren Zeitpunkt im nächsten Termin bzw. Schriftsatz erfolgt, vgl. MüKo-ZPO/*Belz*, § 93 Rn.13.

des Beklagten wiederum in einem schlichten, die „Veranlassung" ausschließenden Unterlassen bzgl. des behaupteten Anspruchs. Dieses wird rechtlich nur relevant und damit der Handlung gleichgestellt, wenn eine Pflicht zum Handeln besteht[660]. Da die Begründetheit des Klageanspruchs erst im Laufe des Rechtsstreits eintrat, bestand für den Beklagten vorher noch keine Rechtspflicht zur Erfüllung des Anspruchs, so dass dem Unterlassen keine rechtliche Wirkung zukommt.
Wollte man in diesen Fällen für den Beklagten die Zurechnung der Prozesskosten nach dem Veranlassungsprinzip i.S. der herrschenden Meinung begründen, liefe das auf eine Fiktion hinaus, für die es im Gesetz keine Anhaltspunkte gibt.

Es gilt vielmehr Folgendes: Nach den Vorschriften des Kostenrechts kommt es – aus Vereinfachungsgründen[661] – grundsätzlich nicht auf das vorprozessuale Beklagtenverhalten an. Eine Möglichkeit, vorprozessuale Aspekte wie den Rechtsirrtum zu berücksichtigen, ist mit der ausdrücklich vom historischen Gesetzgeber bestimmten Aufgabe des Verschuldensgedankens entfallen (s.o. S. 154 *Teil 2 A.I.4.c)bb)(3)(b)*). Entscheidend ist die Rechtslage am Schluss der letzten mündlichen Verhandlung. Erweist sich dann die Klage als begründet, hat i.d.R. der Beklagte für die Kosten nach § 91 Abs. 1 S. 1 ZPO einzustehen.
Die einzige Ausnahme davon war zunächst mit § 93 ZPO in das prozessuale Kostenrecht aufgenommen worden[662]. Der historische Gesetzgeber übernahm diese Regelung unter Verallgemeinerung ihrer Geltung aus den die Feststellungsklage regelnden Vorschriften des preußischen und norddeutschen Entwurfs[663]. Die vor der ZPO geltenden Landesprozessgesetze sahen eine solche Regelung nicht vor[664], obwohl sie überwiegend, wie die ZPO, von einer „reinen" Unterliegenshaftung ausgingen, nach denen es somit auf das vorprozessuale Verhalten des Beklagten niemals ankam. Mit der Aufnahme von § 93 ZPO wollte der Gesetzgeber die Veranlassung somit nicht zum prozessualen Gegenstück der Klage erheben, sondern für den Fall, dass „ein materieller Streit der Parteien und ein eigentliches Unterliegen des Beklagten" nicht stattfindet[665], eine besondere Regelung treffen. Der Grund für die Erstattungspflicht des Klägers liegt im Bereich der Billigkeit[666] und der Prozessökonomie[667]: Es wäre nicht gerechtfer-

660 *Deutsch*, Haftungsrecht, B.VI.4.b) Rn.98; Staudinger/*Schiemann*, § 249 Rn.9.
661 Vgl. *Pollak*, FS Wach, S.103 (140).
662 Später sind die auf dem gleichen Gedanken beruhenden §§ 93d, 94 ZPO hinzugefügt worden.
663 Vgl. *Hahn*, Materialien Reichs-Justizgesetze Bd.2/1, S.199.
664 Allein die preußische Allgemeine Gerichtsordnung (1.Teil, 28.Titel § 4 Abs.1) schrieb eine solche Regelung für die sog. Mandatskündigungsklage vor, vgl. *Schubert*, Preuß. AGO Bd.1, S.647.
665 *Hahn*, Materialien Reichs-Justizgesetze Bd.2/1, S.199, wo die Begründung deshalb von einer „mehr scheinbaren Ausnahme" des Unterliegensprinzips spricht.
666 BGH, Urt.v. 05.04.1973, BGHZ 60, S.337 (343).

tigt, dem Beklagten auch dann die Prozesskosten zur Last zu legen, wenn er stets zur Erfüllung seiner Verpflichtung bereit gewesen ist. Dementsprechend war die Prozessführung des Klägers in Ermangelung eines Streites für die Geltendmachung des Rechts auch nicht notwendig[668]. Der Grundgedanke des § 91 Abs. 1 S. 1 Hs. 2 ZPO, dass die Parteien kostenauslösende Maßnahmen nur insoweit vornehmen sollen, als diese zur Rechtsverfolgung bzw. -verteidigung notwendig sind, setzt sich in dieser Regelung fort. Ein darüber hinausgehender Regelungsgehalt kann der Vorschrift – auch aus einem argumentum e contrario – nicht entnommen werden. Vielmehr lässt sich im Umkehrschluss und aus dem Regelungsgehalt der übrigen Kostennormen folgern, dass außer im Fall des § 93 ZPO die Kostenhaftung unabhängig von einer vorprozessualen Veranlassung des Beklagten eintritt.

Damit ist aber dem Veranlassungsprinzip ein wesentliches Element zur Bestimmung des zurechnungsrelevanten Verhaltens genommen, zumal der Haftungsgrund doch gerade wegen der Unbestimmtheit des Beklagtenverhaltens so weit gefasst werden musste (s.o. S. 146 *Teil 2 A.I.4.c)bb)(3)(a)*).

(cc) Zwischenergebnis

Die von der herrschenden Meinung behauptete Grundlage des Veranlassungsprinzips im Kostenrecht der ZPO kann den einzelnen Normen nicht entnommen werden. Es fehlt dem Veranlassungsprinzip damit bereits an der für ein rechtsethisches Prinzip charakteristischen Eigenschaft (s.o. S. 34 f. *Teil 1 A.II.1.a)dd)*), Leitgedanke der positiven Einzelregeln zu sein.

(c) Der Sinnbezug zur Rechtsidee

Das Veranlassungsprinzip ist zudem nicht auf die Rechtsidee zurückführbar. Es steht sogar zu dieser im Widerspruch.

Denn nur wenn die Zurechnung als das die Verantwortung begründende Kriterium an ein vermeidbares Verhalten und die damit einhergehende Verwirklichung eines besonderen rechtlichen Grundes anknüpft, lässt sich über den Grundsatz der Verantwortung für selbstbestimmtes Handeln der Sinnbezug zur Rechtsidee herstellen (s.o. S. 118 f. *Teil 2 A.I.3.b)aa)(4)(a)*). Die Veranlassung, die sich als angebliches Zurechnungsprinzip an diesen Merkmalen messen lassen muss, stellt aber gerade keinen geeigneten Grund dafür dar, jemandem die rechtliche Verantwortung für ein Geschehen zuzuweisen.

Die Feststellung der Ursächlichkeit erfolgt nämlich mittels eines naturwissenschaftlich verstandenen Kausalbegriffs. Danach ist ein Verhalten dann kausal für einen Erfolg, wenn das Verhalten nicht „hinweggedacht“ werden kann, ohne

---

[667] Baumbach/Lauterbach/*Hartmann*, § 93 Rn.4.

[668] Vgl. Preuß. Justizministerial-Entwurf 1871 in *Dahlmanns*, Neudrucke zivilprozessualer Kodifikationen Bd.2, S.32, 541;

dass der Erfolg entfiele (conditio-sine-qua-non)[669]. Diese Äquivalenztheorie geht von der Gleichwertigkeit aller Bedingungen aus, wodurch sie zu einem weiten Umfang des kausal erheblichen Verhaltens führt.
Die Haftung aufgrund Veranlassung würde deshalb die allgemeine Handlungsfreiheit in nicht tragbarer Form einschränken, da jedermann mit jedem Verhalten befürchten müsste, irgendwie kausal für ein haftungsrelevantes Geschehen zu werden. Die Auswahl einer von den ursächlich handelnden Personen wäre somit reine Willkür.
Für das Zustandekommen des die Kosten auslösenden Rechtsstreits wären beispielsweise beim Obsiegen des Klägers beide Parteien ursächlich und damit verantwortlich. Der Kläger, weil er die Klage eingereicht hat, und der Beklagte mit seiner Nichterfüllung des Anspruchs. Wollte man dieses Kriterium auch auf Dritte anwenden, müssten daneben auch kausale Einflüsse auf die Prozessentstehung durch Dritte bei der Kostenhaftung beachtet werden, da ja nach der „blinden" Kausalität alle Beiträge als gleichwertig anzusehen sind. Damit müsste aber jedes kausale Verhalten Zurechnungsgrund sein, weshalb es angesichts dieser uferlosen Weite zur Bestimmung des Verantwortlichen unbrauchbar wäre.

Dementsprechend ist in der materiell-rechtlichen Literatur darauf hingewiesen worden, dass die bloße Veranlassung bzw. Kausalität nicht ausreichend ist, um die Zurechnung zu begründen[670]. Hinzukommen müsse vielmehr ein besonderes Zurechnungsprinzip, in dem sich der Gedanke der Selbstverantwortung in spezifischer Weise konkretisiere[671]. Denn mitursächlich für ein Geschehnis sei jeder, auch entfernteste Umstand oder zeitlich vorausliegende Vorgang, ohne den das Geschehnis sich in der Weise nicht hätte ereignen können[672]. So werde die Kausalität z.B. im Schadensrecht stets symmetrisch vom Verletzer und vom Opfer begründet, da der Schaden ohne Beteiligung beider nicht eintreten könne. Wählte man mit Hilfe des sog. Verursachungs- oder Veranlassungsprinzips einen der Beteiligten als „Verursacher" aus, käme das einer wertenden, unbegründeten Behauptung gleich, die diese Symmetrie verkenne und das entscheidende Auswahlkriterium verdecke[673].

---

[669] Palandt/*Heinrichs*, Vorb § 249 Rn.57.
[670] So bereits *Jung*, Delikt und Schadensverursachung, S.4 f., der feststellte, dass „kein geltendes Recht ... seine Schadensersatzpflicht auf die ‚Veranlassung' des Schadens abstellen" könne; auch nach *Marton*, AcP 162 (1963), S.1 (17), ist die Verursachung kein Prinzip der Haftung.
[671] *Canaris*, Vertrauenshaftung, S.469.
[672] *Müller*, Begriff der unerlaubten Handlung, S.20.
[673] *Adams*, Ökonomische Analyse, S.149.

Die Verdeckung des eigentlichen Auswahlkriteriums durch die Veranlassungshaftung zeigt sich gerade auch bei der Kostenhaftung im Zivilprozess. Nach § 91 Abs. 1 ZPO trifft die Kostenlast letztlich nicht denjenigen, der die Kosten irgendwie verursacht hat, sondern den Unterlegenen. Das Anknüpfen an den verlorenen Prozess muss somit der entscheidende Grundgedanke für die Kostenhaftung einer Partei bleiben. Wollte man insoweit nur mit einem Kausalzusammenhang die Zurechnung rechtfertigen, würde das wertende Kriterium des § 91 ZPO verdunkelt werden. Denn von einer bloßen Kausalität kann diese Zurechnung nicht ausgehen.

(d) Zwischenergebnis

Die von der herrschenden Meinung als Zurechnungsprinzip im Kostenrecht angenommene Veranlassung hat die inhaltliche Bedeutung von Verursachung bzw. Kausalität. Da sich das Veranlassungsprinzip weder den kostenrechtlichen Normen entnehmen noch über den Verantwortungsgrundsatz auf die Rechtsidee zurückführen lässt, kann es kein rechtsethisches Prinzip darstellen und nicht als Maßstab für die Zurechnung dienen[674].

(4) Die verdeckten Zurechnungskriterien der herrschenden Meinung

Wendet man sich angesichts der gewonnen Erkenntnisse den eingangs dargelegten Ausprägungen des Veranlassungsprinzips zu, wird deutlich, dass die herrschende Meinung die Kostenzurechnung in Wirklichkeit nach anderen Kriterien als nach der Veranlassung vornimmt.

(a) Zurechnung bei der Unterliegenshaftung

Wenn der BGH (s.o. S. 144 *Teil 2 A.I.4.c)bb)(2)(a)*) von „verursachen", „veranlassen" oder „Anlass geben" spricht, verdeckt das den wahren von ihm angenommenen Grund der Kostenzurechnung. Allein schon dadurch, dass er den Aspekt der Billigkeit heranzieht, setzt er sich mit der an sich wertfreien Veranlassung in Widerspruch.

Der BGH verwendet das Kriterium der Veranlassung tatsächlich in dem Sinne, dass die haftende Partei durch ein unberechtigtes Verhalten zum gerichtlichen Einschreiten Anlass gegeben hat, und führt darauf die Unterliegenshaftung zurück. Danach erfolgt die Zurechnung durch eine über die einfache Kausalität hinausgehende, wertende Betrachtung des zum Rechtsstreit führenden Verhaltens anhand des Prozessausganges. Der Veranlasser ist hiernach nicht der einfache Verursacher, sondern derjenige, dessen Verhalten als unberechtigt und damit als Ausgangspunkt für den Rechtsstreit gewertet wird.

Becker-Eberhard (s.o. S. 144 *Teil 2 A.I.4.c)bb)(2)(b)*) führt aus, dass beide Parteien den Prozess durch ihr „Verhalten herbeigeführt" hätten, da auch der obsiegende Kläger den Prozess „selbst unmittelbar veranlasst" habe, und stützt sich

---

674 Im Ergebnis ebenso *Gern*, DÖV 1986, S.462 (466).

ferner für das von ihm vertretene Veranlassungsprinzip u.a. auf den Wortlaut der §§ 94, 95 ZPO (s.o. S. 144 f. *Teil 2 A.I.4.c)bb)(2)(b)*).
Die damit angedeutete Veranlassung i.S.v. Verursachung hindert ihn aber nicht an einer „besonderen Ausgestaltung" des Veranlassungsprinzips durch die Hinzunahme des nach seiner Ansicht der Unterliegenshaftung bzw. dem Kostenrecht zugrunde liegenden Wertungskriteriums der Erforderlichkeit des Prozesses. *Becker-Eberhard* sieht zwar wie der BGH die Unterliegenshaftung als Folge einer Zwangslage der obsiegenden Partei dergestalt, dass der Prozess wegen des vom Gegner behaupteten Anspruchs bzw. dessen Weigerung von diesem erzwungen worden ist. Die Wertung setzt er allerdings bei dem Prozess selbst bzw. bei dem daraus resultierenden Kostenaufwand an, der der eigenen Sache nicht dienlich und insoweit unnötig sei. Da es bei der Zurechnung aber um ein die Haftung begründendes Verhalten geht, bedarf es eines Bezugs auf das die Kosten auslösende Prozessverhalten. Der von *Becker-Eberhard* angenommene Zurechnungsgrund dürfte deshalb in einer der eigenen Sache nicht dienlichen und insoweit unnötigen, also nicht erforderlichen Prozessführung bestehen.
Rosenberg (s.o. S. 145 *Teil 2 A.I.4.c)bb)(2)(c)*) spricht von der „Veranlassung einer erfolglosen Prozessführung" durch Klageerhebung oder von „Anlass geben". Berücksichtigt man, dass „Veranlassung" i.S.d. § 93 ZPO auch nach *Rosenberg* mit jedem kausalen Verhalten möglich ist, das den Kläger an einer Rechtsdurchsetzung ohne gerichtliche Hilfe zweifeln lässt[675], beschreibt er mit dem von ihm verwendeten Veranlassungsbegriff ebenfalls nur die bloße Kausalität. Angesichts der Untauglichkeit der Kausalität als Zurechnungsgrund, kommt bei ihm als entscheidender Grund nur die „erfolglose Prozessführung" einer Partei in Betracht.
Dafür spricht auch, dass *Rosenberg* dieses Kriterium von Anfang an in seinem Lehrbuch anführte. Das Nachschieben der Veranlassung lässt sich möglicherweise mit der historischen Rolle des Veranlassungsprinzips als Gegensatz zum Verschuldensgrundsatz erklären. Damit wollte er offensichtlich die Verschuldensunabhängigkeit der Kostenhaftung zum Ausdruck bringen, die er ja auch an gleicher Stelle in seinem Lehrbuch noch einmal ausdrücklich klarstellte (s.o. S. 145 *Teil 2 A.I.4.c)bb)(2)(c)*).

Aber auch die sich hinter dem Veranlassungsprinzip verbergenden Zurechnungsaspekte finden im Gesetz jedenfalls z.T. keine Grundlage.
Vergleicht man sie zunächst, zeigt sich, dass sie jeweils dem Prozessausgang die entscheidende Bewertung des vorhergehenden Verhaltens der Parteien entnehmen. Dabei setzt das Wertungskriterium des BGH bei dem zum Prozess führenden Verhalten der unterliegenden Partei an, während *Becker-Eberhard* und *Rosenberg* die Wertung im Bereich der Prozessführung ansiedeln.

---

[675] Vgl. *Rosenberg*, ZPR 2.Aufl., § 78 III.2., S.221; so auch Rosenberg/Schwab/*Gottwald*, ZPR, § 87 III.5.a), S.467.

Der vom BGH vertretene Ansatz steht allerdings im Widerspruch zu dem im Zusammenhang mit § 93 ZPO gefundenen Ergebnis, dass es für die Kostenhaftung i.d.R. nicht auf das vorprozessuale Verhalten der Parteien ankommt (s.o. S. 158 *Teil 2 A.I.4.c)bb)(3)(b)(bb)*), weshalb er insoweit abzulehnen ist.
Unterschiede bestehen auch hinsichtlich des Wertungskriteriums selbst. Der BGH („unberechtigt“) und *Rosenberg* („erfolglos“) bestimmen dies in Anlehnung an die in der Hauptsache festgestellte Divergenz des Verhaltens zur Rechtslage, *Becker-Eberhard* („nicht dienlich, unnötig“) stellt außerdem auf die Erforderlichkeit des Rechtsstreits bzw. der Kosten ab.
Das Kriterium der Erforderlichkeit ist jedoch im Zusammenhang mit der Frage, wer grundsätzlich die Kosten zu tragen hat, fehl am Platze. Es lässt sich i.d.R. nur im Bereich des Umfangs der Haftung sinnvoll anwenden, um das Ausmaß der Rechtsverfolgung und -verteidigung zu begrenzen. Geht es darum, „ob“ jemand haften soll, stellt sich nicht das Problem der Erforderlichkeit, sondern das der Divergenz zur Rechtslage (s.o. S. 113 *Teil 2 A.I.3.b)aa)(2)*). Es erscheint zwar auf den ersten Blick stimmig, bei dem unterlegenen Kläger eine nicht notwendige Prozesseinleitung anzunehmen, jedoch ist hier der Maßstab der Erforderlichkeit – die rechtliche Divergenz – ein ganz anderer als z.B. bei § 94 ZPO, wo die Erforderlichkeit von der außerprozessualen Durchsetzbarkeit des verfolgten Anspruchs abhängt. Letztlich versucht *Becker-Eberhard* mit dem Element der Erforderlichkeit, ohne sich dabei auf eine gesetzliche Grundlage stützen zu können, den Haftungsgrund des Unterliegens auf einer höheren, abstrakteren Ebene anzusiedeln, um so ein alle Kostennormen umfassendes Kriterium zu gewinnen. Dadurch erlangt Erforderlichkeit jedoch einen so hohen Abstraktionsgrad, dass sie auf jede Art von Ersatzpflichten passen würde. Jede kausale Schadensherbeiführung, die mit der Rechtslage nicht im Einklang steht, würde für den Geschädigten die „unausweichliche Belästigung“ mit der Schadensabwicklung nach sich ziehen und ließe die Feststellung zu, dass sich das schädigende Verhalten als „der eigenen Sache nicht dienlich“ und deshalb als „unnötig“ erweist. Die Erforderlichkeit kann deshalb kein geeignetes Zurechnungselement der Haftung nach § 91 Abs. 1 S. 1 Hs. 1 ZPO sein.

Es dürfte also ausschließlich auf die rechtliche Bewertung der Prozessführung abzustellen sein, so dass man am ehesten mit *Rosenberg*, entsprechend dem oben gefundenen Ergebnis (s.o. S. 114 *Teil 2 A.I.2.b)aa)(2)*), von einer „erfolglosen Prozessführung“ als Zurechnungsgrund für die Haftung nach § 91 Abs. 1 ZPO sprechen kann.

(b) Zurechnung bei vollmachtloser Prozessvertretung

Nachdem sich das Veranlassungsprinzip für die Zurechnung der Prozesskosten unter den Parteien als untauglich erwiesen hat, wird man dies auch für die von der herrschenden Meinung befürwortete Anwendung bei vollmachtloser Prozessvertretung annehmen müssen.

Nach der Lehre und der überwiegenden Rechtsprechung ist für die Kostenhaftung entscheidend, wer das „Auftreten des vollmachtlosen Vertreters“ veranlasst hat, während andere Gerichtsentscheidungen dafür auf das Veranlassen der „Klageerhebung“, des „nutzlosen Verfahrensaufwands“ oder der „Prozesskosten“ abstellen (s.o. S. 139 *Teil 2 A.I.4.c)bb)(1)*). Versteht man Veranlassung als Verursachung, sind insoweit sowohl die vertretene Partei, etwa infolge der bloßen Konsultierung des Vertreters zu Beratungszwecken oder gar allein durch ihre Existenz, als auch der Vertreter mit der Einreichung der Klage, sogar unabhängig von einer Bevollmächtigung, immer ursächlich und damit Veranlasser. Das Veranlassungsprinzip ist deshalb auch hier nicht für eine Zurechnung geeignet.

Hinzu kommt, dass die herrschende Meinung mit der Verwendung des Veranlassungskriteriums nicht hinsichtlich der bei einer Prozessvertretung für die Kostenentscheidung zu berücksichtigenden Zurechnungsverhältnisse differenziert. Diese betreffen die sich am Verfahrensausgang orientierende Zurechnung der Prozesskosten unter den Parteien gem. §§ 91 ff. ZPO, ferner die Zurechnung der Prozessführung des Vertreters gem. § 85 ZPO aufgrund einer von der vertretenen Partei erteilten Vollmacht und schließlich die Frage, ob dem Vertreter die Prozesskosten infolge seines Vorgehens ohne Vollmacht zurechenbar sind (s.o. S. 108 *Teil 2 A.I.2.b)*).
Demgegenüber beschränkt sich die herrschende Meinung im Rahmen der Ermittlung der Kostenentscheidung bei allen diesen Zurechnungsfragen – zumindest äußerlich – auf die Anwendung des den §§ 91 ff. ZPO angeblich innewohnenden Veranlassungsprinzips: Denn soweit sie eine Haftung der Partei annimmt, weil diese das „Auftreten des vollmachtlosen Vertreters“ oder den Vertreter zur „Klageerhebung“ bzw. zum „nutzlosen Verfahrensaufwand“ veranlasst hat, wird das Kriterium der Veranlassung dergestalt angewendet, dass es eine § 85 ZPO entsprechende Zurechnung ersetzt oder, wenn die Gerichte von „Veranlassung der Prozesskosten“ sprechen, eine solche Zurechnung zumindest mit umfasst.
Soll dagegen der Prozessvertreter kostenpflichtig sein, steht nach der herrschenden Meinung Veranlassung (des „eigenen Auftretens“, der „Klageerhebung“, der „erfolglosen Prozessführung“ etc.) für eine mit § 179 BGB vergleichbare Zurechnung der durch die vollmachtlose Klage entstandenen Prozesskosten.
Es wird also deutlich, dass die herrschende Meinung das den §§ 91 ff. vermeintlich zugrundeliegende Zurechnungskriterium der Veranlassung auf zwei andere Zurechnungsbereiche projiziert, welche aber in ihrer rechtlichen Ausgestaltung völlig unterschiedlich sind. Das Veranlassungsprinzip wird somit nicht den un-

terschiedlichen gesetzlichen Anforderungen für eine Zurechnung des Vertreterhandelns einerseits und der Prozesskosten andererseits gerecht, sondern egalisiert und vereinheitlicht diese in gesetzeswidriger Weise.

Betrachtet man jedoch die näheren Ausführungen der Literatur zur Veranlassungshaftung bei vollmachtloser Prozessvertretung (s.o. S. 104 *Teil 2 A.I.2.a)*) und die praktische Umsetzung dieses Prinzips in der Rechtsprechung, wird erkennbar, dass die herrschende Meinung auch hier die Kostenentscheidung eigentlich nach anderen Kriterien beurteilt, welche lediglich unter dem Deckmantel der Veranlassung herangezogen werden. Danach wird der Kläger i.d.R. dann als Veranlasser angesehen, wenn er den vollmachtlosen Prozessvertreter zur Prozessführung in irgendeiner Form, also ggf. auch nur mündlich oder unwirksam, beauftragt hat[676]. Ist dagegen ein solcher Willensakt nicht ersichtlich, wird angenommen, dass der Prozessvertreter selbst infolge der Einreichung der Klage bzw. Einlegung des Rechtsmittels Veranlasser ist[677].
Für die Kostenfolge ist demnach entscheidend, ob der Partei die Prozessführung zurechenbar ist. Dafür soll offenbar eine auf die Vollmachtserteilung bzw. den Prozess gerichtete Willenserklärung genügen, ohne dass diese die Voraussetzungen für eine Bevollmächtigung i.S.d. ZPO (s.o. S. 60 ff. *Teil 1 B.II.*) zu erfüllen braucht. Ist demgemäß eine Zurechnung möglich, hat die Partei nach § 91 ZPO für die Prozesskosten einzustehen. Andernfalls haftet der Vertreter entsprechend dem § 91 ZPO zugrundeliegenden Haftungsgedanken, also wegen des gleichen Zurechnungsgrundes wie sonst eine unterlegene Partei (s.o. S. 140 f. *Teil 2 A.I.4.c)bb)(1)*).

Aber auch diese verdeckten Kriterien eignen sich nicht für die Lösung der hier erörterten Kostenfrage.
Soweit die herrschende Meinung für eine Zurechnung der Prozessführung des Vertreters geringere Anforderungen stellt, als sie für eine Prozessvollmacht erforderlich sind, ist eine gesetzliche Grundlage nicht erkennbar. Es besteht vielmehr ein Widerspruch zum Zweck der Wirksamkeitsregelungen für die Vollmacht.
Das im Gesetz verankerte Vollmachtserfordernis dient dem Schutz vor Fremdbestimmung zur Wahrung der Dispositionsfreiheit der Partei (s.o. S. 91 *Teil 1 C.II.3.a)aa)(1)*). Liegt eine Unwirksamkeit der Vollmacht vor, schränkt das Ge-

---

676 BGH, Beschl.v. 04.03.1993, BGHZ 121, S.397 (400); OLG Köln, Beschl.v. 29.07.1970, Rpfleger 1970, S.355 (356); OLG Hamm, Beschl.v. 29.06.1988, NJW-RR 1990, S.767; OLG Dresden, Urt.v. 22.04.1998, JurBüro 1998, S.480 (481 f.), das ein Verhalten voraussetzt, das den Prozess *„in Gang gebracht“* hat; ausdrücklich auf die Beauftragung abstellend: LG Göttingen, Beschl.v. 03.11.1987, NJW-RR 1988, S.1273 (1274).
677 BGH, Urt.v. 24.06.1987, NJW 1988, S.49 (50); OLG Zweibrücken, Urt.v. 31.03.1999, JurBüro 1999, S.650 (651); BayObLG, Beschl.v. 06.05.1999, JurBüro 1999, S.652 (653).

setz die Disposition der Partei im Interesse der jeweils im Rechtsverkehr bestehenden Schutzbedürfnisse ein (s.u. S. 215 *Teil 2 C.I.2.*). Eine dennoch angenommene Zurechnung des Vertreterhandelns würde dieser gesetzlichen Wertung zuwiderlaufen, ohne dass dafür ein rechtlicher Grund oder ein gewichtigeres Bedürfnis ersichtlich wäre (dazu s.u. S. 200 ff. *Teil 2 C.*).
Soll dagegen die auf eine Vollmacht bzw. den Prozess gerichtete Willenserklärung unmittelbar den Zurechnungsgrund des § 91 ZPO ausfüllen, wenn hier von einer „Veranlassung der Prozesskosten" durch die Partei gesprochen wird, verkennt die herrschende Meinung, dass für die Haftung nach § 91 Abs. 1 ZPO ein die Kosten verursachendes tatsächliches Verhalten nicht ausreicht. Erforderlich ist vielmehr eine „erfolglose Prozessführung" der Partei (s.o. S. 114 *Teil 2 A.I.3.b)aa)(2)*), wofür die o.g. Willenserklärung jedoch nicht genügt.
Schließlich kann eine Kostentragungspflicht des Vertreters nicht auf den Zurechnungsgrund des § 91 ZPO gestützt werden. Diese auf eine konkurrierende Parteistellung gemünzte Kostennorm lässt sich mit der ohne jegliches Eigeninteresse am Prozess eingenommenen Drittposition des Vertreters nicht vereinbaren (dazu s.u. S. 166 ff. *Teil 2 A.I.4.c)cc)*). Auch wird die Prozessführung des Vertreters im fremden Namen infolge der fehlenden Vollmacht nicht zu einer im eigenen Namen (s.o. S. 37 *Teil 1 A.II.1.a)dd)(2)(a)(aa)*), so dass gegenüber der (erfolglosen) Prozessführung mit Vollmacht allein der Unterschied besteht, dass eben keine Vollmacht vorliegt. Für eine Haftung des Vertreters kann es deshalb nicht auf den für § 91 ZPO geltenden Zurechnungsgrund der „erfolglosen Prozessführung" ankommen. Entscheidend ist allein die Vollmachtlosigkeit.

Für den hier zu untersuchenden Fall einer fehlenden Vollmachtserteilung ergibt sich durch die Anwendung des Veranlassungsprinzips im Ergebnis gegenüber den zutreffenden, gesetzlichen Zurechnungskriterien kein Unterschied. Ohne eine erteilte Vollmacht fehlt es an jeglichem Willensakt der Partei und damit an einer „Veranlassung" i.S.d. der herrschenden Meinung, so dass auch hiernach nur eine Haftung des vollmachtlosen Vertreters in Betracht kommt.
Es ist aber deutlich geworden, dass das Veranlassungsprinzip auch im Zusammenhang mit der Prozessvertretung ungeeignet ist, die Zurechnungsverhältnisse zu klären.

(5) Abschließende Stellungnahme und Ergebnis zum Veranlassungsprinzip

Eine Kostenhaftung des vollmachtlosen Prozessvertreters anhand des Veranlassungsprinzips zur Schließung der kostenrechtlichen Regelungslücke ist nicht möglich. Die das Veranlassungsprinzip favorisierende herrschende Meinung beurteilt die Kostenhaftung in Wirklichkeit nach anderen, von der Veranlassung verdeckten Kriterien. Das so ausgestaltete Veranlassungsprinzip hat jedoch mit Veranlassung als solcher nichts mehr zu tun, außer dass es – entsprechend seiner

historischen Entstehung – eine irgendwie geartete verschuldensunabhängige Zurechnung kennzeichnet.
Dennoch suggeriert die Bezeichnung Veranlassung mitunter, was nach dem allgemeinen Sprachgebrauch durchaus möglich erscheint, sich aber nach dem Kostenrecht der ZPO verbietet, ein subjektives Element und verdeckt das wahre Verständnis als Verursachung. Dementsprechend ist selbst die Bedeutung als Verursachung mit der neuerdings in der Rechtsprechung berücksichtigten Gutgläubigkeit aufgeweicht worden (s.u. S. 238 ff. *Teil 2 C.III.1.a)*).
Die Zurechnung nach Veranlassung ist wegen ihrer begrifflichen und inhaltlichen Unbestimmtheit und Weite ein Einfallstor für Billigkeitsentscheidungen und läuft damit der Rechtssicherheit zuwider. Das mag sich im Bereich der Prozessvertretung ohne eine erteilte Vollmacht nicht auswirken, da in diesem Fall die herrschende Meinung stillschweigend auf die eigentlichen Zurechnungskriterien des Gesetzes zurückgreift und zu richtigen Ergebnissen gelangt. Anders verhält es sich jedoch dann, wenn dem Vertreter eine unwirksame Vollmacht erteilt worden ist (s.u. S. 215 *Teil 2 C.I.2.*). Hier lässt sich mit Hilfe des unbestimmten Veranlassungsprinzips nahezu jede, als „billig" empfundene Entscheidung begründen, ohne einen Bezug zu den gesetzlichen Zurechnungsvoraussetzungen beizubehalten.
Konsequenz des Veranlassungsbegriffs ist letztlich ein „Etikettenschwindel"[678], der den wahren Haftungsgrund und die entscheidenden Zurechnungsverhältnisse verdeckt, so dass er folgerichtig für Verwirrung und Uneinheitlichkeit in der Rechtsprechung gesorgt hat. Das Veranlassungsprinzip sollte daher aufgegeben werden[679].

cc) Analoge Anwendung des § 91 ZPO

Auch die in der herrschenden Meinung vertretene analoge Anwendung des § 91 ZPO ist nicht geeignet, bei dem ohne Vollmacht handelnden Vertreter eine prozessuale Kostenerstattungspflicht zu begründen und so die Regelungslücke auszufüllen.
Für die Analogie ist kennzeichnend, dass der nicht geregelte Fall mit dem gesetzlichen Tatbestand in den für die rechtliche Bewertung maßgebenden Punkten übereinstimmt (s.o. S. 47 *Teil 1 A.II.1.b)*).

Als das wesentliche Wertungselement in § 91 Abs. 1 S. 1 ZPO ist bereits die mit der Unterliegenshaftung umschriebene erfolglose, d.h. die von der gerichtlich festgestellten Rechtslage divergierende, Prozessführung genannt worden (s.o. S. 114 *Teil 2 A.I.3.b)aa)(2)*).

---

678 *Adams*, JZ 1989, S.787 (789), spricht insoweit von einem „nutzlosen Etikett", das wegen seiner „inhaltlichen Leere" und „hochstaplerischen Namensgebung" gemieden werden sollte.
679 So bereits *Canaris*, Vertrauenshaftung, S.476, für das materielle Recht; skeptisch auch Musielak/*Foerste*, § 269 Rn.12.

Eine solche Prozessführung ließe sich bei dem handelnden Vertreter tatsächlich noch annehmen. Jedoch ist zu berücksichtigen, dass der Zivilprozess grundsätzlich im Interesse der Parteien geführt und entschieden wird[680]. Er ist als Zweiparteienverfahren konzipiert, d.h. es wird vorausgesetzt, dass zwei Parteien mit ihren Rechtspositionen einander gegenüberstehen, wobei die eine angreift und die andere den Angriff abwehrt[681]. Diese Struktur als Streitverfahren zur Entscheidung zwischen den beiden konträren Positionen der Parteien setzt sich auch im prozessualen Kostenrecht fort, indem dieses festlegt, welche Partei die durch den Rechtsstreit entstanden Kosten zu tragen hat. Da die §§ 91 ff. ZPO diesen Interessenkonflikt mit dem Kriterium des Unterliegens grundsätzlich auch anhand der gerichtlichen Bewertung der von den Parteien verfolgten Rechtspositionen lösen, ist das den Rechtsstreit prägende Verhältnis der Parteien zueinander auch als Bestandteil der kostenrechtlichen Zurechnung anzuerkennen. Es geht hier deshalb um eine erfolglose Prozessführung in der „eigenen Sache" und bzgl. der „eigenen Rechtsposition"[682] und damit um die Verwirklichung des von den Parteien jeweils eingegangenen Prozessrisikos.

Im Gegensatz dazu agiert der Prozessbevollmächtigte erfolgsunabhängig[683] und ohne eine solche Parteistellung im Prozess. Er nimmt lediglich im Umfang der §§ 81, 82, 83 ZPO die Prozessinteressen der Partei wahr. Dabei tritt die Wirkung seiner Handlungen bei der Partei so ein, als ob sie diese selber vorgenommen hätte (§ 85 ZPO). Im Falle der Vollmachtlosigkeit bleibt diese Wirkung zwar aus, jedoch können die Prozesshandlungen auch nicht bei dem Vertreter selbst ihre Wirkungen entfalten, da er sie nicht im eigenen Namen vorgenommen hat. Unberührt bleibt damit auch seine prozessuale Stellung als Dritter (s.o. S. 37 *Teil 1 A.II.1.a)dd)(2)(a)(aa)*). Er steht dem Gegner nicht als Partei gegenüber. Während die Parteien und verfahrensbeteiligten Dritten unmittelbar Einfluss auf das Verfahren ausüben können und ein rechtliches Interesse am Ausgang des Rechtsstreits haben[684], bleibt der Vertreter ohne eigene Interessen bzw. Risiken bzgl. des Rechtsstreits und verfolgt keine eigene Rechtsposition. Dies ist aber gerade ausschlaggebend für die Zurechnung der Verfahrenskosten. Fehlt es daran, ist der Wertung der §§ 91 ff. ZPO die Grundlage entzogen und insoweit nicht anwendbar. Der Vertreter ist zwar faktisch derjenige, der die Rolle des Klägers mit der von ihm erklärten Rechtsposition wahrnimmt; dieser tatsächliche Angriff unterscheidet sich aber insoweit nicht von der Situation bei bevollmächtigter Klageerhebung.

---

680 MüKo-ZPO/*Lindacher*, Vor § 50 Rn.1.

681 Zöller/*Vollkommer*, Vor § 50 Rn.1.

682 So *Becker-Eberhard*, Grundlagen der Kostenerstattung, S.25 ff.; es ist deshalb fraglich, ob sich der von *Becker-Eberhard* gebildete Zurechnungsgrund auch auf prozessuale Dritte ausweiten lässt, da der Vertreter keine „eigene Sache" verfolgt.

683 Vgl. die gesetzlich festgelegte Unabhängigkeit der Stellung des Rechtsanwalts in §§ 1, 43a BRAO und der Vergütung in § 49a BRAO.

684 *Schultes*, Beteiligung Dritter, S.2.

Zu einem anderen Ergebnis gelangt man auch nicht mit Hilfe eines den Kostennormen zugrunde liegenden, auch § 91 ZPO prägenden und ggf. vorrangigen Wertungsprinzips. Ein solches mag sich für die Kostentragungspflicht der Parteien finden lassen, jedoch in Bezug auf die Haftung Dritter, die ohne Parteistellung sind, wäre es nicht tragfähig.

Es soll nicht außer Acht gelassen werden, dass die ZPO mit den §§ 89 Abs. 1 S. 3, 380 Abs. 1 S. 1, 390 S. 1, 409 Abs. 1 S. 1 ZPO und im Zwischenstreitverfahren auch eine Kostenbelastung Dritter ermöglicht. Daraus kann aber nicht eine Haftung des vollmachtlosen Vertreters für die gesamten Prozesskosten nach dem Grundgedanken der §§ 91 ff. ZPO etwa in Form des o.g. Veranlassungsprinzips gefolgert werden.
Von vornherein ungeeignet, überhaupt schon mit der Wertung der §§ 91 ff. ZPO in Einklang gebracht zu werden, ist die Haftung des Zeugen bzw. Sachverständigen gemäß der §§ 380 Abs. 1 S. 1, 390 S. 1, 409 Abs. 1 S. 1 ZPO. Sie resultiert aus der Verletzung einer öffentlich-rechtlichen Pflicht[685], setzt, soweit eine Exkulpationsmöglichkeit besteht, Verschulden voraus und tritt unabhängig von jeglichen rechtlichen Interessen am Verfahrensausgang ein. Diese völlig anders gelagerten Zurechnungsvoraussetzungen erlauben es nicht, Rückschlüsse für die Anwendbarkeit eines allgemeinen kostenrechtlichen Zurechnungsgrundes, wie etwa das Veranlassungsprinzip, auf prozessual Dritte zu führen.
Demgegenüber ist an dem Hinweis auf das Zwischenstreitverfahren (§§ 71, 135, 372a, 387, 408 ZPO) richtig, dass ein Dritter, der im Hauptverfahren nicht als Partei beteiligt ist, insoweit in einen Rechtsstreit als Partei hineingezogen wird und die Entscheidung über die Kosten nach §§ 91 ff. ZPO ergeht. Die Anwendung dieser Kostenregelungen ist dadurch gerechtfertigt, dass es auch hier um eine gerichtliche Bewertung zwischen zwei widerstreitenden Interessen geht, die in den jeweils im Zwischenstreit verfolgten Rechtspositionen zum Ausdruck kommen. Würde man die Prozesssituation des Zwischenstreits auf die konkurrierenden Interessen hinsichtlich der Prozesskostenlast der vollmachtlos vertretenen Partei einerseits und des nicht befugten Vertreters andererseits übertragen, wären von einer Kostenentscheidung lediglich die durch den Interessenkonflikt ausgelösten, nicht aber die übrigen Prozesskosten betroffen. Denn erst im Rahmen der Auseinandersetzung um die Kostenverteilung verfolgt der Vertreter eigene Interessen. Vorher, d.h. insbesondere z.Zt. der Verfahrenseinleitung, geht es ausschließlich um die prozessualen Interessen der Partei. Da aber die Kostenhaftung nach der Wertung der §§ 91 ff. ZPO an die prozessual verfolgten Rechtspositionen und die dadurch entstehenden Kosten anknüpft, wie auch die auf den Zwischenstreit begrenzte Kostenentscheidung gegenüber dem prozessu-

---

[685] *Hahn*, Materialien Reichs-Justizgesetze Bd.2/1, S.310; Musielak/*Huber*, §§ 380, 390, 409 jeweils Rn.1; Stein/Jonas/*Leipold*, Vor § 402 Rn.38.

al Dritten zeigt, wäre eine Gesamtkostenregelung ggf. zulasten des vollmachtlosen Vertreters auf der Grundlage nicht möglich.
Schließlich kann § 89 Abs. 1 S. 3 ZPO nicht mit dem Grundgedanken der §§ 91 ff. ZPO in Einklang gebracht werden, da es der Vorschrift an dem dafür kennzeichnenden Konflikt zweier Rechtspositionen im o.g. Sinne fehlt.

Existiert also in den Kostenvorschriften kein prozessual Dritte einbeziehendes Haftungsprinzip, bleibt für die Analogie zu § 91 Abs. 1 ZPO das Kriterium der verfolgten eigenen Rechtsposition eine unüberwindbare Hürde. Denn trotz seiner Vollmachtlosigkeit handelt der Prozessvertreter im Namen und Interesse der vermeintlich vertretenen Partei. Eigene Interessen oder Rechtspositionen werden von ihm mit der Prozessführung nicht verfolgt. Damit fehlt es in der Person des Vertreters an dem Anknüpfungsgrund für die Kostentragungspflicht in § 91 ZPO. Eine Analogie scheidet aus.

d) Eigene Lösung

Kann mit den Lösungsvorschlägen der Gerichte und Lehre die festgestellte Regelungslücke nicht geschlossen werden, ist in der ZPO nach einem anderen Ansatz zu suchen.
In der Literatur[686] und oberlandesgerichtlichen Rechtsprechung[687] ist für die Haftung des vollmachtlosen Prozessvertreters vereinzelt auch auf § 89 Abs. 1 S. 3 Hs. 1 ZPO verwiesen worden, ohne jedoch diesen Ansatz weiter zu begründen. In der Tat wird bei näherer Betrachtung der Norm deutlich, dass sie eine Prozesslage aufgreift, die mit der bei vollmachtloser Klageerhebung vergleichbar ist. Im Folgenden sollen deshalb die Voraussetzungen einer analogen Anwendbarkeit dieser Vorschrift geprüft werden.

aa) Analoge Anwendbarkeit des § 89 Abs. 1 S. 3 Hs. 1 ZPO

Da eine Gesetzesanalogie durch ausdehnende Anwendung der für einen Tatbestand von einer Norm vorgesehenen Regel auf einen vom Gesetz nicht geregelten, rechtsähnlichen Fall erfolgt, bedarf es der Übereinstimmung der zu vergleichenden Tatbestände in den für die rechtliche Bewertung maßgebenden Merkmalen (s.o. S. 47 *Teil 1 A.II.1.b)*).

---

[686] *Ulbricht*, AcP 78 (1892), S.48 (70); *Wach*, HB CPR Bd.1, § 52 IV., S.603 (Fn.22); für die Berufungsrücknahme MüKo-ZPO/*Rimmelspacher*, § 515 Rn.28, und Musielak/*Ball*, § 516 Rn.19.

[687] OLG Köln, Beschl.v. 07.10.1901, OLG Rspr.3 (1901), S.330; KG Berlin, Beschl.v. 05.02.1902, ZZP 31 (1903), S.512 (513); in neuerer Zeit allein AG Brakel, Urt.v. 18.05.1988, FamRZ 1988, S.849 (852).

(1) Die für § 89 Abs. 1 S. 3 ZPO maßgebende Wertung

Zur Ermittlung der Tatbestandselemente, auf die es für die Wertung der gesetzlichen Regel ankommt, ist auf die ratio legis abzustellen[688], welche sich hier aus der dem Gesetz zugrunde liegenden Interessenlage[689] und der Begründung des historischen Gesetzgebers erschließen lässt.

(a) Interessenlage bei der einstweiligen Zulassung des Vertreters

Der einstweiligen Zulassung nach § 89 Abs. 1 S. 1 ZPO geht das Auftreten eines Vertreters für eine Partei in der Weise voraus, dass er sich entweder offen als Geschäftsführer ohne Auftrag zu der fehlenden Bevollmächtigung bekennt oder eine ihm erteilte Vollmacht behauptet, ohne sie in der mündlichen Verhandlung gem. § 80 ZPO nachweisen zu können (s.o. S. 28 *Teil 1 A.II.1.a)*).

Infolge der einstweiligen Zulassung erlangt die bisherige und weitere Prozessführung des Vertreters zunächst die prozessuale Wirkung, als wenn er bevollmächtigt wäre (s.o. S. 30 *Teil 1 A.II.1.a)bb)*). Er ist somit einstweilen zur Vornahme aller Prozesshandlungen ermächtigt und der Gegner, der eigentlich kein Interesse an der Fortführung des Prozesses mit einem nicht legitimierten Vertreter hat, zur Verhandlung des Rechtsstreits mit diesem „verpflichtet" (s.o. S. 42 *Teil 1 A.II.1.a)dd)(2)(a)(cc)*). Die Fortsetzung des Prozesses kann für den Gegner mit weiteren Kosten, z.B. für eine Beweisaufnahme oder Anreise zu einem zusätzlichen Verhandlungstermin, verbunden sein. Wird die Vollmacht bzw. Genehmigung nicht mehr rechtzeitig gem. §§ 80, 89 Abs. 2 ZPO beigebracht, bleibt die Prozessführung des Zugelassenen für die angeblich vertretene Partei ohne Wirkung (s.o. S. 44 *Teil 1 A.II.1.a)dd)(2)(a)(ee)*). Der Gegner kann jedoch dem Vertretenen gegenüber die ihm aufgrund der einstweiligen Zulassung entstandenen Kosten mangels Zurechenbarkeit nicht geltend machen (s.o. S. 117 ff. *Teil 2 A.I.3.b)aa)(4)(a)*). Ansprüche gegen den vollmachtlosen Prozessvertreter nach §§ 179, 180 BGB scheiden aus (s.o. S. 134 ff. *Teil 2 A.I.4.c)aa)*). Aus den Vorschriften der unerlaubten Handlung lässt sich die Haftung des Vertreters in einem Regressverfahren allenfalls gem. § 826 BGB begründen, wenn er „vorsätzlich und wider besseres Wissen" seine Zulassung zur Prozessführung bewirkt hat[690].

Diese Prozesslage greift § 89 Abs. 1 S. 3 ZPO auf, indem er bestimmt, dass der einstweilig zur Prozessführung Zugelassene zum Ersatz der dem Gegner infolge

---

[688] *Larenz*, Methodenlehre, II.5.Kap.2.b), S.382; vgl. auch *Bydlinski*, Methodenlehre, 1.Buch 3.Teil II.1., S.475.

[689] Dazu *Schmalz*, Methodenlehre, 5.Teil 3.4.II.2., Rn.276; s.a. *Brox*, AT BGB, § 3 II.2.c), Rn.66.

[690] KG Berlin, Beschl.v. 12.05.1916, OLG Rspr.33 (1916), S.30 (31).

der Zulassung erwachsenen Kosten zu verurteilen ist (Hs. 1) und die ihm entstandenen Schäden zu ersetzen hat (Hs. 2)[691].

(b) Begründung des historischen Gesetzgebers

Unter Berücksichtigung der vorgenannten Interessenlage ist die Kostenregelung des § 89 Abs. 1 S. 3 ZPO im Rahmen der ZPO-Novelle von 1898 eingefügt worden (s.o. S. 123 f. *Teil 2 A.I.3.b)bb)(1)*). In diesem Zusammenhang hat sich der historische Gesetzgeber aufschlussreich zum Grund für die Haftung des Vertreters geäußert.

Ausgangspunkt war ein Vorschlag der 2. BGB-Kommission, die angesichts des BGB-Entwurfs die Aufnahme einer Haftungsregelung in die ZPO für den einstweilig zugelassenen Vertreter und für andere Fälle, wie etwa bei vorläufiger Zwangsvollstreckung, für notwendig erachtete. In den Protokollen lässt sich dazu zunächst allgemein folgende Begründung finden[692]:

> „Die Vorschriften ... wollten mit der Vornahme gewisser formell berechtigter Prozesshandlungen, sofern sie sich hinterher als materiell unbegründet herausstellen, eine Haftpflicht wegen des durch sie dem Gegner zugefügten Schadens verknüpfen. Die ZPO habe die Beantwortung dieser Fragen dem bürgerlichen Rechte überlassen; es sei aber Aufgabe des Prozessrechts darüber Auskunft zu geben, ob es, wenn es der Partei vorläufige Rechtsbehelfe auf die Gefahr hin gewähre, dass ihr Gebrauch sich hinterher als ungerechtfertigt erweise, diese Gefahr dem Gegner desjenigen aufbürden wolle, der von den Rechtsbehelfen Gebrauch mache oder es die Rechtsbehelfe nur unter der Voraussetzung gewähren wolle, dass derjenige, welcher sie gebrauche, auf seine eigene Gefahr handele."

Zur Regelung der Haftung[693] bei einstweiliger Zulassung führt die BGB-Kommission dann gesondert aus[694]:

> „Der Zusatz sei zum Schutz des Prozessgegners erforderlich. In Ermangelung einer prozessrechtlichen Vorschrift würde die Schadensersatzpflicht des Vertreters sich nach den Bestimmungen des BGB regeln und mithin nur dann begründet sein, wenn der Vertreter vorsätzlich und wider besse-

---

691 Für die prozessuale Geltendmachung der Schäden nach § 89 Abs.1 S.3 Hs.2 ZPO bedarf es eines eigenen Rechtsstreits, vgl. MüKo-ZPO/*v.Mettenheim*, § 89 Rn.16; Stein/Jonas/*Bork*, § 89 Rn.11; Wieczorek/Schütze/*Steiner*, § 89 Rn.7.

692 Vgl. *Mugdan*, Materialien BGB Bd.2, S.1163.

693 Soweit die Kommission dabei von „Schaden" spricht, bezieht sich dies auf die dem Gegner entstandenen „Kosten und Schäden", was deutlich wird, wenn man den Gesetzesvorschlag und die Ausführungen an anderer Stelle berücksichtigt, an der beide Begriffe genannt werden, vgl. *Mugdan*, Materialien BGB Bd.2, S.1163.

694 *Mugdan*, Materialien BGB Bd.2, S.1164.

res Wissen seine Zulassung zur Prozessführung nachgesucht hat. Dieses Ergebnis sei unannehmbar. ... Die strenge Haftung des Vertreters sei gerechtfertigt; denn der Schaden, der aus dem Zwange zur vergeblichen Prozessführung entstehe, dürfe nicht dem zur Prozessführung gezwungenen Gegner zur Last fallen, sondern müsse von demjenigen getragen werden, welcher den Gegner genöthigt habe, sich auf die Prozessführung einzulassen."

Im Anschluss daran heißt es später in der amtlichen Begründung[695] der ZPO-Novelle von 1898:

> „In der That erscheint es unter den bezeichneten Umständen als ein Gebot der Gerechtigkeit, dass stets derjenige die Gefahr trägt, durch dessen Handeln das fragliche Ergebnis herbeigeführt worden ist, also der Vertreter."

(c) Folgerungen für die ratio legis

Der Interessenlage und dem in der amtlichen Begründung angegebenen Regelungsgrund zufolge besteht die ratio legis des § 89 Abs. 1 S. 3 ZPO zunächst in einem Schutz- und Ausgleichszweck. Die gegnerische Partei soll vor den Folgen der Fortsetzung des für sie letztlich wertlosen Rechtsstreits, auf den sie sich trotz der ungewissen Vertretungsverhältnisse zur Vermeidung eigener Nachteile gezwungenermaßen einlassen musste, geschützt werden. Da sie nun Gefahr läuft, die ihr dadurch entstandenen Kosten und Schäden nach materiellem Recht nicht ersetzt zu bekommen, wird ihr mit der Kostenregelung ein Ausgleichsanspruch unter Anlastung des vollmachtlosen Vertreters ermöglicht.

Für die dazu erforderliche Zurechnung ist entscheidend, dass der Vertreter seine Bevollmächtigung oder die spätere Beibringung einer Vollmacht ausdrücklich oder konkludent durch Fortsetzung der Prozessführung behauptet und deshalb sein Vorgehen zunächst als prozessual wirksam behandelt wird. Die ihm damit eingeräumte Möglichkeit zum weiteren Prozessieren nimmt er mit dem Risiko[696]

---

[695] Hahn/*Mugdan*, Materialien Reichs-Justizgesetze Bd.8, S.86.

[696] Den Motiven des Gesetzgebers zufolge beruht diese Haftung auf dem „gleichen Grundgedanken" wie die Schadensersatzpflicht des Klägers nach §§ 302 Abs.4 S.3, 600 Abs.2, 717 Abs.2 S.1 ZPO für den Fall der Vollstreckung aus einem vorläufig vollstreckbaren Urteil und dessen späterer Aufhebung, vgl. Hahn/*Mugdan*, Materialien Reichs-Justizgesetze Bd.8, S.86, 102, 135; danach erfolgt die Wahrnehmung einer gesetzlich zunächst eingeräumten prozessualen Stellung des Prozessvertreters als Bevollmächtigter einerseits und des Klägers als Inhaber eines rechtskräftigen Vollstreckungstitels andererseits „außerhalb des gewöhnlichen Ganges des Verfahrens", weshalb die Ausübung dieser Befugnis die Übernahme der Gefahr des Fehlens ihrer sachlichen Berechtigung rechtfertigt; die h.M. spricht insofern von einer Gefährdungs- oder Risikohaftung, vgl. Rosenberg/*Gaul*/Schilken, ZVR, § 15 III.1., S.229 f.;

wahr, dass sich seine Prozessführung mangels erbrachter Vollmacht bzw. Genehmigung als unwirksam erweist, er den Gegner deshalb zum vergeblichen Streiten zwingt und diesem dadurch Kosten und Schäden entstehen, er den Gegner also einem für diesen letztlich nachteiligen Schwebezustand[697] aussetzt.

Demzufolge sind die für die ratio legis maßgeblichen Merkmale der Einlassungszwang und der fehlende materiell-rechtliche Anspruch des Gegners einerseits sowie die Vollmachtsbehauptung und deshalb ermöglichte Prozessführung des Vertreters mit dem Risiko der Vollmachtlosigkeit und einem vergeblichen, kostenauslösenden Prozessieren des Gegners andererseits.

(2) Wertungsmäßige Vergleichbarkeit mit dem Fall der vollmachtlosen Klage

Für eine wertungsmäßige Vergleichbarkeit müssen die für die rechtliche Bewertung in § 89 Abs. 1 S. 3 ZPO festgestellten maßgebenden Tatbestandsmerkmale auch für die Vertretung bei vollmachtloser Klage kennzeichnend sein, so dass sie auch von der ratio legis erfasst werden.

(a) Übereinstimmung der für die rechtliche Wertung maßgebenden Merkmale

Die Zwangslage des von einer vollmachtlosen Klage betroffenen Beklagten ergibt sich in gleicher Weise wie bei dem Gegner in § 89 Abs. 1 ZPO. Ohne Unterschied zu der einstweiligen Zulassung ist der Beklagte genötigt, sich zur Vermeidung eigner Nachteile gegen die Klage zu verteidigen. Reicht nämlich ein Vertreter mit nur behaupteter Vollmacht oder unter Offenlegung einer fehlenden Bevollmächtigung für einen anderen Klage ein und lässt das Gericht die Klage dem Beklagten zustellen, wird sie rechtshängig (s.o. S. 39 ff. *Teil 1 A.II.1.a)dd)(2)(a)(bb)*). Der Beklagte kann die Klageerhebung trotz unklarer Vertretungsverhältnisse nicht verhindern. Er hat lediglich die Möglichkeit, im Verlauf des Verfahrens die Prüfung der Vollmacht anzuregen bzw. durch Rüge herbeizuführen (§ 88 ZPO). Er ist deshalb gezwungen, um bei einer Heilung des Mangels nicht Gefahr zu laufen, durch ein Versäumnisurteil zu unterliegen, sich zu verteidigen (s.o. S. 42 *Teil 1 A.II.1.a)dd)(2)(a)(cc)*).
Stellt sich nun heraus, dass der Vertreter ohne Bevollmächtigung bzw. behebbaren Vollmachtsmangel gehandelt hat, ist der Vertreter zurückzuweisen und die Klage als unzulässig abzuweisen (s.o. S. 45 *Teil 1 A.II.1.a)dd)(2)(a)(ee)*). Die

---

Baumbach/Lauterbach/*Hartmann*, § 717 Rn.5; Stein/Jonas/*Münzberg*, § 717 Rn.9 m.w.N.; der Gedanke der Risikohaftung, wie er für § 179 BGB angenommen wird (vgl. AG Hamburg, Urt.v. 19.11.1985, NJW-RR 1986, S.1120 (1121); *Prölss*, JuS 1986, S.169 (170); *Canaris*, Vertrauenshaftung, S.546) setzt sich damit in der Vorschrift des § 89 Abs.1 S.3 ZPO fort.

[697] *Hupka*, Haftung des Vertreters, S.100; Stein/Jonas/*Bork*, § 89 Rn.4.

Prozessführung bleibt dann für den Kläger in der Sache rechtlich ohne Wirkung (s.o. S. 44 *Teil 1 A.II.1.a)dd)(2)(a)(ee)*).
In ebenfalls mit der einstweiligen Zulassung vergleichbarer Weise sind dem Beklagten durch die Verteidigung Kosten entstanden, für die ihm i.d.R. kein Erstattungsanspruch zusteht. Eine Verurteilung des Klägers in die Kosten des Rechtsstreit kommt wegen fehlender Zurechenbarkeit nicht in Betracht. Ein bürgerlichrechtlicher Ersatzanspruch gegen den falschen Vertreter ist nach §§ 179, 180 BGB nicht möglich und wegen unerlaubter Handlung nur gegeben, wenn dieser „vorsätzlich und wider besseres Wissen" gehandelt hat. Mit der Haftung des Vertreters für die Kosten des Beklagten käme deshalb auch hier die nach der ratio legis bestehende Schutz- und Ausgleichsfunktion aus den gleichen Gründen wie in dem von § 89 Abs. 1 S. 3 ZPO geregelten Fall zur Geltung.

Der für die Haftung des Vertreters nach § 89 Abs. 1 S. 3 ZPO entscheidende Aspekt liegt auch bei dem Prozessvertreter vor, der mit einer vollmachtlosen Klage das Verfahren eingeleitet hat. Der Vertreter behauptet mit der von ihm eingereichten Klage – indem er typischerweise „in Vollmacht" der Partei zu handeln vorgibt oder als Geschäftsführer ohne Auftrag die Beibringung einer Genehmigung ankündigt –, von der Partei bevollmächtigt zu sein oder zu werden. Wie bei der einstweiligen Zulassung verweigert das Gericht dem Vertreter angesichts dieser Vollmachtsbehauptung die Prozessführung, wenn der Vollmachtsmangel feststeht und keine Heilungsaussicht vorliegt (s.o. S. 56 f. *Teil 1 A.II.2.b)cc)*). Ist demgegenüber eine Heilung nicht auszuschließen, wird das Verfahren durch Zustellung und Terminsanberaumung eingeleitet (s.o. S. 55 *Teil 1 A.II.2.b)bb)*). Die Klage entfaltet daraufhin die prozessualen Wirkungen wie Rechtshängigkeit, Parteistellung des Vertretenen und Begründung eines Prozessrechtsverhältnisses (s.o. S. 36 ff. *Teil 1 A.II.1.a)dd)(2)(a)*). Damit nimmt der Vertreter eine ihm vom Gericht eingeräumte Möglichkeit zur Prozessführung wahr und zwingt den Beklagten zum Prozessieren. Er geht das Risiko ein, dass die Klage bei Ausbleiben der Heilung des Vollmachtsmangels unzulässig ist und dem Beklagten Kosten erwachsen. Der Beklagte ist dadurch wiederum einem für ihn nachteiligen Schwebezustand[698] ausgesetzt. Dem Vertreter hier die Kosten anzulasten, lässt sich somit wegen des auch bei einer vollmachtlosen Klage zu bejahenden Zurechnungsgrundes rechtfertigen.

(b) Keine die Analogie ausschließenden Unterschiede

Von der Analogie muss aber abgesehen werden, wenn die verbleibenden Unterschiede des zu beurteilenden Sachverhalts gegenüber dem gesetzlich geregelten derart sind, dass sie die gesetzliche Wertung ausschließen[699].

---

[698] Stein/Jonas/*Bork*, § 88 Rn.19.

[699] *Larenz*, Methodenlehre, II.5.Kap.2.b), S.382; s.a. *Schmalz*, Methodenlehre, 5.Teil 3.4.II., Rn.284; *Zippelius*, Methodenlehre, § 11 II.a), S.69.

Dementsprechend ist eine analoge Anwendung von § 89 Abs. 1 S. 3 Hs. 1 ZPO auf den Fall der Prozessführung des (noch) nicht zugelassenen Vertreters ohne Vertretungsmacht in der Literatur und Rechtsprechung abgelehnt worden[700]. Es handele sich um eine Ausnahmevorschrift[701]. Sie sei hinsichtlich Tatbestand und Rechtsfolge auf eine besondere prozessrechtliche Konstellation zugeschnitten, die mit der davon nicht betroffenen Lage der vollmachtlosen Prozessvertretung nicht zu vergleichen sei[702]: Infolge der einstweiligen Zulassung sei der Gegner trotz des Fehlens eines Vollmachtsnachweises verpflichtet, sich mit dem Vertreter der Gegenseite auf eine sachliche Verhandlung einzulassen, weshalb ihm hierfür eine besondere Sicherheit in Form der Kostenhaftung des Vertreters eingeräumt werde[703]. Der insoweit bewusst vollmachtlos handelnde Vertreter[704] sei in diesem Fall dem Gegner nur zur Erstattung der ihm durch die einstweilige Zulassung erwachsenen Kosten verpflichtet[705], bereits vorher entstandene oder gerichtliche Kosten erfasse die Regelung nicht[706].

Die gegen die Analogie erhobenen Bedenken greifen nicht.
Zunächst ist klarzustellen, dass eine analoge Anwendung des § 89 Abs. 1 S. 3 Hs. 1 ZPO nicht deshalb ausgeschlossen ist, weil die Norm eine „besondere prozessrechtliche Konstellation" betrifft und eine Ausnahme gegenüber dem Grundsatz des § 91 Abs. 1 S. 1 ZPO darstellt. Mittlerweile ist anerkannt, dass auch eine Ausnahmevorschrift, im Rahmen ihrer engeren ratio legis, der Analogie zugänglich ist[707]. Die Anwendbarkeit des Gesetzeszwecks von § 89 Abs. 1 S. 3 ZPO auf den Fall der vollmachtlosen Klage ist soeben nachgewiesen wor-

---

[700] Vgl. die Nachweise in den folgenden Fn.

[701] Förster/*Kann*, § 88 Anm.4a.

[702] *Renner*, MDR 1974, S.353 (355); *Christmann*, Der vollmachtlose Stellvertreter, S.44; *Fleddermann*, Kostenrechtliche Probleme, S.70; *Schmitz*, Kostenentscheidungen für oder gegen Dritte, S.58 f.

[703] *Christmann*, Der vollmachtlose Stellvertreter, S.44.

[704] RG, Beschl.v. 21.11.1902, RGZ 53, S.65 (67); so auch *Fleddermann*, Kostenrechtliche Probleme, S.70; offen gelassen in BAG, Beschl.v. 04.02.2003, NZA 2003, S.628 (629).

[705] RG, Beschl.v. 02.07.1891, Gruchot's Beiträge 37 (1893), S.135 (136); RG, Beschl.v. 11.11.1901, JW 1901, S.834; KG Berlin, Beschl.v. 24.03.1906, OLG Rspr.13 (1906), S.91 f.; KG Berlin, Beschl.v. 12.05.1916, OLG Rspr.33 (1916), S.30 (31); LG Hamburg, Urt.v. 01.03.1951, ZZP 65 (1952), S.159 (162).

[706] *Christmann*, Der vollmachtlose Stellvertreter, S.44.

[707] *Bydlinski*, Methodenlehre, 1.Buch 2.Teil III.6., S.440; *Canaris*, Feststellung von Lücken, § 173, S.181; *Larenz*, Methodenlehre, II.4.Kap.4.a), S.356; *Pawlowski*, Methodenlehre, § 11 4.a), Rn.489a; *Foerste*, NJW 1996, S.345 (348); dabei darf nur nicht die Ausnahme in ihr Gegenteil verkehrt werden, vgl. *Canaris*, Feststellung von Lücken, § 173, S.181; *Larenz*, Methodenlehre, II.4.Kap.4.a), S.356; eine solche Umkehrung tritt bei der Analogie des § 89 Abs.1 S.3 Hs.1 ZPO nicht ein, da die Haftung des Vertreters trotz der Ausweitung auf den Fall der vollmachtlosen Klage auch weiterhin gegenüber § 91 Abs.1 S.1 ZPO ihren Ausnahmecharakter beibehält.

den. Die verbleibenden Unterschiede sind für die rechtliche Wertung der Norm unerheblich[708].
So weicht die mit der Regelung in § 89 Abs. 1 S. 3 ZPO erfasste Prozesslage von der bei Klageerhebung bezüglich des Verfahrensstadiums der vollmachtlosen Prozessführung ab. Das ist aber für die Haftung des Vertreters ohne Belang. Entscheidend ist nur, dass der Vertreter bei einer Klage und bei einer einstweiligen Zulassung in vergleichbarer Weise die Prozessführung aufnimmt. Denn jeweils handelt es sich um eine von der ZPO ermöglichte und vom Gericht zugelassene Gelegenheit zum Prozessieren, deren Wahrnehmung die gegnerische Partei zum Streiten zwingt.

Verfehlt ist es, den einstweilig Zugelassenen per se als einen „bewusst vollmachtlos handelnden Vertreter" anzusehen. Auf den Geschäftsführer ohne Auftrag trifft diese Annahme zweifelsfrei zu, ohne dass jedoch ein Unterschied zu einer Klage durch diesen bestehen würde. Wird der Vertreter dagegen zugelassen, weil er eine behauptete Bevollmächtigung nicht nach § 80 ZPO nachweisen kann, bedeutet das nicht zwangsläufig seine Vollmachtlosigkeit. Wie bei der Klageerhebung ist es auch möglich, dass er im Vertrauen auf eine mündlich erteilte Vollmacht tätig wird und diese nur nicht bis zum Erlass des Endurteils belegen kann.
Für die Kostenfolge des § 89 Abs. 1 S. 3 Hs. 1 ZPO kommt es letztlich jedoch auf derartige subjektive Erwägungen nicht an. Der Vertreter haftet ohne Rücksicht darauf, ob ihm ein Verschulden zur Last fällt oder ob er berechtigterweise erwarten durfte, später eine Genehmigung bzw. Vollmacht beibringen zu können[709].

Es ist allerdings zutreffend, dass die einstweilige Zulassung, sofern der Vertreter sich nicht ohnehin zur Vollmachtlosigkeit bekennt, eine Aufdeckung durch das Gericht voraussetzt, bei der ein Vertreter den Vollmachtsnachweis im Prüfungszeitpunkt nicht erbringen kann. Insoweit kann man von einem „bewussten" oder „offenen Nachweismangel" sprechen.
Daraus ergibt sich allerdings keine haftungsbegründende Wertung des § 89 Abs. 1 S. 3 ZPO. Auch wenn dem Vertreter mit der gerichtlichen Vollmachtsprüfung noch einmal vor Augen geführt wird, dass er seine Legitimation bisher

---

[708] Damit steht auch fest, dass weder der historische Gesetzgeber noch die Fassung bzw. Teleologie des § 89 Abs.1 S.3 ZPO einen negativen Regelungswillen dahingehend erkennen lassen, dass die Rechtsfolge nur für den geregelten Fall, nicht aber für einen ähnlichen Fall eintreten soll (s.o. S. 123 f. *Teil 2 A.I.3.b)bb)(1)*); für ein argumentum e contrario ist hier deshalb kein Raum; so auch LG Hamburg, Urt.v. 01.03.1951, ZZP 65 (1952), S.159 (162 f.); *Renner* MDR 1974, S.353 (355); *Schmitz*, Kostenentscheidung für oder gegen Dritte, S.59; *Hellwig*, LB ZPR Bd.2, § 125 III.1.b), S.392.
[709] *Mugdan*, Materialien BGB Bd.2, S.1164; Musielak/*Weth*, § 89 Rn.10; Stein/Jonas/*Bork*, § 89 Rn.9; Thomas/Putzo/*Putzo*, § 89 Rn.5.

nicht nachgewiesen hat, ist er mit der dennoch wahrgenommenen Prozessführung nicht haftungswürdiger als in den sonstigen Fällen des vollmachtlosen Prozessierens. Verlangt das Gericht die Vorlage einer Vollmacht, verwirklicht sich damit lediglich, was in § 80 Abs. 1 ZPO sowieso bereits als „Pflicht" zum Vollmachtsnachweis normiert ist und mit Beginn des Rechtsstreits gilt. Ob der Vertreter seine Vertretungsmacht behauptet und sich zu einer Klage oder zu einer Fortsetzung der Prozessführung entschließt, macht dabei keinen Unterschied. Der Vertreter muss die Aussicht auf Heilung eines etwaigen Vollmachtsmangels gleichermaßen überdenken.

Die einstweilige Zulassung führt ebenfalls nicht dazu, dass der trotz fehlenden Vollmachtsnachweises zur Prozessführung gezwungene Gegner schutzbedürftiger ist als bei einem noch „verdeckten Nachweismangel" z.Zt. der Klageerhebung. Das Gegenteil ist der Fall. Denn der Gegner hat vor der Zulassung die Möglichkeit darzulegen, weshalb er den Vollmachtsmangel für nicht behebbar hält, und kann einer formlosen Zulassung widersprechen, mit der Folge, dass das Gericht durch Beschluss entscheiden muss[710]. Eine Klageerhebung kann der Beklagte dagegen nicht verhindern. Auch hat er keine Gelegenheit, seine Bedenken hinsichtlich der Vollmacht zu äußern, so dass er sich nicht der Verteidigung entziehen kann. Diese Möglichkeit ist ihm auch genommen, wenn das Fehlen der Vollmacht zunächst unerkannt bleibt und erst am Ende des Verfahrens zutage tritt. Für den Zwang des Beklagten, sich gegen die Klage unter Kostenaufwendungen verteidigen zu müssen, besteht in jedem Fall kein Unterschied.
Schließlich bleibt die Analogie auch von dem Einwand unberührt, dass die Haftung nur die infolge der einstweiligen Zulassung aufgewendeten Kosten erfasst, aber nicht die vorher entstandenen. Es ist gerade das Kennzeichnende für eine Analogie, dass eine Regelung mit ihrer Rechtsfolge auf einen anderen Bereich ausgedehnt wird[711]. Das gilt auch für die Analogie zu § 89 Abs. 1 S. 3 Hs. 1 ZPO im Fall der vollmachtlosen Klage.

(3) Zwischenergebnis
Der Fall einer vollmachtlosen Klage ist mit dem gesetzlichen Tatbestand der einstweiligen Zulassung des Vertreters wertungsgemäß in kostenrechtlicher Hinsicht vergleichbar. Die Vorschrift des § 89 Abs. 1 S. 1 Hs. 1 ZPO ist somit analog anwendbar.

---

[710] Baumbach/Lauterbach/*Hartmann*, § 89 Rn.3; Musielak/*Weth*, § 89 Rn.3; Stein/Jonas/*Bork*, § 89 Rn.2.
[711] Vgl. *Brox*, AT BGB, § 3 II.2.c), Rn.66; Enneccerus/*Nipperdey*, BR AT Bd.1, § 58 II.1., S.339.

bb) Kostenfolgen der analogen Anwendung des § 89 Abs. 1 S. 3 ZPO

Als Rechtsfolge der analogen Anwendung des § 89 Abs. 1 S. 3 ZPO ist der Vertreter „zum Ersatz der dem Gegner" durch die Klage „erwachsenen Kosten zu verurteilen". Damit ist aber noch keine Aussage darüber gemacht, ob der Vertreter außerdem die ihm selbst oder der vermeintlich vertretenen Partei entstandenen Kosten zu tragen hat und in welchem Umfang die sich dann ergebende Erstattungspflicht besteht. Das soll im Folgenden geklärt werden.

(1) Entscheidung über die „Kosten des Rechtsstreits"

Nach § 308 Abs. 2 ZPO hat das Gericht über die Verpflichtung, die „Prozesskosten" zu tragen, von Amts wegen zu entscheiden. Dazu korrespondierend regelt § 91 Abs. 1 S. 1 ZPO die „Kosten des Rechtsstreits". Möglicherweise besteht hier zu der Rechtsfolge des § 89 Abs. 1 S. 3 Hs. 1 ZPO analog eine Diskrepanz bzgl. des Umfangs der Erstattungspflicht, wenn die Kosten des Rechtsstreits über die dem Gegner zu erstattenden Kosten hinausgehen.

Die inhaltliche Reichweite der Kosten des Rechtsstreits lässt sich aus der Kostenvorschrift des § 91 Abs. 1 S. 1 ZPO erschließen. Sie betrifft nur den gegenseitigen Erstattungsanspruch der Parteien (s.o. S. 97 *Teil 2*). Deshalb sind nach § 91 Abs. 1 S. 1 Hs. 2 ZPO „insbesondere die dem Gegner erwachsenen Kosten zu erstatten". Das Wort „insbesondere" legt allerdings nahe, dass darüber hinaus noch andere Kosten von der Haftung erfasst sein sollen. Die amtliche Begründung zur ZPO klärt diese Wortwahl dahingehend, dass die unterliegende Partei „nicht nur die ihr erwachsenen Kosten zu tragen, sondern insbesondere die dem Gegner erwachsenden Kosten zu erstatten hat" [712]. Dabei nimmt sie Bezug auf die Regelung in § 1348[713] des preußischen Entwurfs von 1864, mit der die Prozesskostenlast der unterliegenden Partei „in das richtige Licht" gerückt werden sollte[714]. Dem Hinweis im preußischen Entwurf auf das Tragenmüssen auch der eigenen Kosten dürfte somit nur eine Klarstellungsfunktion zukommen[715]. Denn die der ZPO zugrunde liegenden, früheren Landesgesetze regelten auch nur die Verpflichtung der unterliegenden Partei zur Kostenerstattung[716]. Die Belastung

---

[712] *Hahn*, Materialien Reichs-Justizgesetze Bd.2/1, S.197.

[713] Die Vorschrift hatte folgenden Wortlaut: „Insoweit einer Partei die Prozeßkosten zur Last fallen, hat sie nicht allein die ihr erwachsenen Kosten zu tragen, sondern auch die dem Gegner erwachsenen zu erstatten."

[714] *Schubert*, Motive preuß. Entwurf, S.325.

[715] So auch Stein/Jonas/*Bork*, § 100 Rn.16 (Fn.33).

[716] Vgl. etwa § 46 Abs.1 der Bürgerlichen Prozeßordnung Königreich Hannover 1850, § 169 der Badischen Prozeßordnung 1831, Art.106 der Bayrischen Prozeßordnung 1869; s.a. § 67 Abs.1 des Hannoverschen Entwurfs 1866; alle abgedruckt in *Dahlmanns*, Zivilprozessuale Kodifikationen Bd.1-4; es ist aus der Begründung zur ZPO nicht ersichtlich, dass der Gesetzgeber inhaltlich von diesen Vorschriften abweichen wollte, vgl. *Hahn*, Materialien Reichs-Justizgesetze Bd.2/1, S.196 f.

des Unterliegenden mit den eigenen Kosten wurde dabei für selbstverständlich gehalten[717].

(a) Belastung des Vertreters mit den ihm und dem Beklagten entstandenen Kosten

Allerdings erscheint es sachgerecht, angesichts der von § 308 Abs. 2 ZPO angeordneten Entscheidung über die Prozesskosten, auch bei § 89 Abs. 1 S. 3 Hs. 1 ZPO analog dem Vertreter die Kosten des Rechtsstreits aufzuerlegen, zumal dies mittelbar für die Ansprüche der Gerichtskasse gem. § 54 Nr. 1 GKG von Bedeutung ist. Dabei handelt es sich ebenfalls nicht um eine inhaltliche Erweiterung der Kostenlast, sondern lediglich um eine Klarstellung. Denn der schlichte Grund dafür, dass der Unterliegende nach § 91 Abs. 1 S. 1 ZPO seine eigenen Kosten tragen muss, ist das Fehlen eines sich aus der ZPO ergebenden Erstattungsanspruchs. Für ihn gilt sinngemäß der Grundsatz casum sentit dominus, da die ZPO die Verantwortung für die von ihm aufgewendeten Kosten keinem anderen zuweist, solange nicht etwa mit den §§ 93 ff. oder §§ 380 Abs. 1 S. 1, 390 S. 1, 409 Abs. 1 S. 1 ZPO ein besonderer Grund dafür besteht. Dieser Gedanke lässt sich ohne weiteres auf den die Klage vollmachtlos einreichenden Prozessvertreter übertragen. Für die von ihm verauslagten Kosten ist in der ZPO kein Erstattungsanspruch vorhanden; gegenüber dem vermeintlich vertretenen Kläger nicht, da § 91 Abs. 1 S. 1 ZPO trotz seines „Unterliegens" für ihn nicht anwendbar ist, und gegen den Beklagten nicht, da er als obsiegende Partei nach dem Unterliegensgrundsatz i.d.R. von einer Kostenlast freigehalten wird.

(b) Kosten der vermeintlich vertretenen Partei

Nicht von der soeben klargestellten Pflicht zur Kostentragung analog § 89 Abs. 1 S. 3 Hs. 1 ZPO erfasst sind die ggf. von der vermeintlich vertretenen Partei getätigten Aufwendungen etwa zur Hinzuziehung eines Rechtsanwalts zwecks rechtlicher Beratung oder prozessualer Tätigkeit wegen des entstandenen Prozessrechtsverhältnisses. Aufgrund der Stellung des Vertretenen als Partei handelt es sich dabei eigentlich auch um Prozesskosten, die in einer Kostenentscheidung nach § 91 Abs. 1 ZPO zu berücksichtigen wären. Demgemäß heißt es auch in der Literatur[718], die Kostenbelastung des unlegitimierten Vertreters vermeide, dass der Vertretene mangels eines materiellen Anspruchs gegen den Vertreter auf den Kosten sitzen bleibe.

---

[717] Das gilt auch heute; dementsprechend heißt es etwa bei Thomas/Putzo/*Putzo*, Vorbem § 91 Rn.2: „Jede Partei hat zunächst die ihr erwachsenen Prozesskosten selbst zu tragen, endgültig erst dann, wenn sie einen Erstattungsanspruch nicht hat oder nicht realisieren kann."

[718] *Schmitz*, Kostenentscheidungen für oder gegen Dritte, S.58, 73, die als Kosten der nicht vertretenen Partei z.B. die Aufwendungen für die Bestellung eines Anwalts zur Erklärung der Rücknahme anführt.

Dagegen spricht jedoch, dass der Vertreter kostenrechtlich an die Stelle der vertretenen Partei gerückt ist und so, wie bei § 91 Abs. 1 S. 1 ZPO, eigentlich nur für die eigenen und die Kosten des Gegners einstehen muss.
Außerdem hat der historische Gesetzgeber „das durch die Prozessvertretung ohne Auftrag zwischen dem Vertreter und der vertretenen Partei entstehende Rechtsverhältnis“ ausdrücklich dem materiellen Recht zugewiesen und diese Zuweisung nicht revidiert (s.o. S. 124 f. *Teil 2 A.I.3.b)bb)(1)*), also insoweit eine planmäßige Lücke gelassen.
Die bewusste Nichtregelung ist auch sachlich gerechtfertigt. Die Ersatzpflicht des Vertreters betrifft, ebenso wie umgekehrt, Ansprüche des Vertreters gegen die Partei, allein deren Innenverhältnis, das insoweit nicht Gegenstand des Verfahrens ist. Die vermeintlich vertretene Partei kann i.d.R. nach materiellem Recht Kostenersatz verlangen. Haftet der Vertreter nicht aus einem bestehenden Vertragsverhältnis, greifen die Regeln von der Geschäftsführung ohne Auftrag (§§ 678, 684 BGB). Eine mit dem Verhältnis des Prozessvertreters zum Gegner vergleichbare Problematik, für die eine besondere, materiell-rechtlich nicht kompensierte Belastung des Gegners durch die voraussetzungslose Klage kennzeichnend ist, besteht deshalb in der Beziehung des Vertreters zum Vertretenen nicht.

(2) Entsprechende Anwendung der übrigen Kostenregeln

Mit der Haftung für die Kosten des Rechtsstreits hat der vollmachtlose Vertreter hinsichtlich der Prozesskosten wie ein Unterliegender i.S.v. § 91 Abs. 1 S. 1 ZPO einzustehen. Es liegt auf der Hand, ihn deshalb auch sonst im Umfang der Erstattungspflicht mit diesem gleichzustellen, indem man die Kostenvorschriften der ZPO im Wege einer analogen Anwendung heranzieht. Davon ausgenommen sind die Regelungen, die genauso auf einen wegen Unzulässigkeit abgewiesenen Kläger nicht passen würden (§§ 91a - 94, 98 ZPO[719]) oder wegen der besonderen Prozesslage durch die Beteiligung eines vollmachtlosen Vertreters nicht in Betracht kommen (§§ 100[720], 344[721] ZPO).
Im Übrigen wird man von einer Anwendbarkeit der Vorschriften ausgehen können.
Das gilt zunächst einmal für den Umfang der Ersatzpflicht nach §§ 91 Abs. 1 S. 1 Hs. 3, Abs. 2 und 3, 101 ZPO. Jeweils geht es um die Erstattung der dem Obsiegenden bzw. Nebenintervenienten entstandenen Prozesskosten. Für diesen

---

719 Denkbar ist allerdings die Anwendbarkeit von § 93a Abs.2 ZPO.

720 Mehrere vollmachtlose Prozessvertreter etwa einer Sozietät haften i.d.R. als Gesamtschuldner, vgl. *Rinsche*, Haftung des Rechtsanwalts, 1.Teil II.C., Rn.I160 ff. m.w.N.

721 Das Versäumnisurteil könnte bei der fehlenden Prozessvoraussetzung „ordnungsgemäße Klage“ nicht „in gesetzlicher Weise“ ergehen; auf die Kenntnis des Gerichts von diesem Mangel kommt es nicht an, vgl. BGH, Urt.v. 05.10.1961, NJW 1961, S.2207; AK-ZPO/*Pieper*, § 344 Rn.2; Thomas/Putzo/*Reichold*, § 344 Rn.5.

stellt sich das Verfahren trotz des Vollmachtsmangels als ganz normaler Rechtsstreit dar, den er wegen einer fehlenden Prozessvoraussetzung gewinnt. Er ist also auch hier nach dem Gebot des § 91 ZPO zur sparsamen Prozessführung[722] angehalten. Ein Grund, hier wegen der Kostenbelastung des Vertreters zu differenzieren, besteht nicht.
Das Gleiche ist anzunehmen für die Kostentrennung wegen etwaiger Erstattungsansprüche nach §§ 95, 96 ZPO. Der obsiegende Beklagte bleibt auch im Verfahren mit einem vollmachtlosen Prozessvertreter dem Gebot dieser Normen zur Vermeidung der Prozessverschleppung (§ 95 ZPO)[723] und zur sparsamen Prozessführung (§ 96 ZPO)[724] verpflichtet.
Schließlich erlangen auch die Vorschriften der §§ 380 Abs. 1 S. 1, 390 S. 1, 409 Abs. 1 S. 1 ZPO Geltung, da die Haftung des Zeugen bzw. Sachverständigen aus der Verletzung einer öffentlich-rechtlichen Pflicht, unabhängig vom Verfahrensausgang und der Kostenentscheidung, resultiert (s.o. S. 168 *Teil 2 A.I.4. c)cc)*).

(3) Keine Abwendung der Kostenpflicht durch „Mandatsniederlegung"
Denkbar ist, dass der Vertreter angesichts des Fehlens seiner Vertretungsmacht erklärt, er lege sein Mandat nieder. Die damit ausgesprochene Kündigung des der Prozessvollmacht zugrunde liegenden Vertragsverhältnisses führt grundsätzlich zum Erlöschen der Vollmacht nach § 87 Abs. 2 ZPO (s.o. S. 70 *Teil 1 B.III.2.*). Sie macht aber bei einem vollmachtlosen Vertreter eigentlich keinen Sinn und ist wohl eher untechnisch als Erklärung an das Gericht zu verstehen, in diesem Rechtstreit nicht weiter für die Partei tätig werden zu wollen. Auf keinen Fall aber kann er sich mit der „Mandatsniederlegung" seiner Prozesskostenpflicht entziehen[725]. Mit der vollmachtlosen Klage und der ausbleibenden Heilung dieses Mangels sind bereits die Voraussetzungen einer analogen Anwendung des § 89 Abs. 1 S. 3 ZPO erfüllt und die aufzuwendenden Prozesskosten entstanden. Außer durch die Beibringung einer Vollmacht oder durch eine Genehmigung der Partei kann der Vertreter seine Haftung nicht mehr vermeiden.

5. Ergebnis
Wird eine vollmachtlose Klage des Prozessvertreters wegen des Vertretungsmangels abgewiesen, ergibt sich im Wege der restriktiven Auslegung des § 91 Abs. 1 S. 1 ZPO für die Kostenentscheidung eine Regelungslücke. Die Ausfül-

---

[722] Baumbach/Lauterbach/*Hartmann*, § 91 Rn.3; MüKo-ZPO/*Belz*, § 91 Rn.1; Musielak/*Wolst*, § 91 Rn.1.
[723] Baumbach/Lauterbach/*Hartmann*, § 95 Rn.2; MüKo-ZPO/*Belz*, § 95 Rn.1; Musielak/*Wolst*, § 95 Rn.1.
[724] MüKo-ZPO/*v.Mettenheim*, § 96 Rn.1; Musielak/*Wolst*, § 96 Rn.1.
[725] BFH, Beschl.v. 11.07.1975, BStBl II 1975, S.714 (715); BFH, Beschl.v. 09.06.1997, BFH/NV 1997, S.892; AK-ZPO/*Christian*, § 88 Rn.12; MüKo-ZPO/*v.Mettenheim*, § 89 Rn.14; Musielak/*Weth*, § 88 Rn.15; Zöller/*Vollkommer*, § 88 Rn.11.

lung der Lücke erfolgt durch eine analoge Anwendung des § 89 Abs. 1 S. 3 Hs. 1 ZPO, so dass der Vertreter, im Ergebnis übereinstimmend mit der Ansicht der herrschenden Meinung, für die dem Beklagten durch die Klage entstandenen Prozesskosten haftet und in die Kosten des Rechtsstreits zu verurteilen ist.

In **Fall 2** (s.o. S. 100 *Teil 2 A.I.*) hat das OLG Zweibrücken deshalb korrekterweise den Rechtsanwälten, welchen keine Vollmacht von der vertretenen Wohnungseigentümergemeinschaft erteilt worden war, als vollmachtlosen Vertretern die Prozesskosten auferlegt.

II. Kostenrechtliche Beurteilung der Klagerücknahme des Vertreters

Steht also nun fest, dass ohne eine Rücknahme die Klage unter Verurteilung des Vertreters in die Kosten als unzulässig abzuweisen wäre und der Vertreter mit der vorherigen Klagerücknahme seinen Haftungsumfang reduzieren könnte, ist von der Wirksamkeit der im Namen des Kägers abgegebenen Rücknahmeerklärung des Prozessvertreters auszugehen (s.o. S. 96 *Teil 1 C.II.4.)*). Es stellt sich dann wiederum die Frage nach dem Inhalt der Kostenfolge.

1. Beurteilung in der Rechtsprechung und Literatur

In der Rechtsprechung wird der Fall, dass der nicht legitimierte Vertreter die von ihm erhobene Klage selbst wieder zurücknimmt, kostenrechtlich nicht anders behandelt als bei einer Abweisung der Klage.
Das Reichsgericht[726], in seinem Urteil vom 03.10.1904 mit einem Fall der Klagerücknahme einer unberechtigterweise als gesetzliche Vertreterin aufgetretenen Mutter ihres Kindes befasst, ging im Einklang mit seiner Rechtsprechung, nach der ein nichtberechtigter Vertreter mit seiner Prozessführung die Partei nicht verpflichten könne, von der Kostenpflicht der Mutter aus.
Das OLG München[727] vertrat in einem Beschluss vom 03.09.1954 die Ansicht, dass den vollmachtlosen Vertreter die Kosten, die er bei einer Klageabweisung tragen müsste, erst recht bei der Klagerücknahme träfen, weil er hier als Handelnder einen weiteren Grund für die Kostentragungspflicht geschaffen habe.

Auch der BGH[728] hat in einem Beschluss vom 26.10.1981, in dem er auf die fehlende Veranlassung der Partei und auf das Einstehen des Vertreters entsprechend

---

[726] RG, Urt.v. 03.10.1904, Gruchots's Beiträge 49 (1905), S.664 ff.

[727] OLG München, Beschl.v. 03.09.1954, MDR 1955, S.176; ihm folgend OLG Hamburg, Beschl.v. 29.11.1955, MDR 1956, S.431; OLG Köln, Beschl.v. 09.03.1972, NJW 1972, S.1330.

[728] BGH, Beschl.v. 26.10.1981, WM 1981, S.1332; zustimmend *Schmitz*, Kostenentscheidung für oder gegen Dritte, S.74; im Tatbestand des BGH-Urteils heißt es: „Durch Schriftsatz...nahm die Beklagte die Revision zurück.“, jedoch ergibt sich aus dem Kontext, dass die Rücknahme nur durch die vom „Gesellschafter F“ beauftragten Rechtsanwälte erfolgte.

§ 179 BGB abstellte, lediglich darauf hingewiesen, dass nach der Rücknahme für die Kostenentscheidung nichts anderes gelten könne, als wenn das Verfahren mangels Vollmacht wegen Unzulässigkeit geendet hätte.
Von dem Gedanken des Veranlassungsprinzips ausgehend stellt das KG Berlin[729] im Beschluss vom 02.02.1996 ebenfalls fest, dass ein Vertreter nach den gleichen Grundsätzen für die von ihm veranlassten Kosten hafte, wenn er die Klage zurückgenommen habe.

Die Rechtslehre[730] vertritt wie die Rechtsprechung die Auffassung, dass der Prozessvertreter, der bei Klageabweisung nach dem Veranlassungsprinzip in die Kosten verurteilt worden wäre, auch dann die Kosten tragen müsse, wenn er die vollmachtlos erhobene Klage zurücknehme. Entscheidend sei, dass der Vertreter bereits das Verfahren veranlasst habe, weshalb er analog § 269 Abs. 3 ZPO hafte[731].
Grundlage für die Heranziehung des Veranlassungsgedankens ist auch hier die Annahme der herrschenden Meinung, § 269 Abs. 3 S. 2 ZPO sei wie § 91 Abs. 1 S. 1 ZPO eine auf die jeweilige besondere Prozesslage zugeschnittene Ausgestaltung des Veranlassungsprinzips[732]. Der Kläger, der durch die Klageerhebung Kosten verursacht habe, müsse dafür einstehen, auch wenn er später vom Prozess wieder Abstand nehme[733].

Das FG Rheinland-Pfalz[734] kommt in **Fall 1** (s.o. S. 99 *Teil 2 A.*) genauso zu dem Ergebnis, dass für den bei Klageabweisung nach den Grundsätzen der Ver-

---

729 KG Berlin, Beschl.v. 02.02.1996, WuM 1996, S.377; so auch OLG Hamm, Beschl.v. 29.06.1988, NJW-RR 1990, S.767.
730 *Fleddermann*, Kostenrechtliche Probleme, S.127; *Schmitz*, Kostenentscheidung für oder gegen Dritte, S.75; Rosenberg/Schwab/*Gottwald*, ZPR, § 56 II.2., S.301; AK-ZPO/*Christian*, § 88 Rn.12; Baumbach/Lauterbach/*Hartmann*, § 269 Rn.33; MüKo-ZPO/*Lüke*, § 269 Rn.49; für Klage- und Rechtsmittelrücknahme: *Schneider*, Rpfleger 1976, S.229 (231); MüKo-ZPO/*v.Mettenheim*, § 89 Rn.14; Musielak/*Weth*, § 88 Rn.14 f.; Zöller/*Vollkommer*, § 88 Rn.11; die Kommentarliteratur zur Rechtsmittelrücknahme äußert sich unabhängig davon, wer die Klage zurückgenommen hat, nur in verkürzter Weise, wie teilweise die Verweisung auf *Schneider*, Rpfleger 1976, S.229 ff. zeigt, zu der von ihr grds. vertretenen Haftung des vollmachtlosen Vertreters, vgl. AK-ZPO/*Ankermann*, § 515 Rn.13; Baumbach/Lauterbach/*Albers*, § 516 Rn.19; Stein/Jonas/*Grunsky*, § 515 Rn.26; Zöller/*Gummer*, § 516 Rn.20.
731 *Schmitz*, Kostenentscheidung für oder gegen Dritte, S.74; *Fleddermann*, Kostenrechtliche Probleme, S.128.
732 So ausdrücklich *Coester-Waltjen*, DRiZ 1976, S.240 (241); *Brammsen-Leible*, JuS 1997, S.54 (58); *Habel*, NJW 1997, S.2357 (2360); *Kempter*, NJW 1993, S.2158 (2159); *Pape*, LM § 51 ZPO Nr.26; Musielak/*Foerste*, § 269 Rn.11 („Verursachungsgedanke").
733 OLG Düsseldorf, Beschl.v. 13.03.1975, NJW 1975, S.1569 (1570); *Brammsen-Leible*, JuS 1997, S.54 (58).
734 FG Rheinland-Pfalz, Beschl.v. 06.07.1966, EFG 1966, S.416.

anlassungshaftung einstandspflichtigen Vertreter nach Rücknahme der Klage nichts anderes gelten könne.

2. Stellungnahme

Gegen die Annahme der Veranlassung als Zurechnungsgrund in § 269 Abs. 3 ZPO bestehen die gleichen grundlegenden Bedenken wie bei der Unterliegenshaftung[735] (s.o. S. 145 ff. *Teil 2 A.I.4.c)bb)(3)*). Aber auch wenn man § 269 Abs. 3 S. 2 ZPO den gleichen Grundgedanken wie bei § 91 Abs. 1 S. 1 Hs. 1 ZPO unterstellte, würde eine analoge Anwendung von § 269 Abs. 3 S. 2 ZPO auf den nicht berechtigten Vertreter an seiner fehlenden Parteistellung hinsichtlich der erfolglosen Prozessführung scheitern (s.o. S. 167 *Teil 2 A.I.4.c)cc)*). Eine Haftung des Vertreters gemäß der §§ 177 ff. BGB kommt für das Prozessrecht ebenfalls nicht in Betracht, da auch bei der Zurücknahme der Klage ein die Haftung begründendes Vertrauen des Beklagten (s.o. S. 134 ff. *Teil 2 A.I.4.c) aa)*) nicht berücksichtigt wird.

Ungeachtet der Bedenken gegen die in Rechtsprechung und Lehre vorgetragene Begründung der Vertreterhaftung, kann eine zutreffende Kostenentscheidung bei einer Klagerücknahme durch den Prozessvertreter im Ergebnis nicht davon abweichen. Es wäre ein widersinniges Resultat, wenn man dem Vertreter wegen der drohenden Kostenlast bei Klageabweisung die Möglichkeit der Zurücknahme einräumte und er mit deren Wahrnehmung sich der Kostentragungspflicht zulasten der nicht wirksam vertretenen Partei gem. § 269 Abs. 3 S. 2 ZPO vollständig entledigen könnte. Er hätte es dann in der Hand, über die Kostenfolge zu bestimmen. Es besteht aber kein Grund dafür, ihn wegen der Klagerücknahme in der Kostenentscheidung besser zu stellen, da sich dadurch an der haftungsrechtlichen Situation der Vollmachtlosigkeit der Prozessführung nichts ändert. Ungeklärt ist allerdings, wie sich seine Kostenhaftung dogmatisch begründen lässt.

3. Eigene Begründung der Kostenhaftung des zurücknehmenden Prozessvertreters

Die Kostenvorschriften der ZPO scheinen auf den ersten Blick für den Fall, dass ein vollmachtloser Vertreter eine Klage bei Gericht einreicht und wieder zurücknimmt, keine Unvollständigkeit aufzuweisen. Für die Rücknahme der Klage besteht mit § 269 Abs. 3 S. 2 Hs. 1 ZPO eine klare Kostenregelung: „Der Kläger ist verpflichtet, die Kosten des Rechtsstreits zu tragen“.

Voraussetzung für diese Rechtsfolge ist, dass die Klage zurückgenommen worden ist (§ 269 Abs. 3 S. 1 Hs. 1 ZPO). Eine Bestimmung der Person, welche die Klage erhoben und zurückgenommen hat, erfolgt nicht. Der eindeutige Wortlaut der Norm lässt somit, anders als bei § 91 Abs. 1 S. 1 ZPO, keinen Raum für eine restriktive Auslegung. Gemäß dieser Vorschrift müsste der Kläger also auch

[735] Gegen die Anwendung des Veranlassungsprinzips bei der Klagerücknahme auch *Ahrens*, Veröffentlichung vergleichender Werbeträgeranalysen, S.219.

dann mit den Kosten belastet werden, wenn die Klage von einem nicht bevollmächtigten Prozessvertreter eingereicht und zurückgenommen worden ist.
Es stellt sich allerdings angesichts der dagegen erhobenen Einwände die Frage, ob diese rechtliche Antwort des Gesetzes die Richtige ist. Denn eine zwar nach dem Wortlaut anwendbare Norm kann gemäß ihrem Sinn und Zweck nicht zutreffen und eine wertungsmäßige, „verdeckte" Lücke enthalten (s.o. S. 90 *Teil 1 C.II.3.*). Die Lösung ist hier also in einer teleologischen Reduktion der als unpassend empfundenen Haftungsregelung des § 269 Abs. 3 S. 2 ZPO zu suchen.

a) Vorliegen einer Regelungslücke

Für die Annahme einer Regelungslücke müsste den Kostenregelungen der ZPO eine „planwidrige Unvollständigkeit" zu entnehmen sein (s.o. S. 90 *Teil 1 C.II.3.*). Das Vorliegen der Unvollständigkeit hängt davon ab, ob die von § 269 Abs. 3 S. 2 ZPO angeordnete Rechtsfolge ihrer ratio legis nach auch im Fall der Klage und deren Rücknahme durch einen vollmachtlosen Vertreter anwendbar ist.

aa) Ratio legis von § 269 Abs. 3 S. 2 ZPO

Zur Ermittlung des Sinnes und Zweckes von § 269 Abs. 3 S. 2 ZPO bietet sich wiederum die Betrachtung der dieser Regelung zugrunde liegenden Interessenlage und der Ausführungen des historischen Gesetzgebers an.

(1) Interessenlage

Die Norm ist auch in ihrer Kostenfolge von einem Interessengegensatz der Parteien gekennzeichnet (s.o. S. 81 *Teil 1 C.I.2.a)aa)*). Dadurch, dass der Kläger sich zur Durchsetzung seines behaupteten Anspruchs an das Gericht wendet, ist der Beklagte zur Vermeidung eines Versäumnisurteils praktisch gezwungen, die Lasten der Verteidigung zu tragen. Nimmt der Kläger die Klage nach § 269 Abs. 1, 2 ZPO zurück, ist eine Entscheidung über die Rechtslage in der Hauptsache und eine Kostenentscheidung nach § 91 Abs. 1 S. 1 ZPO wegen der nach § 269 Abs. 3 S. 1 ZPO beseitigten Rechtshängigkeit nicht mehr möglich[736]. Dennoch hat der Beklagte ein Interesse daran, die ihm infolge der Rechtsverteidigung entstanden Kosten erstattet zu bekommen. Seine gegenüber dem angeblichen Klageanspruch gewahrte rechtliche Integrität will er nicht durch die ihm aufgezwungenen Prozesskosten geschmälert sehen. Der Kläger dagegen, der seinen Anspruch nicht durchgesetzt hat, möchte nicht auch noch mit weiteren Verfahrenskosten belastet werden.
Die Regelung des § 269 Abs. 3 S. 2 ZPO entscheidet diesen Interessenkonflikt zugunsten des Beklagten, indem sie den Kläger verpflichtet, die Kosten des Rechtsstreits zu tragen.

---

[736] Vgl. MüKo-ZPO/*Lüke*, § 269 Rn.1; Musielak/*Foerste*, § 269 Rn.11.

(2) Begründung des historischen Gesetzgebers

In der amtlichen Begründung zur ZPO hat sich der historische Gesetzgeber zum Grund der Regelung nicht geäußert. Er hat die Vorschrift des § 269 ZPO aber ausdrücklich in Anlehnung u.a. an den norddeutschen Entwurf von 1870 gebildet und verweist insoweit auf die dazugehörigen Protokolle der Kommission[737]. Zu der Kostenpflicht[738] bei der noch als „Abstand vom Rechtsstreit" bezeichneten Klagerücknahme heißt es in diesen Protokollen[739], „daß auf Grund der erklärten Abstandnahme in gleicher Weise, wie aufgrund eines rechtskräftigen Urtheils der Kostenersatz gefordert werden könne".

Das fand in der ZPO zunächst in der Form Berücksichtigung, dass hinsichtlich der Kosten auf Antrag (§ 253 Abs. 2 Nr. 2 ZPO) ein Urteil erging, das die Verpflichtung des Klägers zur Kostentragung aussprach und dem Beklagten als Vollstreckungstitel nach § 103 Abs. 1 ZPO diente[740]. Später führte der Gesetzgeber die Beschlussform ein[741].

Es zeigt sich also, wie insbesondere die frühere Möglichkeit der Entscheidung durch Urteil belegt, dass der historische Gesetzgeber den Fall der Klagerücknahme dem des Unterliegens kostenrechtlich gleichstellen wollte[742].

Dass dabei die Entscheidung nach § 269 Abs. 4 ZPO wegen der bereits kraft Gesetzes geltenden Kostentragungspflicht, anders als bei § 91 Abs. 1 S. 1 ZPO, i.d.R. nur deklaratorischen Charakter aufweist[743], ist darauf zurückzuführen, dass der Gesetzgeber offenbar die kostenrechtliche Interessenlage für eindeutig hielt[744] und den Beklagten in jedem Fall, d.h. auch ohne Kostenantrag, mit einem Kostenerstattungsanspruch „gegen Vexationen des Klägers"[745] durch eine erneute Klage mit dem früheren Prozessstoff schützen wollte[746]. Die Bewahrung

---

[737] Vgl. *Hahn*, Materialien Reichs-Justizgesetze Bd.2/1, S.263: „nordd. Entw. §§ 371-373 (vgl. nordd. Prot. I., S.434-436)"; die Regelung erfolgte auch in Anlehnung an die Prozessgesetze von Württemberg (Art.304) und Bayern (Art.496-498) sowie an die hannoverschen (§ 220) und preußischen (§§ 228-231) Entwürfe, die sich aber hierzu – auch in den Motiven – als unergiebig erweisen, vgl. *Schubert*, Motive Preuß. Entwurf, S.52; *Dahlmanns*, Zivilprozessuale Kodifikationen Bd.2, S.57.

[738] § 220 Abs.3 des norddt. Entwurfs: „Die Abstandnahme hat zur Folge, daß der Rechtsstreit als nicht anhängig geworden anzusehen ist. Sie verpflichtet den Kläger, die Kosten des Rechtsstreits zu tragen, soweit nicht rechtskräftig darüber erkannt ist.", vgl. *Schubert*, Protokolle norddt. Entwurf Bd.1, S.434.

[739] *Schubert*, Protokolle norddt. Entwurf Bd.1, S.436.

[740] Vgl. *Schneider*, ZZP 76 (1963), S.279 (284 f.) m.w.N.

[741] § 3 der 4. Verordnung zur weiteren Vereinfachung der bürgerlichen Rechtspflege von 1943, vgl. die Nachweise bei *Schneider*, ZZP 76 (1963), S.279 (284).

[742] So im Ergebnis auch *Ahrens*, Veröffentlichung vergleichender Werbeanalysen, S.219.

[743] Baumbach/Lauterbach/*Hartmann*, § 269 Rn.33.

[744] Vgl. MüKo-ZPO/*Lüke*, § 269 Rn.41.

[745] *Hahn*, Materialien Reichs-Justizgesetze Bd.2/1, S.263.

[746] In der Begründung des Preußischen Justizministerial-Entwurfs, der als Vorläufer des ZPO-Entwurfs gilt, heißt es dementsprechend zu der inhaltlich gleichen Kostenregelung: „Die Be-

vor der Belästigung durch eine Klage aufgrund des gleichen Streitgegenstandes, die bei einem Urteil mit der Rechtshängigkeit bzw. Rechtskraft erreicht wird[747], erfolgt deshalb bei der Rücknahme durch die Möglichkeit des Beklagten, mit der Einrede der nicht erstatteten Kosten nach § 269 Abs. 6 ZPO ein echtes Prozesshindernis zu schaffen[748]. Eine weitere Bedeutung kommt der gesetzlichen Kostengrundentscheidung in § 269 Abs. 3 ZPO als Unterschied gegenüber § 91 Abs. 1 S. 1 ZPO nicht zu.

(3) Folgerungen für die ratio legis

Die kostenrechtliche Gleichbehandlung von Klagerücknahme und Unterliegen des Klägers bedeutet, dass der Gesetzgeber beide Fälle auch für vergleichbar hielt. Die Richtigkeit dieser Folgerung bestätigt die in wesentlichen Teilen übereinstimmende Interessenlage. Denn auch bei § 91 Abs. 1 S. 1 ZPO ist die Pflicht zur Kostentragung ein Resultat daraus, dass der Kläger das Gericht um Rechtsschutz anrufen muss, den Beklagten in einen kostenauslösenden Rechtsstreit hineinzieht und letztlich mit dem in der Klage verfolgten Anspruch nicht durchdringt[749]. Es ist deshalb anzunehmen, dass mit der Bestimmung der gleichen Kostenfolge auch identische Zwecke verfolgt werden.
Entsprechend der von § 269 Abs. 3 S. 2 ZPO geregelten Interessenlage dient die Norm also primär dem Ausgleich der vom Beklagten für die prozessuale Verteidigung aufgewendeten Kosten unter Anlastung des Klägers (s.o. S. 116 *Teil 2 A.I.3.b)aa)(3)*). Im Einzelfall ist darüber hinaus Raum für die Rechtsbewährungs- und Präventionsfunktion (s.o. S. 116 f. *Teil 2 A.I.3.b)aa)(3)*), indem der Kläger, angesichts der Aussicht, auch ohne abweisendes Urteil bei einer vorherigen Rücknahme mit den Kosten belastet werden zu können, seine Erfolgsaussichten und sonstigen Motive eingehend prüfen und auf die Einhaltung der objektiven Rechtslage bedacht sein wird[750].

bb) Wertungsgemäß gebotene Differenzierung

Die für § 269 Abs. 3 S. 2 ZPO festgestellte ratio legis spricht vordergründig für die Anwendbarkeit der darin vorgesehenen Kostenfolge im Fall einer Klage und Rücknahme durch den vollmachtlosen Vertreter. Zwar können die Funktionen der Prävention und Rechtsbewährung nicht erreicht werden, da der Kläger keine Möglichkeit hat, aufgrund einer Einschätzung der Erfolgsaussichten über die Einreichung der Klage zu entscheiden. Jedoch lässt sich der Zweck, dem Beklagten gegen den Kläger einen Ausgleichsanspruch zu verschaffen, auch beim

---

stimmungen über den Kostenpunkt schützen den Beklagten gegen Vexationen des Klägers.", vgl. *Dahlmanns*, Zivilprozessuale Kodifikationen Bd.2, S.310.

[747] Vgl. Rosenberg/Schwab/*Gottwald*, ZPR, § 96 II. 3.b), c), S.537.

[748] Vgl. *Schubert*, Protokolle norddt. Entwurf Bd.1, S.436; MüKo-ZPO/*Lüke*, § 269 Rn.64.

[749] Vgl. Stein/Jonas/*Bork*, Vor § 91 Rn.6.

[750] S.a. *Haubelt*, ZZP 89 (1976), S.192 (195).

Handeln eines vollmachtlosen Vertreters verwirklichen, wenn man allein das Vorliegen einer Klagerücknahme als Haftungsgrund anerkennen würde.

Allerdings kann die teleologische Reduktion, d.h. die von der Wertung her erforderliche Differenzierung, auch durch ein dem Gesetz immanentes Prinzip geboten sein, welches für eine bestimmte Fallgruppe gegenüber dem speziellen Zweck der Norm vorrangig ist[751].
Ein derartiges Prinzip stellt der bereits als rechtsethisches Prinzip für das Kostenrecht benannte Grundsatz der Selbstverantwortung dar (s.o. S. 117 ff. *Teil 2 A.I.3.b)aa)(4)(a)*). Danach ist eine Haftung grundsätzlich an die Zurechnung gebunden. Diese fehlt jedoch in dem hier zu entscheidenden Fall.
Die Vorschrift des § 269 ZPO ist für den Regelfall konzipiert, dass die Verfahrenseinleitung in zurechenbarer Weise durch eine Klage des Klägers (s.o. S. 80 *Teil 1 C.I.2.a)*) und auch, wie sich aus der amtlichen Begründung zur ZPO ergibt[752], „die einseitige Zurücknahme der Klage durch den Kläger" erfolgt[753]. Damit kommen als das haftungsbegründende Verhalten, also als Zurechnungsgrund, die Einreichung der Klage und deren Zurücknahme in Betracht. Beides ist hier jedoch nicht in der Person des Klägers verwirklicht, da er weder selbst tätig geworden ist noch ihm das Handeln des Vertreters wegen des Vollmachtsmangels zugerechnet werden kann. Die Verantwortlichkeit ist aber dem Nachteilsausgleich im Haftungsrecht vorgeordnet[754], was auch im Kostenrecht gilt (s.o. S. 119 *Teil 2 A.I.3.b)aa)(4)(a)*). Dem ethischen Prinzip der Selbstverantwortung gebührt deshalb der Vorrang vor dem speziellen Ausgleichszweck des § 269 Abs. 3 S. 2 ZPO.

Es zeigt sich also, dass die Lage im Fall der vollmachtlosen Klage und Rücknahme in den die Haftung des Klägers rechtfertigenden Punkten anders ist, als bei einer vom Kläger eingereichten und zurückgenommenen Klage. Diese unterschiedliche Lage wird von § 269 Abs. 3 S. 2 ZPO nicht berücksichtigt.

cc) Teleologische Reduktion zur Bestimmung der Regelungslücke

Der Kostenregelung des § 269 Abs. 3 S. 2 ZPO, die wertungsgemäß die gebotene Differenzierung im Fall der vollmachtlosen Prozessvertretung nicht vornimmt, ist mittels teleologischer Reduktion die geforderte Ausnahme hinzuzufügen[755]. Die Haftungsregelung ist also durch den Zusatz einzuschränken, dass

---

751 *Canaris*, Feststellung von Lücken, § 97, S.104 f.; *Larenz*, Methodenlehre, II.4.Kap.2.c), S.392, 396 f.

752 Vgl. *Hahn*, Materialien Reichs-Justizgesetze Bd.2/1, S.263.

753 So auch *Haubelt*, ZZP 89 (1976), S.192 (193); *Fleddermann*, Kostenrechtliche Probleme, S.128.

754 *Larenz*, Schuldrecht AT, § 27 I., S.424; *Reinecke*, Schaden und Interesseneinbuße, S.52.

755 Auch in der Literatur wird die Kostenanordnung des § 269 Abs.3 S.2 ZPO nicht für zwingend gehalten, vgl. *Coester-Waltjen*, DRiZ 1976, S.240 (241); *Habel*, NJW 1997, S.2357

der Kläger nicht zur Kostentragung verpflichtet ist, wenn ihm die Prozessführung nicht zurechenbar ist.
Demzufolge haftet der nicht vertretene Kläger trotz der Anordnung des § 269 Abs. 3 S. 2 ZPO nicht für die Kosten des Rechtsstreits. Hier liegt also eine mittels teleologischer Reduktion feststellbare verdeckte Regelungslücke vor[756].

Mit der Unanwendbarkeit der Rechtsfolge des § 269 Abs. 3 S. 2 ZPO wird aber nur negativ gesagt, dass die Vorschrift im Fall der vollmachtlosen Klageerhebung nicht anwendbar ist. Zur Ausfüllung dieser Lücke bedarf es somit noch eines weiteren Schrittes, der durch einen Rückgriff auf eine andere Regelung im Wege der Analogie erfolgt[757].

b) Ausfüllung der Regelungslücke durch § 89 Abs. 1 S. 3 ZPO analog
Zur Ausfüllung der durch die teleologische Reduktion des § 269 Abs. 3 S. 2 ZPO festgestellten Regelungslücke kommt auch hier die analoge Anwendung des § 89 Abs. 1 S. 3 ZPO in Betracht[758].

Die nach der ratio legis des § 89 Abs. 1 S. 3 ZPO für die rechtliche Wertung maßgebenden Merkmale (s.o. S. 173 *Teil 2 A.I.4.d)aa)(1)(c)*) finden sich, wie bei der Abweisung der vollmachtlosen Klage, auch im Fall der Rücknahme durch den nicht legitimierten Vertreter wieder.
Der Beklagte wird mit der Klage des Vertreters ebenfalls gezwungen sich zu verteidigen, wodurch ihm Kosten entstehen, deren Geltendmachung nach materiellem Recht fraglich ist. Der handelnde Vertreter verwirklicht den Zurechnungsgrund des § 89 Abs. 1 S. 3 ZPO in seiner Person, indem er in der Klageschrift seine Bevollmächtigung oder als Geschäftsführer ohne Auftrag die nachträgliche Beibringung der Vollmacht behauptet. Er nimmt mit der Klage eine ihm vom Gericht eingeräumte Befugnis zur Prozessführung mit dem Risiko wahr, dass die Klage bei Nichterbringung des Vollmachtsnachweises unzulässig ist und dem Beklagten Kosten entstehen.

(2360); *Haubelt*, ZZP 89 (1976), S.191 (195 ff.); diese Auffassung bestätigt ferner die mit der ZPO-Novelle 2001 einhergehende Änderung des § 269 Abs.3 S.2 ZPO, wo es nun heißt: „...oder sie dem Beklagten *aus einem anderen Grund* aufzuerlegen sind.“

[756] Bei der festgestellten Lücke handelt es sich nicht um eine planmäßige Unvollständigkeit, die sich aus einer bewussten Nichtregelung ergeben könnte. Insoweit ist auf die Ausführungen zu § 91 ZPO zu verweisen (s.o. S.123 ff. *Teil 2 A.I.3.b)bb)*).

[757] Die Feststellung und Ausfüllung der Lücke stellen sich hier methodisch gesehen als zwei getrennte Vorgänge dar; vgl. dazu *Canaris*, Feststellung von Lücken, § 146, S.152 f.

[758] Auf die Haftung nach § 89 Abs.1 S.3 ZPO weisen für die Berufungsrücknahme auch Musielak/*Ball*, § 516 Rn.19, und MüKo-ZPO/*Rimmelspacher*, § 515 Rn.28 m.w.N., ebenso MüKo-ZPO-Aktualisierungsbd./*Rimmelspacher*, § 516 Rn.26, hin.

Die Beendigung des Verfahrens durch die Klagerücknahme statt durch Endurteil stellt dabei keine die Analogie ausschließende Abweichung dar.
Die Schutzbedürftigkeit des Beklagten hinsichtlich der ihm erwachsenen Kosten wird dadurch nicht berührt. Denn bis zur Erklärung der Klagerücknahme ist eine Behebung des Vollmachtsmangels und damit eine Wirksamkeit der Prozessführung des Vertreters gegenüber dem Kläger nicht eingetreten. Somit sind dem Beklagten ebenfalls durch einen vergeblichen Rechtsstreit Kosten entstanden.
Die Haftung des Vertreters bleibt auch trotz der Wirkungen der Zurücknahme nach § 269 Abs. 3 S. 1 ZPO gerechtfertigt. Im Zeitpunkt der Rücknahme realisiert sich das vom Vertreter eingegangene Risiko, vergleichbar mit der Abweisung der Klage durch Prozessurteil wegen der Vollmachtlosigkeit, da eine Heilung nun nicht mehr möglich ist (s.o. S. 94 f. *Teil 1 C.II.3.a)bb)(2)*)[759].

Der die Klage zurücknehmende vollmachtlose Vertreter haftet also für die Kosten des Rechtsstreits analog § 89 Abs. 1 S. 3 ZPO.

c) Rechtsfolgenbetrachtung

Neben den im Zusammenhang mit der Klageabweisung festgestellten Kostenfolgen sind für den Fall der Klagerücknahme noch folgende Besonderheiten zu beachten:

aa) Beschluss des Gerichts

Das Gericht hat über die Kosten des Rechtsstreits wegen der nunmehr fehlenden Rechtshängigkeit wie etwa bei § 91a Abs. 1 S. 1 ZPO durch Beschluss zu entscheiden. Der Beschluss ergeht ohne Antrag, also von Amts wegen, da sich die Kostenfolge analog § 89 Abs. 1 S. 3 ZPO nicht wie in § 269 Ab. 3 S. 2 ZPO unmittelbar aus dem Gesetz ergibt. Dem Beschluss kommt damit nicht mehr nur deklaratorische Bedeutung zu[760], so dass die Anordnung des § 308 Abs. 2 ZPO (s.o. S. 102 *Teil 2 A.I.1.*) Platz greift.

bb) Kein Verfahrenshindernis für den Kläger nach § 269 Abs. 6 ZPO

Schließlich ist darauf hinzuweisen, dass der Kläger nicht wegen § 269 Abs. 6 ZPO daran gehindert ist, nunmehr in wirksamer Weise die Klage selbst gegen den Beklagten zu richten.
Trotz des möglicherweise gleichen Streitgegenstandes würde gegenüber der Klage keine prozesshindernde Einrede erhoben werden können, wenn die Erstattung der Kosten durch den haftenden Vertreter noch nicht erfolgt wäre. Denn

---

[759] Musielak/*Weth*, § 89 Rn.17; da, anders als bei der Klageabweisung, die Kostenentscheidung erst nach der Rücknahmeerklärung erfolgt, kann jedoch eine früher erteilte Vollmacht zur Entlastung des Vertreters bis dahin noch nachgereicht werden.

[760] So auch BFH, Beschl.v. 22.05.1979, BFHE 128, S.24 (26); FG Rheinland-Pfalz, Beschl.v. 06.07.1966, EFG 1966, S.416; FG Münster, Beschl.v. 25.01.1973, EFG 1973, S.278.

§ 269 Abs. 6 ZPO schützt nur vor „Belästigungen" durch den Kläger mit einer erneuten Klage (s.o. S. 187 f. *Teil 2 A.II.3.a)aa)(2)*). Daran fehlt es aber, wenn der Kläger erstmalig selbst den Prozess einleitet. Die Einrede setzt deshalb voraus, dass sie gegenüber derselben Partei erhoben wird, welche die Kosten des früheren Verfahrens schuldet[761].

4. Ergebnis

Nimmt ein vollmachtloser Prozessvertreter die von ihm bei Gericht eingereichte Klage zulässigerweise wieder zurück, trifft den Kläger angesichts einer teleologischen Reduktion des § 269 Abs. 3 S. 2 ZPO in diesem Fall keine Kostenlast. Vielmehr haftet der Vertreter analog § 89 Abs. 1 S. 3 ZPO für die Kosten des Rechtsstreits.

In **Fall 1** (s.o. S. 99 *Teil 2 A.*) war also, wie vom FG Rheinland-Pfalz im Ergebnis zutreffend angenommen, dem vollmachtlosen Steuerberater die Kostenlast aufzubürden.

---

[761] RG, Urt.v. 03.10.1904, Gruchots's Beiträge 49 (1905), S.664 (666).

B. Kostenhaftung bei Rücknahme der vollmachtlos erhobenen Klage durch die Partei

Es ist auch möglich, dass der vermeintlich vertretene Kläger selbst die Klage des vollmachtlosen Vertreters zurücknimmt (s.o. S. 79 ff. *Teil 1 C.I.2.*). Dann ist zu prüfen, ob dies eine andere Kostenfolge hat, als wenn der nichtberechtigte Vertreter die Rücknahme erklärt.
Diese Problematik war Gegenstand eines Beschlusses des OLG Düsseldorf[762] vom 19.06.1929:

> **Fall 3:** Der Beschluss betraf die Überprüfung der Kostenentscheidung eines Landgerichts in einem ohne Wissen des Klägers eingeleiteten Rechtsstreit. Ein Rechtsanwalt hatte die Klage eingereicht, da der Bruder des Klägers eine Vollmacht unterschrieben und versichert hatte, von dem Kläger zur Klageerhebung beauftragt worden zu sein und über die zur Rechtsverfolgung notwendigen Geschäftspapiere zu verfügen. Der Kläger selbst legte gegen ein gegen ihn zunächst ergangenes Versäumnisurteil des Landgerichts Einspruch ein, nahm die Klage aber schließlich doch zurück.

I. Darstellung des Meinungsstandes

Die Kostenfolge im Fall der Klagerücknahme durch die vollmachtlos vertretene Partei ist umstritten. Der Meinungsstreit wird geprägt von einer Kontroverse zwischen *Vollkommer* und *Emde*.

1. Befürworter einer Kostenlast der zurücknehmenden Partei

Einerseits wird u.a. von *Vollkommer* die Auffassung vertreten, dass der Kläger nach der von ihm erklärten Rücknahme immer auch gemäß der Regelung des § 269 Abs. 3 S. 2 ZPO die Kosten zu tragen hat.

a) Lösung des OLG Düsseldorf und die Ansicht des KG Berlin

Das OLG Düsseldorf[763] hob in dem eingangs geschilderten **Fall 3** die den Rechtsanwalt belastende Kostenentscheidung der Vorinstanz auf und erlegte die Kosten dem Kläger auf. Das Gericht begründete die Kostenlast des Klägers nach § 269 ZPO damit, dass der Kläger Prozesspartei geworden sei, indem er sich mit dem Einspruch gegen das Versäumnisurteil in den Prozess eingemischt und die das Verfahren erledigende Rücknahme erklärt habe. Dieser Eintritt in den Prozess wirke auf den Zeitpunkt der Klageerhebung zurück.

---

[762] OLG Düsseldorf, Beschl.v. 19.06.1929, JW 1930, S.574.
[763] OLG Düsseldorf, Beschl.v. 19.06.1929, JW 1930, S.574.

Das KG Berlin[764] hat in der Entscheidung vom 02.02.1996 ohne weitere Begründung festgestellt, dass die Grundsätze der Veranlassungshaftung auch bei der Rücknahme Anwendung fänden. Nur wenn die vollmachtlos vertretene Partei selbst die Klage oder ein Rechtsmittel zurücknehme, trage sie die Kosten selbst.

b) *Vollkommer*

Nach *Vollkommer*[765], der sich auch auf einen Teil der Rechtslehre[766] stützen kann, wird die Partei durch die Rücknahme kraft Gesetzes mit den Kosten belastet, da die Rücknahmeerklärung als solche die kostenrechtlichen Folgen gem. §§ 269 Abs. 3, 516 Abs. 3 S. 1 ZPO auslöse. Es bestehe kein Grund, von der gesetzlichen Kostenfolge abzuweichen. Für eine der ZPO unbekannte privilegierte Klagerücknahme mit einem Drittbeteiligten als Kostenpartei sei kein Raum[767].

Vollkommer weist zudem darauf hin, dass der Kläger die Fortführung des Verfahrens mit einer Vollmachtsrüge verhindern könne. Die Klagerücknahme führe nämlich nicht zu einer schnelleren und einfacheren Verfahrensbeendigung. In Wahrheit gehe es hier um eine Klagerücknahme unter Kostenverwahrung mit dem Antrag (Anregung), der Kostenbelastung des Vertreters. Das sei der Sache nach ein Zwischenstreit zwischen Partei und ihrem Vertreter. Der Vertreter sei – soweit es um seine Verurteilung in die Kosten gehe – „Drittbeteiligter“ mit Anspruch auf rechtliches Gehör (Art. 103 Abs. 1 GG). Die an sich das Verhältnis Partei und Vertreter betreffende Frage der befugten Vertretung, die bei einer Klagerücknahme verfahrensintern gerade ungeklärt bliebe und außerhalb des Klageverfahrens zu entscheiden wäre, werde in das Klageverfahren getragen. Das bedeute aber Einführung von zusätzlichem Prozess- und Streitstoff und stehe einer einfachen und schnellen Verfahrenserledigung entgegen[768].

2. Entscheidung über die Kosten nach dem Veranlassungsprinzip

Die insbesondere von *Emde* vertretene Gegenansicht beurteilt die Kostenpflicht auch bei einer Klagerücknahme durch den Kläger nach dem Veranlassungsprinzip.

a) Rechtsprechung

Andere als die o.g. Gerichte haben sich zu dieser Problematik nicht weiter ausdrücklich geäußert. Es ist lediglich pauschal davon ausgegangen worden, dass

---

[764] KG Berlin, Beschl.v. 02.02.1996, WuM 1996, S.377.

[765] *Vollkommer*, MDR 1997, S.1004 f.; Zöller/*Vollkommer*, § 88 Rn.11.

[766] Rosenberg/Schwab/*Gottwald*, ZPR, § 56 II.2., S.301; für Klage- und Rechtsmittelrücknahme: *Schneider*, Rpfleger 1976, S.229 (231); AK-ZPO/*Christian*, § 88 Rn.12.

[767] *Vollkommer*, MDR 1997, S.1004 (1005); Zöller/*Vollkommer*, § 88 Rn.11.

[768] *Vollkommer*, MDR 1997, S.1004.

bei einer Rücknahme die Kostenentscheidung ebenfalls nach dem Veranlassungsprinzip zu bestimmen ist[769].
Selbst das OLG Frankfurt[770], das sich mit dem Fall der Rücknahme einer vollmachtlos erhobenen Berufung durch den Liquidator der Partei auseinander setzen musste, bestimmte den Kostenschuldner nach dem Veranlassungsprinzip, ohne auf die Besonderheit der Rücknahme seitens der Partei einzugehen.

b) *Emde*

Die von *Emde*[771] angenommene Kostenentscheidung nach dem Veranlassungsprinzip ist ebenfalls in Teilen der Literatur[772] auf Zustimmung gestoßen.
Zur Begründung wird ausgeführt, dass die Haftungsregelung in § 269 Abs. 3 ZPO davon ausgehe, dass der Kläger als Veranlasser handelnd den Klageantrag stelle und zurücknehme[773]. Den Fall, dass der Zurücknehmende die verfahrenseinleitende Maßnahme nicht veranlasst habe, treffe die Norm nicht[774]. Allein die Rücknahmeerklärung als solche löse aber nicht die Kostenpflicht der Partei aus, sondern führe nur zur Beendigung des Rechtsstreits[775].
Nur so werde sichergestellt, dass die vollmachtlos vertretene Partei nicht ungerechtfertigt die Kosten des Verfahrens zahle und die Wertung des § 179 Abs. 1 BGB auch im Prozessrecht Beachtung finde[776].
Infolge der vollmachtlos erhobenen Klage werde das Gericht mit einem überflüssigen Verfahren belastet. Wäre jedoch Folge einer Rücknahme durch den Kläger, dass ihm, auch wenn er die Aufnahme des Verfahrens nicht veranlasst habe, dessen Kosten aufzuerlegen seien, werde sich wohl kein Kläger oder Antragsteller finden, der die Rücknahme erkläre[777]. Die Partei wäre dann gezwungen, ein auf ihren Namen lautendes, die Klage abweisendes Prozessurteil hinzunehmen, um eine Kostenbelastung ihres angeblichen Vertreters zu erreichen[778].
Es sei aber nicht einzusehen, warum der vollmachtlos Vertretene, der dem „Spuk" des von ihm nicht veranlassten Verfahrens ein schnelles Ende bereite

---

769 BGH, Beschl.v. 26.10.1981, WM 1981, S.1332; OLG Hamm, Beschl.v. 29.06.1988, NJW-RR 1990, S.767; OLG Köln, Beschl.v. 27.05.1997, OLGR Köln 1997, S.274.
770 OLG Frankfurt, Beschl.v. 11.07.1996, NJW-RR 1997, S.31.
771 *Emde*, MDR 1997, S.1003 f.
772 *Fleddermann*, Kostenrechtliche Probleme, S.128; *Schmitz*, Kostenentscheidung für oder gegen Dritte, S.73 ff.; für Klage- und Rechtsmittelrücknahme: Musielak/*Weth*, § 88 Rn.15; undifferenzierter, d.h. bei Rücknahme stets Kostenpflicht nach dem Veranlassungsprinzip: Baumbach/Lauterbach/*Hartmann*, § 269 Rn.33; MüKo-ZPO/*Lüke*, § 269 Rn.49; Musielak/*Foerste*, § 269 Rn.12, bezeichnet die Kostenpflicht des Zurücknehmenden als „relativ".
773 *Emde*, MDR 1997, S.1003 (1004); *Fleddermann*, Kostenrechtliche Probleme, S.128.
774 *Emde*, MDR 1997, S.1003 (1004).
775 *Fleddermann*, Kostenrechtliche Probleme, S.128; *Schmitz*, Kostenentscheidung für oder gegen Dritte, S.74.
776 *Emde*, MDR 1997, S.1003 (1004).
777 *Emde*, MDR 1997, S.1003.
778 *Schmitz*, Kostenentscheidung für oder gegen Dritte, S.73.

und weitere Kosten vermeide, mit den Kosten bestraft werden solle[779]. Es erginge dann allein wegen der Rücknahmeerklärung eine grundlegend andere Kostenentscheidung, als sie ohne die Erklärung der Rücknahme zu treffen gewesen wäre[780].
Schließlich wird darauf hingewiesen, dass eine Anspruchsverfolgung außerhalb des rechtshängigen Verfahrens regelmäßig schwierig, umständlich und unökonomisch sei, weshalb die Rechtslage im Ausgangsverfahren geklärt werden müsse[781].

II. Stellungnahme

Die Vorteile einer Rücknahme der vollmachtlos erhobenen Klage gegenüber der durch die Vollmachtsrüge herbeigeführten Klageabweisung sind unverkennbar. Während im letzten Fall die Bevollmächtigung vom Gericht i.d.R. in der mündlichen Verhandlung geprüft wird, dann erst der Vertreter ggf. nach einer gem. § 89 Abs. 1 S. 2 ZPO gesetzten Frist wegen seiner Vollmachtlosigkeit möglicherweise in einem weiteren Verhandlungstermin zurückgewiesen werden kann und schließlich das zunächst nicht rechtskräftige, die Klage abweisende Urteil ergeht, schafft die Beseitigung des Prozesses durch Klagerücknahme für den fehlerhaft vertretenen Kläger unmittelbare Befreiung von den belastenden Verfahrenswirkungen[782].
Hinzu kommt, dass der Beklagte von den Zwängen der Verteidigung befreit ist und vorerst Gewissheit über das von ihm verteidigte Recht erlangt. Zudem wird das Gericht von der Entscheidung in der Hauptsache entlastet und beschränkt sich in seiner Rechtsfindung auf die Kostenfrage.
Der Prozessvertreter schließlich wird an einer ggf. weitere Kosten auslösenden Fortsetzung des Verfahrens gehindert und hat infolge der nicht mehr möglichen Genehmigung (s.o. S. 93 *Teil 1 C.II.3.a)bb)(1)*) Klarheit hinsichtlich seiner Vertretungslage.
Es trifft zwar zu, dass das Gericht wegen der Kosten, wenn eine von § 269 Abs. 3 S. 2 ZPO abweichende Entscheidung in Betracht kommt, den ggf. zu belastenden Vertreter anhören und es möglicherweise hinsichtlich der Vollmachtsfrage in einer mündlichen Verhandlung Beweis erheben muss. Es ist aber bereits darauf hingewiesen worden (s.o. S. 122 *Teil 2 A.I.3.b)aa)(4)(b)*), dass es i.S. einer Gesamtbilanz auch prozessökonomisch sein kann, einen Rechtsstreit zu verlängern, um ein zweites Verfahren zu vermeiden[783].

---

[779] *Emde*, MDR 1997, S.1003 (1004).
[780] *Fleddermann*, Kostenrechtliche Probleme, S.128.
[781] *Emde*, MDR 1997, S.1003 (1004).
[782] *Emde*, MDR 1997, S.1003 (1004); *Fleddermann*, Kostenrechtliche Probleme, S.128.
[783] Hinzu kommt, dass bei einer Rücknahme vor der mündlichen Verhandlung diese für den Beschluss fakultativ ist und wegen der gezielten Vorbereitungsmöglichkeit der Prozessbetei-

Der unvertretene Kläger hat also, im Einklang mit der Argumentation von *Emde*, gute Gründe, die Rechtshängigkeit der Klage zu beseitigen und dient damit gleichzeitig dem Interesse der übrigen am Verfahren Beteiligten. Würde an eine deshalb erklärte Zurücknahme die Kostenerstattungspflicht geknüpft werden, wäre dem Kläger diese Möglichkeit faktisch genommen, da dieser eine Belastung mit den Prozesskosten nicht auf sich nehmen würde.

Eine Haftung des Klägers ließe sich letztlich nur rechtfertigen, wenn – wie von *Vollkommer* vertreten – der Rücknahmeerklärung haftungsbegründende Bedeutung zukäme, sie also hinsichtlich der Kosten einen Zurechnungsgrund für die zurücknehmende Partei bilden würde. Damit stellt sich im hier diskutierten Fall die Frage, ob ein Kläger, dem ja die von einem vollmachtlosen Vertreter eingereichte Klage nicht zugerechnet werden kann, allein durch seine Zurücknahme zum Kostenschuldner wird.
Die Unbilligkeit eines solchen Ergebnisses ist hier nicht so augenscheinlich wie bei der Klagerücknahme durch den Vertreter. Das mag daran liegen, dass der Kläger mit der Rücknahme die Notwendigkeit einer Entscheidung über die Kosten herbeigeführt und so als Handelnder selbst einen Grund zur Kostentragungspflicht gegenüber dem Beklagten geschaffen hat. Die Haftung des Klägers mutet aber merkwürdig an, wenn man bedenkt, dass ohne die Rücknahme der vollmachtlose Prozessvertreter in die Kosten verurteilt worden wäre.

Dogmatisch lässt sich mit den in der Literatur und Rechtsprechung vorgetragenen Gründen weder das eine noch das andere Ergebnis begründen.
Gegen die Kostenbelastung des Prozessvertreters kann nicht vorgebracht werden, dass sie bei der Rücknahme durch die Partei ohne eigene Haftung zu einer „privilegierten Klagerücknahme" führen würde. Die Kostenentlastung der Partei unter Belastung des Vertreters ist unmittelbar in den Normen der ZPO für den Fall der Klagerücknahme genauso wenig vorgesehen wie bei der Klageabweisung. Dennoch wird von der herrschenden Meinung und auch von *Vollkommer* eine „privilegierte" Klageabweisung zum Nachteil des vollmachtlosen Vertreters zugelassen. Bei der Klagerücknahme kann, soweit teleologisch geboten, nichts anderes gelten[784].

---

ligten i.d.R. nur ein Termin erforderlich sein wird; dagegen ist nach der Feststellung der Vollmachtlosigkeit in der mündlichen Verhandlung ein weiterer Termin z.B. wegen der Frist des § 89 Abs.1 S.2 ZPO wahrscheinlicher.

[784] Darüber hinaus ist der ZPO eine „privilegierte Klagerücknahme" i.S. einer Kostenverschonung des zurücknehmenden Klägers nicht unbekannt, wenn man mit Stein/Jonas/*Bork*, § 91a Rn.36, und Stein/Jonas/*Schumann*, § 269 Rn.61, die Erledigungserklärung als eine besondere Form der Rücknahme ansieht.

Andererseits lässt sich mit Hilfe des Veranlassungsprinzips auch nicht die Zurechnung der Kosten zum Prozessvertreter annehmen, da es als Zurechnungsprinzip ungeeignet ist (s.o. S. 165 *Teil 2 A.I.4.c)bb)(5)*).
Es soll deshalb anhand des für die Rücknahme des Vertreters gefundenen Lösungsansatzes (s.o. S. 184 ff. *Teil 2 A.II.3.*) erörtert werden, welche Kostenfolge den Vorzug verdient.

III. Eigene Lösung

Die Lösung der Kostenfrage bei der Rücknahme einer vollmachtlos erhobenen Klage durch die Partei wird wiederum davon abhängen, ob die Haftungsregelung des § 269 Abs. 3 S. 2 ZPO, die gemäß ihrem Wortlaut die Erstattungspflicht des Klägers anordnet, auch in diesem Fall eine verdeckte Regelungslücke aufweist. Dann erscheint hier ebenfalls eine Haftung des vollmachtlosen Prozessvertreters analog § 89 Abs. 1 S. 3 ZPO möglich.

Für das Vorliegen einer Regelungslücke in § 269 Abs. 3 S. 2 ZPO kommt es darauf an, inwieweit die ratio legis der Vorschrift bei der Klagerücknahme durch den Vertretenen noch erreicht werden kann.
Hinsichtlich der Ausgleichs-, Rechtsbewährungs- und Präventionsfunktion kann auf die Ausführungen zur Rücknahme durch den Vertreter verwiesen werden (s.o. S. 187 f. *Teil 2 A.II.3.a)bb)*).
Entscheidend ist, ob sich ein Kostenausgleich zugunsten des Beklagten auf Kosten des Klägers angesichts des vorrangigen Selbstverantwortungsprinzips rechtfertigen lässt, ob also in der Person des nur die Klage zurücknehmenden Klägers der für die Kostenhaftung des § 269 Abs. 3 S. 2 ZPO maßgebende Zurechnungsgrund verwirklicht ist. Da die Klage dem Kläger wegen des Vollmachtsmangels nicht zugerechnet werden kann, müsste es sich dafür, wie oben bereits ausgeführt, bei der Zurücknahme um den entscheidenden Teil der Prozessführung für die Zurechnung handeln. Das bestimmt sich nach der haftungsrechtlichen Funktion der Zurücknahme.

Äußerlich gesehen stellt die Rücknahme, genau wie die gerichtliche Kostenentscheidung beim Unterliegen, die aufschiebende Bedingung dar, die den mit Rechtshängigkeit entstandenen Kostenerstattungsanspruch des Beklagten eintreten lässt. Somit ist in der Tat die Rücknahme das auslösende Moment für die Kostenlast. Dafür, dies auch als Haftungsgrund einzuordnen, spricht, dass hier die Kostenfolge, nicht wie beim Unterliegen das Ergebnis einer gerichtlichen Wertung der Prozessführung ist, sondern die Rücknahme i.d.R. nur einen gesetzlichen Mechanismus auslöst, ohne die rechtliche Berechtigung der Klage zu berücksichtigen.

Allerdings liegt auch dieser Kostenentscheidung kraft Gesetzes eine – antizipierte – haftungsrechtliche Wertung des Gesetzgebers zugrunde. Dabei ist zu bedenken, dass der Kläger mit der Wahrnehmung der Rücknahmemöglichkeit eine Entscheidung in der Hauptsache und damit eine gerichtliche Bewertung seiner Prozessführung als Basis für die Kostenentscheidung nach § 91 Abs. 1 ZPO verhindert hat[785]. Um aber auch bei einer Klagerücknahme einen Ausgleich der Prozesskosten unter den Parteien durchzuführen, hat der Gesetzgeber die verhinderte Bewertung der Prozessführung zulasten des Klägers ersetzt, und zwar dergestalt, wie sich aus der kostenrechtlichen Gleichstellung der Rücknahme mit dem Unterliegen ergibt (s.o. S. 186 *Teil 2 A.II.3.a)aa)(2)*), als wenn der Kläger den Rechtsstreit verloren hätte. Man kann deshalb sagen, dass sich der Kläger mit der Rücknahme kostenrechtlich freiwillig in die Rolle des Unterliegenden begeben hat[786]. Somit tritt die Rücknahme als Wertungskriterium an die Stelle des verhinderten Unterliegens. Durch sie wird die Prozessführung des Klägers zu einer „erfolglosen Prozessführung" und bestimmt so die Kostenentscheidung zu seinen Lasten.
Eine darüber hinausgehende Bedeutung als ein die Zurechnung begründendes Verhalten, also als eigenständiger Haftungsgrund, kommt der Rücknahmeerklärung nicht zu. Das ist auch insoweit konsequent, als durch die Zurücknahme an sich keine Prozesskosten mehr entstehen, sondern diese bereits durch die vorher erfolgte Prozessführung der Parteien, um deren Bewertung es auch für die Kostenentscheidung geht, erwachsen sind.
Damit bildet die Rücknahme nicht das entscheidende Verhalten zur Zurechnung, sondern nur ein die Prozessführung bewertendes Kriterium. Es ist dabei unerheblich, von wem die Rücknahme mit prozessbeendender Wirkung erklärt wird. Ausschlaggebend ist, dass sie vorliegt und so die Kostenfolge wie beim Unterliegen auslöst[787].

Auf die Zurechnung der Klagerücknahme kommt es deshalb nicht an. Als Zurechnungsgrund ergibt sich allein die wegen der Zurücknahme erfolglose Prozessführung. Da die kostenauslösende Prozessführung, also insbesondere die

---

[785] OLG Hamm, Beschl.v. 22.04.1988, OLGZ 1989, S.464.

[786] OLG Koblenz, Beschl.v. 09.10.1973, MDR 1974, S.316 (317); KG Berlin, Beschl.v. 07.02.1974, VersR 1974, S.979; AK-ZPO/*Wassermann*, § 269 Rn.8; Baumbach/Lauterbach/*Hartmann*, § 269 Rn.33.

[787] Dem Vertreter geschieht mit der Rücknahmemöglichkeit des Klägers ohne dessen Kostentragungspflicht kein Unrecht; auf die Wertung durch eine Gerichtsentscheidung könnte der Kläger genauso Einfluss nehmen, indem er durch die Versagung der Genehmigung die Zulässigkeit der Klage verhindert; inhaltlich besteht auch insofern kein Unterschied, als er mit der Rücknahme einerseits und der Verweigerung der Genehmigung andererseits jeweils zum Ausdruck bringt, den Rechtsschutz bzw. die Klage nicht zu wollen; schließlich muss der Vertreter auch damit rechnen, dass die Partei die Klage selbst wieder zurücknimmt, wenn er in ihrem Namen eine Klage einreicht.

Klage, dem Kläger nicht zurechenbar ist, scheidet dessen Haftung, entgegen der Ansicht von *Vollkommer*, nach § 269 Abs. 3 S. 2 ZPO aus, so dass auch hier eine durch teleologische Reduktion ermittelte Regelungslücke anzunehmen ist.

Die Schließung der Regelungslücke ist, insoweit abweichend von der von *Emde* vertretenen Lösung, wiederum im Wege der analogen Anwendung des § 89 Abs. 1 S. 3 ZPO vorzunehmen, mit der Folge, dass der vollmachtlose Vertreter für die Prozesskosten einzustehen hat.

IV. Ergebnis

Nimmt der Kläger die für ihn vollmachtlos erhobene Klage zurück, tritt auch hier die Kostenfolge des § 269 Abs. 3 S. 2 ZPO nicht ein. Die Kosten des Rechtsstreits trägt der nicht berechtigte Vertreter analog § 89 Abs. 1 S. 3 ZPO.

Wertet man in **Fall 3** den eingelegten Einspruch des Klägers gegen das Versäumnisurteil nicht als Genehmigung der Prozessführung[788], wäre es nach der hier vertretenen Ansicht richtig gewesen, den Kläger von jeglichen Prozesskosten freizuhalten. Statt dessen hätte das OLG Düsseldorf also dem Bruder des Klägers oder dem Rechtsanwalt die Kosten des Rechtsstreits auferlegen müssen[789].

---

[788] Diese Möglichkeit deutet *Emde*, MDR 1997, S.1003 f., an.

[789] Zu der Problematik, welchem Vertreter bei mehrstufiger Vertretung die Kosten aufzuerlegen sind, s.u. S.216 ff. *Teil 2 C.II.*

C. Unwirksamkeit oder Erlöschen der dem Prozessvertreter erteilten Vertretungsmacht

Die Fehlerhaftigkeit der Prozessvertretung kann auch darauf zurückzuführen sein, dass dem Vertreter zwar tatsächlich eine Vollmacht erteilt worden ist, diese jedoch an einem Wirksamkeitsmangel leidet (s.o. S. 72 f. *Teil 1 B.III.3.*) oder wieder erloschen ist (s.o. S. 69 ff. *Teil 1 B.III.2.*). Leitet der Vertreter dennoch ein Verfahren für den vermeintlichen Vollmachtgeber ein, bedarf es hier ebenfalls nach Abweisung oder Rücknahme der Klage einer Entscheidung über die Kosten des Rechtsstreits.

I. Erteilung der Vollmacht durch die Partei

Zunächst ist es denkbar, dass dem Vertreter die mangelbehaftete oder erloschene Vollmacht unmittelbar von der vertretenen Partei erteilt wird.

1. Vollmacht einer prozessunfähigen Partei

Als typisches Beispiel für die Erteilung einer unwirksamen Vollmacht und die daraus resultierende Kostenproblematik wird in der Lehre der Fall gehandelt, dass eine prozessunfähige Partei den Prozessvertreter „bevollmächtigt", also nicht durch ihren gesetzlichen Vertreter handelt. In der gerichtlichen Praxis ergibt sich diese Variante i.d.R. im Zusammenhang mit einer vom Vertreter nicht erkannten Geistesschwäche einer volljährigen Person.
Ein solcher Fall lag auch dem bereits mehrfach genannten Beschluss des Bundesgerichtshofs[790] vom 04.03.1993 zugrunde, wobei der Sachverhalt identisch mit der Konstellation ist, die Gegenstand eines Beschlusses des Reichsgerichts vom 21.11.1902 war[791].

> **Fall 4:** Die Entscheidung des BGH betraf die außerordentliche sofortige Beschwerde eines Rechtsanwalts gegen eine diesen belastende Kostenentscheidung eines Berufungsgerichts. Der Anwalt hatte als Prozessbevollmächtigter für einen Kläger nach Erteilung der Prozessvollmacht zunächst Feststellungsklage erhoben und nach deren Abweisung Berufung eingelegt. Das Berufungsgericht hatte im Laufe des Verfahrens, bemerkenswerterweise entgegen der Auffassung von zwei psychiatrischen Sachverständigen, die partielle Geschäftsunfähigkeit des Klägers angenommen und wegen dessen damit gegebener Prozessunfähigkeit die Klage abgewiesen.

[790] BGH, Beschl.v. 04.03.1993, BGHZ 121, S.397 ff.
[791] RG, Beschl.v. 21.11.1902, RGZ 53, S.65 ff.

a) Auffassungen in der Rechtsprechung und Literatur

Die Gerichte und die Rechtslehre sehen grundsätzlich den die Vollmacht erteilenden prozessunfähigen Kläger als den Kostenschuldner an.

aa) Lösung des Reichsgerichts

Das Reichsgericht[792] verneinte in seinem Beschluss zunächst die direkte und analoge Anwendung des § 89 Abs. 1 S. 3 ZPO auf den hinsichtlich der tatsächlich erteilten Legitimation gutgläubigen Rechtsanwalt. Es führte weiter aus, dass grundsätzlich nach § 91 ZPO der unterliegenden Partei die Prozesskosten zur Last fielen. Unterlegene Partei sei aber auch die wegen ihrer Prozessunfähigkeit abgewiesene Partei. Denn wie sich aus dem § 274 Nr. 7 ZPO a.F. ergebe[793], werde über den Einwand der Prozessunfähigkeit in den Formen des Prozesses entschieden, insoweit also auch die prozessunfähige Partei als prozessfähig behandelt.

bb) Lösung des Bundesgerichtshofs

Der Bundesgerichtshof erachtete in **Fall 4** die Beschwerde wegen greifbarer Gesetzeswidrigkeit der angefochtenen Entscheidung als zulässig[794].
Zur Begründetheit führt er in Anlehnung an die eben dargestellte Entscheidung des Reichsgerichts aus[795], dass nach dem Gesetz die Kosten des Rechtsstreits grundsätzlich von der unterlegenen Partei zu tragen seien. Die §§ 91, 97 ZPO stellten nicht darauf ab, ob die Prozessfähigkeit der Partei festgestellt werden könne. Die Vorschriften setzten nur den Bestand eines Prozessrechtsverhältnisses voraus. Dieses werde aber allein durch die Erhebung der Klage begründet, und zwar unabhängig davon, ob die Parteien prozessfähig seien. Die Kostenregel der §§ 91, 97 ZPO gelte daher auch zulasten des Prozessunfähigen. Die prozessuale Kostentragungspflicht hänge allein vom Ergebnis der Rechtsverfolgung ab und nicht auch davon, ob die unterlegene Partei überhaupt parteifähig oder prozessfähig sei.
Die Kostenlast könne dem Prozessvertreter des Klägers auch nicht über eine analoge Anwendung der §§ 91, 97 ZPO aufgebürdet werden, da nicht er als ein ohne Kenntnis der fehlenden Legitimation handelnder Vertreter, sondern die Partei den Prozess veranlasst habe.

---

[792] RG, Beschl.v. 21.11.1902, RGZ 53, S.65 ff.
[793] Die Vorschrift betraf das Vorbringen der Einrede der Prozessunfähigkeit; jetzt sinngemäß in §§ 280, 282 Abs.3 S.1 ZPO geregelt.
[794] BGH, Beschl.v. 04.03.1993, BGHZ 121, S.397 (398).
[795] BGH, Beschl.v. 04.03.1993, BGHZ 121, S.397 (399 f.).

cc) Literatur
Auch die Rechtslehre[796] geht einhellig davon aus, dass die Kostenpflicht den prozess- bzw. geschäftsunfähigen Kläger trifft, wenn dieser dem Prozessvertreter eine unwirksame Vollmacht erteilt hat und sich der Mangel im Laufe des Rechtsstreits herausstellt[797].
Zwar könne die Vollmacht der prozessunfähigen Partei keine rechtsgeschäftliche Wirksamkeit erlangen, die haftungsentscheidende Veranlassung sei aber ein tatsächlicher Vorgang, bei dem es auf die Geschäftsfähigkeit nicht ankomme[798]. Der Prozessunfähige habe den Vertreter deshalb mit der tatsächlichen Bevollmächtigung zu seinem prozessualen Vorgehen, wenn auch rechtlich unwirksam, veranlasst[799]. Damit liege aus Sicht des Prozessgegners genauso ein Angriff der Partei selbst vor, für den diese im Fall des Unterliegens, ähnlich dem bürgerlichrechtlichen Deliktsrecht, zu haften habe[800].
Die Berechtigung einer solchen Kostenentscheidung zeige auch ein Vergleich mit der kostenrechtlichen Lage bei einem Streit über die Prozessfähigkeit. Der prozessunfähigen Partei, die im Rahmen des Zulassungsstreits bis zum Feststehen der Prozessunfähigkeit als prozessfähig anzusehen sei, werde im Fall der Abweisung in die Kosten verurteilt, da sie durch die Behauptung ihrer Prozessfähigkeit die Kosten veranlasst habe[801].

b) Stellungnahme
Die Richtigkeit der in der Rechtsprechung und Literatur vertretenen Lösung setzt voraus, dass eine prozessunfähige Partei überhaupt in die Prozesskosten verurteilt und ihr außerdem die haftungsbegründende Prozessführung des Vertreters zugerechnet werden kann.

Das RG und der BGH haben dementsprechend in den oben dargestellten Entscheidungen zuvorderst allgemein die Haftungsmöglichkeit eines Prozessunfä-

---

[796] *Hellwig*, System Teil 1, § 85 I.2.a), S.204; *Jauernig*, ZPR, § 20 IV.5., S.67; Rosenberg/Schwab/*Gottwald*, ZPR, § 56 II.2., S.301; *Schilken*, ZPR, § 4 II.5., Rn.98; AK-ZPO/*Christian*, § 88 Rn.12; Musielak/*Weth*, § 88 Rn.15; Seuffert/*Walsmann*, § 56 Anm.1c; Stein/Jonas/*Bork*, § 88 Rn.14; Zöller/*Vollkommer*, § 88 Rn.11.
[797] Es wird i.d.R. vorausgesetzt, dass der Prozessvertreter gutgläubig ist, also keine Kenntnis von der Unwirksamkeit der Bevollmächtigung hat; dagegen vertreten eine Haftung der prozessunfähigen Partei ohne ausdrückliche Erwähnung der Gutgläubigkeit *Rosenberg*, ZZP 65 (1952), S.163; *Zimmermann*, § 89 Rn.4; *Hellwig*, LB ZPR Bd.2, § 129 I.2.a), S.423 (Fn.6).
[798] *Schneider*, Rpfleger 1976, S.229 (230); *Schmitz*, Kostenentscheidung für oder gegen Dritte, S.68.
[799] *Pape*, LM § 51 ZPO Nr.26; *Schneider*, Rpfleger 1976, S.229 (230); *Schmitz*, Kostenentscheidung für oder gegen Dritte, S.68; *Blomeyer*, ZPR, § 9 V.2., S.84.
[800] MüKo-ZPO/*v.Mettenheim*, § 89 Rn.14.
[801] *Fleddermann*, Kostenrechtliche Probleme, S.121 f.

higen nach §§ 91 ff. ZPO befürwortet[802]. Diese Einschätzung entspricht auch der Auffassung in der Literatur[803], nach der die Kostenerstattungspflicht nicht von der Prozessfähigkeit der Partei abhängen soll, da deren Kostenlast als eine Konsequenz des Grundgedankens der Erfolgshaftung bzw. des Veranlassungsprinzips angesehen wird[804]. Danach wäre also bei dem Prozessunfähigen der gleiche Zurechnungsmaßstab anzulegen wie bei einer prozessfähigen Partei, wobei allein aus der erlangten Parteistellung auf die Geltung der Unterliegenshaftung geschlossen wird.

Eine solche Begründung berücksichtigt aber nicht die dabei bestehende Diskrepanz zu dem Grundsatz des Schutzes nicht Geschäftsfähiger[805] im materiellen Recht (§§ 104 ff. BGB). Außerdem steht sie im Widerspruch zu der Argumentation im Fall der Klageerhebung ohne erteilte Vollmacht, bei dem die Anhänger der herrschenden Meinung sich gerade von der schematischen Kostenhaftung abwenden und die Erstattungspflicht der fehlerhaft vertretenen, unterliegenden Partei verneinen.
Soweit im Schrifttum dagegen richtigerweise der Zurechnungsgedanke bemüht wird, bleibt es wiederum nur dem Veranlassungsprinzip verhaftet, das sich jedoch für die Zurechnung als nicht geeignet erwiesen hat (s.o. S. 165 *Teil 2 A.I.4.c)bb)(5)*).
Ebensowenig verfängt die Argumentation der Rechtsprechung, wenn es um die Frage der Kostenentscheidung bei Einsetzung eines Vertreters geht. Das RG hat die Erstattungspflicht des Vertreters lediglich an einer fehlenden Haftungsnorm scheitern lassen, ohne die Zurechnung der Prozessführung zum Prozessunfähigen anzusprechen.
Das vom BGH und der Rechtslehre herangezogene Zurechnungskriterium der Veranlassung ist auch hier nicht aufschlussreich.
Als unfruchtbar erweist sich schließlich der Vergleich mit der kostenrechtlichen Lage beim Zulassungsstreit, soweit er ebenfalls auf die Geltung des unbrauchbaren Veranlassungsprinzips gestützt wird.

---

802 RG, Beschl.v. 21.11.1902, RGZ 53, S.65 (67); BGH, Beschl.v. 04.03.1993, BGHZ 121, S.397 (399 f.); so auch BAG, Urt.v. 06.05.1958, NJW 1958, S.1699 (1700).

803 *Oda*, Prozeßfähigkeit, S.63 ff.; *Jauernig*, ZPR, § 20 IV.5., S.67; Rosenberg/Schwab/*Gottwald*, ZPR, § 44 IV.5.a), S.231; *Schlosser*, ZPR Bd.1, § 9 II.2., Rn.255; MüKo-ZPO/*Lindacher*, §§ 51, 52 Rn.37.

804 *Hager*, ZZP 97 (1984), S.174 (176 f.); *Schneider*, Rpfleger 1976, S.229 (230); *Baumgärtel*, Prozeßhandlung, S.103; *Bernhardt*, ZPR, § 20 III.2.a), S.123; *Grundmann*, Minderjährige, S.47; *Schellhammer*, ZPR, 13.Teil Kap.7, Rn.1198; Stein/Jonas/*Bork*, § 56 Rn.13a.

805 So auch *Zeiss*, ZPR, § 23 IV.2., Rn.152; zu dem im materiellen Recht vorrangigen Grundsatz des Minderjährigenschutzes vgl. *Canaris*, Feststellung von Lücken, § 97, S.104; *Larenz*, Methodenlehre, II.4.Kap.2.c), S.396.

Auch wenn die Begründung der Rechtsprechung und Literatur als unzureichend bewertet werden muss, ist doch im Ergebnis eine Haftungsverschonung des Vertreters nicht fernliegend, wenn der Prozessunfähige auch ohne Einschaltung eines anderen mit den Kosten belastet werden müsste. Es wäre nicht einzusehen, warum die Partei mit der Beauftragung eines Vertreters bessergestellt werden sollte als bei eigenem Handeln, zumal die Kostenvorschriften nicht, wie dagegen i.d.R. im Deliktsrecht, ein eigenes Handeln zur Haftungsbegründung verlangen.

c) Eigene Begründung der Haftung des Prozessunfähigen

Die kostenrechtliche Beurteilung muss, insofern übereinstimmend mit der vom BGH entwickelten Lösung, zunächst bei der Frage ansetzen, ob eine Partei trotz ihrer Prozessunfähigkeit in die Kosten des Rechtsstreits verurteilt werden kann, wenn sie selber die Klage beim Gericht einreicht.

aa) Kostenerstattungspflicht des Prozessunfähigen bei eigener Klage

Wird die Klage des Prozessunfähigen abgewiesen oder nimmt er sie zurück, hängt seine Kostenhaftung davon ab, ob die eine Kostenlast begründenden Vorschriften der §§ 91 Abs. 1 S. 1, 269 Abs. 3 S. 2 ZPO zur Anwendung gelangen. Das ist im Wege der Auslegung zu ermitteln.

Der grammatikalischen Auslegung zufolge kommt es für die Kostentragungspflicht des Klägers nicht auf dessen Prozessfähigkeit an. Die Normen setzen lediglich ein Unterliegen der Partei bzw. eine Rücknahme der Klage voraus.

In systematischer Hinsicht findet sich ebenfalls kein dieser Kostenfolge entgegenstehender Aspekt z.B. in Form einer die Haftung des Prozessunfähigen ausdrücklich oder teleologisch untersagenden Norm der ZPO.

Die Verwirklichung der Kriterien der historisch-teleologischen Auslegung (s.o. S. 115 *Teil 2 A.I.3.b)aa)(3)*), also die Ausgleichsfunktion zugunsten des Beklagten und der Rechtsbewährungs- bzw. Präventionszweck, welcher je nach Intellekt des Prozessunfähigen erreichbar ist, lässt sich auch hier bejahen.

Entscheidend ist schließlich das für die objektiv-teleologische Auslegung heranzuziehende Prinzip der Selbstverantwortung und die damit einhergehende Notwendigkeit einer Zurechenbarkeit der erfolglosen Prozessführung (s.o. S. 118 *Teil 2 A.I.3.b)aa)(4)(a)*).

(1) Die Zurechenbarkeit der erfolglosen Prozessführung

An sich ist die Zurechnung der – durch das Unterliegen bzw. die Rücknahme erfolglosen – Prozessführung unproblematisch, da es sich dabei um ein eigenes

Verhalten der Partei handelt. Allerdings setzt Zurechnung auch eine Zurechnungsfähigkeit des Betroffenen voraus[806], wie dies im bürgerlichen Recht mit der Willensfähigkeit nach §§ 104 ff. BGB und der Einsichtsfähigkeit gem. § 828 BGB bestimmt wird. Dieser Gedanke gelangt in der ZPO über die Vorschriften der §§ 51, 52 ZPO zur Geltung, in dem diese für die Führung eines Rechtsstreits die nach dem BGB zu bestimmende Prozessfähigkeit fordern. Insoweit verhindert das Fehlen der als Prozessvoraussetzung ausgestalteten Prozessfähigkeit im Einklang mit dem materiellen Recht eine Entscheidung in der Sache[807].

Jedoch gilt diese Zurechnungshürde nicht für die Herbeiführung des Verfahrens an sich. Abweichend von den Vorschriften zur Geschäftsfähigkeit, wonach Willenserklärungen nicht Geschäftsfähiger unwirksam oder nichtig sind (§§ 105, 108, 111 BGB), findet auch die Klage eines Prozessunfähigen bei Gericht Berücksichtigung und ist geeignet, einen Rechtsstreit herbeizuführen (s.o. S. 56 *Teil 1 A.II.2.b)cc)*):

Die Beachtlichkeit der Klage als Erwirkungshandlung lässt sich wie bei der vollmachtlosen Klage mit dem Justizgewährungsanspruch begründen (s.o. S. 24 *Teil 1 A.I.*).

Die Eignung zur Verfahrenseinleitung kann, wiederum in ähnlicher Weise wie bei der Klage des vollmachtlosen Vertreters, über die Regelung der einstweiligen Zulassung in § 56 Abs. 2 ZPO hergeleitet werden, die wie § 89 Abs. 1 ZPO eine Frist zur Mangelbeseitigung und den Erlass eines Endurteils vorsieht. Die Zulassung der prozessunfähigen Partei ist der Vorschrift des § 89 Abs. 1 ZPO angeglichen (s.o. S. 31 *Teil 1 A.II.1.a)bb)*). Die ratio legis ist hier deshalb ebenfalls in dem Gedanken der Prozessökonomie und der Rechtswahrung begründet (s.o. S. 31 f. *Teil 1 A.II.1.a)cc)*): Bestehen Chancen für eine Heilung des Mangels, z.B. durch Genehmigung des gesetzlichen Vertreters, kann die einstweilige Zulassung prozessökonomischer sein als die Wiederholung des Verfahrens. Die Rechtswahrung bezieht sich hier auf den Schutz der bedrohten Rechte der prozessunfähigen Partei, die ihre Rechte nicht selbst wahrnehmen kann und auf die derzeit nicht gegebene Vertretung durch einen gesetzlichen Vertreter angewiesen ist.

Zur Verwirklichung der ratio legis im Wege der einstweiligen Zulassung bzw. Beseitigung des Mangels sind wie bei der vollmachtlosen Vertretung die, hier allerdings durch eigenes Handeln herbeigeführten, prozessualen Wirkungen der Parteistellung, der Rechtshängigkeit, des Prozessrechtsverhältnisses sowie des Erlasses eines Endurteils erforderlich. Dies lässt sich wiederum auch hier auf

---

[806] *Canaris*, Vertrauenshaftung, S.452, 469.

[807] Rosenberg/Schwab/*Gottwald*, ZPR, § 96 I.2., S.535, II.2.a), S.536; Zöller/*Greger*, Vor § 253 Rn.9 ff.

Fälle ohne einstweilige Zulassung analog übertragen[808] (s.o. S. 47 ff. *Teil 1 A.II.1.b)*).
Wenn aber die ZPO an das Verhalten eines Prozessunfähigen prozessuale Wirkungen knüpft, ist dessen Schutz durch die Rechtsordnung insoweit aufgehoben. Der Schutz eines nicht Geschäftsfähigen im Zivilrecht folgt aus dem Wesen der Privatautonomie, nur bei entsprechender persönlicher Fähigkeit Rechtsfolgen, etwa durch Rechtsgeschäfte, auslösen zu können[809]. Das damit im BGB verkürzte Selbstbestimmungsrecht des Geschäftsunfähigen ist im Zivilverfahren modifiziert. Denn die Prozessfähigkeit lediglich als Sachentscheidungsvoraussetzung, nicht als Erfordernis für die Entstehung eines Prozesses, macht deutlich, dass sich der Schutz der prozessunfähigen Partei im Prozess auf die materiellrechtliche Seite in der Hauptsache beschränkt.
Die Abweichung von dem grundsätzlichen Schutz nicht Geschäftsfähiger im bürgerlichen Recht vor den (nachteiligen) Folgen seines Handelns im Rechtsverkehr[810] ist dabei nicht systemwidrig, sondern Resultat des vorrangigen Zwecks des Rechts auf Justizgewährung und rechtliches Gehör, das andernfalls nicht erreicht werden würde[811]. Leistet das Gericht der Klage des Prozessunfähigen mit der Verfahrenseinleitung Folge, ermöglicht es die spätere Heilung des Mangels und damit die Wahrung seiner Rechte, was dann gerade den Interessen des Prozessunfähigen dient, wogegen die Versagung dieser Wirkung nachteilig wäre.
Wird also der Prozessunfähige vor den (prozessualen) Folgen seine Handelns im Verfahren z.T. nicht geschützt, ist insoweit auch von seiner Zurechnungsfähigkeit auszugehen. Seine erfolglose Prozessführung ist ihm demzufolge zurechenbar.

(2) Eintritt der Haftungsfolge

Verwirklicht der Prozessunfähige zurechenbar die Voraussetzungen einer Haftungsnorm und fehlt es hinsichtlich der Rechtsfolge an einem die Prozessunfähigkeit berücksichtigenden Korrektiv, wie z.B. im bürgerlichen Deliktsrecht mit §§ 828, 829 BGB, treten auch die Haftungsfolgen ein. Das gilt auch für die Verantwortlichkeit nach §§ 91 ff. ZPO.
Dabei ist es für die haftungsbegründende Prozessführung ohne Belang, dass die von dem Prozessunfähigen vorgenommenen Prozesshandlungen fehlerhaft, also

---

[808] Die Abweichung, dass § 56 Abs.2 ZPO anders als bei § 89 Abs.1 ZPO Gefahr im Verzuge für die einstweilige Zulassung voraussetzt, ist dabei unschädlich; die Gefahr im Verzuge ist nämlich bei der Verfahrenseinleitung nicht zwingend bereits erkennbar, so dass über sie erst in der mündlichen Verhandlung bei der Entscheidung über die Zulassung befunden werden kann, vgl. Stein/Jonas/*Bork*, § 56 Rn.12.
[809] Soergel/*Hefermehl*, Vor § 104 Rn.1, 10.
[810] Vgl. MüKo-BGB/*Schmitt*, §105 Rn.1, § 108 Rn.1.
[811] Vgl. *Larenz*, Methodenlehre, II.4.Kap.2.c), S.392; Mangold/Klein/Starck/*Starck*, Art.2 Abs.1 Rn.78, 136.

unzulässig bzw. unwirksam sind[812]. Anders als im außergerichtlichen Rechtsverkehr ist der Beklagte im Verfahren nämlich gezwungen, sich mit dem Prozessunfähigen auseinander zu setzen, soweit dessen Handlungen vom Gericht für beachtlich gehalten werden. So kann der Prozessunfähige wie eine prozessfähige Partei Rechtsschutz beantragen und im Zwischenstreit um die Prozessfähigkeit Prozesshandlungen vornehmen. War die Prozessunfähigkeit zunächst nicht in Zweifel gezogen worden, war er auch hier bis zur Aufdeckung des Mangels wie ein Prozessfähiger zu behandeln. Für die Parteien stellt sich der Rechtsstreit insoweit wie ein normales, mangelfreies Verfahren dar, in dem der Beklagte genauso gezwungen ist, die Bürde der Verteidigung unter Aufwendung von Kosten auf sich zu nehmen. Für die Haftungsrelevanz der Prozessführung kann es deshalb nicht auf die Prozessfähigkeit ankommen.
Die Haftung des Prozessunfähigen ist letztlich Konsequenz des von der Rechtsordnung zugelassenen und für rechtserheblich befundenen selbstbestimmten Verhaltens, das im Sinne des dazu korrelativen Selbstverantwortungsprinzips die Verantwortung dafür begründet. Mit Rücksicht auf die gewahrten Interessen des Prozessunfähigen muss der Nachteil der Kostenpflicht hingenommen werden[813]. Die Kostenregelung stellt dabei keine den Prozessunfähigen in unverhältnismäßiger Weise belastende Haftung dar. So ist etwa auch für das materielle, vom Ausgleichsgedanken getragene Deliktsrecht (s.o. S. 116 *Teil 2 A.I.3.b)aa)(3)*) eine Ersatzpflicht Minderjähriger in § 828 Abs. 2 BGB bestimmt und – von einer existenzvernichtenden Haftung abgesehen – anerkannt[814]. Angesichts der ebenfalls voraussetzungslosen Klagemöglichkeit ist die Klage eines Prozessunfähigen durchaus mit der Interessenlage bei einer unerlaubten Handlung eines Minderjährigen vergleichbar[815], so dass seine Haftung für die Kosten des Rechtsstreits mit der in der Rechtsprechung und Literatur vertretenen Auffassung (s.o. S. 201 f. *Teil 2 C.I.1.a)*) ebenso als gerechtfertigt anzusehen ist.

Der Anwendungsbereich der §§ 91 Abs. 1 S. 1, 269 Abs. 3 S. 2 ZPO ist also bei der Klage eines Prozessunfähigen extensiv auszulegen. Bei Abweisung oder Rücknahme der Klage hat dieser deshalb für die Kosten einzustehen.

---

[812] Die Kostentragung „ist Folge der tatsächlichen Prozessführung", *Heckelmann*, JW 1915, S.267 (268); ähnlich *Ulbricht*, AcP 78 (1892), S.48 (69 f.).
[813] *Oda*, Prozeßfähigkeit, S.64.
[814] Vgl. MüKo-BGB/*Mertens*, § 828 Rn.1, 14 m.w.N.
[815] Sie ist letztlich die Verwirklichung der – gegenüber dem Recht des nicht Geschäftsfähigen aus Art.2 Abs.1 GG – vorrangigen Grundrechte des Beeinträchtigten aus Art.2 Abs.2, 14 Abs.1 GG, vgl. dazu *Goecke*, Unbegrenzte Haftung Minderjähriger, S.78 ff.

bb) Kostenentscheidung im Fall der Klage durch den gewillkürten Vertreter

Schaltet der prozessunfähige Kläger einen von ihm „Bevollmächtigten" zur Einleitung des Verfahrens ein, hängt die Möglichkeit seiner Kostenhaftung gemäß der §§ 91 Abs. 1 S. 1, 269 Abs. 3 S. 2 ZPO auch hier von dem Vorliegen einer zurechenbaren erfolglosen Prozessführung ab.
Sicherlich hat der Prozessunfähige mit seiner Vollmachtserteilung bereits ein Element der Prozessführung selbst verwirklicht (s.u. S. 223 *Teil 2 C.II.1.c)aa)(1)*), jedoch ist dies nicht (alleinige) Grundlage der gerichtlichen bzw. gesetzlichen Wertung der Prozessführung als erfolglos. Bewertungsgegenstand sind die erhobenen Ansprüche, vorgebrachten Angriffs- und Verteidigungsmittel sowie die Anträge (s.o. S. 113 *Teil 2 A.I.3.b)aa)(2)*). Sollen diese, nur vom Vertreter vorgenommenen Prozesshandlungen bei dem Prozessunfähigen die Wirkung einer eigenen Handlung gem. § 85 Abs. 1 ZPO haben, um in seiner Person eine erfolglose Prozessführung annehmen zu können, bedarf es der Zurechnung mittels einer Vertretungsmacht.
Die Wirksamkeit der von dem Kläger erteilten Vollmacht ist jedoch wegen seiner fehlenden Prozessfähigkeit fraglich. Sie ist letztlich, wie sich zeigen wird, danach zu beurteilen, ob die Prozessvollmacht einzeln für ein bestimmtes Verfahren erteilt wird oder ob sie Teil einer umfassenden außergerichtlichen Vollmacht, etwa einer Generalvollmacht, Prokura oder Handlungsvollmacht ist.

(1) Klage aufgrund erteilter Einzelvollmacht

Ohne Prozessfähigkeit fehlt dem Kläger eine Prozesshandlungsvoraussetzung (s.o. S. 24 *Teil 1 A.I.*), weshalb die Erteilung einer Vollmacht für einen Prozess, welche Prozess- und Bewirkungshandlung ist (s.o. S. 60 *Teil 1 B.II.1.*), an sich ohne Wirkung bleiben müsste. Dementsprechend wird in der Rechtsprechung und Lehre prinzipiell die Unwirksamkeit der von einer prozessunfähigen Partei erteilten Prozessvollmacht angenommen (s.o. S. 73 *Teil 1 B.III.3.a)*).
Diese Folgerung erscheint angesichts der Möglichkeit des Prozessunfähigen, selbst Klage zu erheben, ungereimt, lässt sich zunächst aber noch als Konsequenz des auch dem prozessualen Vertretungsrecht zugrunde liegenden Repräsentationsgrundsatzes begreifen (s.u. S. 251 *Teil 2 C.III.2.b)bb)*). Danach erweitert der Vertreter zwar die Rechtszuständigkeit des Vertretenen[816], jedoch kommt es für das vom Vertreter getätigte Rechtsgeschäft grundsätzlich auf seine Person an. Es werden nur die Wirkungen seines von einer wirksamen Bevollmächtigung getragenen Handelns auf den Vertretenen bezogen[817] (§§ 164, 166 Abs. 1 BGB, § 85 ZPO).

Dennoch kann der Auffassung der herrschenden Meinung nicht gefolgt werden.

---

[816] RGRK/*Steffen*, Vor § 164 Rn.4.
[817] Vgl. Staudinger/*Schilken*, Vor §§ 164 ff. Rn.32 m.w.N.

Trotz der grundsätzlichen Trennung von Vollmachtserteilung und Vertretergeschäft ist nämlich zwischen diesen ein rechtlich beachtlicher, innerer funktionaler Zusammenhang erkennbar[818], infolge dessen sich eine vielfältige Wechselbeziehung ergibt, welche die rechtliche Beurteilung der Vollmacht beeinflusst[819]. Denn eine Vollmachtserteilung hat als unmittelbare Rechtsfolge lediglich die Begründung der Vertretungsmacht[820]. Diese Rechtsfolge ist für sich gesehen ohne Sinn[821], da dadurch persönliche und vermögensrechtliche Rechtspositionen des Vollmachtgebers nicht unmittelbar berührt werden[822]. Als rein organisatorischer, eine Zuständigkeit verleihender Akt ist die Vollmacht somit an sich rechtlich indifferent; ihre Erteilung allein bewirkt keine gegenwärtige Änderung der Rechtssphäre des Erklärenden[823].
Die Vollmacht erhält ihren Sinn erst durch das Vertretergeschäft, für das sie vorgesehen ist[824]. Denn die Vollmacht wird i.d.R. mit Blick auf das Vertretergeschäft erteilt[825]. Bei der Anwendung der Rechtsgeschäftsvorschriften muss dieser Sinnbezogenheit Rechnung getragen werden, indem im Einzelfall geklärt wird, welche Bedeutung der besonderen Eigenart des Zusammenhangs von Bevollmächtigung und Vertretergeschäft für die Anwendbarkeit dieser Normen zukommt[826]. Dies kann dazu führen, dass das Vorliegen bzw. Nichtvorliegen bestimmter persönlicher Voraussetzungen, wie schon in § 166 Abs. 2 BGB vorgesehen, nicht beim Vertreter, sondern beim Vertretenen geprüft wird[827]. So wird beispielsweise im materiell-rechtlichen Schrifttum vertreten, dass die von einem beschränkt geschäftsfähigen Minderjährigen vorgenommene Bevollmächtigung zu einem Geschäft, das ihm, wie z.B. die Annahme einer Schenkung, lediglich einen rechtlichen Vorteil bringt, nach § 107 BGB wirksam ist[828].

Der beschriebene Sinnzusammenhang lässt sich dogmatisch damit erklären, dass der Vollmachtgeber mit der Bevollmächtigung die Möglichkeit hat, Regelungen in der eigenen Rechtssphäre durch einen anderen vornehmen zu lassen, so dass die insoweit beim Vertreter geschaffene Zuständigkeit in dem Maße bestehen

---

818 *Urbanczyk*, ZZP 95 (1982), S.339 (343); *Thiele*, Zustimmung, S.288; *Flume*, AT BR Bd.2, § 52 1., S.860; Larenz/*Wolf*, AT BR, § 47, Rn.27; MüKo-BGB/*Schramm*, Vor § 164 Rn.63; RGRK/*Steffen*, Vor § 164 Rn.6; diese Erkenntnis erhielt ihren Anstoß durch *Müller-Freienfels*, Vertretung beim Rechtsgeschäft, S.202 ff.
819 MüKo-BGB/*Schramm*, § 167 Rn.2.
820 *Flume*, AT BR Bd.2, § 52 1., S.860.
821 So *Flume*, AT BR Bd.2, § 52 1., S.860.
822 MüKo-BGB/*Schramm*, § 167 Rn.6.
823 *Thiele*, Zustimmung, S.288.
824 *Flume*, AT BR Bd.2, § 52 1., S.860; MüKo-BGB/*Schramm*, § 167 Rn.6.
825 RGRK/*Steffen*, Vor § 164 Rn.6.
826 *Flume*, AT BR Bd.2, § 52 1., S.860.
827 *Urbanczyk*, ZZP 95 (1982), S.339 (343).
828 *Hupka*, Vollmacht, S.127; *Thiele*, Zustimmung, S.288 f.; Larenz/*Wolf*, AT BR, § 47, Rn.15; *Tuhr*, BGB AT Bd.2/2, § 85 III., S.387; MüKo-BGB/*Schramm*, § 167 Rn.8.

kann, wie die eigene Zuständigkeit des Vollmachtgebers reicht[829]. Dieser muss also rechtlich in der Lage sein, das Rechtsgeschäft, zu dem die Vollmacht erteilt wird, selbst für sich abzuschließen[830]. Demnach können den Vertretenen die Wirkungen des Vertretergeschäfts nur so weit treffen, als er sie selbst hätte hervorrufen können. Bei der Beurteilung der Wirksamkeit einer Vollmacht ist deshalb – entsprechend der dargelegten Sinnbezogenheit – die dem Vollmachtgeber zustehende Rechtszuständigkeit für das Vertretergeschäft zu beachten.

Berücksichtigt man diesen Gedanken bei der Frage, ob der prozessunfähigen Partei die Prozessführung des von ihr bevollmächtigten Vertreters zugerechnet werden kann, wird man sie bejahen.
Die Unwirksamkeit einer Bewirkungshandlung des Prozessunfähigen beruht, wie bei der Geschäftsunfähigkeit im materiellen Recht (s.o. S. 205 *Teil 2 C.I.1.c)aa)(1))*, auf dem wegen des persönlichen Defizits von der Rechtsordnung gewährten Schutzes vor den Wirkungen des eigenen Handelns. Damit fehlt es dem Prozessunfähigen an der für ein rechtliches Handeln notwendigen Rechtszuständigkeit. Dies gilt grundsätzlich auch bei der Erteilung einer Prozessvollmacht. Da der Prozessunfähige nicht in der Lage ist, dem Vertreter eine Rechtsmacht zu übertragen, können auch von einer von ihm erteilten Vollmacht keine Wirkungen ausgehen.
Der deshalb anzunehmende, auch von der herrschenden Meinung vertretene Grundsatz der Unwirksamkeit einer von der prozessunfähigen Partei erteilten Vollmacht ist aber gemäß der eigenen Teleologie dort einzuschränken, wo die Rechtsordnung den Prozessunfähigen nicht schützt und diesem eine Rechtszuständigkeit zuteil werden lässt. So verhält es sich bei der Verfahrenseinleitung (s.o. S. 205 f. *Teil 2 C.I.1.c)aa)(1))*. Die Partei kann trotz ihrer fehlenden Prozessfähigkeit bei Gericht Rechtsschutz beantragen, die Rechtshängigkeit begründen und die Parteistellung erlangen. Bleibt der Mangel zunächst unentdeckt, kann sie infolge ihrer Parteistellung unbehelligt prozessieren. Im Rahmen eines Zulassungsstreits stehen ihr zur Feststellung der eigenen Prozessfähigkeit weitere Prozessrechte zu. Die somit bestehenden Befugnisse des Prozessunfähigen bestimmen seinen rechtlichen, von der Rechtsordnung ihm zur Selbstbestimmung überlassenen Zuständigkeitsbereich.
Der der Unwirksamkeit der Prozessvollmacht zugrunde liegende Sinn und Zweck, die prozessunfähige Partei vor den Wirkungen des eigenen Handelns zu schützen, ist hier von der Rechtsordnung nicht gewollt (s.o. S. 205 ff. *Teil 2 C.I.1.c)aa)(1))*. Die Unwirksamkeitsfolge und die damit einhergehende Verkürzung des Selbstbestimmungsrechts des Prozessunfähigen werden insoweit teleologisch nicht mehr getragen und sind somit nicht erforderlich. Denn bevollmächtigt er einen anderen zur Wahrnehmung des o.g. Zuständigkeitsbereichs,

---

829 *Thiele*, Zustimmung, S.256, 289.
830 *Hupka*, Vollmacht, S.127.

geht die sekundäre Zuständigkeit des Vertreters nicht darüber hinaus. Eine Rechtsfolge, die in der Person der Partei wegen ihrer fehlenden Prozessfähigkeit nicht eintreten soll, wird auch auf diesem Wege nicht verwirklicht. Sie erlangt durch die Vertreterbestellung eine Position, die ihr hinsichtlich des eigenen Handelns auch zukommen würde. Wie beim beschränkt Geschäftsfähigen, der die Vollmacht für ein lediglich rechtlich vorteilhaftes Geschäft wirksam erteilt, kann der Prozessunfähige die Zuständigkeit des ihm eingeräumten Rechts der Klage zur Ausübung durch einen anderen übertragen.
Die prinzipielle Unwirksamkeit der von einem Prozessunfähigen erteilten Vollmacht wird demzufolge der wertungsgemäß gebotenen Differenzierung nicht gerecht. Die Regelung bedarf deshalb der teleologischen Reduktion dahingehend, dass die Unwirksamkeitsfolge nicht eintritt, inwieweit dem Prozessunfähigen eine Rechtsmacht zusteht, wie es bei der Verfahrenseinleitung der Fall ist.

Auch wenn die Prozesshandlungen einschließlich der Bevollmächtigung letztlich fehlerhaft sind und nicht zu einer Sachentscheidung des Gerichts führen, entfalten sie doch in begrenztem Maße prozessuale Wirkungen. In diesem Rahmen kann der Prozessunfähige die Zuständigkeit und damit eine Vollmacht beim Vertreter begründen, so dass ihm auch dessen Vorgehen zuzurechnen ist.
Entgegen der Rechtsprechung und Literatur ist demzufolge die erteilte Prozessvollmacht zwar, wie das gesamte Verfahren, mit dem Fehler der Prozessunfähigkeit behaftet, aber nicht wirkungslos. Es lässt sich deshalb von einer Prozessvollmacht mit begrenzter, eben in den Grenzen des Zuständigkeitsbereichs des Prozessunfähigen liegender, Wirkung sprechen. Folge dieser Wirkung ist das Vorliegen einer der prozessunfähigen Partei zurechenbaren, erfolglosen Prozessführung, die den Haftungsgrund der §§ 91, 269 ZPO verwirklicht.
Letztlich steht eine solche Kostenfolge auch im Einklang mit dem Sinn und Zweck der prozessualen Berücksichtigung des Rechtsschutzgesuchs einer prozessunfähigen Partei. Denn die Wahrung der Rechte des Prozessunfähigen setzt voraus, dass er sich auch eines Vertreters, insbesondere eines Rechtsanwalts im Anwaltsprozess bedienen kann. Dies wäre ihm jedoch nicht möglich, wenn infolge einer bestehenden Unsicherheit über die Prozessfähigkeit der Prozessbevollmächtigte das Risiko tragen müsste, für die Kosten persönlich zu haften[831].
Mit der Rechtsprechung und Lehre ist deshalb im Ergebnis die Kostenhaftung des prozessunfähigen Klägers auch beim Handeln eines von ihm bevollmächtigten Vertreters zu bejahen.

Eine scheinbare Unebenheit des hier vertretenen Lösungsweges ergibt sich, wenn für die Klage das Landgericht zuständig ist und Anwaltszwang nach § 78 Abs. 1 ZPO besteht. Eine Klage des Prozessunfähigen selbst wäre mangels

[831] *Pape*, LM § 51 ZPO Nr.26.

Postulationsfähigkeit gänzlich ohne Wirkung, da das Gericht die Klagezustellung ggf. verweigern würde (s.o. S. 52 *Teil 1 A.II.2.b)aa)*). Mit der Einschaltung eines Rechtsanwalts wäre dieses Hindernis behoben. Für die Befürwortung der Zurechnung ließe sich nun nicht mehr sagen, dass der Prozessunfähige die mit Hilfe des Anwalts erzielten Wirkungen der Rechtshängigkeit usw. auch ohne diesen hätte herbeiführen können.
Allerdings gilt diese Einschränkung auch für eine prozessfähige Partei, die aber ohne Frage den Rechtsanwalt für ein Landgerichtsverfahren wirksam bevollmächtigen kann. Der Anwaltszwang kann deshalb insoweit keine Auswirkungen auf die Wirkungen der Bevollmächtigung haben. Er ist vielmehr darin begründet, dass er die Form der Wahrnehmung der eigenen Zuständigkeit bestimmt, ohne dabei die Zuständigkeit selbst zu begrenzen. Auch wenn sich praktisch eine Einschränkung ergibt, spielt sie für das Bestehen der Zuständigkeit rechtlich keine Rolle.

(2) Klage aufgrund einer umfassenden, außergerichtlichen Vollmacht
Hat dagegen der Prozessunfähige dem später als Prozessbevollmächtigter auftretenden Vertreter eine umfassende, außergerichtliche Vollmacht erteilt (s.o. S. 61 *Teil 1 B.II.1.*), die grundsätzlich zu allen Rechtsgeschäften und Prozesshandlungen berechtigt, ist eine andere rechtliche Beurteilung geboten.

Bei einer derart umfassenden Vollmacht sind die Vertretergeschäfte völlig unbestimmt. Sie werden zwar durch die den Vertretenen betreffenden Rechtsangelegenheiten quantitativ umgrenzt, die rechtlichen Anforderungen lassen sich aber i.d.R. nicht vorhersehen. Der oben genannte innere Zusammenhang zwischen Vollmachtserteilung und Vertretergeschäft kann hier vielfältiger Natur sein. Man wird deshalb bei der Bevollmächtigung den rechtlichen Maßstab aller in Betracht kommenden Rechtsgeschäfte anlegen müssen, um ihrer Sinnbezogenheit Rechnung tragen zu können[832].
Sieht man diese umfassende Vollmacht als einheitlichen, unzertrennbaren Akt[833], dann ist dabei nicht die darin enthaltene Prozessvollmacht das prägende Kriterium, sondern die die materiellen Rechtsgeschäfte betreffende außergerichtliche Tätigkeit entscheidend. Das bei einer derartigen außergerichtlichen Vollmacht anzuwendende materielle Recht (s.o. S. 61 *Teil 1 B.II.1.*) legt den strengeren Maßstab als das Prozessrecht an: Nach §§ 105, 111 BGB würde die

---

[832] Entscheidend muss der rechtliche Maßstab bei Erteilung der Vollmacht sein; die Beurteilung kann nicht ex tunc von der tatsächlichen Ausübung des Vertretergeschäfts abhängig sein, für das bevollmächtigt wurde; sonst wäre die Vollmacht bis zum Vertretergeschäft ggf. unwirksam bzw. nichtig und würde dann wieder begrenzte Wirkung erlangen; eine solche Konstruktion ist im Zivilrecht aber unbekannt.
[833] So zutreffend *Urbanczyk*, ZZP 95 (1982), S.339 (349 f.), wonach auf diese Weise ein zweckwidriges Auseinanderreißen des an sich einheitlichen Vollmachtstatbestandes durch eine unterschiedliche Beurteilung des materiellen und prozessualen Teils vermieden werde.

rechtliche Handlung eines Geschäftsunfähigen, anders als im Prozessrecht, ohne Wirkung bleiben. Da der Prozessunfähige somit zu seinem eigenen Schutz nicht in der Lage wäre, die von der Vollmacht erfassten, ausschlaggebenden Rechtsgeschäfte selbst vorzunehmen, er insoweit keine Zuständigkeit hat, kann er diese Fähigkeit auch nicht im Wege der Vollmachtserteilung begründen. Ein innerer Zusammenhang zu der Vollmacht kann hier also nur von einer rechtlichen Handlungsunfähigkeit aus hergestellt werden, die auch die erteilte Vollmacht ohne Wirkung bleiben lässt. Der Vertreter handelt also auch im Prozess vollmachtlos.
Damit kann dem Prozessunfähigen die Prozessführung des Vertreters nicht nach §§ 91 Abs. 1 S. 1, 269 Abs. 3 S. 2 ZPO zugerechnet werden, so dass die sich ergebende Regelungslücke wiederum mit § 89 Abs. 1 S. 3 ZPO analog zu schließen ist und der Prozessvertreter zur Kostentragung verpflichtet ist.

Etwas anderes gilt nur, wenn der Schwerpunkt der Vollmacht primär in der prozessualen Geltendmachung bestimmter Ansprüche liegt, wie etwa bei der Gattungsprozessvollmacht, so dass sie dann einer isolierten Prozessvollmacht gleichzusetzen ist. Das ist auch anzunehmen, wenn die erteilte Generalvollmacht durch eine Weisung i.S.d. § 166 Abs. 2 BGB zur Wahrnehmung einer Prozessführung konkretisiert wird, da der vertretene Prozessunfähige dann die Willensentscheidung des Vertreters beeinflusst, also an ihr partizipiert[834], und damit konkludent eine speziell auf den Prozess gerichtete Bevollmächtigung vornimmt.

Die hier vorgeschlagene Lösung, die umfassende, außergerichtliche Vollmacht anders zu behandeln als die isolierte Prozessvollmacht, führt zwar dazu, dass in verschiedenen Fällen die gleiche Rechtswirkung unterschiedliche Voraussetzungen hat[835]. Dies ist aber im Interesse der Sachnähe hinzunehmen.
Aber auch wertungsgemäß ist die Unterscheidung tragbar. Der Generalbevollmächtigte erhält i.d.R. einen umfassenden Einblick in die persönlichen und vermögensrechtlichen Verhältnisse des Vertretenen, so dass er in der Lage ist, das Risiko einer Vollmachtlosigkeit zu minimieren. Das ist dem Empfänger einer isolierten Prozessvollmacht, also insbesondere einem Rechtsanwalt, grundsätzlich nicht möglich.

---

[834] *Mugdan*, Materialien BGB Bd.1, S.478.

[835] *Urbanczyk*, ZZP 95 (1982), S.339 (348 f.); davon abzugrenzen ist der Aspekt, dass in beiden Fällen die prozessuale Wirkung der vollmachtlosen Klageerhebung für den Prozessunfähigen (Rechtshängigkeit, Parteiposition) gleichermaßen eintritt; dieser vom Vertreter bewirkte Formalzustand ist aber zu unterscheiden von der Zurechnung der Prozessführung, die eine Verantwortung für die Kosten begründet; bei der Generalvollmacht geht der Grundsatz des Schutzes Geschäftsunfähiger vor.

d) Ergebnis
Bei der kostenrechtlichen Beurteilung der durch die Prozessunfähigkeit des Klägers mangelbehafteten Vollmacht des Vertreters ist zwischen der Erteilung einer nur für den Prozess erteilten und einer umfassenden, außergerichtlichen Vollmacht zu unterscheiden.
Erstere führt zur Zurechnung des Vertreterhandelns und damit zur Kostenhaftung des prozessunfähigen Klägers; letztere bleibt nach hier anzuwendendem materiellen Recht ohne Zurechnungswirkung und hat die Kostenerstattungspflicht des Prozessvertreters zur Folge.

In **Fall 4**, dem die Erteilung einer Einzelvollmacht durch den prozessunfähigen Kläger zugrunde lag, war dieser demzufolge in Übereinstimmung mit der Lösung des BGH gemäß § 91 Abs. 1 S. 1 Hs. 1 ZPO in die Kosten des Rechtsstreits zu verurteilen.

2. Haftung im Fall des Erlöschens oder der Unwirksamkeit der Vollmacht
Erlischt die Vollmacht infolge ihres Widerrufs, der Eröffnung des Insolvenzverfahrens über das Vermögen des Vollmachtgebers oder wegen der Prozess- bzw. Postulationsunfähigkeit des Vertreters, handelt der Prozessvertreter vollmachtlos (s.o. S. 69 ff. *Teil 1 B.III.2.*).
Das gleiche gilt, wenn die Prozessvollmacht unwirksam erteilt wurde, etwa weil die Prozess- bzw. Postulationsfähigkeit des Vertreters bereits bei der Bevollmächtigung fehlte, die Vollmacht im Parteiprozess unter einer unzulässigen Bedingung gestellt wird oder als Bestandteil einer umfassenden, nach materiellem Recht zu beurteilenden außerprozessualen Vollmacht mit den §§ 134, 138 BGB nicht vereinbar ist (s.o. S. 73 f. *Teil 1 B.III.3.a)*).

Auf der Grundlage der hier abgelehnten Veranlassungshaftung müsste die Kostenentscheidung in diesen Fällen zum Nachteil des vollmachtlos vertretenen Klägers ergehen. Denn von den Befürwortern des Veranlassungsprinzips wird die haftungsbegründende Veranlassung durch die vertretene Partei auch dann angenommen, wenn die Vollmacht erloschen[836] oder dem Vertreter rechtlich unwirksam erteilt worden ist[837]. Die Partei soll das Kostenrisiko für die Unwirksamkeit ihrer Vollmachtserteilung tragen[838].

---

[836] OLG München, Urt.v. 12.11.1997, NJW-RR 1998, S.788 f. („erster Anstoß für den Prozess").
[837] So im Zusammenhang mit der Prozessunfähigkeit des Vollmachtgebers: *Schneider*, Rpfleger 1976, S.229 (230); *Schmitz*, Kostenentscheidung für oder gegen Dritte, S.68; *Blomeyer*, ZPR, § 9 V.2., S.84; *Pape*, LM § 51 ZPO Nr.26.
[838] Zöller/*Vollkommer*, § 88 Rn.11; so auch KG Berlin, Beschl.v. 02.02.1996, WuM 1996, S.377.

Dies ist insoweit konsequent, als die Veranlassung als ein tatsächliches Verhalten angesehen wird und eine solche Lösung mit dem Verständnis als Verursachung im Einklang steht (s.o. S. 153 *Teil 2 A.I.4.c)bb)(3)(a)(dd)*). Damit wird aber auch deutlich, dass sich die Veranlassungshaftung über jegliche gesetzliche Wertung hinwegsetzt und in Anbetracht ihrer Unbestimmtheit jede, allein nach Billigkeitsgesichtspunkten bestimmte Entscheidung zulässt. Die Anforderungen des Gesetzes an das Zustandekommen bzw. Fortbestehen einer Prozessvollmacht und der damit verbundenen Zurechnungsmöglichkeit nach § 85 ZPO werden mit dem Abstellen auf das faktische Veranlassen ignoriert.
Indem der Gesetzgeber jedoch die Rechtsfolge einer erteilten Vollmacht an bestimmte Voraussetzungen knüpft, wird er verschiedenen Schutzbedürfnissen im Rechtsverkehr gerecht. Im Einzelnen wird mit der erforderlichen Prozess- und Postulationsfähigkeit des Vertreters die Selbstbestimmung der vertretenen Partei gewahrt, die Vollmacht zu dem Zweck der Wahrnehmung einer wirksamen und zulässigen Prozessführung zu erteilen. Ebenfalls dem Selbstbestimmungsrecht dient die Respektierung des Willens der Partei zur Beendigung der Vertretung, wie z.B. bei einem Widerruf der Vollmacht. Andererseits soll der Vollmachtgeber in seinem Selbstbestimmungsrecht eingeschränkt werden, wenn bei der Insolvenz die Rechte der Gläubiger zu wahren sind, die Bevollmächtigung als Prozesshandlung infolge einer unzulässigen Bedingung zuviel Unsicherheit in den Prozess trägt (s.o. S. 74 *Teil 1 B.III.3.a)*) oder als außerprozessuale Vollmacht wegen des Verstoßes gegen ein gesetzliches Verbot oder die guten Sitten (§§ 134, 138 BGB) nicht mit der geltenden Rechtsordnung vereinbar ist.
Fehlt es somit in diesen Fällen an einem rechtlich relevanten, selbstbestimmten Handeln, kommt auch das mit der Selbstbestimmung in korrelativer Verbindung stehende Verantwortungsprinzip nicht zum Tragen. Hier unterscheidet sich die Rechtslage nicht von der Prozessführung des Vertreters bei fehlender, also nicht erteilter Vollmacht. Eine Zurechnung der erfolglosen Prozessführung nach § 85 ZPO und damit ein Unterliegen des Klägers i.S. des § 91 Abs. 1 S. 1 ZPO ist deshalb entgegen der Veranlassungslehre auch bei einer unwirksamen oder erloschenen Vollmacht ausgeschlossen.
In Ermangelung einer Haftung der vollmachtlos vertretenen Partei nach § 91 ZPO, ergibt sich hier also wieder eine Regelungslücke, die mit der Analogie zu § 89 Abs. 1 S. 3 ZPO zulasten des Vertreters zu schließen ist.

Ein solches Ergebnis ist letztlich auch aus Billigkeitsgesichtspunkten anzuerkennen. Denn im Falle der Prozess- und Postulationsunfähigkeit des Vertreters ist der Mangel in seiner Person, also in seiner Sphäre begründet. Soweit es um die unzulässige Bedingung oder die Nichtigkeit nach §§ 134, 138 BGB geht, befindet sich die Fehlerquelle in einem Bereich, den der Vertreter selbst kontrollieren und beeinflussen kann, wie es in der Situation bei fehlender Vollmacht gegeben ist. Schließlich wird der Vertreter von der Eröffnung des die Vollmacht beseitigenden Insolvenzverfahrens durch öffentliche Bekanntmachung (§ 30 Abs. 1 InsO) unterrichtet und kann sein weiteres Handeln darauf einstellen.

Als Ergebnis ist demnach festzuhalten, dass der die Klage einreichende Prozessvertreter auch im Fall eines Vertretungsmangels infolge des Erlöschens oder der Unwirksamkeit einer erteilten Vollmacht die Kosten des Rechtsstreits analog § 89 Abs. 1 S. 3 ZPO zu tragen hat.

II. Fehlende Vertretungsmacht des den Prozessvertreter beauftragenden Erstvertreters

Eine tatsächlich erteilten Vollmacht kann auch deshalb unwirksam sein, weil eine für die Partei an den Prozessvertreter herantretende und die Vollmacht vermittelnde Person, also ein angeblich gesetzlicher oder beauftragter Vertreter der Partei, in Wirklichkeit dafür keine Vertretungsmacht vorweisen kann.

1. Vollmachtserteilung durch den vermeintlich bevollmächtigten Vertreter

Die Kostenentscheidung im Fall eines vollmachtlosen, angeblich gewillkürten Vertreters, der dem Prozessvertreter eine Vollmacht erteilt, ist umstritten.
Das OLG München musste sich in seinem Urteil vom 12.11.1997 mit dieser Problematik auseinandersetzen[839].

> **Fall 5:** In diesem Fall reichte ein Rechtsanwalt namens der Firma des Geschäftsbetriebes der Klägerin Zahlungsklage ein. Die Klägerin hatte ihren kaufmännischen Geschäftsbetrieb jedoch zu diesem Zeitpunkt bereits seit längerem eingestellt und die Firma im Handelsregister löschen lassen. Sie teilte dem Gericht mit, den Rechtsanwalt nie zur Prozessführung beauftragt zu haben und eine Genehmigung zu verweigern. Der Anwalt konnte auf die Verfügung des Gerichts hin, eine schriftliche Prozessvollmacht beizubringen, nur eine ihm von einem früheren Angestellten der Klägerin unterzeichnete Prozessvollmacht und eine diesem Angestellten vor zehn Jahren durch die Klägerin erteilte Handlungsvollmacht vorlegen.

a) Darstellung des Streitstandes

Der Meinungsstreit betrifft vor allem die Frage, ob und unter welchen Voraussetzungen der Erstvertreter als Dritter mit den Kosten belastet werden kann.

aa) *Vollkommer*

Nach der Ansicht von *Vollkommer*[840] kann der die Prozessvollmacht erteilende vollmachtlose Vertreter der Partei nicht kostenpflichtig sein. Bei einem Voll-

---

[839] OLG München, Urt.v. 12.11.1997, NJW-RR 1998, S.788 f.

machtsmangel in der Kette träfen die Kosten stets den im Verfahren aufgetretenen Vertreter und nicht den von der Partei sich unterscheidenden Vollmachtgeber[841]. Eine nähere Begründung gibt *Vollkommer* dafür nicht.

bb) Überwiegende Ansicht

Demgegenüber ist sich die überwiegende Rechtsprechung[842] und Literatur[843] grundsätzlich darin einig, dass der kostenpflichtige Veranlasser die Partei, der vollmachtlose Prozessvertreter oder ein anderer Verfahrensbeteiligter, also auch der unmittelbar für die Partei handelnde, vermeintlich bevollmächtigte[844] Erstvertreter, sein kann.
Ein am Verfahren nicht beteiligter Dritter soll demgegenüber für die Kostenbelastung nicht in Betracht kommen[845].

Entscheidend für die Haftung des vollmachtlosen Erstvertreters ist danach also, ob dieser im Einzelfall als Verfahrensbeteiligter anzusehen ist:
Das OLG Köln[846] hat im Zusammenhang mit der Kostenvorschrift des § 516 Abs. 3 S. 1 ZPO in einem Beschluss vom 09.03.1972 zur Begründung dieses Kriteriums ausgeführt, dass es offen bleiben müsse, ob auch im Verhältnis zwischen dem Prozessvertreter ohne Vertretungsmacht und einem Dritten der Vertreter die Kosten des Rechtsmittels zu tragen habe. Andernfalls werde bei der Entscheidung über den Antrag nach § 516 Abs. 3 S. 1 ZPO ein materieller Rechtsstreit entschieden. Dazu sei diese Vorschrift aber nicht geschaffen. Sie erlaube lediglich, einem Prozessbeteiligten die Kosten des Verfahrens aufzuerlegen.

---

840 Zöller/*Vollkommer*, § 88 Rn.11; ähnlich Rosenberg/Schwab/*Gottwald*, ZPR, § 56 II.2., S.301, jedoch mit der Einschränkung, dass der Vertreter infolge der Bevollmächtigung eines „offenbar Unbefugten“ aufgetreten ist.

841 Zöller/*Vollkommer*, § 89 Rn.8.

842 BGH, Beschl.v. 04.03.1993, BGHZ 121, S.397 (400); BGH, Beschl.v. 22.07.1997, NJW-RR 1998, S.63; OLG Hamm, Beschl.v. 29.06.1988, NJW-RR 1990, S.767; LG Heidelberg, Beschl.v. 21.01.1991, NJW-RR 1992, S.316 (317).

843 *Schneider*, Rpfleger 1976, S.229 (230 f.); *Zimmermann/Damrau*, MDR 1997, S.303 (304); *Fleddermann*, Kostenrechtliche Probleme, S.107; *Schmitz*, Kostenentscheidung für oder gegen Dritte, S.69; Musielak/*Weth*, § 88 Rn.15; Thomas/Putzo/*Putzo*, § 89 Rn.11; Wieczorek/Schütze/*Steiner*, § 88 Rn.8.

844 BGH, Beschl.v. 04.12.1974, VersR 1975, S.343 (344); BGH, Beschl.v. 26.10.1981, WM 1981, S.1332; BGH, Urt.v. 27.05.1986, NJW-RR 1986, S.1252 (1253); OLG Frankfurt, Beschl.v. 11.07.1996, NJW-RR 1997, S.31; LG Hamburg, Urt.v. 01.03.1951, ZZP 65 (1952), S.159 (162 f.); zur Literatur siehe die vorherige Fn.

845 BGH, Beschl.v. 13.02.1992, NJW 1992, S.1458 (1459); OLG Hamburg, Beschl.v. 29.11.1955, MDR 1956, S.431; OLG Köln, Beschl.v. 09.03.1972, NJW 1972, S.1330; OLG Köln, Beschl.v. 27.05.1997, OLGR Köln 1997, S.274; LG Heidelberg, Beschl.v. 21.01.1991, NJW-RR 1992, S.316 f.

846 OLG Köln, Beschl.v. 09.03.1972, NJW 1972, S.1330.

Ergänzend dazu weist *Fleddermann*[847] darauf hin, dass das Veranlassungsprinzip dort seine Grenzen finde, wo Personen, also Dritte, in irgendeiner Weise für Prozesskosten zwar ursächlich geworden seien, jedoch im übrigen prozessual nicht in von der ZPO vorgesehener Weise auf den Rechtsstreit Einfluss nähmen. Sonst werde durch eine solche Kostentragungspflicht eine Kostenbeteiligung eigener Art geschaffen, ohne eine auch nur irgendwie geartete zivilprozessuale Beteiligung. Praktisch wäre der Richter sonst gezwungen, zeitaufwendig über mehrere Kausalbeiträge verschiedener Dritter zu befinden. Dogmatisch stehe dem entgegen, dass die gesetzlich geregelten Fälle einer Kostentragungspflicht Dritter auch voraussetzten, dass der Dritte durch prozessual relevante Handlungen in Erscheinung trete.

Hinsichtlich der Frage, unter welchen Voraussetzungen jemand, also auch der vollmachtlose Erstvertreter, als Verfahrensbeteiligter anzusehen und damit ggf. mit den Kosten zu belasten ist, lassen sich den diesen Aspekt ansprechenden Gerichtsentscheidungen nur rudimentäre und z.T. widersprüchliche Anhaltspunkte entnehmen.
So hat es das OLG Hamburg[848] abgelehnt, einem Korrespondenzanwalt, der den vollmachtlosen Prozessvertreter beauftragt hatte, aber weder im Rubrum aufgeführt noch sonst vor Verfahrensbeendigung (hier: Zurücknahme der Klage) irgendwie in Erscheinung getreten war, die Kosten des Rechtsstreits aufzuerlegen. Dementsprechend sah das OLG Hamburg umgekehrt kein Hindernis für die Haftung des den Prozessbevollmächtigten beauftragenden vollmachtlosen Vertreter, welcher in der Klageschrift und ausdrücklich im Rubrum als Generalbevollmächtigter bezeichnet worden war[849].
Der BGH[850] hat einem vollmachtlos auftretenden Rechtsanwalt versagt, zu seiner Entlastung auf die Haftung eines anderen vollmachtlosen Vertreters, hier des Korrespondenzanwaltes bzw. des diesen beauftragenden, nicht berechtigten BGB-Gesellschafters zu verweisen. Nur ein Jahr zuvor hatte der BGH[851] dagegen einen Mitgesellschafter der Klägerin noch mit den Kosten belastet, da dieser den Prozessbevollmächtigten beauftragt und damit dessen Prozessführung ver-

---

847 *Fleddermann*, Kostenrechtliche Probleme, S.105 f.
848 OLG Hamburg, Beschl.v. 29.11.1955, MDR 1956, S.431; so im Ergebnis auch OLG München, Beschl.v. 03.09.1954, MDR 1955, S.176 (177).
849 OLG Hamburg, Urt.v. 25.11.1966, MDR 1967, S.399; im Anschluss daran stellt auch *Schneider*, Rpfleger 1976, S.229 (230 f.), darauf ab, ob die dritte Person im Rubrum erscheint; ihm folgend *Fleddermann*, Kostenrechtliche Probleme, S.107; *Schmitz*, Kostenentscheidung für oder gegen Dritte, S.69.
850 BGH, Beschl.v. 18.11.1982, VersR 1983, S.183 (184); ebenso Zöller/*Herget*, § 91 Rn.2.
851 Ohne Hinweis darauf, wo bzw. wie er aufgetreten ist: BGH, Beschl.v. 26.10.1981, WM 1981, S.1332; BGH, Urt.v. 26.10.1981, WM 1981, S.1353 (1354); die vorgenannten Entscheidungen betrafen gleichzeitig die Frage der organschaftlichen Vertretung durch einen vollmachtlosen Gesellschafter.

anlasst habe. In einem weiteren Beschluss hielt der BGH[852] einen als Partei benannten Treuhänder, der den Rechtsstreit in allen Instanzen für einen Hintermann geführt hatte, als „unmittelbaren Veranlasser" für kostenpflichtig, obwohl der Hintermann als „Dritter" und „letzter Urheber" den bzgl. des Treuhänders in letzter Instanz vollmachtlos auftretenden Prozessvertreter beauftragt hatte.
In den Entscheidungen anderer Gerichte genügte – soweit ersichtlich – für die Kostenbelastung des vollmachtlosen Erstvertreters, dass dieser als solcher aufgetreten war[853], als Mitkläger Generalvollmacht behauptet und so die Einlegung eines Rechtsmittels veranlasst hatte[854] oder die Prozessvollmacht mit einem Zusatz, der ihn als Bevollmächtigten der Partei erkennen ließ, unterzeichnet hatte[855].

Das OLG München in **Fall 5** stellt als Berufungsinstanz zunächst fest[856], dass die Klägerin als Kaufmann der klagenden Firma (§ 17 HGB) selbst Partei sei. Die Vollmachtlosigkeit des Rechtsanwalts ergebe sich daraus, dass die Klägerin mit der erteilten Handlungsvollmacht den früheren Angestellten nicht zur Prozessführung ermächtigt habe (§ 54 Abs. 2 HGB). Außerdem sei die Handlungsvollmacht mit Aufgabe des Handelsgewerbes und Beendigung des Arbeitsverhältnisses erloschen (§§ 168, 173 BGB).
Zur Kostenentscheidung führt das OLG aus[857], dass diese nach dem sog. Veranlassungsprinzip zu treffen sei. In Betracht zu ziehen sei alternativ eine Heranziehung der Klägerin selbst, aber auch ihres vermeintlichen Prozessbevollmächtigten. Hingegen scheide eine Belastung des nach Aktenlage „wahren" Veranlassers, des ehemaligen Angestellten, als ein am Verfahren unbeteiligter Dritter, aus. Der Senat habe sich entschlossen, formell die Klägerin mit den Kosten zu belasten, weil sie faktisch durch Erteilung der Vollmacht an den Angestellten zumindest einen – wenn auch fernliegenden – ersten „Anstoß" für den Prozess gegeben habe. Zugunsten des Klägervertreters sei demgegenüber ins Gewicht gefallen, dass ihm der Mangel seiner Prozessvollmacht jedenfalls zunächst nicht nachweislich bewusst gewesen sei.

---

[852] BGH, Beschl.v. 13.02.1992, NJW 1992, S.1458 f.
[853] BGH, Beschl.v. 04.12.1974, VersR 1975, S.343 (344).
[854] BGH, Urt.v. 27.05.1986, NJW-RR 1986, S.1252 (1253); ähnlich auch OLG München, Beschl.v. 03.09.1954, MDR 1955, S.176 (177) und LG Kiel, Urt.v. 12.04.1995, SchlHA 1995, S.320 (322).
[855] LG Hamburg, Urt.v. 01.03.1951, ZZP 65 (1952), S.159 ff.; OLG München, Beschl.v. 03.09.1954, MDR 1955, S.176 (177).
[856] OLG München, Urt.v. 12.11.1997, NJW-RR 1998, S.788 f.
[857] OLG München, Urt.v. 12.11.1997, NJW-RR 1998, S.788 (789).

cc) OLG München und *Deubner*

Das OLG München[858] hatte demgegenüber noch in einem Beschluss vom 25.10.1992 keine Bedenken, einem von der Partei nur unzureichend bevollmächtigten Dritten, der einem Rechtsanwalt zur Prozessführung Untervollmacht erteilt hatte und, soweit ersichtlich, weder im Prozess noch im Rubrum in Erscheinung getreten war, die Kosten aufzuerlegen.

Deubner[859] hat ebenfalls entgegen dem Urteil des OLG München aus dem Jahre 1997 die Ansicht vertreten, dass die Kosten des Rechtsstreits dem Erstvertreter aufzuerlegen seien, wenn dieser den Rechtsstreit als Bevollmächtigter der Partei, ohne deren Vollmacht beizubringen, durch von ihm beauftragte und deshalb vollmachtlose Rechtsanwälte habe führen lassen. In einem solchen Fall müsse derjenige die Kosten tragen, der das Auftreten des vollmachtlosen Vertreters veranlasst habe. Dass der Erstvertreter weder Partei noch Prozessbevollmächtigter sei, stehe dem nicht entgegen. Ein überzeugender Grund dafür, den hinter dem vollmachtlosen Prozessbevollmächtigten stehenden eigentlichen Veranlasser des Verfahrens zu entlasten, sei nicht ersichtlich. Selbst wenn das Gericht keine Möglichkeit sehe, den Erstvertreter mit den Kosten zu belasten, habe es die von diesem bevollmächtigten Anwälte in die von ihnen jeweils verursachten Kosten zu verurteilen.

b) Stellungnahme

Ist der Vollmachtsmangel im Verhältnis des Erstvertreters zur Partei begründet, erscheint es nicht gerechtfertigt, den Prozessvertreter, bei dem sich dieser Mangel nur fortsetzt, kostenrechtlich dafür zur Verantwortung heranzuziehen. Dieses Empfinden entspricht auch der nach materiellem Recht bestehenden Rechtslage, wonach der Prozessvertreter analog § 179 BGB den Erstvertreter in Regress nehmen könnte[860]. Käme deshalb stets nur der Prozessvertreter, wie von *Vollkommer* vertreten, als Kostenschuldner in Betracht, wäre ein Folgeprozess i.d.R. bereits programmiert. Im Interesse der Prozessökonomie, die ggf. einen Mehraufwand im laufenden Verfahren zur Vermeidung eines Zweitprozesses gebietet (s.o. S. 122 *Teil 2 A.I.3.b)aa)(4)(b)*), sollten deshalb die kostenrechtlichen Möglichkeiten ausgeschöpft werden, um ggf. eine Belastung des Prozessvertreters zu vermeiden[861].

Dazu eignet sich jedoch nicht die vom OLG München im Jahre 1992 und von *Deubner* vertretene Lösung, wonach die Kostenhaftung des vollmachtlosen

---

[858] OLG München, Beschl.v. 15.10.1992, OLGZ 1993, S.223 (L.).

[859] *Deubner*, JuS 1998, S.539 (542); so wohl auch Baumbach/Lauterbach/*Hartmann*, § 91 Rn.20.

[860] MüKo-BGB/*Schramm*, § 167 Rn.99 m.w.N.

[861] Gegen die Beschränkung der Kostenhaftung auf den Prozessvertreter ausdrücklich auch OLG Hamburg, Urt.v. 25.11.1966, MDR 1967, S.399 f.

Erstvertreters allein nach dessen Veranlassung zu beurteilen ist. Sie stellt zwar eine konsequente Fortführung des Veranlassungsprinzips dar, welches jedoch bereits als untaugliches Zurechnungskriterium abgelehnt worden ist (s.o. S. 165 *Teil 2 A.I.4.c)bb)(5)*).

Aber auch der Versuch der herrschenden Meinung, die Anwendung des uferlosen Veranlassungsprinzips auf Verfahrensbeteiligte zu beschränken, kann nicht überzeugen. Es bleibt nämlich unklar, unter welchen Voraussetzungen eine Person überhaupt als am Verfahren beteiligter Dritter anzusehen ist.
Einleuchtend erscheint noch die kostenrechtliche Verschonung des Erstvertreters, von dessen Existenz das Gericht bis zur Verfahrensbeendigung keine Kenntnis hat. Ungereimt ist dagegen, dass einerseits die bloße Bezeichnung als Vertreter in der Vollmachtsurkunde für eine Verfahrensbeteiligung ausreicht, andererseits die Mitwirkung des BGB-Gesellschafters unberücksichtigt bleibt.
Wenn man mit dem OLG Hamburg den Maßstab, der auch in der Literatur Anklang gefunden hat, genügen lässt, wonach eine Person nur „irgendwie in Erscheinung getreten" sein muss, wäre damit in völlig unbestimmter Weise das Auftreten vor Gericht, die Ausübung von Prozesshandlungen oder einfach nur eine schriftsätzliche Erwähnung erfasst. Offen bleibt auch, in welchem Verfahrensstadium, d.h. von Beginn an oder auch erst später bis zum Abschluss des Prozesses, die Beteiligung erfolgen muss. Ungeklärt ist außerdem, in welcher prozessualen Rolle die Person handeln muss, also ob z.B. der Erstvertreter, der lediglich als Zeuge auftritt oder benannt wird, den Anforderungen der Verfahrensbeteiligung entspricht. Möglicherweise reicht es dann aus, dass der Prozessvertreter nach Aufdeckung seiner Vollmachtlosigkeit auf die Vollmachtserteilung des Erstvertreters oder sonstige „Veranlassung" eines Dritten verweist. Dann wäre jedoch die von der herrschenden Meinung bezweckte Begrenzung des Veranlassungsprinzips eliminiert.

Aber auch der Versuch von *Fleddermann*, die Verfahrensbeteiligung inhaltlich mit der „Einflussnahme auf den Rechtsstreit in von der ZPO vorgesehener Weise" auszufüllen, entspricht nicht den Anforderungen für die Kostenbelastung in der ZPO. So werden die Zeugen gem. § 380 Abs. 1 S. 1 ZPO mit den durch ihr Ausbleiben entstandenen Kosten belastet, da sie sich gerade nicht in von der ZPO vorgesehenen Weise verhalten haben. Richtig ist lediglich, dass die Kostenhaftung ein „prozessual relevantes Verhalten" voraussetzt, und zwar im Sinne eines von den Kostennormen tatbestandlich erfassten Verhaltens. Das kann aber mit Hilfe des Kriteriums der Verfahrensbeteiligung, wie es die herrschende Meinung versteht, nicht geleistet werden. Denn es lässt nicht, auch nicht in Verbindung mit dem Veranlassungsprinzip, erkennen, worin das haftungsbegründende Moment liegt. Dem z.T. als Anhaltspunkt herangezogenen Rubrum an sich kommt nämlich nur formale Bedeutung für die Identitätsfeststellung zu[862], und ob eine Person prozessual in Erscheinung tritt, ist vom individuellen Verfahrensablauf abhängig und damit oft dem Zufall überlassen. Entscheidend kann deshalb nur die jeweilige Prozessbeteiligung der Nichtparteien entsprechend den einzelnen Kostennormen sein (vgl. nur §§ 71, 89 Abs. 1 S. 3, 100, 135, 372a, 380 Abs. 1 S. 1, 390 S. 1, 409 Abs. 1 S. 1 ZPO), welche aber wegen der unterschiedlichen Voraussetzungen kein einheitliches Beteiligungskriterium zulassen.

c) Eigene Lösung

Die eigene Lösung setzt erneut bei der Feststellung an, dass einer Partei ohne eine von ihr wirksam erteilte Vollmacht die (erfolglose) Prozessführung des Prozessvertreters nicht zurechenbar ist. Mangels Anwendbarkeit der insoweit restriktiv zu handhabenden §§ 91 Abs. 1 S. 1, 269 Abs. 3 S. 2 ZPO besteht somit eine ausfüllungsbedürftige Regelungslücke in der ZPO.
Es ist denkbar, die Lücke auch hier durch eine analoge Heranziehung des § 89 Abs. 1 S. 3 ZPO schließen zu können. Dafür müssen sich die für die Wertung der Norm maßgebenden Merkmale auch im Fall der mehrstufigen Prozessvertretung wiederfinden.

Die Schutz- und Ausgleichsfunktionen des § 89 Abs. 1 S. 3 ZPO (s.o. S. 173 *Teil 2 A.I.4.d)aa)(1)(c)*) werden in gleicher Weise wie bei einstweiliger Zulassung relevant. Der Beklagte muss sich bei Tätigwerden mehrerer Vertreter ohne Vertretungsmacht genauso auf den Prozess einlassen und läuft ebenfalls Gefahr, seine dafür aufgewendeten Kosten mangels eines materiell-rechtlichen Anspruchs nicht ersetzt zu bekommen.
Für die Frage, welchem Vertreter die Prozesskosten angelastet werden können, d.h. auf wen die wertungsrelevanten Merkmale des Zurechnungsgrundes, also die Vollmachtsbehauptung und die dadurch ermöglichte Prozessführung mit dem Risiko der Vollmachtlosigkeit und dem Zwang der Gegenseite zum vergeblichen, kostenauslösenden Prozessieren, zutreffen, ist demgegenüber danach zu differenzieren, ob die Mehrstufigkeit der Vertretung bei der Klageerhebung offengelegt worden ist oder nicht.

aa) Kostenentscheidung bei Offenlegung der Mehrstufigkeit

Eine Offenlegung der Mehrstufigkeit einer Prozessvertretung ist anzunehmen, wenn sie aus der Klageschrift oder der beigefügten Vollmacht für das Gericht ersichtlich wird.
Bei einem gesetzlichen Erstvertreter ist seine Benennung im Klagerubrum eine Selbstverständlichkeit (vgl. §§ 253 Abs. 4, 130 Nr. 1 Hs. 1 ZPO). Wird der Prozessvertreter dagegen von einem gewillkürten Erstvertreter bevollmächtigt, ist ein solcher Hinweis zwar nicht üblich, jedoch durchaus möglich.

---

[862] Thomas/Putzo/*Reichold*, § 313 Rn.2 f.; Zöller/*Vollkommer*, § 313 Rn.3.

(1) Haftung des Erstvertreters

Die offengelegte Mehrfachvertretung hat zur Folge, dass in der Person des Erstvertreters der Zurechnungsgrund des § 89 Abs. 1 S. 3 ZPO verwirklicht wird und er die Kosten des Rechtsstreits tragen muss.

Die Bevollmächtigung des Prozessvertreters im Namen der Partei geht nämlich mit der Behauptung der eigenen Vertretungsmacht einher, die mit der Benennung des Erstvertreters in der Klageschrift prozessual zum Ausdruck kommt. Geht der Richter daraufhin von dem Vorliegen der Vollmacht oder der Aussicht auf nachträgliche Beibringung einer Vollmacht bzw. Genehmigung aus, wird die Klage zugestellt und entfaltet die prozessualen Wirkungen der Parteistellung des Vertretenen, der Rechtshängigkeit und eines Prozessrechtsverhältnisses (s.o. S. 55 *Teil 1 A.II.2.b)bb)*). Der Beklagte wird dadurch zum Prozessieren gezwungen. Der Erstvertreter geht daher mit der Bevollmächtigung das Risiko ein, dass der Mangel seiner Vertretungsmacht nicht geheilt wird, die von ihm dem Prozessvertreter erteilte Vollmacht unwirksam ist und der Beklagte so vergeblich zum kostenauslösenden Streiten genötigt wird.

Keine Bedenken bestehen dabgegen, dass sich die nach § 89 Abs. 1 S. 3 ZPO (analog) haftungsauslösende „Prozessführung" des Erstvertreters auf die Bevollmächtigung des Prozessvertreters beschränkt. Folgt man dem Verständnis der ZPO, muss das möglich sein.

Denn die Prozessführung erfolgt durch Einwirkung auf den Rechtsstreit in Form von Prozesshandlungen (s.o. S. 113 *Teil 2 A.I.3.b)aa)(2)*). Die Erteilung einer Prozessvollmacht ist als Prozesshandlung Bestandteil der Prozessführung. So kann z.B. die Partei gem. § 79 ZPO den Rechtsstreit „selbst oder durch jede prozessfähige Person als Bevollmächtigten führen". Und auch ohne die damit verbundene Zurechnung der Vertreterhandlungen nach § 85 Abs. 1 ZPO kann sich die Prozessführung in der Erteilung einer Vollmacht erschöpfen. Das zeigt das Verständnis von „Prozessführung" in § 89 Abs. 1 ZPO. Denn der einstweilen zugelassene Vertreter ist zur Vornahme aller Prozesshandlungen wie ein Bevollmächtigter, also gem. § 81 Hs. 2 ZPO auch zur Bestellung eines Vertreters ermächtigt. Sein Beitrag zur Prozessführung kann sich somit auch auf das Einsetzen des Substituten beschränken. Das muss konsequenterweise auch für die Prozessbevollmächtigung gelten.

Dass dieses extensive Verständnis richtig ist, zeigt im Übrigen auch die, in den Wirkungen mit § 89 Abs. 1 S. 1 ZPO vergleichbare (s.o. S. 31 *Teil 1 A.II.1.a) bb)*), einstweilige Zulassung des gesetzlichen Vertreters nach § 56 Abs. 2 S. 1 ZPO, wenn das Gericht zwar Zweifel an seiner Legitimation hat, aber Gefahr im Verzuge ist. Hat der gesetzliche Vertreter etwa einen Anwalt zum Prozessieren bevollmächtigt, ist er zur Wahrnehmung der weiteren Prozessführung ebenfalls nicht gezwungen, in Person tätig zu werden oder den Anwalt erneut zu bevollmächtigen.

Der Erstvertreter haftet demnach analog § 89 Abs. 1 S. 3 ZPO.

(2) Keine Kostentragungspflicht des Prozessvertreters
Dagegen bleibt der Prozessvertreter von einer Kostentragungspflicht verschont. Auf den ersten Blick scheint der Prozessvertreter zwar, da er prozessual wie bei einer einstufigen Vertretung handelt, einer Erfüllung der Voraussetzungen für die analoge Anwendung des § 89 Abs. 1 S. 3 ZPO sogar näher zu sein als der Erstvertreter. Doch sprechen gewichtige teleologische Gründe gegen eine denkbare Belastung als alleiniger Schuldner oder als Gesamtschuldner mit dem Erstvertreter.
Die Problematik der Haftung bei mehrstufiger Vertretung findet ihre Parallele im materiellen Recht, wo die herrschende Meinung[863] bei offengelegter Mehrstufigkeit und fehlender Hauptvertretungsmacht eine Haftung des Unterbevollmächtigten nach § 179 Abs. 1 BGB ablehnt. Die zentrale Begründung für diese Ansicht beruht auf der Überlegung, dass der Unterbevollmächtigte durch die Aufdeckung der Mehrstufigkeit zum einen für die ihm erteilte Vollmacht und zum anderen für das Vorliegen der Vertretungsmacht des Hauptvertreters beim Geschäftsgegner Vertrauen erweckt. Dabei nehme er allerdings nur hinsichtlich der Erteilung seiner Untervollmacht Vertrauen für sich in Anspruch und könne auch lediglich dafür zur Rechenschaft gezogen werden. Demgegenüber knüpfe das Vertrauen auf den Bestand der Hauptvertretungsmacht an die Person des Hauptvertreters an, der deshalb dafür einzustehen habe[864].

Diese Argumentation lässt sich auch auf die Prozessvertretung übertragen. Es besteht lediglich die prozessbedingte Besonderheit, dass sich der Gegner nicht wegen eines Vertrauenstatbestandes auf den Vertreter einlässt, sondern, mit einem vergleichbaren haftungsbegründenden Mechanismus, infolge der Rechtshängigkeit der Klage zum Prozessieren gezwungen wird.
Ein Vertreter haftet dementsprechend (analog) § 89 Abs. 1 S. 3 ZPO wegen seiner behaupteten Vertretungsmacht und dem daraus entstehenden Zwang für den Gegner zur vergeblichen Prozessführung. Bei offengelegter Mehrstufigkeit lässt das Gericht angesichts der für den Erst- und den Prozessvertreter behaupteten Vertretungsmacht die Klage zustellen. Der so begründete Zwang für den Beklagten zur Prozessführung geht damit von der jeweiligen Behauptung der Vertreter ihrer Vertretungsmacht oder der Aussicht auf nachträgliche Beibringung einer Vollmacht bzw. Genehmigung aus. Der Prozessvertreter macht dabei mit

---

[863] BGH, Urt.v. 25.05.1977, BGHZ 68, S.391 (395); OLG Hamburg, Urt.v. 27.05.1987, VersR 1987, S.1216; OLG Köln, Urt.v. 09.08.1995, NJW-RR 1996, S.212; *Bühler*, MDR 1987, S.985 (986); *Mertens*, JuS 1961, S.315 (317); *Medicus*, AT BGB, § 59 II.5., Rn.996; Palandt/*Heinrichs*, § 167 Rn.12, § 179 Rn.3; s.a. die folgenden Fn.
[864] Vgl. BGH, Urt.v. 25.05.1977, BGHZ 68, S.391 (395); *Flume*, AT BR Bd.2, § 49 5., S.838; Larenz/*Wolf*, AT BR, § 49 I.4.a), Rn.32; Staudinger/*Marburger*, § 167 Rn.73.

der Offenlegung deutlich, dass er nur eine vom Erstvertreter abgeleitete Bevollmächtigung behauptet, und hat deshalb nur für diese zum Prozesszwang führende Behauptung einzustehen, nicht aber für die behauptete Vertretungsmacht des Erstvertreters.

Dem kann nicht entgegengehalten werden, dass der Vertreter das Risiko für jeden Mangel seiner Vertretungsmacht trage und das Gesetz nicht nach dem Grund des Fehlens der Vertretungsmacht frage[865].
Mit der Haftung des unberechtigten Vertreters soll nämlich das Risiko der durch die Zwischenschaltung eines Stellvertreters zusätzlich geschaffenen Gefahrenquelle im Rechtsverkehr erfasst werden[866]. Der Mangel der Vertretungsmacht des Erstvertreters ist aber gerade in dem Rechtsverhältnis des Erstvertreters zum Prinzipal begründet. Die Gefahrenquelle durch das Einsetzen des Erstvertreters ist in eine Fehlerquelle umgeschlagen. Demgegenüber hat sich das Risiko, das durch die zusätzliche Zwischenschaltung des Prozessvertreters außerdem noch besteht, nicht realisiert. Dessen fehlerhafte Bevollmächtigung ist lediglich Folge der mangelnden Vertretungsmacht des Erstvertreters, nicht jedoch eine weitere Fehlerquelle, mit der sich die Gefahr durch den Vertretereinsatz für die Prozessführung verwirklicht hat.

Ein weiterer, gewichtiger Grund, dem Prozessvertreter nicht das Risiko des Mangels der Erstvertretungsmacht aufzubürden, ergibt sich aus dem vorrangigen, sonst nicht zu verwirklichenden Grund dafür, dass eine vollmachtlose Klage überhaupt prozessuale Beachtung findet und rechtshängig werden kann. Dieser besteht u.a. in der Wahrung der Rechte der verhinderten Partei durch einen Dritten im größtmöglichen Umfang (s.o. S. 32 *Teil 1 A.II.1.a)cc)*). Eine solche Wahrnehmung wäre dem Dritten aber praktisch nicht möglich, wenn der von ihm bevollmächtigte Prozessvertreter mit einer Kostenhaftung rechnen müsste. Der Erstvertreter, der sich nicht in der Lage sieht, die Interessen der Partei wahrzunehmen, dürfte kaum einen zur Prozessvertretung bereiten Vertreter finden. Die Übernahme der Prozessführung wäre für diesen mit einem unkalkulierbaren Risiko der Kostenhaftung verbunden, da er i.d.R. als Außenstehender weder die Heilungschancen des Vollmachtsmangels noch, im Hinblick auf einen

---

[865] So aber die Argumentation der Gegenansicht im materiellen Recht, vgl. *Gerlach*, Untervollmacht, S.81 f.; Erman/*Palm*, § 167 Rn.44; MüKo-BGB/*Schramm*, § 167 Rn.76; s.a. RGRK/*Steffen*, § 167 Rn.21; Soergel/*Leptien*, § 167 Rn.62.
[866] Darauf hat zutreffenderweise *Canaris*, Vertrauenshaftung, S.535, mit Blick auf die Risikohaftung für § 179 Abs.1 ZPO hingewiesen; typischer Grundgedanke der Risikolehre sei, dass jemand für einen Mangel aus der eigenen Sphäre einzustehen habe, denn er sei am Mangel „näher dran“ als der beeinträchtigte Dritte; s.a. *Larenz*, JuS 1965, S.373 (374); *Rehbinder*, BB 1965, S.439 (441 f.).

möglichen Rückgriff, die Solvenz des Erstvertreters einschätzen könnte[867]. Eine adäquate Wahrnehmung der Rechte der Partei bliebe dem Erstvertreter damit versagt. Dieses Hindernis würde sich im Anwaltsprozess als noch größer erweisen. Hier wäre dem Erstvertreter ohne einen zur Vertretung bereiten Rechtsanwalt der Zugang etwa zum Landgericht, also gerade dann, wenn es wegen der hohen Vermögenswerte besonders wichtig ist, faktisch gänzlich verwehrt, da er nicht einmal in Person tätig werden könnte[868].

Es muss deshalb dem Prozessvertreter die Möglichkeit eingeräumt werden, durch Offenlegung der Vertretungsverhältnisse eine Kostenlast zu vermeiden.

Dem steht auch nicht entgegen, dass der Prozessvertreter damit für die gegnerische Partei als Kostenschuldner wegfällt und das Insolvenzrisiko des Erstvertreters trägt.
Der Schutz des Gegners wird mit der Haftung des Erstvertreters bereits in genügendem Maße erreicht. Für eine Besserstellung durch einen zusätzlichen Schuldner besteht kein Bedürfnis.

bb) Kostenentscheidung bei verdeckter Mehrstufigkeit

Legt der Prozessvertreter dagegen die Mehrstufigkeit der Vertretung bei Einreichung der Klage nicht offen, so hat er analog § 89 Abs. 1 S. 3 ZPO die Kosten zu tragen, da lediglich in seiner Person der Zurechnungsgrund gegeben ist. Er behauptet dann nur seine Bevollmächtigung durch die Partei. Das Gericht verfügt die Klagezustellung allein aufgrund der Annahme der Bevollmächtigung bzw. Aussicht auf Genehmigung in Bezug auf diesen, erkennbar auftretenden Vertreter, wodurch der Beklagte dann zum vergeblichen Prozessieren gezwungen wird.

---

[867] Der Prozessvertreter wäre sonst gezwungen, sich vom Erstvertreter einen Vorschuss nicht nur für die eigenen Kosten und Gerichtskosten geben zu lassen, sondern müsste sich auch hinsichtlich der zu erwartenden Rechtsanwaltskosten der Gegenseite absichern; angesichts des ungewissen Verfahrensverlaufs ließe sich ein angemessener, das gesamte Prozessrisiko abdeckender Betrag dafür jedoch nur schwer festlegen und würde wegen dieses finanziellen Kraftaktes zu einer unangemessen hohen Hürde für die Wahrnehmung der Rechte der Partei führen, weshalb das Ziel des Gesetzgebers, der verhinderten Partei im gleichen Maße Hilfe zu gewähren wie bei eigener Klage, damit bereits im Vorfeld nicht erreicht werden könnte.

[868] Denkbar ist allenfalls noch die Bestellung eines „Notanwalts" gem. § 78b ZPO, wobei auch hier, wegen des für die Bestellung erforderlichen Antrags der Partei, die Problematik des Vollmachtsmangels zu überwinden wäre; zudem kann auch der beigeordnete Notanwalt gem. § 78c Abs.2 ZPO die Übernahme der Vertretung von einem Vorschuss abhängig machen (vgl. dazu die vorherige Fn.); gelingt es dem Erstvertreter hingegen nicht, einen Prozessvertreter zu finden, wäre er genötigt, um überhaupt die Rechte der Partei wahrnehmen zu können, dem Anwalt die Vollmacht der Partei vorzuspiegeln, so dass der arglistig handelnde Vertreter begünstigt werden würde.

Im Innenverhältnis kann der Prozessvertreter gegenüber dem nicht genannten Erstvertreter ggf. nach § 179 BGB (analog) Rückgriff nehmen. Denn dieser bleibt von der Kostenlast verschont. Die für die Wertung des § 89 Abs. 1 S. 3 ZPO relevanten Merkmale liegen in dem Fall bei ihm nicht vor. Das Gericht lässt seine dem Prozessvertreter gegenüber behauptete Vertretungsmacht bei der Begründung der Rechtshängigkeit unberücksichtigt. Ebenfalls bleibt seine Prozessführung, die Bevollmächtigung des Prozessvertreters, ohne prozessuale Beachtung, so dass ein Zwang für den Beklagten zur Prozessführung von dem Erstvertreter nicht ausgeht.

Stellt sich allerdings die Mehrstufigkeit im Laufe des Verfahrens heraus, kann der Erstvertreter aber noch gem. § 89 Abs. 1 ZPO einstweilen zugelassen werden und ggf. direkt nach § 89 Abs. 1 S. 3 ZPO für die dabei entstehenden Kosten haften.

Die kostenrechtliche Differenzierung in Hinblick darauf, ob die mehrstufige Vertretung aufgedeckt worden ist, verläuft somit konform mit der nur bei Offenlegung gegebenen Möglichkeit des Gerichts, die Vertretungsverhältnisse auf einen Mangel hin zu überprüfen und über die Einleitung bzw. Fortsetzung des Verfahrens zu entscheiden (s.o. S. 57 *Teil 1 A.II.3.*). Demnach zieht auch nur die prozessual relevante Vollmachtsbehauptung eine kostenrechtliche Verantwortung nach sich.

Diese Lösung führt aber auch sonst zu gerechten Ergebnissen. Der Prozessvertreter kann sich mit Hilfe der Offenlegung dem Kostenrisiko entziehen, welches infolge der Bevollmächtigung durch den Erstvertreter und der damit verbundenen Gefahr, dass dieser ohne Vollmacht der Partei handelt, besteht. Letztlich haftet dann der Erstvertreter, der nach materiellem Recht i.d.R. sowieso dafür einstehen müsste.

d) Ergebnis

Erteilt ein vermeintlich von der Partei bevollmächtigter Erstvertreter dem Prozessvertreter Vollmacht für einen Rechtsstreit und reicht der Prozessvertreter eine Klage bei Gericht ein, hängt die Kostenfolge analog § 89 Abs. 1 S. 3 ZPO von der Aufdeckung der mehrstufigen Vertretungsverhältnisse ab. Offenbart der Prozessvertreter seine Untervertretungsmacht, wird der Erstvertreter zur Kostentragung verpflichtet. Verschweigt er sie dagegen, muss er selbst für die Prozesskosten einstehen.

In **Fall 5** hatte der das Verfahren betreibende Rechtsanwalt bei Klageerhebung nicht auf die Mehrstufigkeit der Vertretung hingewiesen, sondern diese erst mit Vorlage der Vollmacht auf Verlangen des Gerichts offenbart. Es kam für die

Begründung der Rechtshängigkeit demgemäß nur auf seine behauptete Vertretungsmacht an, so dass er analog § 89 Abs. 1 S. 3 ZPO die Kosten des Rechtsstreits zu tragen gehabt hätte.
Die Belastung der nicht wirksam vertretenen Partei, wie es das OLG München entschieden hat, ist demgegenüber völlig verfehlt und demonstriert erneut die Auswüchse des Veranlassungsprinzips. Denn eine Zurechnung der erfolglosen Prozessführung des Rechtsanwalts kam mangels erteilter Prozessvollmacht und zusätzlich wegen der bereits erloschenen Handlungsvollmacht nicht in Betracht.

e) Abwandlung: Übermittler einer falschen Vollmacht tritt an den Prozessvertreter heran

Eine andere rechtliche Beurteilung ergibt sich möglicherweise dann, wenn die an den Prozessvertreter herantretende Person sich nicht als Vertreter, sondern als Bote einer von der Partei in Wahrheit nicht erklärten Vollmacht geriert[869].
Diese Konstellation war Gegenstand des Beschlusses des LG Heidelberg[870] vom 21.01.1991.

> **Fall 6:** Der Entscheidung lag der Fall zugrunde, dass den zunächst als Prozessbevollmächtigte auftretenden Rechtsanwälten von einem später als Zeugen benannten Dritten das Mandat zur Geltendmachung von Schadensersatzansprüchen für die Klägerin erteilt worden war. Nach Erhebung der Klage beim Amtsgericht stellte sich jedoch heraus, dass der Dritte die Unterschrift der Klägerin auf dem übergebenen Vollmachtsformular gefälscht hatte. Das Amtsgericht wies daraufhin die Klage ab und erlegte dem Dritten – ohne ihm rechtliches Gehör zu gewähren – die Kosten des Rechtsstreits auf. Das Landgericht hielt die gegen die Kostenentscheidung gerichtete sofortige Beschwerde des Dritten für zulässig und begründet, was zur Aufhebung des Urteils und zur Zurückverweisung führte.

aa) Lösung des LG Heidelberg

In seiner Begründung wies das LG zunächst darauf hin, dass die angefochtene Kostenentscheidung schon deshalb aufgehoben werden müsse, weil dem Beschwerdeführer vor ihrem Erlass kein rechtliches Gehör gewährt worden sei[871].
Inhaltlich sei entscheidend, dass der Dritte weder Partei des Rechtsstreits noch sonstiger Verfahrensbeteiligter gewesen sei, noch einer der vom Gesetz vorgesehenen Sonderfälle vorliege, in denen die Kosten abweichend von der Grund-

---

[869] Davon zu unterscheiden ist der Fall, in dem der richtige Vertreter die Vollmachtserklärung noch nicht abgeben wollte, der Bote sie dennoch übergibt; ein solches „Abhandenkommen" der Willenserklärung ist nach der ZPO bei Prozesshandlungen unerheblich, vgl. zur Klage bei einem Willensmangel *Arens*, Willensmängel bei Parteihandlungen, S.140.
[870] LG Heidelberg, Beschl.v. 21.01.1991, NJW-RR 1992, S.316 f.
[871] LG Heidelberg, Beschl.v. 21.01.1991, NJW-RR 1992, S.316.

regel des § 91 ZPO einem Dritten auferlegt werden könnten (z.B. §§ 101 Abs. 1, 380 Abs. 1, 409 Abs. 1 ZPO)[872].
Zwar sei auch die Belastung des vollmachtlosen Vertreters vom Gesetz nicht vorgesehen, sie könne jedoch auf eine entsprechende Anwendung des § 91 ZPO gestützt werden. Es bestehe aber keine Veranlassung, über diese von Rechtsprechung und Literatur anerkannte Ausnahme und die weiteren gesetzlichen Ausnahmen hinaus, Dritten, die nicht Partei des Rechtsstreits seien, die Kosten aufzuerlegen. Dies gelte jedenfalls dann, wenn ein vollmachtloser Vertreter den Rechtsstreit veranlasst habe und deshalb als Kostenschuldner in Betracht komme. Dementsprechend werde in Rechtsprechung und Literatur die Haftung desjenigen, der das Handeln des vollmachtlosen Vertreters seinerseits veranlasst habe, bzgl. der Kosten nur insoweit diskutiert, als dieser Partei des Rechtsstreits sei. Dieses wiederum entspreche der Grundregel der §§ 91 ff. ZPO, wonach regelmäßig nur Parteien für die Kosten des Rechtsstreits hafteten.

bb) Stellungnahme
Die Begründung des LG Heidelberg kann nicht überzeugen. Sie entspricht jedoch offenbar der Auffassung der herrschenden Lehre, die sich regelmäßig auf diese Entscheidung beruft[873].
Einerseits soll es nach der Argumentation des Landgerichts für die Haftung des Dritten außerhalb einer Parteistellung darauf ankommen, ob er Verfahrensbeteiligter ist oder einer der gesetzlichen Sonderfälle vorliegt. Dabei bleibt auch hier offen, welche Qualität die Verfahrensbeteiligung aufweisen muss. Reicht demnach die Benennung als Zeuge für die Verfahrensbeteiligung noch nicht aus, müsste diese aber konsequenterweise zu bejahen sein, wenn der Dritte als Zeuge vernommen oder ihm vor der Kostenbelastung vom Amtsgericht rechtliches Gehör gewährt worden wäre, was erneut zeigen würde, wie stark das konturenlose Kriterium der Verfahrensbeteiligung von Zufälligkeiten abhängig ist.
Andererseits führt das Landgericht später aus, dass die Haftung eines Dritten, welcher weder Partei noch veranlassender vollmachtloser Vertreter sei, nicht in Betracht komme. Wenn aber über die „anerkannte Ausnahme" für den vollmachtlosen Vertreter hinaus keine weiteren Ausnahmen zuzulassen sind, dann entbehrt das Kriterium der Verfahrensbeteiligung jeglicher Relevanz und stellt sich nur als Scheinargument mit Raum für Billigkeitsentscheidungen dar.

Dennoch ist dem Landgericht im Ergebnis zuzustimmen.
Die Kostentragungspflicht der Klägerin ist ausgeschlossen, da ihr ohne eine von ihr erteilte Vertretungsmacht die Klage nicht zugerechnet werden kann.

---

[872] LG Heidelberg, Beschl.v. 21.01.1991, NJW-RR 1992, S.316 (317).
[873] Vgl. nur Musielak/*Weth*, § 89 Rn.15; Thomas/Putzo/*Putzo*, § 89 Rn.11; Zöller/*Vollkommer*, § 88 Rn.11.

Für die Haftung des Überbringers der falschen Vollmacht fehlt es ebenfalls an einer Haftungsgrundlage. Die Grenzen der Belastung Dritter mit den Kosten liegen dort, wo der Dritte von den kostenrechtlichen Normen nicht mehr erfasst wird. Insoweit sind die Ausführungen des LG Heidelberg zutreffend. Eine Haftung nach §§ 380 Abs. 1 S. 1, 390 S. 1 ZPO ist ohne Verletzung der öffentlichrechtlichen Zeugenpflicht nicht angezeigt. Auch bekleidet der Bote keine Parteirolle im Zwischenverfahren nach §§ 71, 135, 372a, 387, 408 ZPO oder eine Position als Nebenintervenient gem. §§ 66 ff., 101 ZPO. Schließlich maßt er sich keine prozessführende Vertreterstellung an, so dass auch eine Kostenhaftung nach § 89 Abs. 1 S. 3 ZPO (analog) nicht in Frage kommt[874].
Es hat deshalb der vollmachtlose Prozessvertreter die Kosten des Rechtsstreits analog § 89 Abs. 1 S. 3 ZPO zu tragen. Dabei kann er sich nicht durch Offenlegung der Übergabe der Vollmachtserklärung von der Haftung freihalten, da die Umstände der Erlangung der Vollmacht von der vertretenen Partei für den Zwang der Gegenseite zum Prozessieren ohne Bedeutung sind und somit nicht den Zurechnungsgrund des § 89 Abs. 1 S. 3 ZPO verwirklichen können.
Der Prozessvertreter wird sich deshalb bei Überbringung der Vollmacht durch einen Boten im Wege der Rücksprache mit der Partei schützen müssen und ist andernfalls auf einen Regress in einem Zweitprozess gegen den Boten angewiesen.

cc) Ergebnis
Tritt jemand als Bote auf und übergibt dem Prozessvertreter eine falsche Vollmacht, haftet der Vertreter nach § 89 Abs. 1 S. 3 ZPO analog für die Kosten des Rechtsstreits.

In **Fall 6** waren deshalb – im Ergebnis wie vom LG Heidelberg entschieden – den vollmachtlosen Rechtsanwälten die Kosten aufzuerlegen.

2. Mehrstufigkeit bei gesetzlicher und ihr gleichgestellter Vertretung
Das Problem der fehlenden Vertretungsmacht kann sich auch ergeben, wenn ein gesetzlicher Vertreter an den Prozessvertreter herantritt, wie es in dem Beschluss des LG Göttingen[875] vom 03.11.1987 der Fall war.

> **Fall 7:** Der Beschluss betraf die sofortige Beschwerde eines eingetragenen Vereins gegen einen Kostenbeschluss des Amtsgerichts. Gegenstand des amtsgerichtlichen Verfahrens war ein für den Verein gestellter Antrag auf Erlass einer einstweiligen Verfügung. Die handelnden Rechtsanwälte

[874] Die behauptete Botenmacht spielt bei der Entscheidung des Richters über die Zustellung allenfalls mittelbar für die Einschätzung der Vollmachtsfrage eine Rolle, ohne jedoch haftungsbegründend nach § 89 Abs.1 S.3 ZPO sein zu können.
[875] LG Göttingen, Beschl.v. 03.11.1987, NJW-RR 1988, S.1273 f.

waren von zwei ungültig gewählten Vorstandsmitgliedern des Vereins beauftragt worden. Im Verlauf des Prozesses nahmen sie den Antrag wieder zurück, woraufhin das Amtsgericht dem Verein die Verfahrenskosten auferlegte.

a) Von der Rechtsprechung und Literatur vertretene Lösung

Die Rechtsprechung und Literatur hat die Konstellation der mehrstufigen Vertretung mit einem nicht berechtigten gesetzlichen Erstvertreter bisher nicht problematisiert, sondern lediglich die Kostenverteilung zwischen dem Kläger und dem vermeintlich gesetzlichen Vertreter erörtert.

Bei näherer Betrachtung der sich hierzu äußernden Gerichtsentscheidungen fällt auf, dass auch diesen eigentlich ein Sachverhalt mit mehrstufiger Vertretung zugrunde lag, der ohne gesetzliche Vertretungsmacht Auftretende also jeweils einen Rechtsanwalt mit der Verfahrensdurchführung beauftragt hatte[876]. Für die Kostenentscheidung macht es der Rechtsprechung zufolge also keinen Unterschied, ob der nichtlegitimierte gesetzliche Vertreter selbst Klage einreicht oder dieses von einem Prozessvertreter vornehmen lässt.

Die Gerichte[877] haben in diesen Fällen seit der reichsgerichtlichen Judikatur[878] bis heute stets dem scheinbar gesetzlichen bzw. organschaftlichen Vertreter die Verfahrenskosten auferlegt[879]. Dabei wird in der Begründung im Wesentlichen nicht von der Argumentation abgewichen, wie sie im Fall der Vertretung ohne Vollmacht angeführt wird (s.o. S. 103 ff. *Teil 2 A.I.2.a)*).

---

[876] Das ergibt sich teilweise explizit aus dem Sachverhalt bzw. den Entscheidungsgründen; in anderen Entscheidungen lässt es sich daraus schließen, dass sie ein Anwaltsverfahren zum Gegenstand haben; vgl. die in den nachfolgenden Fn. genannten Entscheidungen.

[877] BGH, Urt.v. 04.05.1955, MDR 1955, S.468 (470); so auch OLG Frankfurt, Beschl.v. 21.01.1952, Rpfleger 1952, S.432; unter Anwendung des Veranlassungsprinzips: OLG Schleswig, Beschl.v. 22.05.1978, SchlHA 1978, S.114; OLG Hamm, Urt.v. 16.01.1989, NJW-RR 1989, S.1532 (1534); OLG Karlsruhe, Beschl.v. 01.02.1996, FamRZ 1996, S.1335; OLG Köln, Urt.v. 27.02.1997, GmbHR 1997, S.601 (602); LG Göttingen, Beschl.v. 03.11.1987, NJW-RR 1988, S.1273 (1274); vgl. auch AG Brakel, Urt.v. 18.05.1988, FamRZ 1988, S.849 (852), zur Haftung einer juristischen Person des öffentlichen Rechts bei fehlender Vertretungsmacht.

[878] RG, Urt.v. 03.07.1899, Gruchot's Beiträge 46 (1902), S.1170 (1171); RG, Urt.v. 03.10.1904, Gruchot's Beiträge 49 (1905), S.664 (665 f.); RG, Urt.v. 20.04.1907, RGZ 66, S.37 (39); so auch OLG Dresden, Urt.v. 24.01.1908, OLG Rspr 20 (1910), S.36 (37).

[879] Anders nur BGH, Beschl.v. 22.07.1997, NJW-RR 1998, S.63; OLG Karlsruhe, Beschl.v. 21.03.1997, NJW-RR 1997, S.1290 f., die jedoch keine hier nur relevante vollmachtlose Klageerhebung betrafen, sondern den Prozessvertreter wegen eines Antrages nach § 269 Abs.3 S.2 ZPO für eine nichtexistente Partei in Kenntnis seiner Vollmachtlosigkeit mit den dadurch verursachten Kosten belasteten; zur Kenntnis von dem Vollmachtsmangel s.u. S.237 ff. *Teil 2 C.III.*

Diese Rechtsprechung ist in der Lehre von Anfang an auf Zustimmung gestoßen[880]. Das moderne Schrifttum[881] stützt sich hierfür wiederum auf eine Kostentragungspflicht aufgrund Veranlassung bzw. analog § 91 ZPO. Der gesetzliche Vertreter sei wie ein Prozessbevollmächtigter Verfahrensbeteiligter und damit nach dem Veranlassungsprinzip haftbar. Denn beide übten Einfluss auf den Rechtsstreit aus, indem sie das Recht zu Prozesshandlungen für die Partei – im Rahmen der §§ 51, 78 ZPO sogar in Wirksamkeit begründender Weise – wahrnehmen könnten und gem. §§ 56 Abs. 2, 89 Abs. 1 S. 1 ZPO ein Recht zur vorübergehenden Prozessführung hätten[882].

Eine Kostenentscheidung zulasten der vertretenen Partei findet sich in der Rechtsprechung nicht. Dementsprechend hat das OLG Hamm[883] im Zusammenhang mit einer organschaftlichen Vertretung ausgeführt, dass der Partei selbst das Auftreten des vertretungsmachtlosen Vertreters nicht als von ihr veranlasst zugerechnet werden könne, da sie zumindest nach außen hin nicht in der Lage sei, einen beachtlichen Willen zu entwickeln.
Demgegenüber soll nach der das Veranlassungsprinzip favorisierenden Lehre[884] die Partei allerdings dann haften können, wenn diese das Auftreten des vermeintlich gesetzlichen Vertreters veranlasst hat, wie es insbesondere im Bereich der organschaftlichen Vertretung als möglich erachtet wird[885]. Weitere Angaben dazu, unter welchen Voraussetzungen hier von einer Veranlassung gesprochen werden kann, werden nicht gemacht. Vielmehr wird i.d.R. nur pauschal auf die Ausführungen zur vollmachtlosen Prozessvertretung verwiesen.

In **Fall 7** hat das LG Göttingen auf die sofortige Beschwerde seitens des Vereins gegen den diesen belastenden Kostenbeschluss hin die Entscheidung des

---

[880] *Pfizer*, ZZP 13 (1889), S.156 (181); *Hellwig*, LB ZPR Bd.2, § 125 III.1.b), S.391 f., § 129 I.2.a), S.423; Förster/*Kann*, § 88 Anm.4a; a.A. allein *Planck*, CPR Bd.2/1, § 95, S.90 f., mit der gleichen Argumentation wie bei dem vollmachtlosen Vertreter, die hier aber bereits abgelehnt wurde (s.o. S.109 ff. *Teil 2 A.I.3.a)aa), b)*).

[881] *Schneider*, Rpfleger 1976, S.229 (230); *Vollkommer/Schwaiger*, FamRZ 1996, S.1337; *Fleddermann*, Kostenrechtliche Probleme, S.126; *Schmitz*, Kostenentscheidung für oder gegen Dritte, S.70; Rosenberg/Schwab/*Gottwald*, ZPR, § 56 II.2., S.301; Baumbach/Lauterbach/*Hartmann*, § 56 Rn.18; MüKo-ZPO/*Lindacher*, §§ 51, 52 Rn.34; Stein/Jonas/*Bork*, § 56 Rn.13a; Wieczorek/Schütze/*Steiner*, § 91 Rn.4; Zöller/*Vollkommer*, § 56 Rn.11, § 88 Rn.11; s.a. *Henckel*, Parteilehre, S.125 (Fn.45), für den Verwalter fremden Vermögens unabhängig von der Amts- oder Organtheorie; vgl. hierzu auch *Fleddermann*, Kostenrechtliche Probleme, S.57, 123 m.w.N.

[882] *Fleddermann*, Kostenrechtliche Probleme, S.105.

[883] OLG Hamm, Urt.v. 16.01.1989, NJW-RR 1989, S.1532 (1534).

[884] *Schmitz*, Kostenentscheidung für oder gegen Dritte, S.70; Baumbach/Lauterbach/*Hartmann*, § 56 Rn.18; Wieczorek/Schütze/*Hausmann*, § 51 Rn.54.

[885] Rosenberg/Schwab/*Gottwald*, ZPR, § 54 II.4.d), S.290; MüKo-ZPO/*Lindacher*, §§ 51, 52 Rn.34; Wieczorek/Schütze/*Hausmann*, § 51 Rn.54.

Amtsgerichts aufgehoben und die als gesetzliche Vertreter aufgetretenen, ungültig gewählten Vorstandsmitglieder zur Kostentragung verpflichtet.
Sie hätten als Vertreter ohne Vertretungsmacht den Rechtsstreit veranlasst. Denn wie das RG (RGZ 66, 39) bereits entschieden habe, müsse derjenige, der unberechtigt als gesetzlicher Vertreter eines anderen einen Prozess führe, selbst entsprechend §§ 177, 179 BGB die Kosten des Rechtsstreits tragen. Es sei allgemein anerkannt, dass derjenige die Verfahrenskosten zu tragen habe, der das Auftreten des vollmachtlosen Vertreters veranlasst habe. Als Veranlasser werde dabei derjenige angesehen, der entweder selbst den Rechtsstreit führe oder einen anderen beauftrage, für ihn den Rechtsstreit zu führen. Dementsprechend seien die beiden vermeintlichen Vertreter nicht vom Verein zur Prozessführung beauftragt gewesen, sondern hätten ihrerseits die Rechtsanwälte zur Antragstellung und damit den Rechtsstreit veranlasst.

b) Stellungnahme

Die in der Rechtsprechung und grundsätzlich auch in der Literatur vertretene Kostenentscheidung zulasten des vermeintlich gesetzlichen Vertreters erscheint im Ergebnis richtig und unter den gleichen, hier vertretenen Haftungsvoraussetzungen gerechtfertigt, wie bei der vollmachtlosen Prozessvertretung.

aa) Keine Kostenbelastung des Klägers

Die von der Rechtsprechung bisher zum Ausdruck gebrachte Ablehnung der Kostenbelastung der Partei bei dem Auftreten eines vermeintlich gesetzlichen Vertreters als Erst- oder Prozessvertreter ist zutreffend.

Eine Haftung des prozessunfähigen Klägers scheitert an der Unanwendbarkeit des § 91 Abs. 1 S. 1 ZPO, da ihm das Prozessieren des Vertreters ohne die gesetzliche Vertretungsmacht nicht zugerechnet werden kann und die Vorschrift dann nicht zur Anwendung kommt (s.o. S. 127 *Teil 2 A.I.3.c)*).
Wie bei einer vollmachtlosen Prozessvertretung sind auch keine anderen Normen in der ZPO vorhanden, die diese kostenrechtliche Problematik erfassen, weshalb auch hier eine Regelungslücke vorliegt.

Die abweichende Annahme in der Literatur, auch die Partei könne bei Veranlassung des gesetzlichen Vertreters die Kostenlast treffen, zeigt die Ungeeignetheit der Veranlassung als Zurechnungsprinzip. Behauptet der Vertreter eine gesetzliche Vertretungsmacht, ist nicht zu erklären und im Schrifttum auch nicht dargelegt, wie die Partei ihn zur Prozessführung „veranlassen" soll, will man „Veranlassung" nicht auf das als uferlos und willkürlich erkannte Kriterium der Kausalität reduzieren (s.o. S. 154 ff. *Teil 2 A.I.4.c)bb)(4)*).
Denn der nicht berechtigte Prozessvertreter macht sich mit der behaupteten gesetzlichen Vertretungsmacht eine Stellung zu eigen, welche nicht auf dem Wil-

len des Vertretenen beruht, sondern sich aus dem Gesetz ableitet. Ein gesetzlicher Vertreter ist bei der Führung des Prozesses vom Wissen und Willen der prozessunfähigen Partei unabhängig[886]. Die Partei bleibt wegen ihrer prozessualen Handlungsunfähigkeit gegenüber dem gesetzlichen Vertreter i.d.R. völlig „ausgeschaltet“[887] und ist somit grundsätzlich, wie das OLG Hamm zutreffend ausgeführt hat, nicht in der Lage, nach außen hin einen beachtlichen Willen zu entwickeln. Eine denkbare „Veranlassung“ des vermeintlichen gesetzlichen Vertreters, etwa durch eine interne Anweisung der Partei, ist deshalb, wenn darin nicht ausnahmsweise eine eigenständige Bevollmächtigung zu erblicken ist (s.o. S. 209 *Teil 2 C.I.1.c)bb)(1)*), rechtlich unerheblich und kann nicht zu einer Zurechnung führen. Andernfalls würden die rechtlichen Anforderungen z.B. an das elterliche Sorgerecht oder die Vormundschaft als Voraussetzung für das Handeln eines gesetzlichen Vertreters mit Fremdwirkung unterlaufen werden.
Die Anforderungen des Gesetzes an das Zustandekommen bzw. Fortbestehen der Vertretungsmacht sind auch entscheidend dafür, dass insbesondere im Bereich der organschaftlichen Vertretung eine „Veranlassung“ nicht durch eine unwirksame oder entfallene Bestellung erfolgen kann. Würde man in diesen Fällen eine Zurechnung bejahen, bliebe die hier zum Tragen kommende Wertung des Gesetzes unbeachtet. Die Bindung der Willensbildung einer Gesellschaft an die Form eines (wirksamen) Beschlusses soll nämlich die dadurch berührten Mitgliederinteressen wahren. Dies ist in dem vom Gesetz vorgesehenen Rahmen aber nur möglich, wenn die etwa an eine Unwirksamkeit der Bestellung des Vertretungsorgans oder dessen Abberufung geknüpften gesetzlichen Folgen berücksichtigt werden. Mit einer Zurechnung im Wege der „Veranlassung“ wäre dies nicht gesichert.

Die Gründe für die Motivation des Vertreters zur Klageeinreichung sind deshalb letztlich unerheblich und können sich allenfalls im Innenverhältnis zur Partei im Hinblick auf einen Regress auswirken.

bb) Haftung des gesetzlichen Vertreters

Zu prüfen ist, wie die aufgezeigte Regelungslücke zu schließen ist.

(1) Kritische Würdigung der Begründung in der Rechtsprechung und Lehre

Die in der Literatur und Rechtsprechung eingeschlagenen Lösungswege, wie das Heranziehen der Grundsätze der §§ 177, 179 BGB oder der Entscheidung nach dem Veranlassungsprinzip, sind aus den im Zusammenhang mit der vollmacht-

---

886 *Planck*, CPR Bd.1, § 46 IV., S.224; Stein/Jonas/*Bork*, § 51 Rn.22; Thomas/Putzo/*Putzo*, § 51 Rn.3.

887 *Hellwig*, System Teil 1, § 81 IV.2., S.194.

losen Klage genannten Gründen als ungeeignet abzulehnen (s.o. S. 134 ff. *Teil 2 A.I.4.c)*).

Aber auch eine analoge Anwendung des § 91 Abs. 1 S. 1 Hs. 1 ZPO auf den angeblichen Vertreter scheidet aus.
Zwar hat der gesetzliche Vertreter, wie es die amtliche Begründung des ZPO-Entwurfs ausdrückt[888], „die Befugnisse und Pflichten einer Partei", d.h. er „steht der Partei gleich und ist, wie diese, zu allen Prozesshandlungen befugt, soweit das Gesetz nicht etwas Anderes bestimmt"[889]. Allerdings ist auch hier der Vertretene Partei und die Wirkungen der Handlungen des gesetzlichen Vertreters treten wie bei der Bevollmächtigung allein in der Person des Vertretenen ein[890]. Das gilt auch, wenn dem gesetzlichen Vertreter seine Vertretungsmacht fehlt. Er wird nicht Partei oder unterliegt im Rechtsstreit, sondern bleibt prozessual Dritter. Eine Zurechnung der im fremden Namen getätigten Handlungen als eigene ist in der ZPO und im bürgerlichen Recht nicht vorgesehen (s.o. S. 167 *Teil 2 A.I.4.c)cc)*). Vielmehr handelt auch der vermeintliche gesetzliche Vertreter erfolgsunabhängig und ohne eigene rechtliche Interessen am Prozess, da er keine eigene Rechtsposition verfolgt. Er bleibt also trotz seiner umfangreichen Befugnisse ein von der Partei zu unterscheidender Dritter ohne die Möglichkeit einer Unterliegenshaftung.

Es kann schließlich auch nicht für die Kostenentscheidung auf das Recht zur Vornahme von Prozesshandlungen und einer daraus hergeleiteten Stellung als Verfahrensbeteiligter ankommen. Auf derartige Kriterien stellt die ZPO für die Kostenhaftung nicht ab. Dies zeigt etwa der Fall einer ordnungsgemäß für eine prozessunfähige Partei eingereichten Klage, anlässlich welcher die Partei prozessual „ausgeschaltet" ist, aber dennoch wegen ihrer Stellung Verfahrensbeteiligte ist und beim Unterliegen in die Kosten verurteilt werden kann.

(2) Eigene Begründung
Die mehrstufige Vertretung mit einem vermeintlich gesetzlichen Vertreter unterscheidet sich hinsichtlich der prozessualen Wirkungen nicht von der offengelegten Mehrstufigkeit einer angeblichen Vollmachtskette.

---

[888] *Hahn*, Materialien Reichs-Justizgesetze Bd.2/1, S.169.
[889] Dieser in der ZPO nicht ausdrücklich ausgesprochene Grundsatz kommt in zahlreichen Vorschriften zum Ausdruck, in denen es auf die Person des gesetzlichen Vertreters ankommt: Fortbestand der Vollmacht (§ 86 ZPO), Zustellung (§ 171 ZPO), Unterbrechung und Aussetzung des Verfahrens (§§ 241, 246 ZPO), Parteivernehmung (§ 455 Abs.1 ZPO); darüber hinaus ist auch die Anwendbarkeit weiterer Parteinormen anerkannt, wie etwa die der Ausschließung oder Ablehnung eines Richters (§§ 41, 42 ZPO), des Anwaltsprozesses bzw. Beistandes (§§ 78, 90 ZPO) und des persönlichen Erscheinens (§§ 141, 273 Abs.2 Nr.3, 613 ZPO).
[890] Rosenberg/Schwab/*Gottwald*, ZPR, § 54 II.4.a), S.290; Musielak/*Weth*, § 51 Rn.12.

Der gesetzliche Vertreter wird gem. §§ 253 Abs. 4, 130 Nr. 1 Hs. 1 ZPO im Klagerubrum aufgeführt. Das Gericht bewirkt auf der Grundlage dieser und der vom Prozessvertreter behaupteten Vollmacht die Klagezustellung und den Zwang für den Beklagten zur Prozessführung. Es bietet sich deshalb an, auch hier den (gesetzlichen) Erstvertreter im Wege einer analogen Anwendung des § 89 Abs. 1 S. 3 ZPO für die Kosten des Rechtsstreits haften zu lassen und damit die Regelungslücke in dieser Kostenfrage zu schließen.
Das setzt aber voraus, dass eine Haftung des vermeintlich gesetzlichen Vertreters analog § 89 Abs. 1 S. 3 ZPO überhaupt möglich ist.

(a) Analoge Anwendbarkeit des § 89 Abs. 1 S. 3 ZPO auf den vermeintlich gesetzlichen Vertreter

Die für die rechtliche Wertung dieser Norm gemäß ihrer ratio legis maßgebenden Tatbestandsmerkmale (s.o. S. 172 *Teil 2 A.I.4.d)aa)(1)(c)*) liegen wie bei der Vollmachtlosigkeit des Vertreters auch bei der Verfahrenseinleitung durch einen Vertreter ohne gesetzliche Vertretungsmacht vor.
Reicht nämlich ein Vertreter mit der Behauptung seiner gesetzlichen Vertretungsmacht Klage ein und geht der Richter von dessen Vorliegen oder der Heilbarkeit eines Vertretungsmangels aus, leitet das Gericht das Verfahren ein. Der Beklagte wird, wie im Fall der einstweiligen Zulassung, unter Aufwendung von Prozesskosten zum Prozessieren gezwungen. Erweist sich die Klage als unzulässig, weil der Vertreter nicht zur gesetzlichen Vertretung berechtigt ist, droht auch hier wieder die Gefahr, dass er nach materiellem Recht keinen Erstattungsanspruch hinsichtlich der von ihm aufgewendeten Kosten hat. Der nach der ratio legis von § 89 Abs. 1 S. 3 ZPO verfolgte Schutz- und Ausgleichszweck kommt somit in diesem Fall gleichermaßen zum Tragen.
Außerdem ist der für die Kostenanlastung erforderliche Zurechnungsgrund bei dem vermeintlichen gesetzlichen Vertreter gegeben. Indem dieser sich als gesetzlicher Vertreter geriert, behauptet er ebenfalls seine Vertretungsmacht. Die vom Gericht deshalb gewonnene Einschätzung des Vorliegens der Vertretungsmacht und die daraufhin berücksichtigte Klage ermöglicht dem Vertreter die Prozessführung. Deren Ausübung birgt das Risiko, dass es an der gesetzlichen Vertretungsmacht fehlt, die Prozessführung unwirksam ist und der Beklagte so vergeblich zum kostenauslösenden Prozessieren gezwungen wird.

Die verbleibenden Unterschiede, die sich aus der behaupteten gesetzlichen statt der gewillkürten Vertretungsmacht ergeben, sind nicht dergestalt, dass sie der Analogie entgegenstehen. Denn der ausgeübte Zwang zur vergeblichen Prozessführung tritt unabhängig von der Art der angeblichen Vertretungsmacht ein.
Unerheblich ist außerdem die Abweichung, dass hinsichtlich der gesetzlichen Vertretungsmacht keine Nachweispflicht gem. § 80 ZPO besteht, sondern es sich dabei um eine von Amts wegen zu berücksichtigende Prozessvoraussetzung

handelt. Im Parteiprozess hat das Gericht gem. § 88 Abs. 2 ZPO genauso die Vollmacht von Amts wegen zu prüfen. Fehlt sie, mangelt es an der Prozessvoraussetzung der ordnungsgemäßen Klage, weshalb sie wie bei dem gesetzlichen Vertretungsmangel als unzulässig abzuweisen ist.

(b) Folgerungen für die mehrstufige Vertretung

Die haftungsrechtliche Gleichbehandlung von nicht bestehender, gewillkürter und gesetzlicher Vertretungsmacht des die Klage einreichenden Vertreters setzt sich auch bei mehrstufiger Vertretung fort.

Der gesetzliche Pseudovertreter bevollmächtigt den Prozessvertreter mit dem Risiko, dass seine mit der Nennung als gesetzlicher Vertreter in der Klageschrift behauptete Vertretungsmacht nicht besteht, die Vollmachtserteilung unwirksam ist und der Beklagte daher vergeblich zum Streiten unter Aufwendung von Kosten gezwungen wird. Der damit auch bei dem gesetzlichen Erstvertreter vorliegende, für die analoge Anwendung des § 89 Abs. 1 S. 3 ZPO maßgebende Zurechnungsgrund ist demgegenüber bei dem Prozessvertreter zu verneinen, da sich das Risiko der Unwirksamkeit der behaupteten Vollmacht durch seine Zwischenschaltung nicht verwirklicht hat (s.o. S. 225 f. *Teil 2 C.II.1.c)aa)(2)*).

Die mehrstufige Vertretung mit einem vermeintlich gesetzlichen Erstvertreter ist also kostenrechtlich wie der Fall einer vollmachtlosen, offengelegten mehrstufigen Vertretung zu behandeln.

Der in der Rechtsprechung und Literatur vertretenen Ansicht, nach der dem gesetzlichen Vertreter die Kosten aufzuerlegen sind, ist also im Ergebnis zuzustimmen.

c) Ergebnis

Bevollmächtigt der vermeintlich gesetzliche Erstvertreter einen Prozessvertreter, um für eine Partei ein Verfahren einleiten zu lassen, und wird die Klage wegen des Vertretungsmangels als unzulässig abgewiesen oder wird sie zurückgenommen, hat der (gesetzliche) Erstvertreter die Kosten des Rechtsstreit analog § 89 Abs. 1 S. 3 ZPO zu tragen.

Demzufolge waren in **Fall 7** in Übereinstimmung mit der Ansicht des LG Göttingen den ungültig gewählten Vorstandsmitgliedern die Prozesskosten aufzuerlegen.

III. Gutgläubigkeit des Prozessvertreters hinsichtlich seiner Vertretungsmacht

In der jüngsten Entwicklung der Rechtsprechung und Literatur, die von der oben bereits dargestellten Leitentscheidung des BGH[891] vom 04.03.1993 ausgeht (s.o.

[891] BGH, Beschl.v. 04.03.1993, BGHZ 121, S.397 (400).

S. 200 f. *Teil 2 C.I.1.*), wird für die Bewertung des vollmachtlosen Vertreters als Veranlasser zusätzlich darauf abgestellt, ob er hinsichtlich des Bestehens der Vollmacht gutgläubig ist.
Dieses (neue) Kriterium kam auch in einem Beschluss des OLG Frankfurt[892] vom 11.07.1996 zum Tragen:

> **Fall 8:** Dort hatte der Prokurist einer GmbH für diese in der fehlerhaften Annahme seiner Vertretungsberechtigung zunächst Klage, nach deren Abweisung Berufung bei dem OLG eingelegt. Die Klage richtete sich gegen zwei Gesellschafter der GmbH, darunter der Geschäftsführer, wegen einer Wettbewerbsstreitigkeit. Im Laufe des Verfahrens wurde die Gesellschaft aufgelöst und die Berufung durch ihren Liquidator zurückgenommen.

1. Darstellung des Meinungsstandes

Die neue Tendenz der höchstrichterlichen Rechtsprechung wird zwar von den Instanzgerichten und der Lehre ganz überwiegend mitgetragen, ist aber nicht unbestritten geblieben.

a) Die Ansicht der Rechtsprechung

Nach der o.g. Leitentscheidung des Bundesgerichtshofs, die den Fall einer Prozessunfähigkeit des Klägers und der daraus resultierenden vollmachtlosen Prozessvertretung betraf, kommt der Vertreter als Veranlasser in der Regel dann in Betracht, wenn er den Mangel der Vollmacht kennt[893].
Unter Verweis auf die Entscheidung des Reichsgerichts[894] vom 21.11.1902 führt der BGH aus: Wenn der Vertreter jedoch gutgläubig im Besitz einer tatsächlich erteilten Vollmacht sei, handele er, anders als im Fall des § 89 ZPO, nicht im Bewusstsein seiner fehlenden Legitimation, sondern als ein von der Prozessordnung vorgeschriebener Vertreter seiner Partei. Nicht er, sondern die Partei habe dann den Prozess veranlasst[895].
Später stellt der BGH in demselben Beschluss klar, dass sich eine verschuldensunabhängige Kostenhaftung weder aus dem Gesetz noch aus dem sich daraus ergebenden Veranlassungsprinzip rechtfertigen lasse. Sie werde der Stellung des Rechtsanwalts im Prozess und der Tatsache nicht gerecht, dass eine Partei sich

---

[892] OLG Frankfurt, Beschl.v. 11.07.1996, NJW-RR 1997, S.31.
[893] BGH, Beschl.v. 04.03.1993, BGHZ 121, S.397 (400); dem folgend BGH, Beschl.v. 22.07.1997, NJW-RR 1998, S.63; OLG Karlsruhe, Beschl.v. 01.02.1996, FamRZ 1996, S.1335; KG Berlin, Beschl.v. 02.02.1996, WuM 1996, S.377; OLG Karlsruhe, Beschl.v. 21.03.1997, NJW-RR 1997, S.1290 (1291); OLG Brandenburg, Beschl.v. 29.09.2000, NJW-RR 2002, S.265 (266).
[894] RG, Beschl.v. 21.11.1902, RGZ 53, S.65 (67).
[895] Ebenso KG Berlin, Beschl.v. 02.02.1996, WuM 1996, S.377; OLG Frankfurt, Beschl.v. 22.05.1996, MDR 1997, S.303.

im Anwaltsverfahren vertreten lassen müsse[896]. Sie sei geeignet, wegen der für den Rechtsanwalt unabsehbaren Haftungsrisiken die Rechtsverfolgung sachfremd zu erschweren und dadurch die Rechtspflege zu beeinträchtigen. Die Frage, ob ein vollmachtloser Prozessvertreter den Mangel der Vollmacht habe erkennen können, sei für die Kostenverteilung unerheblich, da sie nur das Innenverhältnis zwischen der Partei und ihrem Vertreter betreffe[897].
Damit wich der BGH inhaltlich von einem früheren Beschluss ab, in dem noch einem gutgläubigen Rechtsanwalt die Kosten des Revisionsverfahrens auferlegt worden waren[898].
Der BGH hat diese Rechtsprechung in weiteren Entscheidungen am 22.07.1997 und 18.05.2000 bestätigt[899].

Das OLG Frankfurt[900] hat sich in einem Beschluss vom 22.05.1996 ergänzend zum BGH um eine weitere Begründung für die Ablehnung der „verschuldensunabhängigen“ Kostenhaftung des Prozessvertreters bemüht.
Dieser habe im Rechtsstreit lediglich eine rein verfahrensrechtliche Funktion. Er sei nicht wie im materiellen Recht Repräsentant der Partei, welcher für sie über die Durchführung des Prozesses entschieden habe. Vielmehr weise er sich allein als Prozessvertreter der Partei aus, dem für das von ihm in deren Auftrag betriebene Verfahren Prozessvollmacht erteilt worden sei. Er nehme kein weiteres Vertrauen in seine Befugnis in Anspruch, als aufgrund eines „ordentlichen“ Mandats handeln zu dürfen. Ihm könne deshalb, anders als im materiellen Recht, nicht die Verantwortung auferlegt werden, sicherzustellen und wirtschaftlich dafür einzustehen, dass er hierzu auch befugt sei. Andernfalls werde einem Rechtsanwalt in kostenrechtlicher Hinsicht ein Teil des prozessualen Erfolgsrisikos seines Auftraggebers nicht nur im Verhältnis zu ihm selbst, sondern auch – völlig systemwidrig – im Verhältnis zu dessen Gegenpartei auferlegt. Eine solche verschuldensunabhängige Kostenhaftung würde die Stellung des RA als unabhängiges Organ der Rechtspflege im Kern erschüttern.

Auch die übrigen Oberlandesgerichte[901] sind dem BGH im Wesentlichen gefolgt. Abweichungen gibt es nur hinsichtlich der Anforderungen an die Gutgläubigkeit.

---

[896] Zustimmend *Kempter*, NJW 1993, S.2158 (2159); *Fleddermann*, Kostenrechtliche Probleme, S.122.
[897] BGH, Beschl.v. 04.03.1993, BGHZ 121, S.397 (401).
[898] BGH, Beschl.v. 18.11.1982, VersR 1983, S.183 f.
[899] BGH, Beschl.v. 22.07.1997, NJW-RR 1998, S.63, dem die Entscheidung des OLG Karlsruhe, Beschl.v. 21.03.1997, NJW-RR 1997, S.1290 f. vorlag; BGH, Beschl.v. 18.05.2000, NJW-RR 2000, S.1499 (1500).
[900] OLG Frankfurt, Beschl.v. 22.05.1996, MDR 1997, S.303.

Während der BGH in seiner Leitentscheidung noch allein auf die tatsächliche Kenntnis der fehlenden Legitimation für eine Kostenhaftung abstellte und die Frage, ob der Vertreter dies „hätte bemerken können“, außer Acht ließ, genügte dem BGH im Beschluss vom 22.07.1997 die Kenntnis der Tatsachen, die rechtlich auf die fehlende Vertretungsmacht schließen lassen[902].
Das OLG Zweibrücken[903] will den Umstand, ob der Vertreter den Mangel „hätte bemerken müssen“ – statt, wie der BGH, „hätte bemerken können“ – unberücksichtigt lassen. Das KG Berlin[904] meint, dass bloße Fahrlässigkeit bei der Beurteilung der Wirksamkeit der Vollmacht nicht genüge. Das OLG Dresden[905] setzt selbst bei einer nur mündlich erteilten Vollmacht die sichere Feststellung voraus, dass der Vertreter nicht auf eine ordnungsgemäße Bevollmächtigung habe vertrauen dürfen bzw. dieser positive Kenntnis vom Verfahrensmangel gehabt habe. Nach dem OLG München[906] darf dem Vertreter der Mangel seiner Prozessvollmacht jedenfalls zunächst nicht nachweislich bewusst gewesen sein. Das OLG Frankfurt[907] schließlich lässt den Prozessvertreter bei gutgläubiger Wahrnehmung eines von einem Kollegen übertragenen Mandats nicht für die Kosten haften, obwohl er die Existenz der vertretenen Partei nicht nachweisen konnte, da er nicht für den Erfolg des Vorbringens seiner Partei zur Zulässigkeit der Klage einzustehen habe.

Allein das OLG Köln[908] stellt sich auf den klar vom BGH abweichenden Standpunkt, dass ein Verschulden hinsichtlich des Mangels der Vollmacht für die Haftung des Vertreters nach dem Veranlassungsprinzip ohne Belang sei.

In **Fall 8** wies das OLG Frankfurt[909] der ehemaligen GmbH als Berufungsklägerin die Kostentragungspflicht zu. Die zum Veranlassungsprinzip entwickelten Grundsätze könnten zulasten des Prokuristen nicht durchgreifen. Der Prokurist sei zwar vollmachtloser Vertreter gewesen, da er seine Vertretungsmacht von dem Geschäftsführer der Gesellschaft ableite und deshalb zu der Klage für die GmbH gegen deren einzigen gesetzlichen Vertreter, den Gesellschafter-Geschäftsführer, wegen des zivilprozessualen Zweiparteienprinzips und des sich daraus ergebenden Verbots von Kläger- und Beklagtenidentität nicht ermächtigt

---

901 Vgl. OLG Karlsruhe, Beschl.v. 01.02.1996, FamRZ 1996, S.1335; BayObLG, Beschl.v. 06.05.1999, JurBüro 1999, S.652 (653); OLG Brandenburg, Beschl.v. 29.09.2000, NJW-RR 2002, S.265 (266) und die folgenden Fn.
902 BGH, Beschl.v. 22.07.1997, NJW-RR 1998, S.63.
903 OLG Zweibrücken, Urt.v. 31.03.1999, JurBüro 1999, S.650 (651).
904 KG Berlin, Beschl.v. 02.02.1996, WuM 1996, S.377.
905 OLG Dresden, Urt.v. 22.04.1998, JurBüro 1998, S.480 (481).
906 OLG München, Urt.v. 12.11.1997, NJW-RR 1998, S.788.
907 OLG Frankfurt, Beschl.v. 22.05.1996, MDR 1997, S.303.
908 OLG Köln, Beschl.v. 27.05.1997, OLGR Köln 1997, S.274.
909 OLG Frankfurt, Beschl.v. 11.07.1996, NJW-RR 1997, S.31.

gewesen sei. Die Kostenhaftung setze aber neben der fehlenden Legitimation des Vertreters weiter eine „Anmaßung" der Vertreterstellung, ein vorsätzliches oder zumindest grob fahrlässiges Handeln voraus. Die Erkenntnis, dass der Prokurist unter dieser Konstellation nicht berechtigt gewesen sei, die Gesellschaft gegen ihren Geschäftsführer zu vertreten, ergebe sich nur als Ergebnis schwieriger rechtlicher Überlegungen im Schnittpunkt von Zivilprozess-, Gesellschafts- und Handelsrecht. Diese Problematik nicht durchschaut zu haben sei dem Prokuristen nicht zum Vorwurf der Anmaßung zu machen.

b) Meinungen in der Literatur

Die Rechtslehre ist der o.g. Leitentscheidung des BGH überwiegend gefolgt, allerdings wiederum ohne einen einheitlichen subjektiven Maßstab anzunehmen. Nach anderer Ansicht soll demgegenüber die Kostenentscheidung generell unabhängig von der Gutgläubigkeit des Vertreters ergehen.

aa) Kenntnis bzw. fahrlässige Nichtkenntnis als Haftungsvoraussetzung für den vollmachtlosen Vertreter

In der Literatur[910], die dem BGH zustimmt, herrscht Einvernehmen darüber, dass der Vertreter die Kosten des Rechtsstreits zu tragen hat, wenn er in Kenntnis seiner Vollmachtlosigkeit gehandelt hat.

Denn fehle dem Vertreter das Bewusstsein seiner nicht vorhandenen Befugnis, rechtliche Schritte einzuleiten, weil er den Mangel der Prozessvollmacht nicht kenne, dann sei er schutzwürdiger und die vertretene Partei müsse die Kosten tragen[911]. Der Vertreter könne bei Vertretungsmängeln nicht – vergleichbar mit der Haftung im materiellen Recht nach § 179 BGB – ohne Rücksicht auf Verschulden mit dem prozessualen Kostenrisiko belastet werden[912]. Insbesondere die Ausübung des Rechtsanwaltsberufs dürfe nicht mit verschuldensunabhängigen Risiken, die existenzgefährdende Ausmaße annehmen könnten, befrachtet werden[913]. Indem es § 91 Abs. 1 S. 1 ZPO ausschließe, die Kosten des Rechtsstreites dem von der unterlegenen Partei durch Erteilung einer Vollmachtsurkunde o.ä. bestellten Prozessvertreter aufzuerlegen, sichere die Vorschrift im Anwaltsprozess geradezu als „Eckpfeiler" der freien Advokatur einen effektiven Schutz der Belange des Rechtsanwalts. Das Berufsbild des Anwalts sei in den §§ 1 bis 3 BRAO so fixiert, dass dieser als unabhängiges Organ der Rechtspflege freiberuflich und unabhängig jedermann in allen Rechtsangelegenheiten bera-

---

910 Vgl. *Schellhammer*, ZPR, 13.Teil 7.Kap.6., Rn.1198, und die Nachweise in den folgenden Fußnoten.

911 *Fleddermann*, Kostenrechtliche Probleme, S.67 f.

912 *Vollkommer*, MDR 1997, S.1004.

913 *Schlosser*, ZZP 106 (1993), S. 533 (535).

te und vertrete. Sein Recht aufzutreten, könne nur durch Bundesgesetz beschränkt werden[914].

Dieses Recht nehme auch am Schutz des Art. 12 Abs. 1 S. 1 GG teil. Die „freie Advokatur“, deren fundamentale Bedeutung das Bundesverfassungsgericht stets hervorgehoben habe, sei ein wesentliches Element des Bemühens um rechtsstaatliche Begrenzung der staatlichen Macht. Die an das „Ob“ und die Art und Weise einer bestimmten Berufsausübung des Rechtsanwalts anknüpfende Auferlegung von Zahlungsverpflichtungen stehe in einem engen Zusammenhang mit der Ausübung seines Berufes und lasse objektiv eine berufsregelnde Tendenz deutlich erkennen. Sie greife daher in die Berufsfreiheit ein. Nach Art. 12 Abs. 1 S. 2 GG bedürfe aber jeder Eingriff in die Berufsfreiheit einer gesetzlichen Grundlage. Dabei sei zu prüfen, welche Entscheidung der Gesetzgeber zum Ausgleich des Spannungsverhältnisses zwischen dem Grundsatz der freien Advokatur und dem Allgemeininteresse an einer funktionstüchtigen Rechtspflege jeweils getroffen habe[915].

Uneinigkeit besteht in der dem BGH folgenden Lehre lediglich darüber, ob auch fahrlässige Nichtkenntnis des Vollmachtsmangels für die Bestimmung des Prozessvertreters als den kostenpflichtigen Veranlasser ausreicht.

Nach einem Teil dieser Lehre soll der Vertreter bei bloßer Fahrlässigkeit[916] hinsichtlich der Beurteilung der Wirksamkeit der Vollmacht die Kostenlast nicht tragen. Die Frage, ob der Vertreter den Mangel der Vollmacht hätte bemerken müssen, betreffe in erster Linie das Innenverhältnis zwischen Partei und Vertreter sowie die sich ergebenden Rückgriffansprüche, etwa wenn der Vertreter bei der Übernahme des Mandats gegen seine anwaltlichen Pflichten schuldhaft verstoßen und die Partei nicht an der Prozessführung gehindert habe[917].

Demgegenüber ist nach anderer Auffassung bereits grob fahrlässiges[918] bzw. grob schuldhaftes[919] Verkennen des Vollmachtsmangels für die Haftung des Vertreters ausreichend.

---

914 *Kempter*, NJW 1993, S.2158 (2159).

915 *Kempter*, NJW 1993, S.2158 (2159).

916 *Vollkommer/Schwaiger*, FamRZ 1996, S.1337; Musielak/*Weth*, § 88 Rn.15; Zöller/*Vollkommer*, § 88 Rn.11.

917 *Pape*, LM § 51 ZPO Nr.26; so auch *Fleddermann*, Kostenrechtliche Probleme, S.122; MüKo-ZPO/*v.Mettenheim*, § 89 Rn.14; OLG Zweibrücken, Urt.v. 31.03.1999, JurBüro 1999, S.650 (651).

918 *Fleddermann*, Kostenrechtliche Probleme, S.122 f., jedoch widersprüchlich zu seinen Ausführungen auf S.67 f. u. 121.

919 *Vollkommer*, MDR 1997, S.1004, der sich insoweit auf das OLG Frankfurt, Beschl.v. 11.07.1996, NJW-RR 1997, S.31, beruft, das von „grob fahrlässigem Handeln“ spricht; demgegenüber nimmt er an anderer Stelle (MDR 1997, S.1004 bzw. Zöller/*Vollkommer*, § 88 Rn.11) nur dann eine Haftung des Vertreters an, wenn er gutgläubig und nicht im Bewusstsein seiner fehlenden Legitimation handelt.

Eine dritte Gruppe schließlich hält den Vertreter im Fall seiner „Gutgläubigkeit“[920] für nicht haftungspflichtig, ohne allerdings klarzustellen, welche Anforderungen an den guten Glauben zu stellen sind.

bb) Kostenbelastung unabhängig vom guten Glauben des Vertreters

Nach einer anderen Ansicht im Schrifttum kommt es für die Kostenentscheidung nicht darauf an, ob dem Vertreter wegen der Vollmachtlosigkeit der Prozessführung ein Verschulden anzulasten[921] oder ob er hinsichtlich des Vollmachtsmangels gutgläubig ist[922]. Zur Begründung wird darauf verwiesen, dass die Kostenpflicht allein an einen rein objektiven prozessualen Tatbestand anknüpfe[923].

2. Stellungnahme

Soweit für die Kostentragungspflicht des Vertreters zusätzliche, subjektive Erfordernisse angenommen werden, geht es, wie der BGH in seiner Leitentscheidung ausdrücklich erklärt hat, darum, den hinsichtlich seiner Vertretungsmacht gutgläubigen Vertreter im Prozess vor einer Kostenbelastung zu schützen. Umgekehrt soll dagegen der bösgläubige Vertreter, der somit das Verfahren schuldhaft[924] vollmachtlos eingeleitet hat, für die Kosten einzustehen haben.
Der Gutglaubensschutz hat allerdings in der ZPO keine eigenständige Ausprägung erfahren, sondern richtet sich, soweit er im Prozessrecht eine Rolle spielt (§§ 325 Abs. 2, 898 ZPO), ausschließlich nach dem bürgerlichen Recht, ohne dort jedoch einheitlich verwirklicht worden zu sein. So findet nach § 122 Abs. 2 BGB ein Schutz des guten Glaubens statt, wenn der „Beschädigte“ nicht den Anfechtungs- oder Nichtigkeitsgrund kannte oder kennen musste, ihm also nicht infolge von Fahrlässigkeit unbekannt war. Nach § 932 Abs. 2 BGB ist der Erwerber nur in gutem Glauben, wenn ihm das Nichteigentum des Veräußerers nicht bekannt und nicht infolge grober Fahrlässigkeit unbekannt war. In § 179 Abs. 2 BGB haftet der vollmachtlose Vertreter nur für den Vertrauensschaden, wenn er den Mangel der Vertretungsmacht nicht gekannt hat.

Diese unterschiedlichen Ausprägungen des Gutglaubensschutzes spiegeln sich in den z.T. voneinander abweichenden Ausführungen der Literatur und Rechtsprechung zur Haftung des Vertreters im Prozess wider. Dabei sind die Abwei-

---

920 Rosenberg/Schwab/*Gottwald*, ZPR, § 56 II.2., S.301; *Schilken*, ZPR, § 4 II.5., Rn.98; *Furtner*, Urteil, 1.Teil 2.Abschn. B.IV.7., S.69; AK-ZPO/*Christian*, § 88 Rn.12.

921 *Deubner*, JuS 1998, S.539 (542); MüKo-ZPO/*v.Mettenheim*, § 89 Rn.14.

922 *Marzinek*, Mangel der Vollmacht, S.42.

923 *Marzinek*, Mangel der Vollmacht, S.42.

924 Verschulden hat hier nicht die Funktion, wie im Tatbestand einer schuldrechtlichen Anspruchsgrundlage, das Vertretenmüssen (§ 276 Abs. 1 BGB) einer Pflichtverletzung zu beurteilen, sondern dient als Sorgfaltsmaßstab für die Gewährung des Privilegs des Gutglaubensschutzes (vgl. dazu Soergel/*Henssler*, § 932 Rn.18) und damit nur mittelbar der Feststellung einer Haftungsfolge.

chungen gegenüber der offenbar an § 179 Abs. 2 BGB orientierten Vorgabe des BGH verständlich. Würde man mit dem BGH allein die fehlende Kenntnis von der Vollmachtlosigkeit für den Haftungsausschluss ausreichen lassen, wäre der unkundige gegenüber dem gewissenhaften Vertreter, wie die Entscheidung des OLG Frankfurt in **Fall 8** zeigt, bessergestellt. Zudem wäre es ein Leichtes für den Vertreter, sich darauf zurückzuziehen, den Vollmachtsfehler übersehen zu haben.
Es ist aber angesichts dieser Abweichungen vom BGH wieder die grundsätzliche Tendenz der Rechtsprechung zu erkennen, Billigkeitserwägungen als Maßstab heran zu ziehen, möglicherweise deshalb, weil eine dogmatische Grundlage für das subjektive Kriterium, genauso wie beim Veranlassungsprinzip, nicht existiert.

Entscheidend ist hier letztlich die Frage, ob bei der Kostenentscheidung Raum für einen Gutglaubensschutz des Vertreters besteht, also ob der Schutz des redlichen rechtsgeschäftlichen Verkehrs es gebietet, nicht auf die wirkliche Rechtslage abzustellen, sondern eine Person, die zulässigerweise auf einen äußeren Rechtsschein vertraut, in ihrem Vertrauen zu schützen[925]. Übertragen auf den vollmachtlosen Vertreter betrifft das die Schutzwürdigkeit seines Vertrauens auf das Vorliegen einer Vertretungsmacht, d.h. insbesondere auf die Erteilung, das Fortbestehen und die Wirksamkeit der Vollmacht[926].

a) Keine zwingende Kostenhaftung der nicht zurechenbar vertretenen Partei

Die kostenrechtliche Verschonung des bzgl. seiner Vertretungsmacht gutgläubigen Prozessvertreters hat nach der herrschenden Meinung für die Kostenentscheidung zur Konsequenz, dass, sofern nicht ein anderer Verfahrensbeteiligter auf der Grundlage einer anderweitigen Haftungsnorm in Betracht kommt, die unwirksam vertretene Partei mit den Kosten des Rechtsstreits belastet wird. Das bedeutet aber, dass auch in den Fällen, in denen eine Kostentragungspflicht der vollmachtlos vertretenen Partei nach §§ 91 Abs. 1 S. 1, 269 Abs. 3 S. 2 ZPO mangels Zurechenbarkeit der Prozessführung eigentlich nicht angenommen werden kann, die Partei haften müsste und damit zum „Auffangbecken" der Prozesskostenerstattungspflicht werden würde. Um sich über das dem entgegenstehende Verantwortungsprinzip hinwegzusetzen und eine Haftung ohne Zurechnung zu begründen, bedarf es jedoch eines besonderen, sehr schwerwiegenden Grundes (s.o. S. 118 f. *Teil 2 A.I.3.b)aa)(4)(a)*).

---

[925] Vgl. Larenz/*Wolf*, AT BR, § 2 I.6., Rn.34 f.
[926] Das Gutglaubenskriterium wird in der Literatur und Rechtsprechung zwar regelmäßig im Zusammenhang mit einer tatsächlich, aber rechtlich unwirksam erteilten (schriftlichen) Prozessvollmacht angewendet, jedoch kommt es, wie die Entscheidung des OLG Frankfurt in **Fall 8** zeigt, auch darüber hinaus zur Geltung.

Ein solcher Grund wäre sicherlich bei einer, wie von der herrschenden Meinung befürchtet, drohenden Beeinträchtigung der freien Advokatur und der Rechtspflege anzunehmen. Die deshalb zu erwägende Beschränkung des Rechts der Selbstverantwortung der vertretenen Partei müsste sich dann jedoch an dem Verhältnismäßigkeitsgrundsatz messen lassen. Dabei wäre im Rahmen der Notwendigkeitsprüfung festzustellen, dass der verfolgte Zweck nicht durch ein gleich wirksames, aber weniger belastendes Mittel erreicht werden kann[927].
Um den Gutglaubensschutz des Vertreters im Interesse der freien Advokatur und der Rechtspflege zu verwirklichen, wäre jedoch nicht die Kostentragungspflicht des unbefugt vertretenen Klägers das mildeste Mittel. Haftet nämlich hier der Kläger an sich nicht gem. § 91 ZPO für die Verfahrenskosten, so führt das nicht zwangsläufig zur Belastung des Prozessvertreters. Denkbar ist vielmehr auch eine an § 91a ZPO orientierte Kostenquotelung, da sowohl der Kläger als auch der Beklagte nicht den Haftungsgrund des § 91 Abs. 1 S. 1 ZPO erfüllen. Zu erwägen ist auch die ausnahmsweise Reduktion des § 308 Abs. 2 ZPO dahingehend, dass überhaupt keine Kostenentscheidung ergeht und jeder Prozessbeteiligte selbst seine Kosten trägt oder diese von der Gerichtskasse übernommen werden[928].
Dabei ist allen genannten Haftungsnormen gemeinsam, dass sie tatbestandlich nicht erfüllt sind, aber zur Vermeidung einer Beeinträchtigung der freien Advokatur und der Rechtspflege möglicherweise teleologisch angepasst werden könnten. Der Schutz des gutgläubigen Vertreters muss also nicht zwingend mit einer Kostenbelastung der Partei einhergehen, zumal die Verteilung der Kosten auf mehrere „Schultern“ dann sicherlich das weniger belastende Mittel wäre, als die (alleinige) Haftung des nicht zurechenbar Vertretenen.
Es zeigt sich also, dass mit der Kostenhaftung der Partei nach § 91 Abs. 1 S. 1 ZPO kein „effektiver Schutz der Belange des Rechtsanwalts“ als „Eckpfeiler der freien Advokatur“ gesichert wird, da die Vorschrift im Fall der Vollmachtlosigkeit mangels Zurechenbarkeit und Verhältnismäßigkeit wertungsgemäß gerade nicht anwendbar ist.

b) Haftung des Prozessvertreters

Erweist sich die Klage des Prozessvertreters als vollmachtlos und kann nicht die Haftung der Partei oder eines anderen unberechtigten Erstvertreters angenommen werden, hat grundsätzlich der Prozessvertreter analog § 89 Abs. 1 S. 3 ZPO die Kosten des Rechtsstreits zu tragen (s.o. S. 181 *Teil 2 A.I.5.*).
Folgt man der herrschenden Meinung, dann müsste dagegen eine Anwendung der Vorschrift bei Gutgläubigkeit des Vertreters ausscheiden.

[927] *Pieroth/Schlink*, Grundrechte, § 6 IV.4.b)bb), Rn.285.
[928] Grundsätzlich hat jedoch eine Kostenentscheidung zu ergehen, s.o. S.103 *Teil 2 A.I.1.*

aa) Kein Gutglaubensschutz für den Prozessvertreter in der ZPO
Ein Gutglaubensschutz zugunsten des Vertreters lässt sich jedoch aus der ZPO nicht herleiten.

(1) Fehlen einer kostenrechtlichen Grundlage
Der Schutz des guten Glaubens findet im Kostenrecht der ZPO keine gesetzliche Grundlage. Der historische Gesetzgeber hatte subjektive Aspekte, wie den unverschuldeten Tatsachenirrtum, für das Kostenrecht bewusst unberücksichtigt gelassen und die Kostennormen grundsätzlich verschuldensunabhängig ausgestaltet (s.o. S. 154 *Teil 2 A.I.4.c)bb)(3)(b)*).
Dementsprechend bestimmt etwa § 91 Abs. 1 S. 1 ZPO, als die zentrale Kostenvorschrift der ZPO, den Erstattungspflichtigen allein objektiv nach der Erfolglosigkeit der Prozessführung, ohne dass es hier auf eine Gutgläubigkeit ankäme.

Das gilt auch für die Kostentragungspflicht gem. § 89 Abs. 1 S. 3 ZPO. Danach haftet der vollmachtlose Vertreter, wenn er einstweilen zur Prozessführung zugelassen wird und eine Vollmacht nicht in angemessener Frist beibringt. Der Grund für diese Haftung besteht darin, dass der Vertreter seine Bevollmächtigung behauptet und dadurch die Prozessführung mit dem Risiko der Vollmachtlosigkeit und dem Zwang für den Gegner zum Prozessieren ermöglicht hat (s.o. S. 172 *Teil 2 A.I.4.d)aa)(1)(c)*).
Es kommt also weder dem Tatbestand noch der ratio legis nach für die Einstandspflicht nach § 89 Abs. 1 S. 3 ZPO auf irgendwelche subjektiven Kriterien an. So ist es unerheblich, ob dem Vertreter ein Verschulden zur Last fällt oder ob er berechtigterweise erwarten durfte, später seine Bevollmächtigung nachweisen zu können (s.o. S. 176 *Teil 2 A.I.4.d)aa)(2)(b)*). Die Kenntnis oder ein Kennenmüssen der Vollmachtlosigkeit wird für die Haftung ebenfalls nicht vorausgesetzt. Dementsprechend spielt hier die Gutgläubigkeit des Vertreters keine Rolle[929]. Es gibt keinen Anlass, nicht auf die wirkliche Rechtslage abzustellen und den Vertreter in seinem Vertrauen auf das Vorliegen einer Vertretungsmacht zu schützen. Entscheidend ist allein, ob der zugelassene Vertreter noch eine Genehmigung bzw. Vollmacht beibringt. Das Risiko, dass ihm dies nicht gelingt und er die infolge der Zulassung erwachsenen Kosten tragen muss, geht er mit der einstweiligen Fortsetzung der Prozessführung angesichts des zuvor gem. § 88 ZPO monierten Vollmachtsmangels bewusst ein. Der gute Glaube des Vertreters, etwa an eine mündliche Vollmacht, steht somit einer Kostenhaftung nach § 89 ZPO nicht entgegen.

---

[929] Davon geht offenbar auch der BGH in seinem Beschluss vom 04.03.1993 aus, wenn er den Fall des § 89 ZPO dem des gutgläubigen, vollmachtlosen Vertreters gegenüberstellt, vgl. BGHZ 121, S.397 (400).

Im Kostenrecht der ZPO ist nur in den Fällen der Terminsverlegung bzw. Vertagung in § 95 ZPO, des bereits aufgehobenen § 102 ZPO und der Exkulpationsvorschriften für Zeugen und Sachverständige ein Verschulden zur Begründung der Verantwortung i.S. eines Vertretenmüssens für die Prozesskosten erheblich. Bei diesen Normen kommt es allerdings auf die für den Gutglaubensschutz charakteristische Frage der Gleichstellung eines Rechtsscheins mit der Rechtswirklichkeit nicht an[930].
Der gute Glaube einer Partei, des Vertreters oder eines anderen Prozessbeteiligten wird mithin weder nach der Unterliegenshaftung noch durch die übrigen Kostennormen geschützt.

(2) Die Haftung analog § 89 Abs. 1 S. 3 ZPO unabhängig vom guten Glauben

Daran ändert sich auch nichts, wenn nach der hier vertretenen Lösung die Vorschrift des § 89 Abs. 1 S. 3 ZPO im Wege der Analogie auch im Fall der bereits vollmachtlosen Klage zur Anwendung gelangt (dazu s.o. S. 169 ff. *Teil 2 A.I.4.d)*).

Zunächst begründet die analoge Ausdehnung einer Haftungsnorm im Rahmen der Kostenentscheidung an sich noch keine Notwendigkeit für einen Vertrauensschutz des Vertreters. Im Kostenrecht der ZPO ist es keine Ausnahme, dass die Kostenentscheidung nicht unmittelbar aus dem Gesetz zu entnehmen ist. Der Vertreter muss vielmehr damit rechnen, dass der im Zivilrecht geltende Grundsatz der Haftung des Vertreters ohne Vertretungsmacht auch im Prozessrecht, wie mit § 89 Abs. 1 S. 3 ZPO angedeutet, seine Ausprägung erfahren hat und dass er wegen der gleichen Interessenlage beim Fehlen der behaupteten Vertretungsmacht für sein unberechtigtes Auftreten einstehen muss (s.o. S. 133 *Teil 2 A.I.4.b)*).

Darüber hinaus ergibt sich auch keine den Gutglaubensschutz rechtfertigende veränderte Interessenlage aus dem Umstand, dass mit der Analogie die Vollmachtlosigkeit bereits im Zeitpunkt der Klageerhebung haftungsrelevant wird.

Zwar geht der einstweiligen Zulassung des Vertreters nach § 89 ZPO voraus, dass er auf eine Vollmachtsrüge oder -prüfung hin seine Bevollmächtigung nicht nachweisen kann. Der vom BGH aus dieser Norm für den anfänglichen Vollmachtsmangel gezogene Umkehrschluss, dass der eine tatsächlich erteilte Vollmacht besitzende, gutgläubige Vertreter anders als im Fall des § 89 ZPO nicht

[930] Dies ist allenfalls bei § 94 ZPO zu erwägen; jedoch ist diese Norm erst nachträglich zur Erweiterung des Schutzes von § 410 BGB in die ZPO eingefügt worden (s.o. S.155 f. *Teil 2 A.I.4.c)bb)(3)(b)(aa)*) und ohne grundsätzliche Aussagekraft für das Kostenrecht.

im Bewusstsein seiner fehlenden Legitimation handele und deshalb geschützt werden müsse, geht jedoch fehl.
Der einstweilen zugelassene Vertreter in § 89 ZPO tritt zwar in Kenntnis des bisher fehlenden Nachweises gem. § 80 ZPO auf, was für das Gericht ggf. den Anlass zur einstweiligen Zulassung darstellt. Damit führt er aber nicht zwangsläufig den Prozess im Bewusstsein seiner Vollmachtlosigkeit, um die es hier geht, fort (dazu s.o. S. 176 *Teil 2 A.I.4.d)aa)(2)(b)*). Vielmehr ist es möglich, dass der Vertreter, wenn er nicht gerade als Geschäftsführer ohne Auftrag handelt, sich auf eine bereits mündlich erteilte Vollmacht der Partei verlässt oder die Vollmachtsurkunde sich im Verhandlungstermin nicht in der Handakte befindet und deshalb nicht vorgelegt wird. Kann er später die mündliche Vollmacht nicht belegen (§ 89 Abs. 2 ZPO) oder ist die ihm unstreitig erteilte Vollmacht unwirksam, wird er nach § 89 Abs. 1 S. 3 ZPO wegen der dann angenommenen Vollmachtlosigkeit, nicht infolge der fehlenden Legitimation gem. § 80 ZPO, in die Kosten verurteilt. Dafür kommt es aber, wie bereits dargelegt, auf eine Kenntnis oder eine schuldhafte Unkenntnis des Vollmachtsmangels nicht an. Der BGH stützt sich somit in seiner Argumentation auf ein Kriterium, das für die Begründung der Haftung nicht ausschlaggebend ist und deshalb nicht im Umkehrschluss zur Begründung einer Nichthaftung herangezogen werden kann.

Eine Besonderheit bei der Haftung nach § 89 ZPO ist allerdings, dass dem Vertreter – anders als bei der Klageerhebung – vor der einstweiligen Zulassung, z.B. durch die Vollmachtsrüge des Gegners, nochmals das Risiko vor Augen geführt, eine Vollmacht nicht beibringen zu können und für die Kosten der Verfahrensfortsetzung einstehen zu müssen.
Der Vertreter ist aber gem. § 80 Abs. 1 ZPO ohnehin gehalten seine Vollmacht vorzulegen. Er muss von Beginn des Rechtsstreits an damit rechnen, dass die Gegenseite und das Gericht die Bevollmächtigung in Frage stellen. Das Risiko, die Vertretungsmacht dann nicht nachweisen zu können, geht der Vertreter also unabhängig von der einstweiligen Zulassung bereits mit der Klageerhebung ein. Für ein Vertrauen darauf, dass die eigene Vertretungsmacht besteht oder dass das Risiko, die Vollmacht überhaupt nachweisen zu müssen, ausbleibt, ist deshalb keine Grundlage gegeben. Dass sich dieses Risiko im Zusammenhang mit der einstweiligen Zulassung für den Vertreter etwas konkreter darstellt, macht dabei keinen erheblichen Unterschied. Letztlich obliegt es ihm in beiden Fällen die Möglichkeit eines Vollmachtsmangels oder dessen Heilungsaussichten zur Vermeidung eines unbefugten Prozessierens gleichermaßen zu überdenken (s.o. S. 176 *Teil 2 A.I.4.d)aa)(2)(b)*), zumal er angesichts der von § 89 Abs. 1 S. 3 ZPO erfassten und mit der bei vollmachtloser Klage vergleichbaren Interessenlage durchaus damit rechnen muss, dass ihm die Kosten seines vollmachtlosen Vorgehens für das gesamte Verfahren auferlegt werden können.

Zu einem anderen Ergebnis gelangt man auch nicht, wenn der Vertreter auf eine schriftlich erteilte Vollmacht vertraut.
Wäre nämlich die Schriftform geeignet, einen schutzwürdigen guten Glauben an das Bestehen der Vollmacht zu begründen, dann müsste sich auch der einstweilen zugelassene Vertreter auf einen solchen Rechtsschein berufen können, falls ihm eine nur im Termin nicht greifbare Vollmachtsurkunde zur Verfügung stehen würde. Aber gerade bei der Haftung nach § 89 Abs. 1 S. 3 ZPO kann sich der Vertreter unstreitig nicht auf seine Gutgläubigkeit zurückziehen. Findet die Schriftform also insoweit keine Berücksichtigung, ist nicht einzusehen, warum dies im Übrigen, insbesondere im Rahmen der Analogie zu § 89 Abs. 1 S. 3 ZPO, anders gehandhabt werden sollte.
Darüber hinaus ist das Vorliegen einer schriftlich erteilten Vollmacht weder zweckgemäß noch tatsächlich geeignet, ein schutzwürdiges Vertrauen des Vertreters auf seine Vertretungsmacht zu statuieren.
Die in § 80 Abs. 1 ZPO angeordnete Schriftform dient der Rechtssicherheit und soll einen reibungslosen Prozessverlauf sicherstellen[931]. Deshalb muss die Vollmacht vom Bevollmächtigten schriftlich nachgewiesen werden, „insoweit das Gericht oder der Gegner den Nachweis der Vollmacht fordern dürfen und verlangen“[932]. Es geht hier also um den Schutz des Gegners und der Rechtspflege vor sinnlosen Prozessen und vor gem. § 579 Abs. 1 Nr. 4 ZPO anfechtbaren Urteilen. Ein Vertrauen des Vertreters auf eine wirksame Bevollmächtigung soll sie jedoch nicht schützen.
In tatsächlicher Hinsicht hat zwar die Schriftform den praktischen Vorteil, dass sich der Vertreter nicht auf eine mündlich erteilte Vollmacht verlassen muss. Dennoch ist mit der Einhaltung einer bestimmten Form, wie auch sonst im Rechtsleben bei Willenserklärungen, nicht sichergestellt, dass sämtliche Wirksamkeitsvoraussetzungen erfüllt worden sind. Vielmehr können bei der Erteilung einer Prozessvollmacht verschiedene Unwirksamkeitsgründe auftreten (s.o. S. 72 ff. *Teil 1 B.III.3.*), so dass die Schriftform der Vollmacht auch faktisch nicht geeignet ist, ein schutzwürdiges Vertrauen des Vertreters zu begründen.

bb) Keine vorrangigen Interessen des Prozessvertreters

Darüber hinaus würde ein Gutglaubensschutz voraussetzen, dass die damit kollidierenden Interessen anderer Personen gegenüber dem Gutgläubigen als nachrangig zu bewerten sind[933].
Mit der Haftung nach § 89 Abs. 1 S. 3 ZPO werden die Interessen des zum Prozessieren gezwungenen Beklagten an einem Kostenausgleich verfolgt. Zudem wird sichergestellt, dass die vertretene Partei nicht ohne Zurechenbarkeit der

---

931 Baumbach/Lauterbach/*Hartmann*, § 80 Rn.1; MüKo-ZPO/*v.Mettenheim*, § 80 Rn.1; Musielak/*Weth*, § 80 Rn.1.
932 *Hahn*, Materialien Reichs-Justizgesetze Bd.2/1, S.189.
933 *Westermann*, JuS 1963, S.1, 7.

Prozessführung für die Verfahrenskosten einzustehen hat. Es bedürfte also insoweit höherrangiger Interessen, um den guten Glauben des Vertreters an die Bevollmächtigung als schutzwürdig zu erachten und seine Kostentragungspflicht zu verneinen.
In der Rechtsprechung und Literatur ist darauf verwiesen worden, dass die verschuldensunabhängige Kostenhaftung, welche für den Anwalt ein unabsehbares Haftungsrisiko darstelle, nicht mit der Unabhängigkeit der Rechtsanwaltschaft und der Funktionstüchtigkeit der Rechtspflege vereinbar sei.
Ein solcher Konflikt ist vom Boden des Veranlassungsprinzips aus gesehen angesichts der weiten Haftungsmöglichkeit durchaus denkbar, weshalb es zusätzlicher Kriterien bedarf, um die ungewollte Uferlosigkeit dieses Zurechnungsmaßstabs (dazu s.o. S. 160 ff. *Teil 2 A.I.4.bb)(4)/(5)*) einzudämmen.

Berücksichtigt man aber die tatsächlich bei der Vertretung bestehenden Zurechnungsverbindungen und lässt den vollmachtlosen Vertreter im Rahmen der klaren Grenzen einer analogen Anwendung des § 89 Abs. 1 S. 3 ZPO haften, ist man auf Aspekte der Gutgläubigkeit oder des Verschuldens nicht angewiesen und die Gefahr, einen Konflikt mit Art. 12 GG auszulösen bzw. „die Rechtsverfolgung sachfremd zu erschweren", gebannt.
Es ist zwar im Einzelfall möglich, dass ein ahnungsloser Prozessvertreter die Gefahr seiner Vollmachtlosigkeit und der damit verbundenen Kostenpflicht vorprozessual nicht erkannt hat. Dabei lässt sich jedoch nicht von einem „unabsehbaren Haftungsrisiko" sprechen. Ein solches Risiko wäre anzunehmen, wenn die Vollmachtlosigkeit allein in der dem Einblick des Vertreters entzogenen Sphäre des Vollmachtgebers seinen Grund hätte. Das für den Vertreter im Rahmen der hier vertretenen Lösung bestehende Risiko ist hingegen abschätzbar:
In dem Fall der Bevollmächtigung durch die prozessunfähige Partei, den der BGH zum Anlass nahm, die Veranlassungshaftung mit dem Gutglaubenskriterium zu begrenzen, droht dem Prozessvertreter nur bei einer umfassenden, außergerichtlichen Vollmacht, die sich ein Rechtsanwalt typischerweise gerade nicht erteilen lässt, die Kostenbelastung (s.o. S. 214 *Teil 2 C.I.1.d)*). Beruht der Mangel auf der fehlenden Legitimation eines Erstvertreters, kann er sich mit der Offenlegung der Mehrstufigkeit vor einer Haftungsfolge schützen (s.o. S. 227 *Teil 2 C.II.1.d)*). Die übrigen, eine Haftung des Vertreters begründenden Unwirksamkeitsaspekte sind entweder, soweit es seine Prozess- oder Postulationsfähigkeit betrifft, der eigenen Sphäre zuzuordnen oder, so bei der unzulässigen Bedingung oder der Insolvenzeröffnung bei dem Vertretenen, zumindest vom Vertreter kontrollierbar (s.o. S. 214 ff. *Teil 2 C.I.2.*). Es verbleiben die Fälle, in denen der Prozessvertreter z.B. durch eine gefälschte Vollmachtsurkunde missbräuchlich zur Verfahrenseinleitung bewegt wird (s.o. S. 228 ff. *Teil 2 C.II.1.e)*).

Sie sind praktisch jedoch kaum relevant[934] und lassen sich durch Umsicht und Rücksprache mit dem angeblichen Vollmachtgeber vor Klageerhebung vermeiden.
Dieses überschaubare Haftungsrisiko gefährdet also nicht die Unabhängigkeit der Anwaltschaft und damit die Funktionstüchtigkeit der Rechtspflege, sondern dient den Belangen der Rechtspflege, in dem es den Vertreter zu einem verantwortungsvollen Umgang mit der Vollmachtsfrage zwingt und so vollmachtlose Prozesse vermeidet. Es bestehen insoweit auch keine höherrangigen Interessen des Vertreters, welche einen Gutglaubensschutz rechtfertigen. Die Prozessordnung hat mit der Regelung des § 80 ZPO ausdrücklich dem Prozessvertreter die Verantwortung für den Nachweis seiner Vertretungsmacht zugewiesen. Es ist also primär Sache des Vertreters, die Einhaltung der tatsächlichen und rechtlichen Voraussetzungen seiner Bevollmächtigung und damit die Legitimität seines Auftretens sicherzustellen. Kommt er dieser Obliegenheit nicht nach, hat er in seinem Verantwortungsbereich versagt und, wie § 89 Abs. 1 S. 3 ZPO (analog) zeigt, dafür zu haften. Aus diesem Versagen lässt sich ein Interesse des Vertreters daran, auf Kosten des nicht zurechenbar vertretenen Klägers oder des zum Prozessieren gezwungenen Beklagten von der Haftung verschont zu bleiben, nicht herleiten.

Abzulehnen ist auch der Versuch des OLG Frankfurt, die Geltung einer verschuldensabhängigen Haftung im Interesse des Prozessvertreters damit zu begründen, dass er nicht, wie im materiellen Recht, als Repräsentant der Partei auftrete und er andernfalls einen Teil des prozessualen Erfolgsrisikos trage.
Der vom OLG zunächst angeführte Unterschied zum materiellen Recht besteht nicht. In der amtlichen Begründung des ZPO-Entwurfs wird gerade darauf hingewiesen, „daß eine volle Repräsentation der Partei durch den Prozeßbevollmächtigten stattfindet“[935]. Dementsprechend weit reicht gem. § 81 ZPO die erteilte Vollmacht. Auf ein „ordentliches Mandat“ kommt es dabei prozessual nicht an. Kostenrechtlich entscheidend ist allein, ob die Prozessführung des Vertreters der vertretenen Partei zurechenbar ist. Verneint man das, hat der Vertreter, wie mit der Haftungsregelung des § 89 Abs. 1 S. 3 ZPO deutlich wird, für die Folgen seiner Behauptung der Vertretungsmacht einzustehen.
Richtig ist zwar, dass der Vertreter damit hinsichtlich der Kosten das prozessuale Erfolgsrisiko der vertretenen Partei trägt. Das trifft aber auch auf den nach der

---

[934] In der anwaltlichen Praxis kommt der Fall, dass ein Bote nicht nur die schriftliche Vollmacht übergibt, sondern auch die Mandatserteilung übermittelt, kaum vor; dementsprechend findet sich in der veröffentlichten Rechtsprechung zur vollmachtlosen Prozessvertretung infolge einer vom Boten gefälschten Vollmachtsurkunde nur die Entscheidung des LG Heidelberg, Beschl.v. 21.01.1991, NJW-RR 1992, S.316 f.
[935] *Hahn*, Materialien Reichs-Justizgesetze Bd.2/1, S.192; so auch *Karl*, Prozeßbevollmächtigte, S.76.

herrschenden Meinung haftungswürdigen bösgläubigen Vertreter zu, so dass aus diesem Risiko kein Interesse an einer Haftungsverschonung hergeleitet werden kann. Denn stets, wenn der Vertreter die Voraussetzungen für eine Kostentragungspflicht erfüllen würde und die Klage oder eine sonstige Prozesshandlung wegen der Vollmachtlosigkeit möglicherweise, sofern diese aufgedeckt wird, erfolglos bleibt, partizipiert er kostenrechtlich am Verfahrensausgang[936]. Dies ist, wie wiederum § 89 ZPO zeigt, systemkonform und als vom Gesetzgeber gebilligt hinzunehmen.

Auf der Grundlage der hier vertretenen Lösungen bedarf es somit für eine Kostenentscheidung, die nicht mit der Unabhängigkeit der Advokatur und Funktionstüchtigkeit der Rechtspflege kollidiert, keines Gutglaubensschutzes des Prozessvertreters. Soweit die Haftungsvoraussetzungen des § 89 Abs. 1 S. 3 ZPO (analog) erfüllt sind, stehen höherrangige Interessen des Vertreters seiner Kostentragungspflicht nicht entgegen.

cc) Keine Haftungsbegründung durch fehlende Gutgläubigkeit

Für die Haftung des Prozessvertreters ist nicht nur der gute Glaube an die Vollmacht unerheblich, sondern auch umgekehrt die Bösgläubigkeit nicht geeignet, die Haftung des Vertreters gesondert zu begründen.

Die Berücksichtigung schuldhaften Verhaltens des Vertreters hat seit Aufhebung des § 102 ZPO im Kostenrecht keine Bedeutung mehr. Versäumt es z.B. ein Rechtsanwalt, im Rahmen einer offengelegten, mehrstufigen Vertretung die Partei auf die für ihn erkennbare Unwirksamkeit der dem Erstvertreter erteilten Vollmacht und damit auf die Unzulässigkeit der Klage aufmerksam zu machen, handelt es sich um eine fehlerhafte Beratung, die im Innenverhältnis wie jede andere Pflichtverletzung ggf. im Wege des Regresses auszugleichen ist.

Das Fehlen des guten Glaubens bzw. das Verschulden kann auch nicht im Interesse der Prozessökonomie in die Kostenentscheidung einbezogen werden.

Die Prozessökonomie kann nämlich nur schwer gegen die erklärten Wertungen des Prozessrechts ins Feld geführt werden[937]; sie ist vielmehr nur innerhalb des alle Beteiligten – auch die Gerichte – bindenden, durch die Prozessvorschriften vorgegebenen Rahmens möglich[938]. Das Kostenrecht ist aber gerade verschul-

---

[936] Davon zu unterscheiden ist das Erfolgsrisiko des Zustandekommens der Bevollmächtigung, das mit dem Gutglaubenskriterium der herrschenden Meinung für den Vertreter vollständig entfallen würde; nach der hier vertretenen Ansicht ist aber dieses Risiko grundsätzlich dem Vertreter zugewiesen, wie mit der Nachweispflicht des § 80 ZPO deutlich wird.

[937] Vgl. *Schumann*, FS Larenz, S.278 f.

[938] *E. Schmidt*, Zweck des Zivilprozesses, S.117; AK-ZPO/*Schmidt*, Einl Rn.81.

densunabhängig normiert und lässt insoweit keinen Raum für ökonomische Erwägungen[939].

3. Ergebnis
Die Kostenentscheidung bei vollmachtloser Prozessvertretung ist unabhängig von der Gutgläubigkeit und dem Verschulden des Vertreters hinsichtlich seiner Vollmachtlosigkeit zu beurteilen.

In **Fall 8** hätte das Gericht dem vollmachtlosen Prokuristen die Kosten des Rechtsstreits auferlegen müssen. Auf eine Erkennbarkeit des Vollmachtsmangels kam es nicht an.

---

[939] Anders im Zusammenhang mit der Auslegung des § 91 Abs.1 S.1 ZPO wegen dessen Anwendbarkeit auf die nicht zurechenbar vertretene Partei, s.o. S.120 ff. *Teil 2 A.I.3.b)aa)(4)(b))*, wo die Prozessökonomie allerdings im Rahmen der für die ZPO geltenden Prinzipien – u.a. dem Selbstverantwortungsgrundsatz – zum Tragen kam.

Zusammenfassung

Für die rechtliche Beurteilung der vollmachtlosen Prozessvertretung ist die Vorschrift des § 89 ZPO von zentraler Bedeutung. Sie eröffnet die Möglichkeit der Klageerhebung trotz Vollmachtlosigkeit, ebnet den Weg für die Zulässigkeit der Klagerücknahme und ist Grundlage für die Entscheidung des Gerichts über die Kostenfolge. Die Anwendung der Norm des wertungsgemäß auf den Zivilprozess abgestimmten § 89 ZPO bedeutet dabei eine Rechtsfortbildung im Geiste der ZPO. Darüber hinaus schafft sie Vorhersehbarkeit, also Rechtsklarheit und führt zu gerechten Ergebnissen.
Die Rechtsprechung und die Lehre, lange Zeit geblendet durch das inzwischen überwundene Dogma der fehlenden Analogiefähigkeit von Ausnahmevorschriften, laufen dagegen Gefahr, am Ende einer bereits über ein Jahrhundert anhaltenden Diskussion den dogmatischen Boden unter den Füßen zu verlieren und sich lediglich an Billigkeitsgesichtspunkten zu orientieren, wie insbesondere anhand der Untersuchung des Veranlassungsprinzips ersichtlich geworden ist.
Mit der vorliegenden Arbeit wurden Lösungswege aufgezeigt, die eine rechtliche Beurteilung der vollmachtlosen Prozessvertretung eng an den Vorschriften der ZPO ermöglichen. Sie ist somit auch als ein Appell an die mit der Vertretung ohne Prozessvollmacht befassten Gerichte und Literatur zu verstehen, sich bei der rechtlichen Behandlung dieser Prozesslage wieder verstärkt von den Regelungen und Wertungen des Gesetzes leiten zu lassen.

Abschließend sollen die im Rahmen dieser Arbeit gefundenen Ergebnisse nochmals thesenhaft zusammengefasst werden:

1. Die von einem vollmachtlosen Prozessvertreter eingereichte Klage muss als Erwirkungshandlung vom Gericht wegen des Justizgewährungsanspruchs beachtet werden.

2. Die Vorschrift des § 89 Abs. 1 ZPO ist hinsichtlich ihres Anwendungsbereichs extensiv auszulegen und erlaubt auch die einstweilige Zulassung eines Prozessvertreters, der bereits das Verfahren vollmachtlos eingeleitet hat.

3. Die Klage eines vollmachtlosen Vertreters ist geeignet, vor Gericht einen Prozess zu begründen. Sie kann zur Rechtshängigkeit, zu einer (fingierten) Parteistellung des Vertretenen, zu einem Prozessrechtsverhältnis zwischen den Parteien bzw. dem Gericht führen und ermöglicht den Abschluss des Verfahrens durch ein nach allgemeinen Regeln rechtsmittelfähiges Urteil. Diese Wirkungen lassen sich, im Fall der einstweiligen Zulassung des Vertreters unmittelbar, in den übrigen Fällen im Wege einer Analogie aus § 89 ZPO herleiten.

4. Der (Vorsitzende) Richter ist nach Eingang einer vollmachtlosen Klage grundsätzlich verpflichtet, das Verfahren zur Gewährung rechtlichen Gehörs mittels Klagezustellung und Terminsanberaumung einzuleiten. Ausnahmsweise sieht das Gericht durch Beschluss davon ab, wenn keine Heilung des Vertretungsmangels zu erwarten ist.

5. Die Grundsätze der Duldungs- und Anscheinsvollmacht und des Vollmachtsmissbrauchs finden mangels einer Vertrauensdisposition des zu dem Rechtsstreit zur Vermeidung eigener Nachteile gezwungenen Beklagten bei der Klageerhebung keine Anwendung.

6. Die fehlende Postulationsfähigkeit des Prozessvertreters führt wegen der damit gegebenen rechtlichen Unmöglichkeit der Prozessvertretung zur Unwirksamkeit der ihm erteilten Vollmacht. Demgegenüber hat eine Beschränkung der Prozessvollmacht entgegen der Regelung des § 83 Abs. 1 ZPO zur Folge, dass eine Bevollmächtigung in vollem Umgang besteht.

7. Die Erklärung der Klagerücknahme durch den vollmachtlos vertretenen Kläger ist vorzugsweise weder als Genehmigung noch als Vollmachtsrüge aufzufassen, sondern nach allgemeinen Auslegungsregeln zu beurteilen. Die Rücknahme ist trotz der nur fingierten Parteistellung des Klägers wegen des auch für ihn geltenden Dispositionsgrundsatzes nach § 269 ZPO wirksam.

8. Grundsätzlich kann der Prozessvertreter die von ihm vollmachtlos eingereichte Klage nicht selbst wieder zurücknehmen. Etwas anderes gilt nur, wenn eine Heilung des vom Gericht festgestellten Vertretungsmangels nicht mehr zu erwarten ist, ihm bei einer Klageabweisung deswegen eine Kostenerstattungspflicht bevorstehen würde und er diese nur im Wege der Rücknahme mindern kann. Letzteres ist ihm i.d.R. bis vor dem Beginn der mündlichen Verhandlung möglich.

9. Wird eine Klage wegen der Vollmachtlosigkeit des Prozessvertreters als unzulässig abgewiesen, hat das Gericht gem. § 308 Abs. 2 ZPO auch über die Verfahrenskosten zu befinden.

10. Die Kostenvorschriften der ZPO weisen für den Fall der Klageabweisung infolge der Vollmachtlosigkeit des Prozessvertreters eine offene Regelungslücke auf. Denn eine Haftung des Vertreters lässt sich mit den Normen der ZPO unmittelbar nicht begründen und eine Kostenerstattungspflicht des vermeintlich vertretenen Klägers scheidet aus, da dieser ohne eine ihm zurechenbare Klage nicht im Sinne des insoweit restriktiv auszulegenden § 91 Abs. 1 S. 1 ZPO unterliegt.

11. Die Ausfüllung der vorgefundenen Regelungslücke erfolgt im Wege der Analogie zulasten des vollmachtlosen Prozessvertreters. Der öffentlich-rechtliche Charakter des Zivilprozesses steht einer Analogie im Bereich der privat-rechtlichen Kostennormen nicht entgegen.

12. Eine Kostenhaftung des nicht bevollmächtigten Prozessvertreters lässt sich mittels einer Analogie zu den §§ 177 ff. BGB nicht erreichen. Denn das für die Wertung der materiell-rechtlichen Vertreterhaftung maßgebende Vertrauen ist bei der vollmachtlosen Klageerhebung unerheblich. Ebenfalls scheidet eine analoge Anwendung des § 91 Abs. 1 ZPO aus, da die Unterliegenshaftung allein für den Interessenkonflikt der Parteien konzipiert ist.

13. Das von der herrschenden Meinung zur Begründung der Einstandspflicht des Vertreters favorisierte Veranlassungsprinzip bedeutet eine Zurechnung aufgrund Verursachung oder Kausalität. Es lässt sich jedoch weder aus den Kostennormen der ZPO herleiten noch weist es einen Sinnbezug zur Rechtsidee auf. Die Veranlassung als vermeintlich rechtsethisches Prinzip ist somit nicht als Zurechnungsmaßstab geeignet und vermag nicht die Haftung des vollmachtlosen Prozessvertreters zu rechtfertigen.

14. Die Regelungslücke im Kostenrecht der ZPO im Fall der Klageabweisung wegen des Vertretungsmangels ist im Wege einer analogen Anwendung des § 89 Abs. 1 S. 3 ZPO zu schließen. Der vollmachtlose Prozessvertreter hat deshalb die Kosten des Rechtsstreits zu tragen und kann sich dieser Pflicht nicht durch vorherige Mandatsniederlegung entziehen.

15. Nimmt der vollmachtlose Vertreter die von ihm eingereichte Klage vor einer Abweisung in zulässiger Weise zurück, ist die gesetzliche Kostenfolge des § 269 Abs. 3 S. 2 ZPO teleologisch zu reduzieren und deshalb nicht anwendbar. Die dadurch offengelegte (verdeckte) Regelungslücke ist wiederum analog § 89 Abs. 1 S. 3 ZPO zulasten des vollmachtlosen Vertreters auszufüllen.

16. Wird die vollmachtlose Klage von dem vermeintlich vertretenen Kläger zurückgenommen, tritt auch hier die Kostenfolge des § 269 Abs. 3 S. 2 ZPO nicht ein. Die Kosten des Rechtsstreits trägt der nicht berechtigte Vertreter analog § 89 Abs. 1 S. 3 ZPO.

17. Die von einer prozessunfähigen Partei erteilte Vollmacht führt nicht zu einer Vollmachtlosigkeit des Prozessvertreters, sondern begründet eine Bevollmächtigung mit begrenzter Wirkung, in deren Rahmen eine Zurechnung der erfolglosen Prozessführung möglich ist und die Partei nach § 91 Abs. 1 S. 1 ZPO für die Kosten haftet. Etwas anderes gilt nur bei einer umfassenden, au-

ßergerichtlichen Vollmacht, die nach dem anzuwendenden materiellen Recht ohne Zurechnungswirkung bleibt. Dann muss der Prozessvertreter analog § 89 Abs. 1 S. 3 ZPO die Kostenerstattung leisten.

18. Bei Unwirksamkeit der Vollmacht aus anderen Gründen oder ihrem Erlöschen vor Klageerhebung ist eine Zurechnung der vollmachtlosen Prozessvertretung nicht möglich, so dass die nicht wirksam vertretene Partei von der Kostenerstattungspflicht nach § 91 Abs. 1 S. 1 ZPO verschont bleibt und der Vertreter analog § 89 Abs. 1 S. 3 ZPO einzustehen hat.

19. Im Falle einer mehrstufigen Prozessvertretung haftet der vollmachtlose Erstvertreter analog § 89 Abs. 1 S. 3 ZPO, wenn der von ihm „bevollmächtigte" Prozessvertreter die mehrstufigen Vertretungsverhältnisse gegenüber dem Gericht bei Klageeinreichung offengelegt hat; andernfalls ist der Prozessvertreter zur Kostentragung verpflichtet.

20. Tritt jemand als Bote auf und übergibt dem Prozessvertreter eine falsche „Vollmacht", trifft den Vertreter die Kostenlast nach § 89 Abs. 1 S. 3 ZPO analog.

21. Bevollmächtigt der vermeintlich gesetzliche Erstvertreter einen Prozessvertreter, um für eine Partei ein Verfahren einleiten zu lassen, ist er zur Kostenerstattung analog § 89 Abs. 1 S. 3 ZPO verpflichtet.

22. Die Kostenentscheidung bei vollmachtloser Prozessvertretung ergeht ohne Rücksicht auf ein Verschulden des Prozessvertreters oder seine Gutgläubigkeit bzgl. des Bestehens der Vertretungsmacht.

Literaturverzeichnis

Abel, Wolfgang	Zur Nichtigkeitsklage wegen Mängel der Vertretung im Zivilprozeß, München 1995 [zitiert: *Abel*, Nichtigkeitsklage]
Adams, Michael	Ökonomische Analyse der Gefährdungs- und Verschuldenshaftung, Heidelberg 1985 [zitiert: *Adams*, Ökonomische Analyse]
ders.	Das „Verursacherprinzip" als Leerformel, JZ 1989, S. 787 ff.
Ahrens, Hans-Jürgen	Die Veröffentlichung vergleichender Werbeträgeranalysen, Köln/Berlin/Bonn/München 1974 [zitiert: *Ahrens*, Veröffentlichung vergleichender Werbeanalysen]
Alternativkommentar	Kommentar zur Zivilprozeßordnung, Hrsg.: Rudolf **Wassermann**, Bearbeiter: Ernst **Ankermann**, Ingeborg **Christian**, Harald **Koch**, Helmut **Pieper**, Neuwied/Darmstadt 1987 [zitiert: AK-ZPO/*Bearbeiter*]
Anders, Monika/ Burkhard **Gehle**	Das Assessorexamen im Zivilrecht, 6. Auflage, Düsseldorf 1999 [zitiert: *Anders/Gehle*, Assessorexamen]
dies.	Handbuch für das Zivilurteil, 2. Auflage, Düsseldorf 1995 [zitiert: *Anders/Gehle*, HB Zivilurteil]
Arens, Peter	Willensmängel bei Parteihandlungen im Zivilprozeß, Bad Homburg/Berlin/Zürich 1968 [zitiert: *Arens*, Willensmängel]

Balz, Manfred/ Hans-Georg **Landfermann**	Die neuen Insolvenzgesetze, Texte mit Einführung und den amtlichen Materialien, Düsseldorf 1995 [zitiert: *Balz/Landfermann*, Insolvenzgesetze]
Bandemer, Dagmar	Die Auswirkungen der Klage eines vollmachtlosen Vertreters auf Rubrum und Urteilstenor, JurBüro 1992, S. 365 ff.
Baumbach, Adolf/ Wolfgang **Lauterbach**	Zivilprozessordnung, Kommentar, Bearbeiter: Jan **Albers**, Peter **Hartmann**, 60. Auflage, München 2002 [zitiert: Baumbach/Lauterbach/*Bearbeiter*]
Baumgärtel, Gottfried	Gleicher Zugang zum Recht für alle, Köln/Berlin/Bonn/München 1976 [zitiert: *Baumgärtel*, Gleicher Zugang]
ders.	Wesen und Begriff der Prozeßhandlung einer Partei im Zivilprozeß, 2. Auflage, Köln/Berlin/Bonn/München 1972 [zitiert: *Baumgärtel*, Prozeßhandlung]
ders.	Die Kriterien zur Abgrenzung von Parteiberichtigung und Parteiwechsel, Festschrift für Ludwig Schnorr von Carolsfeld, S. 19 ff., Hrsg.: Heinrich **Hubmann**, Heinz **Hübner**, Köln/Berlin/Bonn/München 1972 [zitiert: *Baumgärtel*, FS Schnorr v.Carolsfeld]
Becker, Walter G.	Das Recht der unerlaubten Handlungen, Berlin 1976 [zitiert: *Becker*, Unerlaubte Handlungen]
Becker-Eberhard, Ekkehard	Grundlagen der Kostenerstattung bei der Verfolgung zivilrechtlicher Ansprüche – Zugleich ein Beitrag zum Verhältnis zwischen materiell-recht-

	lichem und prozessualem Kostenerstattungsanspruch –, Bielefeld 1985 [zitiert: *Becker-Eberhard*, Grundlagen der Kostenerstattung]
Bergerfurth, Bruno	Der Zivilprozeß: Klage, Urteil, Rechtsmittel, 6. Auflage, Freiburg i. Br. 1991 [zitiert: *Bergerfurth*, Zivilprozeß]
Bernhardt, Wolfgang	Das Zivilprozeßrecht, 3. Auflage, Berlin 1968 [zitiert: *Bernhardt*, ZPR]
Bienenfeld, Rudolf	Die Haftungen ohne Verschulden, Berlin/Wien 1933 [zitiert: *Bienenfeld*, Haftungen ohne Verschulden]
Blomeyer, Arwed	Zivilprozeßrecht: Erkenntnisverfahren, Lehrbuch, 2. Auflage, Berlin 1985 [zitiert: *Blomeyer*, ZPR]
Boeker, Helmut	Anmerkung zum Urteil des FG Karlsruhe vom 10.05.1963 – II 25/63, BB 1963, S. 1164
Bokelmann, Erika	„Rechtswegsperre" durch Prozesskosten, ZRP 1973, S. 164 ff.
Brammsen, Jörg/ Stefan **Leible**	Die Klagerücknahme, JuS 1997, S. 54 ff.
Brockhaus, F.A./ Gerhard **Wahrig**	Deutsches Wörterbuch (in sechs Bänden), Hrsg.: Gerhard **Wahrig**, Hildegard **Krämer**, Harald **Zimmermann**, Bearbeiter: Cornelia **Breiner**, Kurt **Cron** u.a., Erster Band (A - BT), Wiesbaden/Stuttgart 1980; Sechster Band (STE - ZZ), Wiesbaden/Stuttgart 1984 [zitiert: Brockhaus/Wahrig, Wörterbuch Bd.]

Brox, Hans | Allgemeiner Teil des Bürgerlichen Gesetzbuches, 26. Auflage, Köln/Berlin/Bonn/München 2002 [zitiert: *Brox*, AT BGB]

Brunn, Thomas | Die Vollmacht im Zivilprozeß, Diss. iur., Gießen 1988 [zitiert: *Brunn*, Vollmacht im Zivilprozeß]

Bühler, Christoph | Grundsätze und ausgewählte Probleme der Haftung des ohne Vertretungsmacht Handelnden, MDR 1987, S. 985 ff.

Bullinger, Martin | Verfassungsrechtliche Aspekte der Haftung, Festschrift für Ernst von Caemmerer, S. 297 ff., Hrsg.: Hans Claudius **Ficker**, Detlef **König**, Karl F. **Kreuzer** u.a., Tübingen 1978 [zitiert: *Bullinger*, FS v.Caemmerer]

Bydlinski, Franz | Juristische Methodenlehre und Rechtsbegriff, 2. Auflage, Wien/New York 1991 [zitiert: *Bydlinski*, Methodenlehre]

ders. | System und Prinzipien des Privatrechts, Wien/New York 1996 [zitiert: *Bydlinski*, System und Prinzipien]

Bydlinski, Michael | Der Kostenersatz im Zivilprozeß, Grundfragen des Kostenrechts und praktische Anwendung, Wien 1992 [zitiert: *M.Bydlinski*, Kostenersatz im Zivilprozeß]

Canaris, Claus-Wilhelm | Die Feststellung von Lücken im Gesetz, 2. Auflage, Berlin 1983 [zitiert: *Canaris*, Feststellung von Lücken]

ders. | Die Vertrauenshaftung im deutschen Privatrecht, München 1971, Neudruck Nendeln 1981 [zitiert: *Canaris*, Vertrauenshaftung]

Carbyn Über die einstweilige Zulassung eines unlegitimierten Vertreters im Falle des § 85 (89) CPO, Diss. iur., Tübingen 1899
[zitiert: *Carbyn*, Einstweilige Zulassung]

Christmann, Günter Der vollmachtlose Stellvertreter im Zivilprozeß, Diss. iur., Marburg 1971
[zitiert: *Christmann*, Der vollmachtlose Stellvertreter]

Coester-Waltjen, Dagmar Kosten früherer Säumnis, DRiZ 1976, S. 240 ff.

Dahlmanns, Gerhard J. Neudrucke zivilprozessualer Kodifikationen und Entwürfe des 19. Jahrhunderts, Materialien zur Entwicklungsgeschichte der ZPO,
Band 1: Bürgerliche Prozeßordnungen für das Kgr. Hannover von 1847 und 1850, Aalen 1971;
Band 2: Bundesstaatenentwurf einer ZPO von 1866 und Preußischer Justizministerial-Entwurf von 1871, Aalen 1971;
Band 3: Badische Prozeßordnung von 1831, Aalen 1975;
Band 4: Bayerische Prozeßordnung von 1869, Aalen 1975
[zitiert: *Dahlmanns*, Zivilprozessuale Kodifikationen Bd.]

Deubner, Karl Günther Grundprobleme der Erledigung der Hauptsache, JuS 1962, S. 205 ff.

ders. Aktuelles Zivilprozeßrecht, JuS 1998, S. 539 ff.

Deutsch, Erwin Fahrlässigkeit und erforderliche Sorgfalt, 2. Auflage, Köln/Berlin/Bonn/München 1995
[zitiert: *Deutsch*, Fahrlässigkeit]

ders. Unerlaubte Handlungen, Schadensersatz und Schmerzensgeld,
3. Auflage, Köln/Berlin/Bonn/München 1995
[zitiert: *Deutsch*, Unerlaubte Handlungen]

ders. Allgemeines Haftungsrecht,
2. Auflage, Köln/Berlin/Bonn/München 1996
[zitiert: *Deutsch*, Haftungsrecht]

Dreier, Horst (Hrsg.) Grundgesetz, Kommentar,
Bearbeiter: Rolf **Gröschner**, Helmuth **Schulze-Fielitz** u.a.,
Band II (Art. 20 - 82),
Tübingen 1998;
Band III (Art. 83 - 146),
Tübingen 2000
[zitiert: Dreier/*Bearbeiter*]

Duden, Konrad Das große Wörterbuch der deutschen Sprache in acht Bänden,
Hrsg.: Wissenschaftlicher Rat und Mitarbeiter der Dudenredaktion,
Bearbeiter: Maria **Dose**, Günther **Drosdowski**, Jürgen **Folz** u.a.,
Band 1: A - Bim,
2. Auflage, Mannheim/Leipzig/Wien/Zürich 1993
Band 8: Uri - ZZ,
2. Auflage, Mannheim/Leipzig/Wien/Zürich 1995
[zitiert: *Duden*, Wörterbuch Bd.]

Eccius, Max Ernst Die Stellung des Richters bei der Terminsbestimmung im Falle einer Ladung durch die Partei,
Gruchot's Beiträge 9 (1885), S. 1 ff.

Emde, Raimond Pro: Kostentragungspflicht des vollmachtlos Vertretenen nach Klagerücknahme – nur bei Veranlassung,
MDR 1997, S. 1003 f.

Endemann, Wilhelm Das deutsche Zivilprozeßrecht,
Heidelberg 1868, Neudruck Aalen 1969
[zitiert: *Endemann*, ZPO]

Enneccerus, Ludwig/ Hans Carl **Nipperdey**	Allgemeiner Teil des Bürgerlichen Rechts, Lehrbuch, Erster Halbband: Allgemeine Lehren, Personen, Rechtsobjekte, 15. Auflage, Tübingen 1959 [zitiert: Enneccerus/*Nipperdey*, BR AT Bd. 1]
Erman, Walter	Bürgerliches Gesetzbuch, Kommentar, Hrsg.: Harm Peter **Westermann**, Bearbeiter: Wolfg. **Hefermehl**, Heinz **Palm** u.a., Band 1 (§§ 1 - 853, HausTWG, ProdHaftG u.a.), 10. Auflage, Münster/Köln 2000 [zitiert: Erman/*Bearbeiter*]
Esser, Josef/ Eike **Schmidt**	Schuldrecht, Lehrbuch, Band 1: Allgemeiner Teil, Teilband 1: Ent-stehung, Inhalt und Beendigung von Schuld-verhältnissen, 8. Auflage, Heidelberg 1995 [zitiert: Esser/*Schmidt*, Schuldrecht Bd. 1/1]
Fleddermann, Christoph	Kostenrechtliche Probleme der Beteiligung Dritter am Zivilprozeß, Diss. iur., Osnabrück 1997 [zitiert: *Fleddermann*, Kostenrechtliche Probleme]
Flume, Werner	Allgemeiner Teil des Bürgerlichen Rechts, Lehrbuch, Band 2: Das Rechtsgeschäft, 3. Auflage, Berlin/Heidelberg/New York 1979 [zitiert: *Flume*, AT BR Bd. 2]
Foerste, Ulrich	Wiederaufnahme des Zivilprozesses bei natur- wissenschaftlichem Erkenntnisfortschritt, NJW 1996, S. 345 ff.
Förster, Adolf/ Richard **Kann**	Die Zivilprozeßordnung für das Deutsche Reich, Kommentar, Bearbeiter: Richard **Kann**, Erster Band (§§ 1 – 510c), 3. Auflage, Berlin 1913 [zitiert: Förster/*Kann*]

Francke, W. — Wesen und Sonderrecht der Verbindlichkeit zur Erstattung gegnerischer Prozesskosten nach der D.C.P.O.,
ZZP 6 (1883), S. 64 ff.

Friedländer, Adolph — Der falsus procurator auf Seiten des Klägers im Reichscivilprozeß,
AcP 85 (1896), S. 332 ff.

Furtner, Georg — Das Urteil im Zivilprozeß,
5. Auflage, München 1985
[zitiert: *Furtner*, Urteil]

Gerlach, Johann Wilhelm — Die Untervollmacht,
Diss. iur., Berlin 1967
[zitiert: *Gerlach*, Untervollmacht]

Gern, Alfons — Güterabwägung als Auslegungsprinzip des öffentlichen Rechts,
DÖV 1986, S. 462 ff.

ders. — Aktuelle Probleme des Kommunalabgabenrechts,
NVwZ 1995, S. 1145 ff.

Goecke, Klaus — Die unbegrenzte Haftung Minderjähriger im Deliktsrecht,
Berlin 1997
[zitiert: *Goecke*, Unbegrenzte Haftung Minderjähriger]

Goldschmidt, James — Der Prozeß als Rechtslage,
Berlin 1925
[zitiert: *Goldschmidt*, Prozeß als Rechtslage]

ders. — Zivilprozeßrecht, Lehrbuch,
2. Auflage, Berlin 1932, Neudruck Aalen 1969
[zitiert: *Goldschmidt*, ZPR]

Görres, Karl Heinrich — Die Haftung für den Ersatz von Kosten und Schäden nach deutschem Prozessrechte,
ZZP 35 (1906), S. 313 ff.

Gräber, Fritz	Finanzgerichtsordnung, Kommentar, Bearbeiter: Rüdiger von **Groll**, Hanns-Reiner **Koch** u.a., 4. Auflage, München 1997 [zitiert: Gräber/*Bearbeiter*]
Grimm, Jacob/ Wilhelm **Grimm**	Deutsches Wörterbuch (in 33 Bänden), Hrsg.: Bernhard **Beckmann**, Theodor **Frings**, Bearbeiter: M. **Leopold**, R. **Meiszner**, C. **Wesle**, E. **Wülcker**, Band 25: V - Verzwunzen, Leipzig 1956, Neudruck München 1991 [zitiert: *Grimm*, Wörterbuch Bd.25]
Groger, Thomas	Prozeßhandlungsvoraussetzungen im streitigen zivilprozessualen Verfahren, Diss. iur., Göttingen 1964 [zitiert: *Groger*, Prozeßhandlungs-voraussetzungen]
Gross, Rolf	Das Verhältnis der Klageänderung zur Klagerücknahme, ZZP 75 (1962), S. 93 ff.
Grundmann, Martin	Der Minderjährige im Zivilprozeß, Diss. iur., Bochum 1980 [zitiert: *Grundmann*, Minderjährige]
Grunsky, Wolfgang	Grundlagen des Verfahrensrechts, 2. Auflage, Bielefeld 1974 [zitiert: *Grunsky*, Verfahrensrecht]
Habel, Michael	Kostenerstattung bei vorangegangenem Versäumnisurteil, NJW 1997, S. 2357 ff.
Hager, Johannes	Die Rechtsbehelfsbefugnis des Prozeßunfähigen, ZZP 97 (1984), S. 174 ff.
Hahn, Carl	Die gesamten Materialien zu den Reichs-Justizgesetzen, Hrsg.: Eduard **Stegemann**,

Band 2: Materialien zur Zivilprozeßordnung, Abteilung 1 und 2, 2. Auflage, Berlin 1881, Neudruck Aalen 1983 [zitiert: *Hahn*, Materialien Reichs-Justizgesetze Bd.2]

Hahn, Carl/ Benno **Mugdan** — Die gesamten Materialien zu den Reichs-Justizgesetzen, Band 8: Materialien zum Gesetz betr. Änderungen der Zivilprozeßordnung, Gerichtsverfassungsgesetz und Strafprozeßordnung, Berlin 1898, Neudruck Aalen 1983 [zitiert: Hahn/*Mugdan*, Materialien Reichs-Justizgesetze Bd. 8]

Halbach, Christoph Dirk — Die Verweigerung der Terminsbestimmung und der Klagezustellung im Zivilprozeß, Diss. iur., Köln 1980 [zitiert: *Halbach*, Verweigerung der Terminsbestimmung]

Hartmann, Peter — Kostengesetze, Kommentar, 31. Auflage, München 2002 [zitiert: *Hartmann*]

Haubelt, Horst — „Erledigung der Hauptsache" vor Rechtshängigkeit ?, ZZP 89 (1976), S. 192 ff.

Heckelmann — Prozeßlage bei Zustellung der Klage an den vermeintlichen gesetzlichen Vertreter des Beklagten, JW 1915, S. 267 ff.

Hedemann, Justus Wilhelm — Die Fortschritte des Zivilrechts im XIX. Jahrhundert, Erster Teil: Die Neuordnungen des Verkehrslebens, Berlin 1910, Neudruck Frankfurt a. M. 1968 [zitiert: *Hedemann*, Fortschritte des Zivilrechts Teil 1]

Heilmann, Reiner A. | Das Veranlassungsprinzip im Bereich des Warenzeichen- und Wettbewerbsrechts, dargestellt an der Verwirkungsrechtsprechung und Verwirkungslehre zum Unterlassungsanspruch, Diss. iur., Nürnberg 1961
[zitiert: *Heilmann*, Veranlassungsprinzip]

Heinrich, Udo | Der gewillkürte Parteiwechsel, Köln/Berlin/Bonn/München 1990
[zitiert: *Heinrich*, Gewillkürter Parteiwechsel]

Hellmann | Zur Lehre von dem Mangel der Prozessfähigkeit, der Legitimation als gesetzlicher Vertreter und der Prozessvollmacht nach deutschem Civilprozessrechte, ZZP 27 (1900), S. 261 ff.

Hellwig, Konrad | Lehrbuch des Deutschen Zivilprozeßrechts, Band 2, Leipzig 1907, Neudruck Aalen 1980
[zitiert: *Hellwig*, LB ZPR Bd. 2]

ders. | System des Deutschen Zivilprozeßrechts in zwei Teilen, Teil 1: Ordentliches Verfahren ausschließlich besonderer Prozeßarten und Zwangsvollstreckung, Leipzig 1912, Neudruck Aalen 1980
[zitiert: *Hellwig*, System Teil 1]

Henckel, Wolfram | Parteilehre und Streitgegenstand im Zivilprozeßrecht, Heidelberg 1961
[zitiert: *Henckel*, Parteilehre]

ders. | Prozeßrecht und materielles Recht, Göttingen 1970
[zitiert: *Henckel*, Prozeßrecht]

Herrmann, Elke | Der Störer nach § 1004 BGB, Berlin 1987
[zitiert: *Herrmann*, Störer]

Heyse, Joh. Christ. Aug. — Handwörterbuch der deutschen Sprache (in drei Bänden),
Band 3: stehen - z,
Magdeburg 1849, Neudruck Hildesheim 1968
[zitiert: *Heyse*, Handwörterbuch]

Hinz, Manfred — Zeitliche Grenzen der Klagerücknahme,
JZ 1968, S. 11 ff.

Hoche, Ulrich/ Günter **Haas** — Zivilprozeßrecht, Lehrbuch,
3. Auflage, Darmstadt 1980
[zitiert: Hoche/*Haas*, ZPR]

Hönn, Günther — Zur Problematik der Privatautonomie,
Jura 1984, S. 57 ff.

Höpfner — Vertretung ohne Vollmacht im Zivilprozeß,
Diss. iur., Göttingen 1899
[zitiert: *Höpfner*, Vertretung ohne Vollmacht]

Hommelsheim, Edgar — Cost Allocation in Civil Litigation – Kostentragung und -ausgleichung im amerikanischen Zivilprozeß,
Diss. iur., Bonn 1990
[zitiert: *Hommelsheim*, Cost Allocation]

Hubmann, Heinrich — Grundsätze der Interessenabwägung,
AcP 155 (1956), S. 85 ff.

Hummer, Rüdiger — Justizgewährung und Justizverweigerung aus verfahrensrechtlicher Sicht,
Diss. iur., Marburg 1972
[zitiert: *Hummer*, Justizgewährung]

Hupka, Josef — Die Vollmacht,
Leipzig 1900
[zitiert: *Hupka*, Vollmacht]

ders. — Die Haftung des Vertreters ohne Vertretungsmacht,
Leipzig 1903
[zitiert: *Hupka*, Haftung des Vertreters]

Isay, Hermann	Die Geschäftsführung nach dem Bürgerlichen Gesetzbuche für das Deutsche Reich, Hrsg.: Otto **Fischer**, Jena 1900 [zitiert: *Isay*, Geschäftsführung]
Jarass, Hans D./ Bodo **Pieroth**	Grundgesetz für die Bundesrepublik Deutschland, Kommentar, 5. Auflage, München 2000 [zitiert: Jarass/Pieroth]
Jauernig, Othmar	Zivilprozessrecht, Lehrbuch, 27. Auflage, München 2002 [zitiert: *Jauernig*, ZPR]
Jauernig, Othmar (Hrsg.)	Bürgerliches Gesetzbuch, Kommentar, Bearbeiter: O. **Jauernig**, Max **Vollkommer** u.a., 9. Auflage, München 1999 [zitiert: Jauernig/*Bearbeiter*]
Johannsen	Anmerkung zum Urteil des BGH vom 07.10.1959 – IV ZR 68/59, LM § 87 ZPO Nr. 2 (Bl. 328)
Jonas, Martin	Anmerkung zum Beschluss des RG vom 03.03.1930 – IV R 10/30, JW 1930, S. 1489 f.
Jung, Erich	Delikt und Schadensverursachung, Heidelberg 1897 [zitiert: *Jung*, Delikt und Schadensverursachung]
Just	Zivilprozeßrechtliche Kontroversen, AcP 68 (1885), S. 268 ff.
Karl, Gerhard	Der Prozeßbevollmächtigte nach § 85 Abs. 2 ZPO, Diss. iur., Baden-Baden 1993 [zitiert: *Karl*, Prozessbevollmächtigter]
Karweil	Die Stellung des vollmachtlosen gewillkürten Stellvertreters und des Geschäftsführers ohne

Auftrag sowie des nicht legitimierten gesetzlichen Vertreters,
Diss. iur., Erlangen 1900
[zitiert: *Karweil*, Stellung des vollmachtlosen gewillkürten Stellvertreters]

Kempter, Fritz — Die außerordentliche sofortige Beschwerde gegen oberlandesgerichtliche Kostenentscheidungen,
NJW 1993, S. 2158 ff.

Kiefer, Thomas — Die Aquilische Haftung im "Allgemeinen Landrecht für die Preußischen Staaten" von 1794,
Diss. iur., Pfaffenweiler 1989
[zitiert: *Kiefer*, Aquilische Haftung]

Kion, Hans-Jürgen — Eventualverhältnisse im Zivilprozeß,
Berlin 1971
[zitiert: *Kion*, Eventualverhältnisse]

Kleinfeller, Georg — Lehrbuch des Deutschen Zivilprozeßrechts,
3. Auflage, Berlin 1925
[zitiert: *Kleinfeller*, ZPR]

Kluge, Friedrich — Etymologisches Wörterbuch der deutschen Sprache,
Bearbeiter: Elmar **Seebold**,
23. Auflage, Berlin/New York 1995
[zitiert: *Kluge*, Etymologisches Wörterbuch]

Kohler, Josef — Der Prozeß als Rechtsverhältnis – Prolegomena zu einem System des Zivilprozesses,
Mannheim 1888, Neudruck Aalen 1969
[zitiert: *Kohler*, Prozeß als Rechtsverhältnis]

Kollhosser, Helmut — Prozeßkostenhilfe als Sozialhilfe in besonderen Lebenslagen,
ZRP 1979, S. 297 ff.

Konzak, Olaf — Analogie im Verwaltungsrecht,
NVwZ 1997, S. 872 ff.

Krahe, Frank | Die Schutzschrift – Kostenerstattung und Gebührenanfall,
Diss. iur., Bergisch-Gladbach/Köln 1991
[zitiert: *Krahe*, Schutzschrift]

Krey, Volker | Zur Problematik richterlicher Rechtsfortbildung contra legem (I),
JZ 1978, S. 361 ff.

Kübler, Bruno M./ Hanns **Prütting** (Hrsg.) | InsO: Kommentar zur Insolvenzordnung,
Bearbeiter: Gerh. **Pape**, Albrecht **Tintelnot** u.a.,
Band 1 (§§ 1 - 128),
Band 2 (§§ 129 - 335),
Loseblattsammlung (Stand: 11. Liefg.),
Köln 2001
[zitiert: Kübler/Prütting/*Bearbeiter*]

Künzle, Johannes | Die Prozeßförderungspflicht der Parteien im Zivilprozeß,
Diss. iur., Göttingen 1991
[zitiert: *Künzle*, Prozeßförderungspflicht]

Lappe, Friedrich | Analogieverbot im Justizkostenrecht,
Rpfleger 1984, S. 337 ff.

ders. | Justizkostenrecht,
2. Auflage, München 1995
[zitiert: *Lappe*, Justizkostenrecht]

Larenz, Karl | Richterliche Rechtsfortbildung als methodisches Problem,
NJW 1965, S. 1 ff.

ders. | Die Prinzipien der Schadenszurechnung,
JuS 1965, S. 373 ff.

ders. | Hegels Zurechnungslehre und der Begriff der objektiven Zurechnung,
Leipzig 1927, Neudruck Aalen 1970
[zitiert: *Larenz*, Hegels Zurechnungslehre]

ders. Methodenlehre der Rechtswissenschaft,
6. Auflage, Berlin/Heidelberg/New York 1991
[zitiert: *Larenz*, Methodenlehre]

ders. Richtiges Recht, Grundzüge einer Rechtsethik,
München 1979
[zitiert: *Larenz*, Richtiges Recht]

ders. Allgemeiner Teil des deutschen Bürgerlichen Rechts, Lehrbuch,
7. Auflage, München 1989
[zitiert: *Larenz*, AT BR, 7. Aufl.]

ders. Lehrbuch des Schuldrechts,
Band 1: Allgemeiner Teil,
14. Auflage, München 1987
[zitiert: *Larenz*, Schuldrecht AT]

Larenz, Karl/ Manfred **Wolf** Allgemeiner Teil des Bürgerlichen Rechts, Lehrbuch,
8. Auflage, München 1997
[zitiert: Larenz/*Wolf*, AT BR]

Laubinger, Hans-Werner Prozeßfähigkeit und Handlungsfähigkeit,
in Festschrift für Carl Hermann **Ule**: "Verwaltung im Rechtsstaat", S. 161 ff.,
Hrsg.: Willi **Blümel**, Detlef **Merten**, Helmut **Quaritsch**,
Köln/Berlin/Bonn/München 1987
[zitiert: *Laubinger*, FS Ule]

Lenz, Lukas Haftung ohne Verschulden in deutscher Gesetzgebung und Rechtswissenschaft des 19. Jahrhunderts,
Diss. iur., Münster 1995
[zitiert: *Lenz*, Haftung ohne Verschulden]

Loeser, Roman System des Verwaltungsrechts, Band 1,
Baden-Baden 1994
[zitiert: *Loeser*, System VwR,]

Loritz, Karl-Georg — Die Konkurrenz materiellrechtlicher und prozessualer Kostenerstattung, Köln/Berlin/Bonn/München 1981 [zitiert: *Loritz*, Kostenerstattung]

Lüke, Wolfgang — Die Beteiligung Dritter am Zivilprozeß, Tübingen 1993 [zitiert: *Lüke*, Beteiligung Dritter]

ders. — Zivilprozeßrecht, Lehrbuch, 7. Auflage, München 1999 [zitiert: *Lüke*, ZPR]

Mangold, Hermann von/ Friedrich **Klein**/ Christian **Starck** (Hrsg.) — Das Bonner Grundgesetz, Kommentar, Bearbeiter: Christian **Starck**, Karl-Peter **Sommermann** u.a., Band 1 (Präambel, Art. 1 - 19), München 1999 [zitiert: Mangold/Klein/Starck/*Bearbeiter*]

Markl, Hermann/ Dieter **Meyer** — Gerichtskostengesetz, Kommentar, 4. Auflage, Berlin/New York 2001 [zitiert: Markl/*Meyer*]

Marton, Géza — Der Versuch eines einheitlichen Systems zivilrechtlicher Haftung, AcP 162 (1963), S. 1 ff.

Marzinek, Otto — Der Mangel der Vollmacht im Zivilprozeß, Diss. iur., Köln 1938 [zitiert: *Marzinek*, Mangel der Vollmacht]

Maunz, Theodor/ Günter **Dürig** — Grundgesetz, Kommentar, Bearbeiter: Roman **Herzog**, Eberhard **Schmidt-Aßmann** u.a., Band III (Art. 20 - 53), Loseblattsammlung (Stand: 39. Liefg.), München 2001 [zitiert: Maunz/Dürig/*Bearbeiter*]

May, Axel — Die Schutzschrift im Arrest- und Einstweiligen-Verfügungs-Verfahren,
Diss. iur., Köln 1983
[zitiert: *May*, Schutzschrift]

Mayer-Maly, Theo — Privatautonomie und Selbstverantwortung,
in Jahrbuch für Rechtssoziologie und Rechtstheorie,
Hrsg.: Werner **Maihofer**, Ernst-J. **Lampe** u.a.,
Band 14: Verantwortlichkeit und Recht,
S. 268 ff.,
Opladen 1989
[zitiert: *Mayer-Maly*, Jahrbuch Rechtssoziologie Bd. 14]

Medicus, Dieter — Allgemeiner Teil des Bürgerlichen Gesetzbuchs,
Lehrbuch,
7. Auflage, Heidelberg 1997
[zitiert: *Medicus*, BGB AT]

Mertens, Hans-Joachim — Die Haftung des Untervertreters nach § 179 Abs. 2 BGB – BGHZ 32, 250,
JuS 1961, S. 315 ff.

Mettenheim, Christoph von — Der Grundsatz der Prozeßökonomie im Zivilprozeß,
Berlin 1970
[zitiert: *v.Mettenheim*, Prozeßökonomie]

Meyer, Dieter — Aus der Kostenpraxis – für die Praxis, II. Zum Verhältnis des prozessualen Kostenerstattungsanspruchs zum materiell-rechtlichen Kostenersatzanspruch, Verjährung des prozessualen Kostenfestsetzungsanspruchs,
JurBüro 1981, S. 677 ff.

Meyer, Herbert — Das Akzept. Die Annahme des Wechsels und der Anweisung,
Berlin 1918
[zitiert: *H.Meyer*, Das Akzept]

Mugdan, Benno | Die gesamten Materialien zum Bürgerlichen Gesetzbuch für das Deutsche Reich, Band 1: Einführungsgesetz und Allgemeiner Teil, Berlin 1899, Neudruck Aalen 1979 [zitiert: *Mugdan*, Materialien BGB]

Mühl, Otto | Die Lehre von Gutachten und Urteil, JuS 1963, S. 351 ff.

Müller, Wilhelm | Der Begriff der unerlaubten Handlung (nach dem Bürgerl. Gesetzbuch für das Deutsche Reich), Halle a. S. 1900 [zitiert: *Müller*, Begriff der unerlaubten Handlung]

Müller-Erzbach, Rudolf | Gefährdungshaftung und Gefahrtragung, AcP 106 (1910), S. 309 ff.

Müller-Freienfels, Wolfram | Die Vertretung beim Rechtsgeschäft, Tübingen 1955 [zitiert: *Müller-Freienfels*, Vertretung beim Rechtsgeschäft]

Münchener Kommentar | Kommentar zum Bürgerlichen Gesetzbuch, Hrsg.: Kurt **Rebmann**, Franz Jürgen **Säcker**, Roland **Rixeker**, Bearbeiter: Helmut **Grothe**, Helmut **Kollhosser**, Ernst A. **Kramer**, Theo **Mayer-Maly**, Hans-Joachim **Mertens**, Hartmut **Oetker**, Jochen **Schmitt**, Karl-Heinz **Schramm**, Günther H. **Roth** u.a., Band 1: Allgemeiner Teil (§§ 1 - 240; AGBG), 4. Auflage, München 2001; Band 2: Schuldrecht Allgemeiner Teil (§§ 241 - 432, FernAbsG), 4. Auflage, München 2001; Band 3: Schuldrecht Besonderer Teil I (§§ 433 - 606, VerbrKrG, HausTWG u.a.), 3. Auflage, München 1995; Band 5: Schuldrecht Besonderer Teil III (§§ 705 - 853, PartGG, ProdHaftG), 3. Auflage, München 1997 [zitiert: MüKo-BGB/*Bearbeiter*]

Münchener Kommentar	Kommentar zur Zivilprozessordnung, Hrsg.: Gerhard **Lüke**, Peter **Wax**, Bearbeiter: August **Belz**, Oskar **Feiber**, Walter F. **Lindacher**, Gerhard **Lüke**, Christoph v. **Mettenheim**, Eberhard **Schilken** u.a., Band 1 (§§ 1 - 354), 2. Auflage, München 2000; Band 2 (§§ 355 - 802), 2. Auflage, München 2000 [zitiert: MüKo-ZPO/*Bearbeiter*] Aktualisierungsband ZPO-Reform 2002 und weitere Reformgesetze, 2. Auflage, München 2002 [zitiert: MüKo-ZPO-Aktualisierungsbd./*Bearbeiter*]
Münzberg, Wolfgang	Verhalten und Erfolg als Grundlage der Rechtswidrigkeit und Haftung, Frankfurt a. M. 1966 [zitiert: *Münzberg*, Verhalten und Erfolg]
Musielak, Hans-Joachim (Hrsg.)	Kommentar zur Zivilprozessordnung, Bearbeiter: Wolfgang **Ball**, Ulrich **Foerste**, Hans-Joachim **Musielak**, Astrid **Stadler**, Stephan **Weth**, Dieter **Wolst** u.a., 3. Auflage, München 2002 [zitiert: Musielak/*Bearbeiter*]
Nikisch, Arthur	Lehrbuch des Zivilprozeßrechts, 2. Auflage, Tübingen 1952 [zitiert: *Nikisch*, ZPR]
Noske, Thomas	Die Prozeßökonomie als Bestandteil des verfassungsrechtlichen Grundsatzes der Verhältnismäßigkeit, Diss. iur., Wiesbaden 1989 [zitiert: *Noske*, Prozeßökonomie]

Nußbaum, Arthur — Die Prozeßhandlung, ihre Voraussetzungen und Erfordernisse,
München 1908
[zitiert: *Nußbaum*, Prozeßhandlungen]

Oda, Tsukasa — Die Prozeßfähigkeit als Voraussetzung und Gegenstand des Verfahrens,
Köln/Berlin/Bonn/München 1997
[zitiert: *Oda*, Prozeßfähigkeit]

Palandt, Otto — Bürgerliches Gesetzbuch, Kommentar,
Bearbeiter: Helmut **Heinrichs**, Hartw. **Sprau** u.a.,
62. Auflage, München 2003
[zitiert: Palandt/*Bearbeiter*]

Pape, Gerhard — Anmerkung zum Beschluss des BGH vom 14.03.1993 – V ZB 5/93,
LM § 52 ZPO Nr. 26 (Blatt 1287)

Pawlowski, Hans-Martin — Die Funktion der Prozeßkosten,
JZ 1975, S. 197 ff.

ders. — Methodenlehre für Juristen, Lehrbuch,
3. Auflage, Heidelberg 1999
[zitiert: *Pawlowski*, Methodenlehre]

Petersen, Julius/ Ernst **Remelé**/ Ernst **Anger** — Die Civilprozessordnung für das Deutsche Reich, Kommentar,
Band 1 (§§ 1 - 510),
Bearbeiter: Ernst **Remelé**, Ernst **Anger**,
5. Auflage, Lahr 1904
[zitiert: Petersen/Remelé/Anger]

Pfizer, G. — Die Einrede der mangelnden Prozessfähigkeit,
ZZP 13 (1889), S. 156 ff.

Pieroth, Bodo/ Bernhard **Schlink** — Grundrechte Staatsrecht II, Lehrbuch,
18. Auflage, Heidelberg 2002
[zitiert: *Pieroth/Schlink*, Grundrechte]

Planck, Julius Wilhelm — Lehrbuch des Deutschen Civilprozessrechts,
Erster Band: Allgemeiner Teil,

Nördlingen 1887;
Zweiter Band, Erste Abteilung: Das regelmäßige Verfahren erster Instanz,
München 1891
[zitiert: *Planck*, CPR Bd.]

Pohle, Rudolf — Erstreckung der Rechtskraft auf nicht vorbehaltene Nachforderungen des siegreichen Klägers?,
ZZP 77 (1964), S. 98 ff.

Pollak, Rudolf — Die Zivilprozeßkosten nach österreichischem Recht,
in Festschrift für Adolf **Wach**, Band 1 von 3, S. 103 ff.,
Leipzig 1913, Neudruck Aalen 1970
[zitiert: *Pollak*, FS Wach]

Poppe, Werner — Verursachungsprinzip und Umweltrecht,
Diss. iur., Marburg 1975
[zitiert: *Poppe*, Verursachungsprinzip]

Prölss, Jürgen — Haftung bei der Vertretung ohne Vertretungsmacht,
JuS 1986, S. 169 ff.

Pukall, Friedrich — Der Zivilprozeß in der gerichtlichen Praxis,
5. Auflage, Neuwied/Kriftel/Berlin 1992
[zitiert: *Pukall*, Zivilprozeß]

Redeker, Konrad — Bürger und Anwalt im Spannungsfeld von Sozialstaat und Rechtsstaat,
NJW 1973, S. 1153 ff.

Rehbinder, Eckard — Zur Haftung des Warenherstellers gegenüber dem Verbraucher ohne Verschulden,
BB 1965, S. 439 ff.

Reichsgerichtsräte-kommentar — Das Bürgerliche Gesetzbuch, Kommentar, herausgegeben von Mitgliedern des Bundesgerichtshofs,
Bearbeiter: Herb. **Johannsen**, Erich **Steffen** u.a.,

	Band 1: Allgemeiner Teil (§§ 1 - 240), Berlin/New York 1982 [zitiert: RGRK/*Bearbeiter*]
Reinecke, Horst	Schaden und Interesseneinbuße, Berlin 1968 [zitiert: *Reinecke*, Schaden und Interesseneinbuße]
Reiner, Helmut	Die Zurückweisung einer beabsichtigten Klage durch Beschluß, Diss. iur., Erlangen 1959 [zitiert: *Reiner*, Zurückweisung einer beabsichtigten Klage]
Renner, Günter	Zur Prozeßkostenpflicht bei vollmachtloser Prozeßführung, MDR 1974, S. 353 ff.
Rimmelspacher, Bruno	Materiellrechtlicher Anspruch und Streitgegenstandsprobleme im Zivilprozeß, Göttingen 1970 [zitiert: *Rimmelspacher*, Materieller Anspruch]
ders.	Zur Prüfung von Amts wegen im Zivilprozeß, Diss. iur., Göttingen 1966 [zitiert: *Rimmelspacher*, Prüfung von Amts wegen]
Rinsche, Franz-Josef	Die Haftung des Rechtsanwalts und Notars, Ein Handbuch für die Praxis, 6. Auflage, Köln/Berlin/Bonn/München 1998 [zitiert: *Rinsche*, Haftung des Rechtsanwalts]
Rosenberg, Leo	Stellvertretung im Prozeß, Berlin 1908 [zitiert: *Rosenberg*, Stellvertretung]
ders.	Lehrbuch des Deutschen Zivilprozeßrechts, 1. Auflage, Berlin 1927; 2. Auflage, Berlin 1929 [zitiert: *Rosenberg*, ZPR, Aufl.]

ders.	Anmerkung zum Urteil des LG Hamburg vom 01.03.1951 – 9 S 734/50, ZZP 65 (1952), S. 163 f.
Rosenberg, Leo/ Hans Friedhelm **Gaul**/ Eberhard **Schilken**	Zwangsvollstreckungsrecht, Lehrbuch, 11. Auflage, München 1997 [zitiert: Rosenberg/Gaul/Schilken, ZVR]
Rosenberg, Leo/ Karl Heinz **Schwab**/ Peter **Gottwald**	Zivilprozeßrecht, Lehrbuch, 15. Auflage, München 1993 [zitiert: Rosenberg/Schwab/*Gottwald*, ZPR]
Rümelin, Gustav	Culpahaftung und Causalhaftung, AcP 88 (1898), S. 285 ff.
Rümelin, Max	Die Gründe der Schadenszurechnung und die Stellung des deutschen bürgerlichen Gesetzbuchs zur objektiven Schadensersatzpflicht, Freiburg i. Br./Leipzig 1896 [zitiert: *M. Rümelin*, Schadenszurechnung]
ders.	Schadensersatz ohne Verschulden, Tübingen 1910 [zitiert: *M. Rümelin*, Schadensersatz]
Sachs, Michael (Hrsg.)	Grundgesetz, Kommentar, Bearbeiter: Ulrich **Battis**, Michael **Sachs** u.a., 3. Auflage, München 2003 [zitiert: Sachs/*Bearbeiter*]
Sauer, Wilhelm	Allgemeine Prozeßrechtslehre, Berlin/Detmold/Köln/München 1951 [zitiert: *Sauer*, Prozeßrechtslehre]
Savigny, Friedrich Karl von	System des heutigen römischen Rechts, Band 3, Berlin 1840, 2. Neudruck Aalen 1981 [zitiert: *Savigny*, System röm. Rechts Bd. 3]
Schellhammer, Kurt	Zivilprozeß, Gesetz - Praxis - Fälle, Lehrbuch, 9. Auflage, Heidelberg 2001 [zitiert: *Schellhammer*, ZPR]

Schilken, Eberhard | Zivilprozeßrecht, Lehrbuch, 3. Auflage, Köln/Berlin/Bonn/München 2000 [zitiert: *Schilken*, ZPR]

Schlickum, Wilhelm Richard | Die Lehre vom Verpflichtungstatbestand und von den Einreden im Wechselrecht, Diss. iur., Köln 1932 [zitiert: *Schlickum*, Verpflichtungstatbestand und Einreden]

Schlosser, Peter | Zivilprozeßrecht, Band 1: Erkenntnisverfahren, 2. Auflage, München 1991 [zitiert: *Schlosser*, ZPR Bd. 1]

ders. | Anmerkung zum Beschluss des BGH vom 04.03.1993 – V ZB 5/93, ZZP 106 (1993), S. 533 ff.

Schmalz, Dieter | Methodenlehre für das juristische Studium, 4. Auflage, Baden-Baden 1998 [zitiert: *Schmalz*, Methodenlehre]

Schmellenkamp, Egon | Der Prozeßbevollmächtigte als Zustellungsempfänger – Die Bedeutung des § 87 ZPO, AnwBl 1985, S. 14 ff.

Schmidt, Eicke | Der Zweck des Zivilprozesses und seine Ökonomie mit einer Analyse der Rechtsprechung des Bundesgerichtshofs zur sogenannten Prozeßökonomie, Frankfurt a. M. 1973 [zitiert: *E. Schmidt*, Zweck des Zivilprozesses]

Schmidt, Richard | Lehrbuch des Deutschen Zivilprozeßrechts, 2. Auflage, Leipzig 1910 [zitiert: *R. Schmidt*, ZPR]

Schmidt-Aßmann, Eberhard (Hrsg.) | Besonderes Verwaltungsrecht, Lehrbuch, Bearbeiter: Peter **Badura**, Karl Heinr. **Friauf** u.a., 11. Auflage, Berlin/New York 1999 [zitiert: Schmidt-Aßmann/*Bearbeiter*, Bes. VwR]

Schmidt-Bleibtreu, Bruno/ Franz **Klein** — Kommentar zum Grundgesetz, Bearbeiter: Bernhard **Brockmeyer**, Christoph **Kannengießer** u.a., 9. Auflage, Neuwied/Kriftel 1999 [zitiert: Schmidt-Bleibtreu/Klein/*Bearbeiter*]

Schmidt-Salzer, Joachim — Subjektiver Wille und Willenserklärung, JR 1969, S. 281 ff.

Schmitz, Ellen — Kostenentscheidung für oder gegen Dritte bei fehlender Vertretungsmacht und bei falscher oder nicht existenter Partei, Diss. iur., Bonn 1988 [zitiert: *Schmitz*, Kostenentscheidung für oder gegen Dritte]

Schneider, Egon — Über die prozessuale Bedeutung des Antrages nach § 271 Abs. 3 S. 3 ZPO, ZZP 76 (1963), S. 279 ff.

ders. — Anmerkung zum Beschluss des OLG Köln vom 27.01.1971 – 17 W 7/71, MDR 1971, S. 587 f.

ders. — Kostenfolgen bei vollmachtloser Vertretung, Rpfleger 1976, S. 229 ff.

ders. — Logik für Juristen: Die Grundlagen der Denklehre und der Rechtsanwendung, 5. Auflage, München 1999 [zitiert: *Schneider*, Logik]

Schneider, Egon/ Kurt **Herget** — Die Kostenentscheidung im Zivilurteil, 3. Auflage 1990 [zitiert: Schneider/*Herget*, Kostenentscheidung]

Schreiber, Klaus — Parteibegriff und Folgen falscher Zustellung im Zivilprozeß, Jura 1990, S. 162 ff.

Schubert, Werner (Hrsg.) Protokolle der Kommission zur Ausarbeitung des Entwurfs einer Civilprozeßordnung für die Staaten des Norddeutschen Bundes in fünf Bänden, Frankfurt a. M./Mainz 1985
[zitiert: *Schubert*, Protokolle Norddt. Entwurf Bd.]

ders. (Hrsg.) Kodifikationsgeschichte Zivilprozeß: Entwurf und Motive einer Prozeß-Ordnung in bürgerl. Rechtsstreitigkeiten für den Preußischen Staat von 1864, Berlin 1822, Neudruck Goldbach 1984
[zitiert: *Schubert*, Motive Preuß. Entwurf]

ders. (Hrsg.) Kodifikationsgeschichte Zivilprozeß: Allgemeine Gerichtsordnung für die Preußischen Staaten (in zwei Bänden),
Band 1: Erster Theil, Prozessordnung,
Berlin 1822, Neudruck Goldbach 1984
[zitiert: *Schubert*, Preuß. AGO Bd.1]

Schudt, Ernst-Rainer Kausalitätsprobleme im Verwaltungsrecht, Diss. iur., Hamburg 1971
[zitiert: *Schudt*, Kausalitätsprobleme]

Schulte, Friedrich Die Stellung des gewillkürten Vertreters ohne Vertretungsmacht im Zivilprozess, Diss. iur., Hamburg 1932
[zitiert: *Schulte*, Stellung des gewillkürten Vertreters]

Schultes, Hans-Jörg Beteiligung Dritter am Zivilprozeß, Köln/Berlin/Bonn/München 1994
[zitiert: *Schultes*, Beteiligung Dritter]

Schumann, Ekkehard Die Prozeßökonomie als rechtsethisches Prinzip, Festschrift für Karl **Larenz**, S. 271 ff., Hrsg.: Gotthard **Paulus**, Uwe **Diederichsen**, Claus-Wilhelm **Canaris**, München 1973
[zitiert: *Schumann*, FS Larenz]

ders. Der Zivilprozeß als Rechtsverhältnis, JA 1976, S. 637 ff.

Schütze, Rolf A. Zur Zustellung nach § 176 ZPO im einstweiligen Verfügungsverfahren, BB 1978, S. 589

Schwabe, Jürgen Anmerkung zum Beschluss des BVerfG vom 14.08.1996 – 2 BvR 2088/93, DVBl. 1997, S. 352 ff.

Seuffert, Lothar von/ Hans **Walsmann** Kommentar zur Zivilprozeßordnung, Erster Band (§§ 1 - 510c) Bearbeiter: Hans **Walsmann**, 12. Auflage, München 1932 [zitiert: Seuffert/*Walsmann*]

Siebert, Axel Die Prinzipien des Kostenerstattungsrechts und die Erstattungsfähigkeit vorgerichtlicher Kosten des Rechtsstreits, Diss. iur., Frankfurt a. M./Bern/New York 1985 [zitiert: *Siebert*, Prinzipien des Kostenerstattungsrechts]

Smid, Stefan Rechtsmittel und Rechtswege gegen Kostenentscheidungen des OLG gegen Dritte, NJW 1989, S. 1578 ff.

Soergel, Hans Theodor Kommentar zum Bürgerlichen Gesetzbuch, Bearbeiter: Volker **Beuthien**, Manfred **Wolf**, Hermann **Fahse**, Wolfgang **Hefermehl**, Ulrich **Leptien**, Hans-Joachim **Mertens**, Herbert **Wiedemann** u.a.,
Band 1: Allgemeiner Teil 1 (§§ 1 - 103),
13. Auflage, Stuttgart/Berlin/Köln/Mainz 2000;
Band 2: Allgemeiner Teil 2 (§§ 104 - 240),
13. Auflage, Stuttgart/Berlin/Köln/Mainz 1999;
Band 2: Schuldrecht I (§§ 241 - 432),
12. Auflage, Stuttgart/Berlin/Köln 1990;
Band 4: Schuldrecht III/2 (§§ 651a - 704),
12. Auflage, Stuttgart/Berlin/Köln 2000;

Band 14: Sachenrecht 1 (§§ 854 - 984)
13. Auflage, Stuttgart 2002
[zitiert: Soergel/*Bearbeiter*]

Sonnen, Bernd-Rüdiger — Kostenentscheidung und materielles Recht, Diss. iur., Berlin 1971
[zitiert: *Sonnen*, Kostenentscheidung]

Spitzbarth, Reimar — Die rechtliche Stellung des Generalbevollmächtigten, BB 1962, S. 851 ff.

Staudinger, Johannes von — Kommentar zum Bürgerlichen Gesetzbuch, Bearbeiter: Rainer **Jagmann**, Gottfried **Schiemann**, Eberhard **Schilken**, Olaf **Werner**, Roland **Wittmann** u.a.,
Erstes Buch: Allgemeiner Teil (§§ 164 - 240), 13. Auflage, Berlin 2001;
Zweites Buch: Recht der Schuldverhältnisse (§§ 249 - 254), 13. Auflage, Berlin 1998;
Zweites Buch: Recht der Schuldverhältnisse (§§ 328 - 361b), 13. Auflage, Berlin 2001;
Zweites Buch: Recht der Schuldverhältnisse (§§ 652 - 704), 13. Auflage, Berlin 1995
[zitiert: Staudinger/*Bearbeiter*]

Stein, Friedrich/ Martin **Jonas** — Kommentar zur Zivilprozeßordnung, Bearbeiter: Reinhard **Bork**, Wolfgang **Grunsky**, Wolfgang **Münzberg**, Dieter **Leipold**, Rudolf **Pohle**, Ekkehard **Schumann** u.a.,
Band 1 (§§ 1 - 90), 21. Auflage, Tübingen 1993;
Band 2 (§§ 91 - 252), 21. Auflage, Tübingen 1994;
Band 3 (§§ 253 - 299a), 21. Auflage, Tübingen 1997;
Band 4, Teilband 2 (§§ 348 - 510b), 21. Auflage, Tübingen 1999;

	Band 5, Teilband 1 (§§ 511 - 591), 21. Auflage, Tübingen 1994; Band 6 (§§ 704 - 863), 21. Auflage, Tübingen 1995 [zitiert: Stein/Jonas/*Bearbeiter*]
	Band 1 (§§ 1 - 253), 19. Auflage, Tübingen 1972 [zitiert: Stein/Jonas/*Bearbeiter*, 19.Aufl.]
	Band 1 (§§ 1 - 253), 20. Auflage, Tübingen 1984 [zitiert: Stein/Jonas/*Bearbeiter*, 20.Aufl.]
Stoll, Heinrich	Haftung aus Bescheinigung, AcP 135 (1932), S. 89 ff.
Stürner, Rolf	Prozeßzweck und Verfassung, Festschrift für Gottfried **Baumgärtel**, S. 545 ff., Hrsg.: Hanns **Prütting**, Köln/Berlin/Bonn/München 1990 [zitiert: *Stürner*, FS Baumgärtel]
Sydow, R./ L. **Busch**	Zivilprozeßordnung, Kommentar, Bearbeiter: Walter **Krantz**, Franz **Triebel**, 22. Auflage, Berlin/Leipzig 1941 [zitiert: Sydow/Busch]
Thiele, Wolfgang	Die Zustimmung in der Lehre vom Rechtsgeschäft, Köln/Berlin/Bonn/München 1966 [zitiert: *Thiele*, Zustimmung]
Thomas, Heinz/ Hans **Putzo**	Zivilprozessordnung, Kommentar, Bearbeiter: Rainer **Hüßtege**, Hans **Putzo**, Klaus **Reichold**, Heinz **Thomas**, 24. Auflage, München 2002 [zitiert: Thomas/Putzo/*Bearbeiter*]
Tuhr, Andreas von	Der Allgemeine Teil des deutschen Bürgerlichen Rechts, Lehrbuch, Zweiter Band, zweite Hälfte,

Berlin 1918, Neudruck Berlin 1957
[zitiert: *Tuhr*, BGB AT Bd. 2/2]

Tipke, Klaus/ Heinrich Wilhelm **Kruse** — Kommentar zur Abgabenordnung und Finanzgerichtsordnung, Band III (FVG, VwZG, FGO), Loseblattsammlung (Stand: 96. Liefg.), 16. Auflage, Köln 1996
[zitiert: *Tipke/Kruse*]

Trapp, Georg — Das Veranlassungsprinzip in der Finanzverfassung der Bundesrepublik Deutschland, Berlin 1997
[zitiert: *Trapp*, Veranlassungsprinzip in der Finanzverfassung]

Ulbricht, Alfred — Die vollmachtlose Stellvertretung im Reichscivilprozeß, AcP 78 (1892), S. 48 ff.

Unger, Joseph — Handeln auf eigene Gefahr, 3. Auflage, Jena 1904
[zitiert: *Unger*, Handeln auf eigene Gefahr]

Urbanczyk, Reinhard — Probleme der Postulationsfähigkeit und Stellvertretung, ZZP 95 (1982), S. 339 ff.

Vollkommer, Max — Kontra: Kostentragungspflicht des vollmachtlos Vertretenen nach Klagerücknahme – unabhängig von der Veranlassung, MDR 1997, S. 1004 f.

Vollkommer, Max/ Lutz **Schwaiger** — Anmerkung zum Beschluss des OLG Karlsruhe vom 01.02.1996 – 2 WF 155, 158/94, FamRZ 1996, S. 1336 f.

Wach, Adolf — Die Änderungen der Civilprozeßordnung im Entwurf der Denkschrift, DJZ 1 (1896), S. 285 ff.

ders. Handbuch des Deutschen Civilprozessrechts, Erster Band, Leipzig 1885 [*Wach*, HB CPR Bd.1]

Waldeyer, Hans-Wolfgang Vertrauenshaftung kraft Anscheinsvollmacht bei anfechtbarer und nichtiger Bevollmächtigung, Diss. iur., Münster 1969 [zitiert: *Waldeyer*, Vertrauenshaftung kraft Anscheinsvollmacht]

Walther, Richard Klageänderung und Klagerücknahme, Diss. iur., Köln/Berlin/Bonn/München 1969 [zitiert: *Walther*, Klageänderung]

Weber, Friedrich Zur Methodik des Prozeßrechts, Studium Generale 13 (1960), S. 183 ff.

Weismann, Jakob Lehrbuch des deutschen Zivilprozessrechts in zwei Bänden, I. Band, Stuttgart 1903 [zitiert: *Weismann*, LB ZPR Bd.1]

Wenzel, Wolf-Dietrich Die Anscheinsvollmacht, Diss. iur., Aachen 1995 [zitiert: *Wenzel*, Anscheinsvollmacht]

Westermann, Harry Die Grundlagen des Gutglaubensschutzes, JuS 1963, S. 1 ff.

Weyl, Richard System der Verschuldenshaftung im Bürgerlichen Gesetzbuch für das Deutsche Reich, München 1905 [zitiert: *Weyl*, System der Verschuldenshaftung]

Wieczorek, Bernhard Zivilprozeßordnung, Kommentar, Zweiter Band (§§ 253 - 510c), 2. Auflage, Berlin/New York 1926 [zitiert: *Wieczorek*]

Wieczorek, Bernhard/ Rolf A. **Schütze** (Hrsg.)
Zivilprozeßordnung, Kommentar, Bearbeiter: Rainer **Hausmann**, Hanns **Prütting**, A. F. **Steiner** u.a., Erster Band, 1. Teilband (Einl., §§ 1 - 49), 3. Auflage, Berlin/New York 1994; Erster Band, 2. Teilband (§§ 50 - 127a), 3. Auflage, Berlin/New York 1994
[zitiert: Wieczorek/Schütze/*Bearbeiter*]

Wilburg, Walter
Die Elemente des Schadensrechts, Marburg 1941
[zitiert: *Wilburg*, Elemente des Schadensrechts]

Würthwein, Susanne
Zur Schadensersatzpflicht wegen Vertragsverletzungen im Gemeinen Recht des 19. Jahrhunderts, Diss. iur., Berlin 1990
[zitiert: *Würthwein*, Schadensersatzpflicht im Gemeinen Recht]

Zachert, Ulrich-Christoph
Gefährdungshaftung und Haftung aus vermutetem Verschulden im deutschen und französischen Recht, Frankfurt a. M./Berlin 1971
[zitiert: *Zachert*, Gefährdungshaftung]

Zeiss, Walter
Zivilprozeßrecht, Lehrbuch, 9. Auflage, Tübingen 1997
[zitiert: *Zeiss*, ZPR]

Ziemer, Herbert/ Hans **Haarmann**/ Christian **Lohse**/ Albert **Beermann**
Rechtsschutz in Steuersachen, Handbuch, Band 2: Klage, Gerichtsverfahren, Entscheidung, Loseblattsammlung (Stand: Juni 1985), Bonn 1978
[zitiert: Ziemer/Haarmann/Lohse/Beermann, HB Bd.2]

Zimmermann, Walter
Zivilprozeßordnung, Kommentar anhand der höchstrichterlichen Rechtsprechung, 5. Auflage, Heidelberg 1998
[zitiert: *Zimmermann*]

Zimmermann, Walter/ Jürgen **Damrau** — Anmerkung zum Beschluss des OLG Frankfurt a. M. vom 22.05.1996 – 24 W 18/96, MDR 1997, S. 303 f.

Zippelius, Reinhold — Juristische Methodenlehre, 7. Auflage, München 1999 [zitiert: *Zippelius*, Methodenlehre]

Zöller, Richard — Zivilprozessordnung, Kommentar, Bearbeiter: Reinhard **Greger**, Peter **Gummer**, Kurt **Herget**, Kurt **Stöber**, Max **Vollkommer**, 23. Auflage, Köln 2002 [zitiert: Zöller/*Bearbeiter*]

Anhang:

Verzeichnis der zitierten Rechtsprechung

Verfassungsgerichtsbarkeit

Bundesverfassungsgericht

BVerfG, Beschluss	vom 14.02.1973 - 1 BvR 112/65,	BVerfGE 34, S. 269 ff.
BVerfG, Beschluss	vom 02.04.1974 - 1 BvR 92, 97/70,	NJW 1974, S. 1279 ff.
BVerfG, Beschluss	vom 09.11.1976 - 2 BvL 1/76,	BVerfGE 43, S. 101 ff.
BVerfG, Beschluss	vom 09.08.1978 - 2 BvR 831/76,	BVerfGE 49, S. 148 ff.
BVerfG, Beschluss	vom 20.10.1981 - 1 BvR 640/80,	BVerfGE 58, S. 257 ff.
BVerfG, Beschluss	vom 11.07.1984 - 1 BvR 1269/83,	NJW 1984, S. 2567 f.
BVerfG, Beschluss	vom 24.04.1985 - 2 BvF 2, 3, 4/83, 2/84,	BVerfGE 69, S. 1 ff.
BVerfG, Beschluss	vom 14.04.1987 - 1 BvR 332/86,	BVerfGE 75, S. 201 ff.
BVerfG, Beschluss	vom 03.04.1990 - 1 BvR 680, 681/86,	BVerfGE 82, S. 1 ff.
BVerfG, Beschluss	vom 27.11.1990 - 1 BvR 402/87,	BVerfGE 83, S. 130 ff.
BVerfG, Beschluss	vom 29.05.1991 - 1 BvR 1383/90,	BVerfGE 84, S. 188 ff.
BVerfG, Beschluss	vom 12.02.1992 - 1 BvL 1/89,	BVerfGE 85, S. 337 ff.
BVerfG, Beschluss	vom 22.12.1994 - 2 BvR 168/94,	NVwZ 1995, S. 1096 f.
BVerfG, Beschluss	vom 07.03.1995 - 1 BvR 790/91 u.a.,	BVerfGE 92, S. 158 ff.
BVerfG, Beschluss	vom 14.08.1996 - 2 BvR 2088/93,	NJW 1996, S. 3146
BVerfG, Beschluss	vom 15.07.1998 - 1 BvR 1554/89 u.a.,	BVerfGE 98, S. 365 ff.

Zivilgerichtsbarkeit

Reichsgericht

RG, Urteil	vom 03.12.1888 - VI R 233/88,	RGZ 22, S. 421 ff.
RG, Beschluss	vom 11.05.1891 - VI B 48/91,	SeuffArch. 47 (1892), S. 105 ff.
RG, Beschluss	vom 02.07.1891 - IV B 92/91,	Gruchot's Beiträge 37 (1893), S. 135 ff.

RG, Urteil	vom 31.12.1892 - I R 322/92,	RGZ 30, S. 398 ff.
RG, Urteil	vom 12.03.1894 - IV R 368/93,	RGZ 33, S. 244 ff.
RG, Urteil	vom 03.07.1899 - IV 54/99,	Gruchot's Beiträge 46 (1902), S. 1170 ff.
RG, Beschluss	vom 11.11.1901 - IV B 151/01,	JW 1901, S. 834 f.
RG, Entschdg.	vom 14.11.1902 - III 218/02,	JW 1903, S. 3
RG, Beschluss	vom 21.11.1902 - III 225/02,	RGZ 53, S. 65 ff.
RG, Urteil	vom 22.12.1902 - VII R 337/03,	RGZ 56, S. 333 f.
RG, Urteil	vom 16.06.1904 - IV 513/03,	Gruchot's Beiträge 50 (1906), S. 881 ff.
RG, Urteil	vom 03.10.1904 - IV 296/04,	Gruchot's Beiträge 49 (1905), S. 664 ff.
RG, Urteil	vom 20.04.1907 - I R 416/06,	RGZ 66, S. 37 ff.
RG, Urteil	vom 25.02.1913 - III R 403/12,	RGZ 81, S. 395 ff.
RG, Urteil	vom 14.03.1918 - IV 52/17,	JW 1918, S. 361 ff.
RG, Urteil	vom 18.02.1919 - VII R 351/18,	RGZ 94, S. 342 ff.
RG, Urteil	vom 16.12.1922 - V 21/22,	RGZ 106, S. 68 ff.
RG, Urteil	vom 08.04.1925 - I 363/24,	RGZ 110, S. 398 ff.
RG, Beschluss	vom 03.06.1926 - IV B 42/26,	JW 1926, S. 2574 f.
RG, Beschluss	vom 03.03.1930 - IV R 10/30,	JW 1930, S. 1489 ff.
RG, Urteil	vom 12.06.1934 - VII 89/34,	RGZ 145, S. 13 ff.
RG, Urteil	vom 05.11.1934 - VI 180/34,	RGZ 145, S. 311 ff.
RG, Urteil	vom 21.04.1939 - VII 231/37,	RGZ 160, S. 204 ff.

Bundesgerichtshof

BGH, Urteil	vom 08.10.1953 - III ZR 310/51,	BGHZ 10, S. 350 ff.
BGH, Beschluss	vom 26.11.1953 - IV ZR 127/53,	BB 1953, S. 1024 (L.)
BGH, Urteil	vom 04.05.1955 - IV ZR 185/54,	MDR 1955, S. 468 ff.
BGH, Urteil	vom 10.03.1956 - IV ZR 336/55,	BGHZ 20, S. 198 ff.
BGH, Urteil	vom 27.09.1956 - II ZR 178/55,	NJW 1956, S. 1673 ff.
BGH, Urteil	vom 07.10.1959 - IV ZR 68/59,	NJW 1959, S. 2307 f.

BGH, Urteil	vom 05.10.1961 - VII ZR 201/58,	NJW 1961, S. 2207
BGH, Urteil	vom 01.03.1962 - II ZR 1/62,	WM 1962, S. 415 ff.
BGH, Urteil	vom 26.06.1962 - VI ZR 140/61,	VersR 1962, S. 809 f.
BGH, Urteil	vom 29.01.1963 - VI ZR 119/62,	BGHZ 39, S. 45 ff.
BGH, Urteil	vom 23.10.1963 - V ZR 146/57,	BGHZ 40, S. 197 ff.
BGH, Urteil	vom 05.02.1965 - V ZB 12/64,	NJW 1965, S. 1019 f.
BGH, Urteil	vom 25.03.1968 - II ZR 208/64,	BGHZ 50, S. 112 ff.
BGH, Urteil	vom 14.03.1969 - V ZR 8/65,	NJW 1969, S. 1380
BGH, Urteil	vom 06.10.1971 - VIII ZR 165/69,	BGHZ 57, S. 108 ff.
BGH, Urteil	vom 05.04.1973 - III ZR 67/72,	BGHZ 60, S. 337 ff.
BGH, Urteil	vom 05.11.1974 - VI ZR 239/73,	NJW 1975, S. 120 f.
BGH, Beschluss	vom 04.12.1974 - VIII ZB 30/74,	VersR 1975, S. 343 f.
BGH, Urteil	vom 22.05.1975 - VII ZB 2/75,	NJW 1975, S. 1652 f.
BGH, Urteil	vom 08.01.1976 - III ZR 146/73,	JR 1976, S. 332 ff.
BGH, Urteil	vom 30.03.1976 - VI ZR 143/74,	NJW 1976, S. 1581 ff.
BGH, Urteil	vom 25.05.1977 - VIII ZR 18/76,	BGHZ 68 S. 391 ff.
BGH, Urteil	vom 24.11.1977 - III ZR 1/76,	NJW 1978, S. 1858 f.
BGH, Urteil	vom 27.06.1979 - VIII ZR 233/78,	NJW 1979, S. 2040 f.
BGH, Urteil	vom 18.02.1981 - IVb ZR 583/80,	FamRZ 1981, S. 865 f.
BGH, Beschluss	vom 26.10.1981 - II ZR 71/81,	WM 1981, S. 1332
BGH, Urteil	vom 26.10.1981 - II ZR 72/81,	WM 1981, S. 1353 f.
BGH, Beschluss	vom 18.11.1982 - III ZR 113/79,	VersR 1983, S. 183 f.
BGH, Urteil	vom 01.03.1984 - IX ZR 33/83,	BGHZ 90, S. 249 ff.
BGH, Beschluss	vom 17.04.1984 - GmS-OGB 2/83,	BGHZ 91, S. 111 ff.
BGH, Urteil	vom 09.05.1984 - VIII ZR 47/83,	VersR 1984, S. 781 f.
BGH, Beschluss	vom 19.07.1984 - X ZB 20/83,	NJW 1987, S. 130 f.
BGH, Urteil	vom 10.07.1985 - IVb ZB 102/84,	VersR 1985, S. 1185 f.
BGH, Urteil	vom 10.10.1985 - IX ZR 73/85,	NJW-RR 1986, S. 157 f.

BGH, Urteil	vom 14.05.1986 - IVa ZR 146/85,	JurBüro 1986, S. 1660 f.
BGH, Urteil	vom 27.05.1986 - IX ZR 152/85,	NJW-RR 1986, S. 1252 f.
BGH, Beschluss	vom 22.10.1986 - VIII ZB 40/86,	NJW 1987, S. 440 f.
BGH, Urteil	vom 24.06.1987 - IVb ZR 5/86,	NJW 1988, S. 49 ff.
BGH, Urteil	vom 20.09.1988 - XI ZR 5/88,	BGHZ 105, S. 197 ff.
BGH, Beschluss	vom 11.10.1988 - X ZB 16/88,	NJW-RR 1989, S. 183 f.
BGH, Beschluss	vom 06.12.1989 - IVb ZB 106/89,	VersR 1990, S. 328 f.
BGH, Urteil	vom 08.05.1990 - VI ZR 321/89,	BGHZ 111, S. 219 ff.
BGH, Urteil	vom 14.12.1990 - V ZR 329/89,	NJW 1991, S. 1175 f.
BGH, Urteil	vom 24.01.1991 - IX ZR 121/90,	NJW 1991, S. 1225 f.
BGH, Urteil	vom 31.01.1991 - VII ZR 291/88,	BGHZ 113, S. 315 ff.
BGH, Urteil	vom 13.03.1991 - XII ZR 71/90,	NJW-RR 1991, S. 1074 f.
BGH, Urteil	vom 06.11.1991 - XII ZR 240/90,	NJW 1992, S. 438 ff.
BGH, Beschluss	vom 13.02.1992 - V ZR 112/90,	NJW 1992, S. 1458 f.
BGH, Urteil	vom 13.05.1992 - IV ZR 79/91,	VersR 1992, S. 989 f.
BGH, Urteil	vom 22.05.1992 - V ZR 108/91,	NJW 1992, S. 2575 f.
BGH, Urteil	vom 04.06.1992 - IX ZR 149/91,	BGHZ 118, S. 312 ff.
BGH, Beschluss	vom 04.03.1993 - V ZB 5/93,	BGHZ 121, S. 397 ff.
BGH, Urteil	vom 19.03.1993 - V ZR 36/92,	NJW 1993, S. 1926
BGH, Urteil	vom 10.03.1994 - IX ZR 152/93,	NJW 1994, S. 1537 f.
BGH, Beschluss	vom 14.06.1995 - XII ZB 177/94,	FamRZ 1995, S. 1484
BGH, Urteil	vom 09.01.1996 - VI ZR 94/95,	NJW 1996, S. 1059 f.
BGH, Urteil	vom 05.06.1997 - III ZR 190/96,	JZ 1997, S. 855 f.
BGH, Beschluss	vom 22.07.1997 - XI ZB 15/97,	NJW-RR 1998, S.63
BGH, Beschluss	vom 14.05.1998 - IX ZR 256/96,	BB 1998, S. 2177 f.
BGH, Urteil	vom 06.05.1999 - VII ZR 132/97,	NJW 1999, S. 2266 ff.
BGH, Beschluss	vom 18.05.2000 - IX ZB 114/98,	NJW-RR 2000, S. 1499 f.

Oberlandesgerichte

OLG Hamburg,	Urteil	vom 02.07.1900 - I. CS,	OLGRspr 1 (1900), S. 449 f.
OLG Köln,	Beschluss	vom 07.10.1901 - I. CS,	OLGRspr 3 (1901), S. 330 f.
KG Berlin,	Beschluss	vom 05.02.1902,	ZZP 31 (1903), S. 512 f.
KG Berlin,	Urteil	vom 11.07.1902 - IX.CS,	OLGRspr 9 (1904), S. 55 f.
OLG Colmar,	Urteil	vom 05.02.1904,	ZZP 33 (1904), S. 286 f.
OLG Hamburg,	Urteil	vom 13.06.1904 - V. CS,	OLGRspr 9 (1904), S. 57
OLG Stuttgart,	Entschdg.	vom 23.03.1905,	Recht/Beilage 1908, S. 429
KG Berlin,	Urteil	vom 11.05.1905 - VIII. CS,	OLGRspr 11 (1905), S. 50 f.
KG Berlin,	Beschluss	vom 24.03.1906 - VIII. ZS,	OLGRspr 13 (1906), S. 91 ff.
OLG Dresden,	Urteil	vom 24.01.1908 - II. ZS,	OLGRspr 20 (1910), S. 36 f.
KG Berlin,	Beschluss	vom 12.05.1916 - 21 W 837/16,	OLGRspr 33 (1916), S. 30 ff.
OLG Düsseldorf,	Beschluss	vom 19.06.1929 - 4 W 72/29,	JW 1930, S. 574
OLG Frankfurt,	Beschluss	vom 21.01.1952 - 6 W 5/52,	Rpfleger 1952, S. 432
OLG München,	Beschluss	vom 03.09.1954 - 6 W 1081/54,	MDR 1955, S. 176 f.
OLG Stuttgart,	Beschluss	vom 08.01.1955 - 7/8 W 116/54,	ZZP 68 (1955), S. 62 f.
OLG Hamburg,	Beschluss	vom 29.11.1955 - 2 W 198/55,	MDR 1956, S. 431 f.
OLG Bremen,	Urteil	vom 06.07.1956 - 1 U 113/56,	Rpfleger 1957, S. 275
OLG München,	Urteil	vom 13.03.1958 - 6 U 544/58,	NJW 1958, S. 1000 ff.
OLG Schleswig,	Beschluss	vom 09.06.1958 - 7 W 125/58,	SchlHA 1958, S. 230
OLG Hamm,	Beschluss	vom 01.03.1963 - 15 W 470/62,	JMBl.NRW 1963, S. 131 f.
OLG Hamburg,	Urteil	vom 25.11.1966 - 11 U 176/65,	MDR 1967, S. 399 f.
OLG Celle,	Beschluss	vom 12.12.1967 - 8 W 251/67,	JurBüro 1968, S. 146
OLG Saarbrücken,	Urteil	vom 18.02.1970 - 1 U 67/66,	NJW 1970, S. 1464
OLG Köln,	Beschluss	vom 29.07.1970 - 2 W 115/70,	Rpfleger 1970, S. 355 f.
OLG Köln,	Beschluss	vom 27.01.1971 - 17 W 7/71,	MDR 1971, S. 585 ff.
OLG Köln,	Beschluss	vom 09.03.1972 - 10 U 151/71,	NJW 1972, S. 1330
OLG Düsseldorf,	Beschluss	vom 11.08.1972 - 22 U 53/62,	MDR 1972, S. 1043

OLG Koblenz,	Beschluss	vom 09.10.1973 - 6a W 499/73,	MDR 1974, S. 316 f.
KG Berlin,	Beschluss	vom 07.02.1974 - 12 W 1604/73,	VersR 1974, S. 979
OLG Düsseldorf,	Beschluss	vom 13.03.1975 - 21 U 20/75,	NJW 1975, S. 1569 f.
OLG Stuttgart,	Beschluss	vom 26.05.1975 - 7 W 10/75,	MDR 1976, S. 51
OLG Köln,	Beschluss	vom 17.12.1975 - 2 W 143/75,	Rpfleger 1976, S. 101 ff.
OLG Köln,	Beschluss	vom 26.05.1976 - 2 W 71/76,	Rpfleger 1976, S. 323 f.
OLG Nürnberg,	Beschluss	vom 12.10.1976 - 1 W 59/76,	MDR 1977, S. 320
OLG Schleswig,	Beschluss	vom 22.05.1978 - 8 WF 117/78-M,	SchlHA 1978, S. 114
OLG Frankfurt,	Beschluss	vom 10.03.1980 - 20 W 84/80,	OLGZ 1980, S. 278 ff.
OLG Düsseldorf,	Beschluss	vom 21.05.1980 - 1 W 8, 9/80,	MDR 1980, S. 853
OLG Frankfurt,	Beschluss	vom 05.11.1981 - 4 WF 35/81,	FamRZ 1982, S. 316 f.
OLG Köln,	Beschluss	vom 28.06.1982 - 20 W 15/82,	MDR 1982, S. 1024
OLG München,	Beschluss	vom 10.10.1984 - 11 W 2459/84,	AnwBl 1985, S. 44 f.
OLG Frankfurt,	Urteil	vom 15.01.1985 - 5 U 75/84,	BB 1985, S. 1219
OLG Düsseldorf,	Beschluss	vom 23.01.1986 - 6 W 117/85,	MDR 1986, S. 504
BayObLG,	Beschluss	vom 12.06.1986 - 3 Z 29/86,	NJW 1987, S. 136 f.
OLG Hamburg,	Urteil	vom 27.05.1987 - 6 U 272/86,	VersR 1987, S. 1216 f.
OLG Hamm,	Beschluss	vom 22.04.1988 - 12 W 5/88,	OLGZ 1989, S. 464 ff.
OLG Hamm,	Beschluss	vom 29.06.1988 - 11 W 35/88,	NJW-RR 1990, S. 767
OLG Hamm,	Urteil	vom 16.01.1989 - 8 U 5/88,	NJW-RR 1989, S. 1532 ff.
OLG Frankfurt,	Urteil	vom 28.11.1991 - 15 U 13/89,	NJW-RR 1992, S. 763 ff.
OLG Köln,	Beschluss	vom 06.05.1992 - 2 W 40/92,	VersR 1993, S. 721 f.
OLG München,	Beschluss	vom 15.10.1992 - 25 W 2480/92,	OLGZ 1993, S. 223 (L.)
OLG Köln,	Beschluss	vom 16.12.1992 - 27 W 55/92,	JurBüro 1993, S. 559 f.
OLG Karlsruhe,	Urteil	vom 06.10.1994 - 12 U 37/94,	VersR 1996, S. 45 f.
OLG Oldenburg,	Urteil	vom 29.06.1995 - 14 U 14/95,	NJW-RR 1996, S. 160 f.
OLG Köln,	Urteil	vom 09.08.1995 - 19 U 246/94,	NJW-RR 1996, S. 212
OLG Brandenburg,	Beschluss	vom 20.12.1995 - 1 W 13/95,	MDR 1996, S. 317

OLG Karlsruhe,	Beschluss	vom 01.02.1996 - 2 WF 155, 158/95,	FamRZ 1996, S. 1335 f.
KG Berlin,	Beschluss	vom 02.02.1996 - 24 W 8563/95,	WuM 1996, S. 377
OLG Frankfurt,	Beschluss	vom 22.05.1996 - 24 W 8518/95,	MDR 1997, S. 303
OLG Frankfurt,	Beschluss	vom 11.07.1996 - 24 U 235/95,	NJW-RR 1997, S. 31
OLG Köln,	Urteil	vom 27.02.1997 - 7 U 178/96,	GmbHR 1997, S. 601 f.
OLG Karlsruhe,	Beschluss	vom 21.03.1997 - 14 W 4/97,	NJW-RR 1997, S. 1290 f.
OLG Köln,	Beschluss	vom 27.05.1997 - 3 W 21/97,	OLGR Köln 1997, S. 274
OLG München,	Urteil	vom 12.11.1997 - 7 U 3675/97,	NJW-RR 1998, S. 788 f.
OLG Dresden,	Urteil	vom 22.04.1998 - 8 U 3877/97,	JurBüro 1998, S. 480 ff.
OLG Zweibrücken,	Urteil	vom 31.03.1999 - 1 U 10/98,	JurBüro 1999, S. 650 ff.
BayObLG,	Beschluss	vom 06.05.1999 - 2Z BR 26/99,	JurBüro 1999, S. 652 f.
OLG Brandenburg,	Beschluss	vom 29.09.2000 - 7 W 47/00,	NJW-RR 2002, S. 265 f.

Amts- und Landgerichte

LG Berlin,	Beschluss	vom 30.04.1931 - 9 T 1506/31,	JW 1932, S. 125
LG Hamburg,	Urteil	vom 01.03.1951 - 9 S 734/50,	ZZP 65 (1952), S. 159 ff.
LG Stuttgart,	Beschluss	vom 01.04.1954 - 12 Q 9/54,	ZZP 68 (1955), S. 64 ff.
LG Berlin,	Urteil	vom 15.04.1983 - 82 AR 138/83,	Rpfleger 1983, S. 369
AG Hamburg,	Urteil	vom 19.11.1985 - 9 C 497/85,	NJW-RR 1986, S. 1120 f.
LG Göttingen,	Beschluss	vom 03.11.1987 - 6 T 188/87,	NJW-RR 1988, S. 1273 f.
AG Brakel,	Urteil	vom 18.05.1988 - 7 C 342/85,	FamRZ 1988, S. 849 ff.
LG Heidelberg,	Beschluss	vom 21.01.1991 - 4 T 20/90,	NJW-RR 1992, S. 316 f.
LG Heilbronn,	Beschluss	vom 31.01.1995 - 1b T 322/64,	MDR 1995, S. 860 f.
LG Kiel,	Urteil	vom 12.04.1995 - 12 O 453/94,	SchlHA 1995, S. 320 ff.

Finanzgerichtsbarkeit

Reichsfinanzhof

RFH, Urteil	vom 08.11.1922 - III A 290/22,	StW 1923, S. 142

Bundesfinanzhof

BFH, Urteil	vom 14.01.1964 - VII 168/61,	HFR 1964, S. 98
BFH, Beschluss	vom 10.11.1966 - V R 46/66,	BStBl III 1967, S. 5 f.
BFH, Beschluss	vom 19.04.1968 - III B 85/67,	BStBl II 1968, S. 473
BFH, Beschluss	vom 02.05.1969 - III R 123/68,	BStBl II 1969, S. 438
BFH, Beschluss	vom 11.07.1975 - III R 124/74,	BStBl II 1975, S. 714 f.
BFH, Beschluss	vom 31.01.1978 - VII K 2/77,	BFHE 124, S. 156 f.
BFH, Beschluss	vom 16.06.1978 - VI R 3/78,	BFHE 125, S. 149 f.
BFH, Beschluss	vom 22.05.1979 - VII B 10/79,	BFHE 128, S. 24 ff.
BFH, Beschluss	vom 11.11.1981 - I B 37/81,	BStBl II 1982, S. 167 f.
BFH, Beschluss	vom 27.07.1983 - II B 68/82,	BStBl II 1983, S. 644 f.
BFH, Urteil	vom 13.01.1984 - VI R 194/80,	BStBl II 1984, S. 315 ff.
BFH, Urteil	vom 04.07.1984 - II R 188/82,	BB 1984, S. 2249
BFH, Beschluss	vom 02.06.1987 - VII E 3/87,	BFH/NV 1988, S.48
BFH, Beschluss	vom 28.09.1987 - III B 100/86,	BFH/NV 1988, S. 183 f.
BFH, Beschluss	vom 08.11.1988 - IX R 173/88,	BFH/NV 1989, S. 514 f.
BFH, Beschluss	vom 09.01.1989 - IX R 121/88,	BFH/NV 1990, S. 574
BFH, Beschluss	vom 26.04.1990 - IX R 65/90,	BFH/NV 1991, S. 247 (L.)
BFH, Beschluss	vom 19.10.1990 - V B 137/90,	BFH/NV 1991, S. 469
BFH, Beschluss	vom 17.07.1991 - III R 226/90,	BFH/NV 1991, S. 833 f. (L.)
BFH, Beschluss	vom 17.12.1992 - III B 228/92,	BFH/NV 1994, S. 117
BFH, Beschluss	vom 16.02.1993 - VII R 102/92,	BFH/NV 1993, S. 428
BFH, Beschluss	vom 15.06.1993 - VII B 89/93,	BFH/NV 1993, S. 749 f.

BFH, Beschluss	vom 21.12.1994 - III R 228/94,	BFH/NV 1995, S. 1008
BFH, Beschluss	vom 20.12.1995 - V R 52/95,	BFH/NV 1996, S. 496
BFH, Beschluss	vom 22.05.1996 - X R 126/95,	BFH/NV 1996, S. 845
BFH, Beschluss	vom 13.06.1996 - III B 23/95,	NJW 1997, S. 1029 f.
BFH, Beschluss	vom 09.06.1997 - V R 78-79/96,	BFH/NV 1997, S. 892
BFH, Beschluss	vom 10.03.1998 - XI B 157/97,	BFH/NV 1998, S. 992
BFH, Beschluss	vom 17.03.1998 - X R 13/98,	BFH/NV 1998, S. 1120

Finanzgerichte

FG Karlsruhe,	Urteil	vom 10.05.1963 - II 25/63,	EFG 1963, S. 435 f.
FG Hessen,	Urteil	vom 12.05.1965 - I 1165/64,	EFG 1965, S. 504
FG Stuttgart,	Urteil	vom 15.12.1965 - III 213/65,	EFG 1966, S. 299 f.
FG München,	Urteil	vom 04.07.1966 - I 163/66,	EFG 1966, S. 467 f.
FG Rheinl.-Pfalz,	Beschluss	vom 06.07.1966 - II 104/65,	EFG 1966, S. 416
FG Niedersachs.,	Urteil	vom 10.08.1966 - VII 121/66,	EFG 1966, S. 513 f.
FG Berlin,	Beschluss	vom 01.04.1970 - III 133/69,	EFG 1970, S. 401 f.
FG München,	Urteil	vom 26.08.1970 - I 211/70,	EFG 1971, S. 86
FG Düsseldorf,	Beschluss	vom 02.12.1970 - VIII 168/70 E,	EFG 1971, S. 142
FG Münster,	Urteil	vom 20.12.1972 - VIII 183/72 L,	EFG 1973, S. 170 f.
FG Münster,	Beschluss	vom 25.01.1973 - V 1630/72 L,	EFG 1973, S. 278
FG Düsseldorf,	Urteil	vom 06.12.1978 - VIII 240/78 K,	EFG 1979, S. 191 f.
FG Berlin,	Urteil	vom 29.07.1980 - V 171/80,	EFG 1981, S. 101 f.
FG Köln,	Beschluss	vom 03.06.1983 - V K 107/83,	EFG 1984, S. 132
FG Hessen,	Urteil	vom 28.05.1997 - 10 K 1170/97,	EFG 1998, S. 383 f.

Verwaltungsgerichtsbarkeit

Bundesverwaltungsgericht

BVerwG, Beschluss	vom 16.02.1962 - II C 145/59,	BVerwGE 14, S. 19 ff.
BVerwG, Beschluss	vom 20.09.1974 - III CB 54/71,	Buchholz 310 § 67 VwGO Nr. 39
BVerwG, Beschluss	vom 25.11.1974 - III C 95,100/74,	Buchholz 310 § 155 VwGO Nr. 2
BVerwG, Beschluss	vom 23.03.1982 - I C 63/79,	NVwZ 1982, S. 499

Oberverwaltungsgerichte

VGH Hessen,	Beschluss	vom 26.08.1955 - B II 11/55,	DÖV 1956, S. 413
OVG Lüneburg,	Beschluss	vom 29.03.1956 - VI B 7/56,	ZMR 1956, S. 321
VGH Baden-Württ.,	Beschluss	vom 09.11.1981 - A 12 S 414/81,	VBlBW 1982, S. 259
OVG Münster,	Beschluss	vom 12.01.1993 - 22 A 1122/92,	NJW 1993, S. 3155 f.
OVG Berlin,	Beschluss	vom 10.06.1996 - 2 B 13/95,	MDR 1996, S. 1079

Verwaltungsgerichte

VG Bremen,	Urteil	vom 13.12.1968 - VI LA 113/67,	MDR 1969, S. 958 f.
VG Freiburg,	Urteil	vom 12.05.1987 - 6 K 104/86,	NJW 1988, S. 2689

Arbeitsgerichtsbarkeit

Bundesarbeitsgericht

BAG, Urteil	vom 06.05.1958 - 2 AZR 551/57,	NJW 1958, S. 1699 f.
BAG, Urteil	vom 04.08.1961 - 2 AZR 482/60,	NJW 1962, S. 125 f.
BAG, Urteil	vom 18.12.1964 - 5 AZR 109/64,	NJW 1965, S. 1041 f.
BAG, Urteil	vom 21.05.1981 - 2 AZR 133/79,	NJW 1982, S. 1174
BAG, Beschluss	vom 08.12.1981 - 7 AZW 441/81,	NJW 1982, S. 2519 f.

BAG, Beschluss	vom 18.10.1990 - 8 AS 1/90,	NZA 1991, S. 363 f.
BAG, Beschluss	vom 04.02.2003 - 2 AZB 62/02,	NZA 2003, S. 628 ff.